2016 中国大连国际海事论坛论文集

PROCEEDINGS OF THE INTERNATIONAL
MARINE-TECH FORUM DALIAN, CHINA, 2016

主　编　孙东明

大连海事大学出版社

图书在版编目(CIP)数据

2016 中国大连国际海事论坛论文集 = PROCEEDINGS
OF THE INTERNATIONAL MARINE-TECH FORUM DALIAN,
CHINA, 2016 / 孙东明主编 . — 大连 : 大连海事大学出
版社, 2017. 5
　　ISBN 978-7-5632-3478-3

　　Ⅰ. ①2… 　Ⅱ. ①孙… 　Ⅲ. ①船舶工程—国际学术会
议—文集②海洋工程—国际学术会议—文集 　Ⅳ.
①U66-53②P75-53

　　中国版本图书馆 CIP 数据核字(2017)第 110719 号

大连海事大学出版社出版

地址:大连市凌海路1号 邮编:116026 电话:0411-84728394 传真:0411-84727996
http://www.dmupress.com E-mail:cbs@dmupress.com

大连住友彩色印刷有限公司印装 　　　　　大连海事大学出版社发行

2017 年 5 月第 1 版 　　　　　　　　　　2017 年 5 月第 1 次印刷
幅面尺寸:210 mm×297 mm 　　　　　　　　　　印张:17
字数:598 千 　　　　　　　　　　　　　　印数:1~800 册

出版人:徐华东

责任编辑:杨　淼 　　　　　　　　　　　　责任校对:王　琴
封面设计:解瑶瑶 　　　　　　　　　　　　版式设计:解瑶瑶

ISBN 978-7-5632-3478-3 　　定价:150.00 元

目　录

高端论坛

专题论坛

技术交流

• 高端论坛

军民融合，创新发展，支撑海洋强国建设

方书甲

（中国造船工程学会）

一、对军队、武器、战场的共性认知

1. 纵观历史，农业社会有体能军队，工业社会有技能军队，信息化社会需要智能军队。智能军队的特色是"感知战场+智能决策+远程精确打击"。

2. 火药的出现，是战争史上的第一次革命；核武器实用化，是第二次革命；人工智能武器的出现，是第三次革命。人工智能武器将可能导致"人与人"的战争变成"机器自主性杀人"的战争。

3. 科技支撑装备、创新提高智能，国家必须有克敌制胜的"撒手锏"武器；未来战争仅有先进的作战平台是不够的，必须有支撑作战平台充分发挥威力的战场环境保证；战场建设涉及众多科技领域，国家必须有科学发展的军民融合机制！

4. 2500年前，孙子论战场：

（1）不知诸侯之谋者，不能预交；不知山林、险阻、沮泽之形者，不能行军；不用乡导者，不能得地利。
意为：不了解国诸侯战略企图的，不可预先结交；不熟悉山林、险阻、水网、沼泽等地形的，不能行军；不重用向导，不能得到地利。

（2）知战之地，知战之日，则可千里而会战。
意为：能预知交战的地点，预知交战的时间，即使相距千里也可以同敌人交战。

（3）知彼知己，胜乃不殆；知天知地，胜乃可全。
意为：了解对方，了解自己，争取胜利就是不会有危险的；懂得天时，懂得地利，胜利就可保全。

5. 毛泽东主席曾告诫我们：千万不要忘记，前瞻与预见，是领导者提供的最大服务。

我们应该考虑到："走向中远海"是中国海军21世纪面临的重要和长期任务，世纪之初加入亚丁湾护航是中国海军首次走出国门执行国际公益使命，也是中国海军走向中远海的第一次较全面的锻炼和考验。

一个舰艇编队走出家门，在陌生的海域执行任务，首先遇到的是信息如何获取、指挥如何保障、保护和打击如何定位、海情数据和态势数据如何验证等等，海战场的信息感知、传输网络、指挥畅通、航行保障、智能软件不可或缺。

6. 世界军事革命关注C4IKSR能力的提升，而最关注的领域是太空和深海。太空和深海是大国用高技术争夺的战场，打击卫星和深海对抗是未来军事技术竞争的核心；人们需要反思，通信卫星、侦察卫星、定位卫星等是未来信息化战争的支撑平台，大区域C4IKSR的任何一项功能都少不了它们的支撑。在交战双方都掌握航天技术的情况下，进程的选项是摧毁对方的卫星系统、瘫痪对方的远程指挥、通信、侦察，打击引导系统。

我们要问自己，假若没有卫星了，C4IKSR能力如何保证？通信指挥和数据链路通道如何保证？我们作战能力到底要倒退多少年？战前如何去应对？

在对抗技术领域，国外正在公开发展政治、军事影响较小的技术，在不摧眼对方航天平台的前提下，使侦察遥感卫星"致盲"、使通信中继卫星"链路阻塞"、使全球定位卫星"数据扰位"，利用等离子体等手段扭断对方卫星在目标区域的某种功能。

7. 海战场涉及非常广阔的科学技术领域，海军装备加速了高科技在军事上的应用。现代化战争，广域信息获取、远程精确打击、隐身隐形技术、智能指挥网络、战场投送能力、陆海空天潜联合作战体系等等，为未来战争增加了科学的含量和智能的权重，加大了高科技支撑未来战争的作用。

这些能力都依靠军队和军工来解决吗？军民融合就是动员科技、经济力量在国家建设的主战场上相辅相成地解决战场需求的系列问题！

卫星链路　　　　反导示意图

军民融合、共同认知海洋：

（1）收集、调查海洋环境数据，认知海洋，认知海战场；

（2）在海空、海面、海中、海底部放传感器，逐步建立海洋环境立体监测网络；

（3）建设覆盖海洋活动区域的高可靠性卫星和非卫星通信传输网络；

（4）按地理、地质、季节、昼夜、海空、海面、海水中、海底、生物、动力等特征分类，建立海洋环境数据库、海洋知识库，特别是海洋气象水文数据库、海洋水生环境数据库、海空大气环境数据库；

（5）不断循环发展，从近到远、从浅到深、从低到高、从粗到精，逐步完善、逐步扩大海洋环境数据库、海洋知识库。

二、海洋环境与海战武器装备的相关性

随着打击武器射程的增加，未来海战场空间逐步扩大，纵深性、立体性不断增强；未来的海战是体系与体系、系统与系统的对抗；现代武器的作用距离、制导精度、打击威力大大提高的同时，海陆空天潜的战场要素对战争胜负的影响就变得更加重要，战场态势瞬息万变，战场情报信息获取成为制胜的保证。探测感知技术、通信网络技术、电子对抗技术、远程打击技术、平台机动能力的发展和完善，使得战场空间拓展了，战场前后方的概念模糊了，战役的持续时间缩短了，对军队快速反应的要求提高了，尤其是对军队指挥层的快速决策要求更高。在错综复杂、瞬息万变的现代战争环境中，指挥千军万马，决策海陆空天，仅依靠人脑是不够的，必须借助情报数据库、战场知识库、武备功能库、海战场环境要素库，构成智能指挥系统和战场辅助决策系统。

下面一起关注海战场要素对几种海战武器装备的相关性：

1.海洋环境对雷达探测与无线传输的影响

舰载雷达肩负着对空探测和对海探测的功能，海杂波、云雨杂波对雷达探测会产生较大的干扰，形成假目标和虚警，直接影响雷达探测和导弹精确制导；对于主动超视距雷达和被动测向雷达，海洋环境中的气象参数（如温度、湿度、气压、气温、海洋蒸发通量等）会影响大气波导形成及高度、宽度，从而影响雷达的探测性能。

无线传输与电磁波在海空介质中的传播特性和品质相关，空中电离层的变化会对海上短波通信产生干扰和多径效应，影响通信质量；海上云雾、风浪、蒸发通量对微波段视距通信效果有较大影响，直接影响到数据链工作效果。

2.海洋环境对导航的影响

海水表面和水下磁场的变化对舰艇、飞机、潜艇的导航有重大影响。通常海洋磁场是比较稳定和均衡的，对采用电罗经导航的舰艇、飞机、潜艇一般不会产生危害，但是在某些特殊情况下，如海底矿藏或地质原因，会使区域磁场异常，使电罗经指示的方向发生偏差，影响导航精度；海洋气象原因也会影响舰船的电子导航设备精度；海洋水文原因也会影响潜艇、潜器水声导航设备精度。

3.海洋环境对水声探测与传输的影响

海水对于声波的传输是一种时变、空变的随机不均变参信道。声呐在水下工作，其性能受海洋环境的影响非常之大。声速受到海水温度、深度、盐度的影响；声传播受到季节、水域、内波、潮汐、海流、海面波浪、气流等气象因素和海底沉积层及其组成结构等方面的影响。在稳定的深声通道做传播实验中，可清晰地收到600千米以外的爆炸信号；而在复杂海底地形区，同样爆炸声源的接收距离仅为1~2千米。在海水中的生物群、水团、暗礁、海底山丘、泥沙等对声呐设备准确识别探测目标实非易事，特别困难的当属对被泥沙掩埋的水雷的探测和识别；海洋环境噪声对声探测信号的提取也有着十分重要的影响，它是水声信道的干扰背景场；海洋环境噪声声大致可分为：湍流噪声、雨噪声、气泡噪声、生物噪声、地震噪声、冰噪声、热噪声等。

这些海洋环境条件都会对声呐的探测距离、目标识别等造成重大影响。同样对于用声呐导航的潜艇航行的安全性、用声制导的鱼雷攻击的准确性等都将产生重大影响。

4.海洋环境对鱼雷与水下导航定位的影响

海洋环境对线导鱼雷的影响，主要是海流；对声导鱼雷，受海洋温度、盐度、深度、跃层、海流、海底地质等海洋参数的影响；在发射平台、目标平台、运行鱼雷三方运动流噪声的背景下，目标平台还可能发射出诱饵声模拟目标的伪噪声，对于鱼雷识别其真目标和准确打击目标都要对海洋环境影响的考验；对空投鱼雷而言，入水前受海风对其入水姿态控制产生影响，入水后与前述鱼雷相同。

鱼雷位置坐标是利用声管道、航向、深度等参数解算获得的，这些参数直接影响到坐标的精度，而海流，尤其是各大洋的海沟附近，流速较快，对位置坐标影响较大，从而影响综合引导。

5.海洋环境对水雷的影响

海洋环境对水雷的影响主要有以下因素：风浪流、海洋噪声（包括生物噪声）、海洋生物、海水压力等。其中，风浪流影响水雷带布放位置的准确度、在水中姿态及攻击弹道的稳定性、水雷的声磁探测及水压引信的接收灵敏度，海洋噪声中的总声级有时会达到100～110 dB，可能淹没舰船声特征信号；海洋生物附着水雷换能器表面，降低换能器接收灵敏度，海水压力对水雷的耐压壳体直接产生影响。

6.海洋环境对红外、激光等光电设备的影响

海上雨、雾、大气湿度等参数对舰载红外、激光等探测设备使用和性能影响很大。天晴时，大气对红外线、激光的吸收少，光电设备处于最佳状态；而雨雾天大气湿度很高，红外线、激光在大气中衰减很快，设备性能明显下降，甚至无法正常使用。

海洋环境对激光探潜最大的影响在于海水对光的衰减。一方面，为了使传输损耗低到最小，激光工作的频谱必须与海水的特征谱一致。对于深海传输，仅在光谱的蓝一绿部分有一个很窄的透过窗口；对于沿岸区域，这个透过窗口向更长波长移动，这就限定了激光器的工作波长。另一方面，海水溶解大量的杂质，导致对光有较强的吸收衰减，蓝一绿激光也不例外。

激光在海洋大气中传输时受到大气分子和气溶胶的吸收与散射，并有可能产生热晕现象，影响激光对目标的破坏作用。同时，海洋环境的温度、湿度、霉菌、盐雾、大气湍流等因素也会对激光武器的使用化产生影响，给高功率激光武器上舰带来很大难度，美国"鹦鹉螺"大功率激光武器在陆地成功完成反导反卫试验，但大功率激光武器适应海洋环境的技术还没有突破。

7.海洋环境对导弹攻击的影响

在海洋环境下，无论是水面发射或是水下发射，导弹出水姿态、空中飞行弹道、低空姿态参数的高精度测量都非常重要，其涉及这枚导弹发射是否成功及是否能组队安全，海面的气温、气压、湿度、大气透明度等海洋环境参数，特别是在贴近水面数百米范围内的弹道测量更是关键重要的，而且由于这些条件变化剧烈，会给光学测量精度带来严重的影响；恶劣的海洋环境对于舰船和潜艇发射弹药后的初始弹道干扰较大，影响到导弹的飞行控制；对于反舰巡航导弹，其巡航高度数据的设定均需视海洋环境参数而定，以尽可能提高飞行的隐蔽性和突防能力。海洋环境对潜艇水下发射导弹，对导弹出水姿态和潜艇发射前后的稳定影响较大。

8.海洋环境对海战武器装备主要影响一览表

序号	平台及装备	工作状态	海洋环境主要要素
1	水面舰艇	航行、锚泊	风浪流、潮汐、雾、雷雨、海冰
2	潜艇潜器	水面航行	风浪流、潮汐、雾、海冰
		水下航行、悬停	浪、流、冰、深度、密度、跃层、内波、尾流
3	水面导航设备	工作	风浪流、雷雨雾、电磁、海杂波
4	水下导航设备	工作	海流、温度、盐度、障碍、海中生物、海底地质
5	雷达、无线通信、电子对抗设备	工作	海杂波、电离层、大气波导、地球曲率半径、电磁干扰
6	声呐、水声通信、水声对抗设备	工作	温度、盐度、深度、密度、地磁、跃层、环流、锋面、会聚区、海底地质、海洋生物、背景噪声
7	鱼雷	追导目标	温盐深密锚线、风浪流、跃层、锋面、海洋生物、障碍、干扰
8	水雷	识别目标、打击目标	温盐深密锚、风浪流、背景噪声、海洋生物
9	光电探测与对抗设备	工作	温盐深、深密锚、风浪流、透明度、背景照度、障碍干扰
10	导弹、空投鱼雷	导的飞行	风浪、海杂波、电磁干扰、障碍干扰
11	飞机	海上平台起飞与降落	风浪、雷雨雾、气流、气压、电磁干扰

现代海洋维权需要海洋认知成果支撑

三、海洋强国建设必须依靠军民融合发展

海洋强国主要包括海洋科学认知、海洋经济发展、海洋维权维稳三大方面。海洋科学认知是基础，是引领，是全面利用地球资源的先遣军；海洋经济发展是重点，是追求，是人类生存拓展的新源泉；海洋维权维稳是理智，是保障，是建立海洋文明新秩序的有生力量。

支撑三大方面都需要海陆空天潜的各种平台、监测感知、通信网络、指挥控制、环境保护、资源共享、建章立法。提高开发海洋的效益，加速海洋强国的建设，必须走军民融合、创新发展的道路。

1.通信传输网络与保障

在离本土进入中远海区域的船舶，远程通信传输主要依靠的是卫星和短波通信信道；国际海事卫星（INMARSAT系列）、中国海事卫星通信网（SEARES）、全球短波数据通信网（美国GlobeWriless、瑞典Maritex）的GlobeEmail业务被全世界民用远航船舶广泛使用，也被多国军有效地应用。由于数据保密的原因，多国军队使用国际海事公用网，特别谨慎和局限。各国军方独立建设覆盖全球海洋的通信传输网，是不经济的也是不可能的，必须走军民融合之路。

我国是海洋运输第一大国，海船通信业务对国际海事卫星和国外短波网使用依存度很高，我国应依靠国内通信科技力量，军民共建海洋全球通信传输网和水下数据网，特别是功能价格比显优的全球短波数据网，以满足我国海洋运输、海洋科考、海洋开发、海洋维权的需要。

海洋综合信息网架构示意图

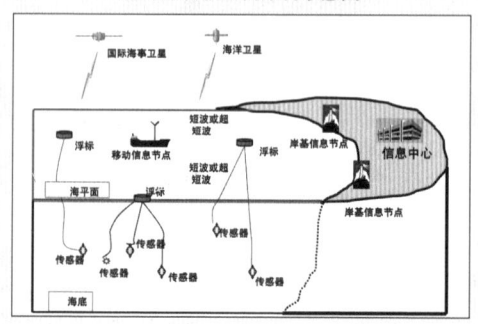

在卫星通信链路由受严重破坏的情况下，海上远程通信必须依靠短波信道、跨洋光缆及其中继链路；中近程通信依靠超短波、微波、升空机载中继通信等手段；为能够满足指挥、控制、计算机、侦察、监视、打击等情报信息处理与传输的基本需要，这些链路必须互联互通、自动交换、信源加密、灵活配制组网。

用现代陆基 Internet 网络、传统短波和超短波信道、交换控制技术、信道测量及预报技术，把非卫星网延伸到海洋，克服了点对点、点对多点的短波通信受气候、季节、昼夜的电离层影响和局限，高质量地完成全球海洋通信。

我国要成为海洋强国，就应该有自己的高可靠、高质量海洋数据网，覆盖海洋的卫星网已经开始布局，价廉物美的全球短波通信网更应奋起直追！

2. 海洋立体监测与环境要素获取

收集、调查海洋环境数据；逐步建立海洋环境立体监测网络；同步建设海洋环境数据传输网络；按地理、地质、季节、昼夜、海空、海面、海水中、海底、生物、动力等特征分类，建立海洋环境数据库、海洋知识库，特别是海洋气象水文数据库、海洋地理生物数据库、海空大气环境数据库；不断循环发展，从近到远、从浅到深、从低到高、从粗到精，逐步完善、逐步扩大海洋数据库和知识库。

这是科学考察、认知海洋、预报海情、预防灾害的需要；也是开发海洋经济、建设海洋工程、利用海洋资源、以海强国富民的需要；更是海洋维权维稳、支撑战场建设、提高武器性能、保证国家权益的需要。

军民共建，监测海洋，成果共享，融合发展！

军民平台共同参加海洋资源调查

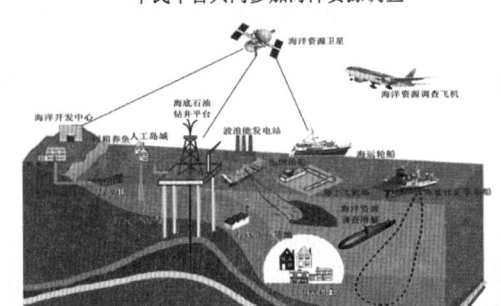

3. 深海探测感知与延伸侦察

对深海认知是我们的薄弱环节，尽管我们海军潜艇航行还在 500 米以浅，但海水海中、深海、海底都有无形或有形的变化特性，影响着我们现代舰船武器的工作或性能的发挥，有时还会带来灾难。海洋的风、浪、流、深相关特性；温、盐、密、磁变化规律；跃层、内波、水潮、海啸形成机理；不同大洋海区地质特征、水质特征、生物特征、背景噪声特征等等，都对我们舰艇航行安全、水中兵器寻的、水下发射弹道、水下通信探测有着重大影响。这些仅依靠海军方战时获取，是不够的，也是受局限的，有的还是不可能的，必须选择军民融合之路！

4. 海洋民用平台战时动员与广泛支援

走向中远海，适应新海域，加强海陆空天潜综合化军民，民为军用，军民融合，减少重复，提高协同指挥、远程打击、近程防卫、信息获取诸方面能力。

在战场辅助决策过程中，必须服务和支援好主决策系统。在主决策意图快速理解的前提下，调用海战场相关历史数据库，分析获取的实时数据库，用积累的经验、科学的引导，与实时战场态势快速融合和响应，用系统支撑战场辅助决策。

为持续获取深海海情信息，建议在台湾海峡、南海西沙海区建立海底光缆、电缆组成的环形监测示范系统，并进行试验。以高压（10 kV）、中压（490 V）、低压（48 V）接收器和信号中继器为节点站，分别给各种传感器、监测仪器实时供电和提供信号路由；通过无线水声通道或有线光电通道，与浮标、潜标、潜器、船基、光纤传感器阵组成监测数据网，并具有良好的抗毁性和生存能力，高、中压接收器具有为 AUV、UUV 充电和信息中继功能，为深水潜器水下隐蔽工作提供重要保障并提高效率。该系统不仅能监测海流、潮汐、海浪、盐度、密度、跃层、地磁、地震和海啸信息，海洋背景噪声等，还能与水下声呐和水听器链接，探测发现水下目标。

试验成功后，可向其他海区推广。

完成这些功能，单依靠军方投入是不够的，也是不经济的；充分利用远洋运输和渔业船舶，搭载气象、水文、海情传感器和记录仪，数据军民两用，是大国普遍做法；覆盖海洋的数据网络，必须是多路由、高可靠、易交换、立体、广域；用户广泛、军民共用，仅面向军方或高端用户，是难于长久维持的；军方用户重点是加强信源加密，减少信道加密，增加信道伪装，广泛收集信息，分类分区建库，设级列项查询，作训快速调用。

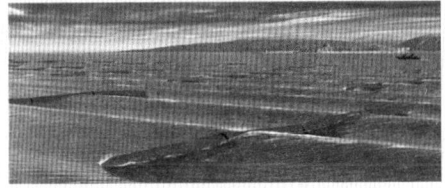

海边波浪能发电站兼作浮式防波堤

军民融合，创新发展，需要先有认识，加深了解，相互支持，共用共享，建议：

（1）加强国外相关情况的跟踪研究，掌握世界先进的研究设计方法；在海洋环境参数分析和海洋环境适应性研究方面提高我国的研究设计起点。

（2）开展基础海洋学研究和海洋基础理论应用研究，认识和利用海洋环境效应对海洋建设和维权装备的影响机理。

（3）在经济建设平台上搭载监测海洋环境的传感器，更深入地整理海洋环境调查的技术成果，建立海洋环境状态与参数数据库，逐步掌握热点海区环境要素和变化规律，用于海洋建设和维权。

（4）完善相关的海洋试验站，加大对海洋环境试验研究的支持力度，在设计初期尽可能考虑海洋环境因素的影响，降低装备的全寿期费用，军民共建共用，减少重复投资。

（5）建立系统的海洋环境参数分析研究模型，为海洋环境的科学研究、海洋工程平台设计、海洋维权装备的研制提供支持和引导。

（6）加快建设海洋状态与环境的信息感知和通信传输网，挖掘和建立我国领海及邻海的历史数据库，充分考虑军民共用，加强海洋相关信息的安全管理，提高海洋数据利用效率。

以创新为导向，推进船舶工业供给侧改革

胡可一

［江南造船（集团）有限责任公司］

以创新为导向，推进船舶工业供给侧改革

一、国际及国内船舶工业现状

JIANGNAN SHIPYARD SINCE 1865

江南造船(集团)有限责任公司

以创新为导向，推进船舶工业供给侧改革

1.1 国际航运和船舶市场面临严重挑战

- **国际市场环境恶劣**
  反映国际航运市场行情的克拉克松海运指数持续走低，2016 年 7 月末的指数较同比大幅下跌 52.7%，这预示着市场航运行情正在进一步恶化，复兴仍然遥遥无期。另一对造船及航运市场有目大影响的波罗的海干散货指数（BDI）目前则处于低位，2016 年 7 月末为 701 点，同比下跌 27.1%，仍在枯荣线下方徘徊。

- **新造船市场持续低迷**
  2016 年截止 7 月末全球新船成交量仅为 262 艘，同比下降 71.6%，散货船、集装箱船、油船和液化气船的船价持续下跌，2012 年，中日韩基本瓜分了全球的新造船订单，但是 2016 年以来，韩国船厂接单极度萎缩，而中国和日本也是依靠本土船东的订单支撑。

- **企业经营压力大**
  除少数在细分领域做专、做精的企业之外，在市场好的时候大肆接单的船企普遍面临着链断裂、船东弃船、船价下降、成本增加的风险，企业经营举步维艰。韩国 STX 造船海洋不久前正式提出破产申请，韩国最大的航运企业韩进海运于2016年8月31日宣布破产这都显示了目前航运及造船企业经营压力巨大。

克拉克松指数（2014-2016）

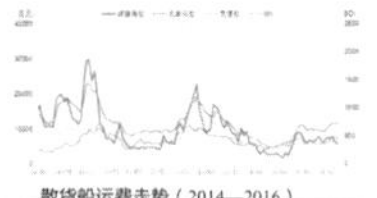

散货船运费走势（2014-2016）

江南造船(集团)有限责任公司

以创新为导向，推进船舶工业供给侧改革

1.2 中国船舶工业的下行压力

世界经济增长缓慢、中国经济增长放缓的大环境下，中国船舶行业面临着巨大的下行压力。

- **订单少，竞争激烈**
  2016 年上半年除了VLOC、VLCC和集装箱船外，其他船型订单稀少，而且船价低，利润空间小，截至8月份，承接新船订单1787万载重吨，同比增长18.7%，但是利润却同比下降24.4%。

- **原材料价格上涨，成本增加**
  中国船舶行业的造船模式大多属于总装造船模式，利润率低，但是今年以来原材料价格，特别是油价、钢材和用工成本的增加，船厂的成本进一步增加。

- **市场萎靡，经营惨淡**
  产品定位失败、经营不善、资金链断裂、船东弃船等因素都容易使船厂陷入经营困境，严重则会导致破产清算，曾经风光的大型国营船厂和江浙沿海大量的中小船厂都陷入了"无单可接、无船可造"的境况，只能纷纷陷入破产。

以创新为导向，推进船舶工业供给侧改革

二、经济新常态和供给侧改革

JIANGNAN SHIPYARD SINCE 1865

江南造船(集团)有限责任公司

以创新为导向，推进船舶工业供给侧改革

2.1 经济发展新常态

经济发展"新常态"的大环境下，中国未来经济的发展将呈现"L"形，经济发展趋向于平稳，行业结构需要不断优化升级来适应新的发展需求。

- **经济新常态：**
  三个特征：
  - 高速增长转为中高速增长；
  - 经济结构不断优化升级；
  - 从要素驱动、投资驱动转为创新驱动。

经济发展新常态下，中国选择主动迎接经济发展带来的挑战而不是被动招架。"推进供给侧结构性改革和引领经济发展新常态"是中国经济新常态下的发展战略。

新常态 经济 下行 压力

江南造船(集团)有限责任公司

以创新为导向，推进船舶工业供给侧改革

2.2 供给侧改革

供给侧改革是中国根据当前经济发展的挑战，提出的创新调控方式，以结构性改革为主要内容，目的是"提高供给体系的质量和效率"。它是经济发展新常态下，国家宏观调控手段在经济领域的一种具体表现。

投资持续下降、过剩产能突出、消费稳中偏降，使得中国经济的总需求一直处于疲弱状态，进而导致了经济增长的疲软。

供给侧改革的目标就是要化解过剩产能、降低企业经营成本、加速产业结构调整、提升经济活力、稳定经济增长。

供给侧改革

江南造船(集团)有限责任公司

以创新为导向，推进船舶工业供给侧改革

2.3 船舶工业未来发展需要供给侧改革

- **中国船舶工业落后的现实**
  中国船舶企业与欧美先进的船舶企业对标后，不难发现我们的造船模式还是很落后，以美团纽波特纽斯造船厂为例，目前已开始推进"无纸化"作业，打造智能造船厂，通过数字化制造实现精益造船，均衡生产的现代化的造船模式，反观中国的造船模式，仍然还处于劳动密集的阶段，距离信息密集、技术密集还有很长的路要走。

- **中国船舶工业未来发展方向**
  现实的差距给中国船舶行业指明了未来发展的方向，必须通过改变生产模式，调整产业结构，提升劳动力来实现行业的发展。但是由于之前投资和生产要素（土地、劳动力等）制约严重的产能过剩，产业结构落后、劳动密集等现象客观存在，而仅仅依靠市场的自发调节作用来淘汰落后产能的时间又过长，还会造成劳动力资源和社会资源的浪费。

- **船舶工业需要供给侧改革**
  在明确未来船舶行业发展方向的前提下，需要依靠国家宏观调控手段，通过供给侧改革，对我国船舶行业实现淘汰过剩产能、优化产业结构。

供给侧改革

江南造船(集团)有限责任公司

以创新为导向，推进船舶工业供给侧改革

三、船舶行业供给侧改革势在必行

JIANGNAN SHIPYARD SINCE 1865

江南造船(集团)有限责任公司

江南造船 以创新为导向，推进船舶工业供给侧改革

3.1 船舶工业的特点

◆ **全球性竞争特征**
船舶作为国际贸易主要的运输工具，其需求范围是全球性的；船舶建造工业则会因要素禀赋的比较优势不同而集中在少数国家。船舶的需求和供应特点使得船舶产品在全球范围内进行流通。因此，造船企业在分享全球需求的同时也将面临来自世界各地的竞争。

◆ **产品结构复杂**
船舶是一种定制化的产品，船东根据运输路线、通行航道、成本的不同来定制不同型号、不同技术水平的船舶。船舶可根据不同的用途分为16大类，每一类别又可根据载重吨分为多种种类。因此，单个造船企业无法生产（从成本和收益角度考虑）生产所有类型的船舶，而是根据自身的生产规模、技术优势等条件来选择某一细分市场。

◆ **周期性特征**
船舶具有较长的建造周期和使用周期，这使得下游运业的运力增减无法根据市场需求灵活地做出调节。航运业主要承担大宗商品在全球范围的流通，而大宗商品的供需状况与宏观经济的走势密切相关。因此，产业链上下游之间的传导机制使得造船行业具有明显的周期性特征。随着自身及下游航运业的金融属性加强，造船行业的周期性波动更为剧烈。

江南造船 以创新为导向，推进船舶工业供给侧改革

3.2 船舶工业产能过剩严重

要素驱动（劳动力、土地等资源）、投资驱动在很长一段时间是驱动中国船舶工业发展的主要因素。随着经济增长速度放缓，大规模刺激经济发展的因素逐渐减少，船舶行业结构老化、内在驱动不足的问题就暴露出来，从而导致产能特别是低端产能过剩。

◆ **产能过剩的外部因素：**
　◆ 次贷危机带来全球经济危机导致实体经济发展受创，再加上中国经济增长放缓；
　◆ 大宗需求价格波动下滑；
　◆ 原油价格持续下跌，海上石油开采陷入低谷；
　◆ 国际航运市场严重受挫；
　◆ ……。

◆ **产能过剩的内部因素：**
　◆ 技术难度低、附加值低、劳动密集的低端产能占据国内造船企业的大量产能；
　◆ 船舶过度扩张速度过快，产品定位偏向低端产品；
　◆ 产品结构抗风险能力差，低端产能在市场环境恶化时不能消化；
　◆ ……。

江南造船 以创新为导向，推进船舶工业供给侧改革

3.3 船舶工业供给侧改革的必要性

◆ **突出有效供给，减少低端浪费**
船舶工业低端产能的存在已经是不争的事实，低端产能的存在占据社会的生产要素和劳动力，造成了社会资源的浪费，拖累经济的发展。推进供给侧改革，减少低端产能的有效供给，能够实现资源配置的优化，减少社会资源的浪费。

◆ **提高产业集中度，避免恶性竞争**
针对我国船舶工业的特点，需要进行有针对性的规范管理，压减产品以常规过剩产品为主、创新能力弱、工艺落后、能耗大、效率低的造船低端产能，对其实行关停或者使其转型高端产能，提升船舶工业的产品集中度，避免了内部无序的恶性竞争；同时，通过升级改造形成高效率、智能化、低能耗和绿色环保的优质产能，改善产品与服务供给，进行合理的产能储备，形成合理的产能结构，能够有效防范市场风险。

◆ **强化成本控制，强调产能自律**
中国造船工业的毛利润已经非常低，又面临着资源环境的约束日益趋紧、劳动力和各类生产要素成本不断上升等一系列的压力，强化成本控制，强调生产要素和企业效益是保持竞争力的必由之路。另外，造船工业是具有典型周期性的行业，其市场波峰波谷的出现有一定的规律，能够进行预判，如果造船企业能够调整自己的生产节奏来适应需求变化的节奏，同时为下一轮的行情进行技术和研发储备，将会更有利于企业维持自身的发展动力，使企业的生产经营进入一个良性循环。

江南造船 以创新为导向，推进船舶工业供给侧改革

四、以创新为导向 调整船舶产业结构

江南造船 以创新为导向，推进船舶工业供给侧改革

4.1 结构性产能过剩

◆ **创新不足结构性导致产能过剩**
船舶工业的产能过剩，表面上看是在市场高峰时定位于低端产品，依靠劳动密集的优势非理性地投资扩产造成的，但是更深层次的原因还是创新驱动力不足导致的结构性过剩。例如豪华邮轮、薄膜型LNG等，竞争力不足、创新驱动不足、创新模式属于追随型而非引领型等现象。创新是引领产业发展的第一动力，中国船舶行业需要加大创新投入、加快创新步伐、定位中高端产品来推进产业结构优化，保持市场竞争力。

江南造船 以创新为导向，推进船舶工业供给侧改革

4.2 "双创" 搭建创新平台

◆ **聚焦"双创"，借助政策东风**
"双创"首先由李克强总理在达沃斯论坛上提出，之后更是写入了政府工作报告，"大众创业、万众创新"是"双创"的字面表述，但其内涵则是"创新驱动发展"。"双创"出台后，中央和各地纷纷制定政策鼓励创新的发展，这对船舶行业结构调整是个机遇，要借助政策东风，重新定位企业的发展战略。

◆ **借助"双创"，推进科技创新与体制创新**
造船企业应该以产品结构调整为着眼点，抓住转型机遇，朝广义的海洋运输、海洋安全、海洋科考和海洋工程四大装备方向发展，推进科技创新与体制（结构）创新。

◆ **加快创新成果转化，减少无用功**
只有转化为成果，对科研和生产有促进作用的创新才是有效的创新。在创新项目立项之始就要对其未来应用进行前瞻性预测，剔除发展潜力或未来应用效果不大的项目。创新成果要加快转化为提升生产效率的因素。

江南造船 以创新为导向，推进船舶工业供给侧改革

4.3 船舶工业的创新特点

◆ 造船行业最为典型的两个创新过程——"产品创新（Product Innovation）"和"过程创新（Process Innovation，也称'流程革新'）"

◆ 船舶行业是一个古老传统而又注重实际的行业，因此船舶产品完全从原始创新开始往往不太现实，成功的可能性也不大，船型开发过程中往往采用"母型船改造或变换法"实际上是在引进、消化先进技术的基础上的再创新；

◆ 船舶的设计建造的全过程直至完工交付实际上众多技术和设备在船舶这个"平台"上的集成创新，对首船而言应该理解为集成创新；

◆ 理船舶产品的创新过程中更应强调的"过程创新（PI，Process Innovation）"，船舶产品的体形巨大，建造周期长，以锁定产、涉及的专业范围很广，生产设施、信息和数字化的实施难度大等特点决定了船舶产品的设计建造过程本身是一个"创新过程"。

江南造船 以创新为导向，推进船舶工业供给侧改革

4.4 创新动力源自市场需求

◆ **把握市场变化**
　◆ 船舶营运的过程中的燃料成本；
　◆ 船舶设备机械的维修保养成本；
　◆ 船舶的营运效率、不同装载工况和波浪中性能的平衡；
　◆ 船舶的装载率、降低单位货物的运输成本；
　◆ 绿色环保和排放的要求引起初期投资和营运成本的增加；
　◆ 船舶的压载水量；
　◆ ……；

江南造船 以创新为导向，推进船舶工业供给侧改革

创新动力源自市场需求

◆ **提高感知市场需求**
　◆ 随着全球气候变暖、极地航线的开通变为可能；
　◆ 巴拿马运河的扩建工程；
　◆ 集装箱船的船型需求向两个极端集中：
　　◆ 亚欧干线集装箱船的大型化，20000箱级的超大型集装箱船的大量订造；
　　◆ 支线集装箱船的大量订造；
　◆ 南美巴西—远东铁矿石运输船舶的大型化（淡水河谷和中国矿运）；
　◆ 页岩气开发（乙烷的远程运输）使美国从油气进口国变成了出口国；
　◆ 公务船的需求增加；
　◆ 中国的邮轮母港建设推动豪华邮轮的需求增加。

江南造船 以创新为导向，推进船舶工业供给侧改革

创新动力源自市场需求

◆ **紧跟规范变化**
船舶行业是一个古老传统又不断发展变化的行业，这个变化主要是随着船舶规范的发展变化而变化。船舶规范是船舶设计、建造、维修和检验的主要依据。

以绿色船舶发展为例：
（1）20世纪，法规、公约和规则中的无"绿色"理念，实际上是以船舶安全为主；
（2）20世纪70年代开始，"绿色"理念逐步转向以"海上安全＋环境污染防止"为主；
（3）如今，船舶"绿色"理念进入到一个更高的层次，IMO的工作重心转移到了提高船舶能效方面。

如何应对船舶规范的变化，是船舶企业市场相应的重要一环，合乎最新规范变化趋势的创新将会大大提升造船企业的竞争力。

以创新为导向，推进船舶工业供给侧改革

创新动力源自市场需求

◆ 把握未来船型发展

市场的潜在需求是未来船型发展的重要推动力量之一，但是市场的潜在需求可能并不都以规范的形式表现出来，需要进行前瞻性的预测和研究。创新要围绕未来新技术、新材料的应用时机、未来气体运输衍生船型的发展机遇和未来船舶推进系统及新能源的发展等来进行，把握未来船型发展并进行前瞻性的研发、创新和技术储备，可以令船舶企业在未来竞争中处于不败之地。

案例一：气体运输船的衍生船型的发展
◆ 兼运LNG多用途半冷半压式液化气船使船舶具有更加灵活的揽货能力；
◆ 蓄压式LNG运输船应该是短途LNG运的最佳选择；
◆ 二氧化碳专用或兼运LNG船则着眼于未来的碳权交易，二氧化碳的捕捉和储存（CCS）及可燃冰开采；
◆ 而LNG/LPG替代能源的应用为绿色减排提供了一个实用可行的解决方案，特别是对具有自主供气能力的石化能源开采企业发展自有船队提高了竞争力；
◆ 在常规的LNG船增加再汽化功能（LNG-RV）。

以创新为导向，推进船舶工业供给侧改革

创新动力源自市场需求

案例二：未来船舶替代燃料的发展
■ 替代燃料MDO/MGO/LNG/Ethane/LPG
■ 用船用柴油 MDO / 低硫油 MGO 替代重油，排放减少但成本增加；
◆ "绿色船舶"将采用天然气LNG驱动的双燃料发动机天然气的使用最大可以使氮氧化物含量减少到 85%，硫氧化物也完全可以减少到当前值的 1%。发动机的改进可以使二氧化碳减排约 20%；
◆ 液化石油气LPG也是未来替代能源之一。

CO_2	23%	32%	31%
NO_x	13%	13%	80%
SO_x	92%	92%	95%

以创新为导向，推进船舶工业供给侧改革

4.5 创新推动产业升级

◆ 低端产能转型

以干散货船等技术水平低、附加值低、劳动密集产品为主的造船企业可以借助政策东风积极调整经营战略，把握转型发展机遇，将产品重新定位于某一细分领域的中高端层次，远洋渔船、多功能工程船、水面去污船等细分船型都可以是转型发展的新方向。

◆ 高端产能升级

研发实力雄厚的大型船厂由于人工成本、要素投入等因素一般都定位于高技术、高附加值的产品，这些大型船厂可以借助于政策东风进行技术储备，开发新的、具有更大潜力和更高技术难度的产品或者进行国内没有专利的船舶系统的研发，例如豪华邮轮、薄膜型LNG、VLGC、大型集装箱船等船型、绿色船舶系统、液化气船货物围护系统、船舶动力推进系统以及智能船舶系统等，这样在市场形势转好时能够获取更多的利润。

以创新为导向，推进船舶工业供给侧改革

4.6 未来船舶工业的发展需要自主创新

◆ 自主创新的三个层次的内涵（即原始创新、集成创新和消化吸收再创新）。
◆ 自主创新的核心是要拥有自主意识，要对关键技术、核心技术的掌握很关键，不一定要完全掌握，但是一定要有技术储备，需要运用时能够随时进行研发并转化为技术成果。
◆ 中国船舶工业的迅速崛起并走向国际市场便印证了在引进、消化国际先进造船技术的基础上的再创新，将各种相关技术有机地融合起来的集成创新的自主创新之路是一条正确的道路。
◆ 目前船舶市场竞争压力巨大的情况下，单纯依靠引进外国先进技术的追随性创新已经不能确保在市场上占有优势的竞争地位，需要在汇集外来先进技术基础上，结合自身优势和特点，将其进行有机的融合和集成，形成自主性的创新。

以创新为导向，推进船舶工业供给侧改革

自主创新的案例分析

◆ 创新案例：三星重工自行研制的 LNG 船货物围护系统 SCA。
■ 一旦 SCA 投入应用，对三星重工而言，只需有限的专利维护费和研发成本分摊，每船可节约七百万美元，合付给 GTT 的专利费的八成以上。这个成本优势和韩国船厂本来所具有的效率的优势足以抵消韩中船企间的劳动力成本差距。
◆ 尽管 GTT 是薄膜型围护系统的专利拥有者，但三星重工在建造过程中进行了许多"过程创新"和专利的覆盖面的研究。
■ SCA 让船东接受也许还需要一个实船验证的过程，但三星重工的创新精神和创新方式是非常值得称道的。对此，中国船企不仅要学习，更重要的是要反思。

以创新为导向，推进船舶工业供给侧改革

Q&A

强化科技创新，打造一流国家级企业技术中心

蔡洙一

（大连船舶重工集团有限公司）

内 容

- 1 概述
- 2 砥砺奋进，成果斐然
- 3 创新驱动，赢得市场主导地位
- 4 继往开来，续写华章

1 概述

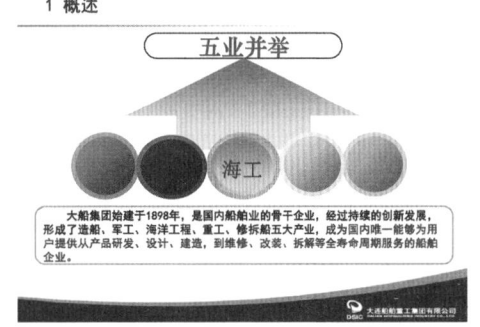

五业并举

海工

大船集团始建于1898年，是国内船舶业的骨干企业，经过持续的创新发展，形成了造船、军工、海洋工程、重工、修拆船五大产业，成为国内唯一能够为用户提供从产品研发、设计、建造，到维修、改装、拆解等全寿命周期服务的船舶企业。

1 概述

大连船舶重工集团设计研究所有限公司（简称大船集团设计所），成立于1966年5月4日，作为大船集团新产品、新技术、新工艺的研究中心，大船集团设计所技术力量雄厚，列入国家级企业技术中心，被评为"国防科技创新团队"。主要从事军工、民船、海洋工程、重工和修拆船产品的研发、设计以及国家各部委下达的船舶和海洋工程科研项目以及国防科研试制开展的研究工作。按照ISO9001质量管理体系要求，获得了DNV船级社以及中国新时代质量体系认证中心颁发的认证证书，能够按照CCS、LR、DNV GL、ABS、BV、NK、RINA等多家船级社规范和各种国际公约及标准开发，设计各类船舶和海洋工程产品。

国家认定
企业技术中心

国防科技创新团队

1 概述

◆1966年5月4日：根据六机部的指示精神，正式成立"大连造船厂船舶产品设计研究所"。
◆1968年11月/1973年1月：船研所历了了被撤销和重新恢复。
◆1987年10月：船舶所正式命名为"大连造船厂设计工艺研究所"。
◆1990年8月18日：独立为大连船舶设计研究所。
◆1995年10月：分建为大连造船厂船舶设计研究所和大连造船新厂船舶及海洋工程设计研究所。
◆2005年12月9日：由原大连造船工船舶设计研究所和大连新船重工船舶及海洋工程设计研究所经过重组、合并组建成立大连船舶重工集团设计研究所有限公司。
◆五十年来，大船设计所不断发展，走出了一条引进外来设计——联合设计——自行研发、设计的发展道路，在世界造船业及海运界中赢得了很高的声誉。

1 概述

大船集团设计所精心打造了专门的民船、海工和重工技术研发团队，拥有专业研发人员约150人。其中中国工程院院士1名，中国船舶设计大师3名，博士、硕士100余人。多年来，大船集团设计所按照"开发一代、建造一代、储备一代"的研发理念，持续加大研发方面的资金和人力投入，采取走出去、请进来策略，走"产学研"一体化道路，自主研发能力不断增强，已经由开始仅能进行生产设计向拥有自主知识产权的产品研发跨越，在国内处于领先水平，是国内同行业研发能力最强单位之一。

2 砥砺奋进，成果斐然

大船集团设计所依托大船集团的强大综合实力，在军工、民船、海洋工程、修拆船、重工五大产业板块，坚持实施"开发一代、建造一代、储备一代"的产品研发战略，通过不懈的努力，走出了一条"从无到有、从有到优"的渐进式创新之路，促进了产品转型升级和结构调整，增强了自主创新能力和市场竞争能力，先后为国内外船东研发、设计了400余型、3000余艘（座）各种船舶、海洋工程和重工产品，创造了70多项国内第一（首制）。

2 砥砺奋进，成果斐然

军工领域

先后为海军45个型号、820多艘舰船的成功建造提供了强有力的技术保障。中国第一艘炮艇、第一艘导弹潜艇、第一艘导弹驱逐舰、第一艘油水补给船等都诞生在大船集团。举世瞩目的中国第一艘航空母舰"辽宁舰"的建成交付，圆了国人百年航母梦想，倾注了大船集团设计团队的心血，也成为大船集团设计所永恒的骄傲。

2 砥砺奋进，成果斐然

民船领域

20世纪60年代设计了当时国内最大吨位的1.5万吨油船；70年代自行开发设计了1.2万吨大舱口远洋货船、2.4万吨油船、5万吨油船；80年代设计、开发了中国第一艘按国际标准和规范建造的出口船2.7万吨散装货船"长城"号、3.8万吨及8万吨成品油船、11.5万吨及11.8万吨穿梭油轮；随着从引进吸收到再创新、原创开发历程的完成，90年代以后，大船集团设计所以液货船、集装箱船、散货船等三大主力船型为主线，持续加强科技开发与创新，自主创新能力也增强，多型有影响力的新产品先后打入国内外市场，如"梦幻型"2.8万吨成品油船、"大连型"11万吨级成品油船、"非洲最大型"3900TEU集装箱船、5668TEU集装箱船、10000TEU集装箱船、20000TEU集装箱船、大型液货船、大型化学品船、自主研发的多型VLCC等，在技术上保持国内领先、国际先进水平。

2 砥砺奋进，成果斐然

海工领域

从20世纪70年代第一座40米自升式钻井平台、80年代第一座出口钻井平台、90年代第一座BINGO 9000型半潜式钻井平台，到21世纪第一艘15万吨级浮式生产储油船、第一艘23万吨级浮式生产储油船、第一座400英尺自升式钻井平台、第一座3000米深水半潜式钻井平台、第一座多功能半潜式钻井支持平台和第一座完全具有自主知识产权的300英尺自升式钻井平台，多年来，大船集团设计所推陈出新，与时俱进，共设计各类海洋工程产品近70座，填补了国内多项空白，创造了多项国内第一。

2 砥砺奋进，成果斐然

重工领域

大船集团设计所突破单点系泊领域的国际垄断，实现了悬链式单点系泊系统的自主研发，使大船集团成功成为国内首家单点系泊系统总承包商；通过技术创新，为航运公司提供营运船舶的水动力节能装置设计，大幅提升客户船队的船舶营运能效；具有自主知识产权的3900TEU集装箱船舱口盖，取得了英国LR船级社和船东的认可，打破了集装箱船和散货船舱口盖设计市场由国外设计公司垄断的局面；攻克高效扭曲舵技术壁垒，掌握了高效扭曲舵的设计理念和设计方法，填补了国内高效舵自主设计的空白，开拓了全新的重工装备领域市场。

2 砥砺奋进，成果斐然

修拆船领域

大船集团设计所相继完成了"海洋石油113" FPSO、9250TEU集装箱船、12600TEU集装箱船等产品的改装设计，已经开始赢得世界的关注。凭借超前的绿色拆船技术和硬件设施，大船集团将引领国际拆船产业绿色转化潮流。

2 砥砺奋进，成果斐然

大船集团设计所成立50年来，始终坚持以技术创新满足新时代航运与能源工业发展为己任，致力于推动船舶与海洋工程产品的升级与换代，荣获各类科技成果奖励330余项，其中国家级近70项、省部级260多项。取得专利技术近280项、软件著作权28项，编制国家、行业标准近130项。

3 创新驱动，赢得市场主导地位

以三大主力船型为主导，创新与优化民船产品，引领市场需求。通过密切跟踪国际技术发展趋势以及最新规范规则的要求，以节能降耗、绿色环保为主攻方向，不断开展主力船型优化升级，打造品牌船型；不断开发高技术船型，为企业在竞争中求生存、谋发展提供了强有力的技术支持。

3 创新驱动，赢得市场主导地位

大船集团的代表性主力船型——VLCC

自1999年承接了伊朗国家石油公司（NITC）的第一艘VLCC订单，至今已先后为海市全球的15个船东公司建造并交付使用VLCC 65艘，手持订单19艘。VLCC已经成为大船集团的名牌产品和主力船型。

目前在制的VLCC船型特点

(1) 通过多方面技术优化，较小性船型节能20%以上。
(2) 采用自主专利技术，为国内首家建立打造首座浅水VLCC，双层底内阔仿沉积明显减少，效果达50%。
(3) 具有大载重量、高航速性能的绿色船型特点，EEDI接口满足第二阶段的要求。

3 创新驱动，赢得市场主导地位

完整的集装箱船全系列产品线

➤ 自建造5668TEU集装箱船起，DSIC设计所先后自行设计和合作设计了两型1800TEU、两型4250TEU、3900TEU、4300TEU、6600TEU、8800TEU、9250TEU、10000TEU等多型实船建造的集装箱船。

➤ 为满足市场需要，多年来设计所持续进行集装箱船的船型开发和技术升级。目前集装箱船储备船型已经形成系列化。

3 创新驱动，赢得市场主导地位

以FPSO、自升式平台和半潜式平台为主线，自主创新海工产品，赢得市场竞争话语权。紧密跟踪世界海洋工程技术发展趋势，创新思维，快速提升自主创新能力，成为国内建造海洋工程产品最齐全、综合实力最强的企业。累计设计建造海洋工程产品近70座。

3 创新驱动，赢得市场主导地位

DSJ300自升式钻井平台

项目	设计参数
型长（米）	62.8
型宽（米）	60.5
型深（米）	8.0
作业水深（米）	91.4
钻井深度（米）	9144
船级社	CCS & ABS
定员（人）	105
开发时间	2010

DSJ300为国内首座拥有完全自主知识产权的自升式钻井平台，目前该型设计已经获得了5座平台订单。

3 创新驱动，赢得市场主导地位

大船设计所是我国第一家取消放样、应用三维设计软件的设计单位，围绕先进制造技术，在数字化设计和工艺设计技术方面不断取得创新成果。

3 创新驱动，赢得市场主导地位

数字化设计的回顾

数字化设计持续不断开发中…

2012年实施图文档系统

2008年实施CIMS系统

2006年的自动设计系统形成规模

2005年提出ADES概念并启动实施

2004年与HANA联合设计转变设计模式

2002年实现全船应用TRIBON三维设计

1996年船体专业实现三维设计

1990年国内率先引进Steerbear三维设计系统

大连船舶重工集团有限公司 DSIC

4 继往开来，续写华章

　　2016年是"十三五"的开局之年，大船重工确定了"十三五"战略目标：努力发展成为创新驱动、五业并举、国内领先、世界一流的船舶领军企业。

➢ 大船集团设计所将强力推进"完全三维设计"，逐步形成数字化产品开发能力；

➢ 贯彻落实"中国制造2025"和"两化融合"的有关思路要求，向"三维工艺、三维制造"一体化的目标迈进；

➢ 进一步对标日韩，对主力船型进行持续优化升级，加大对高技术、高附加值新船型的研发力度；

➢ 开展针对国际上前瞻性的新型绿色动力、北极新航线、智能船舶等前沿技术和船型的研发，为企业市场开拓做好技术准备。

大连船舶重工集团有限公司 DSIC

4 继往开来，续写华章

➢ "十三五"期间，大船重工将以"中国制造2025"为纲领，以集团公司战略目标为指导，以"承百年基业、铸世界一流"为宗旨，全面实施"十三五"科技发展规划任务。

➢ 强化军民融合，落实"军品第一"理念，以高度的政治责任感和勇于担当的历史紧迫感，充分利用民品技术和人才优势，加强军工建设，提高保军能力，推动军民融合深度发展。

➢ 争创技术领先，以绿色化、智能化为主线，自主研发智能船舶和智能制造技术，大力开展工艺工法创新，主导产品形成国际品牌。

➢ 建立中间产品智能车间，产品质量与施工效率达到国际先进水平，不断提升核心竞争力。

大连船舶重工集团有限公司 DSIC

船企科技创新的探讨

王 毅

（中船黄埔文冲船舶有限公司）

面临形势

- 我国船舶工业历经30多年的高速发展，船企的装备水平和管理能力发生了翻天覆地的变化。
- 已经跻身于世界造船的第一阵营，与日韩比肩。
- 特别是进入21世纪以来，在船舶设计和制造技术上得到快速发展，设计能力几乎覆盖了所有船型。在先进性指标上同步伴随，卓有进步。
- 但在船界内的人们总有我们"差点什么"的感觉，劳心费力不说，在市场激烈竞争中总是缺些"撒手锏"。
- 特别是在如今劳工成本优势不断丧失，近乎殆尽的环境下，船企的竞争能力在哪里？摆在了今天中国船企人的面前。

战略定位 创新思维

- 船舶工业的发展如此，我国的其他制造业也面临继续发展的类似的问题。
- 中央提出"双创"、"供给侧改革"战略部署，明确提出了"中国制造2025"、"互联网+"国家战略。
- 船舶集团在中长期发展规划中，旗帜鲜明地提出创新是发展的第一动力。
- 给我们提出了船舶行业发展方向和战略定位。
- 作为船舶企业如何让创新在企业的发展中发挥出应有效应？

在此，提出下面一些思考

一、创新要发挥社会、行业和企业的联盟作用

- 船舶工业是一个综合性极强的行业，涉及门类多，集中反映了国家基础工业水平，如材料、机械、精密制造、动力装备、配套设备制造能力等等，给船舶工业的创新带来了台阶和沟坎。
- 船舶行业自身的基础如标准、基础技术、设计技术、制造技术、制造机械装备等由于发展时间有限，成熟度不高，给企业的创新发展带来了基础支撑不力的问题。
- 企业创新必然受到国家相关基础工业发展和船舶行业本身基础技术的发展水平的制约。
- 创新上就要打破单行独创的格局，大胆主动地联合或发挥社会各个有关工业行业、高校科研院所的各自优势，开展联合创新、共同创新。
- 发挥和依靠行业本身的协调统筹作用，在共性技术、基础技术研究应用上形成行业合力，破解行业发展的瓶颈制约。
- 创新与技术和装备发展相适应的管理模式。
- 未来船舶发展的创新，要跳出船舶，造就船舶。

二、创新要以企业为主体

- 企业是市场的竞争主体。应用基础技术和共性技术创新开发企业个性化产品形成竞争优势是以企业为主体，其他组织无法替代。
- 产品在市场的寿命，取决于企业再创新和维护的能力。
- 企业承担主体地位，责无旁贷。

二、创新要以企业为主体

夯实企业的主体作用需要从以下几个方面努力：

- 一是政策的支持。国有企业承担着繁重的社会责任和当期经济运营指标的双重压力，企业作为主体的投入能力不足。需要在政策上给予一定的支持，减轻企业的负担增强创新投入能力，同时造就企业有相应的能力和自主权决定其创新发展方向和创新机制。
- 二是机制。创新的成功概率是有限的，风险和效益并存。保护创新的积极性需要一个良性的容错机制，保证创新者的职业安全和创造性劳动的积极性。
- 三是激励。船舶工业创新主要是一个集体创造为特征的团队，合作精神尤为重要。其激励机制更加复杂而富有特殊性。既要体现企业的文化和价值观，又要体现浓郁的团队意识；既要体现领军者的主导作用，又要体现合作者的重要性。

二、创新要以企业为主体

- 四是尊重创新者的个性发展。充分发挥员工是企业创新主体的作用。员工对企业文化和价值观的认同，才能自己变成企业的"主人"，才能将其富含的才智和智慧无私地贡献给企业。
- 五是着力于创新资源的培育和投入。创新行为必须要有充足的资源支撑。人力资源是创新的第一资源，经费资源是创新的必要保障，装备是创新的重要支撑。

三、创新的着力点

- 行业有行业的特点和使命，船舶行业更具有其特殊性。
- 船舶行业是典型的民用工业，充分参与市场竞争。
- 船舶行业又是非常重要的、肩负国家使命的军工企业。

- 在此，仅从民用工业角度来讨论创新的方向和着力点。

三、创新的着力点

- 1. 船舶工业是国家工业能力和水平的综合体现，其发展能力必然受到其他工业行业的牵制或促进。着力于与其他工业行业的联合开展创新。
- 2. 学习借鉴其他行业的结构思想和理论，创新船体的结构体系，减轻船体的结构重量，提高标准化结构占比。
- 3. 开展新气体动力能源的应用研究。
- 4. 增强系统运行的检测能力，建立船舶大数据系统，提高数据的分析和应用能力。优化船舶功能系统，提升船舶运维能力并降低运维成本。
- 5. 创新系统调试试验方法。建立系统测试数据库，研究系统被动测试技术，推进系统测试和试验的高效化。
- 6. 推进智能制造技术的研究和应用，创新制造及管理模式，实现跨越式发展。
- 7. 创新模块化组装模式和精度控制理论，推进精准、快捷组装搭载技术发展。

海洋工程装备设计与建造技术

刘文民

（大连船舶重工集团有限公司）

一、海洋工程装备简述

油气石化概貌　　　　　　海洋工程

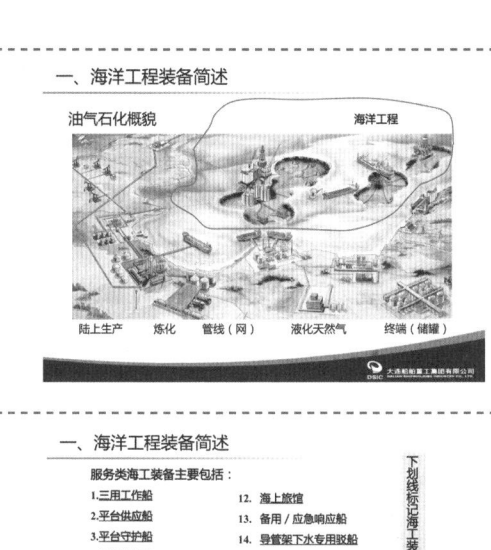

陆上生产　炼化　管线（网）　液化天然气　终端（储罐）

一、海洋工程装备简述

海工装备指海洋资源的勘探、开采、加工、储运、管理、后勤服务等方面的工程装备。

它主要分为三大类：勘探、生产、服务

- **勘探装备**：地质探测和钻井。
  - 地质勘探装备主要为三维及四维地震测量船。
  - 钻井装备主要包括：自升式、半潜式、钻井船、钻井驳船、支持平台。
- **生产装备**主要包括：固定平台、顺应塔平台、张力腿平台（TLP）、柱稳型平台（SPAR）、浮式生产系统（FPS）、水下生产/处理系统、浮式生产储卸油船（FPSO）。
- **服务**装备种类繁多，见下表：

一、海洋工程装备简述

服务类海工装备主要包括：

1. 三用工作船	12. 海上旅馆
2. 平台供应船	13. 备用/应急响应船
3. 平台守护船	14. 导管架下水专用驳船
4. 打捞救助船	15. 重吊、打桩船
5. 潜水支持船	16. 铺管船
6. 半潜运载船	17. 海底挖沟、布缆船
7. 多功能清洁环保船	18. 风电安装船
8. 海洋综合调查船	19. 单点系泊系统
9. 挖泥、铺石、抛石船	20. 酸化、压裂船
10. 水下作业支持船	21. 油井生产试验船
11. 钻井支持船及平台	22. 大洋采矿船/平台

下划线标记海工装备国内船企涉足较多

一、海洋工程装备简述

据不完全统计，全球钻井装备在用及订单数量约1010座。

1. 自升式钻井平台：约590座，约400座的船龄超过25年；
2. 半潜式钻井平台：约250座。投入使用约220座，在建的有31座，约120座的船龄超过25年；

钻井船：约170座，2000年前共建造47艘。

Top 16 offshore drilling contractors by number of rig managed (total rigs includes rigs under construction)

一、海洋工程装备简述

生产装备

生产装备分为浅水固定平台和深水生产平台，其中浅水固定平台很少在大型船企建造。

深水生产平台主要为以下五种：

 JACKET

FPSO	SEMI	MOPU	SPAR	TLP
截止2015年7月投入约161艘	半潜式FPS与FPU目前约50座	形式较杂未做统计	目前共安装20座	目前共安装26座

一、海洋工程装备简述

服务类装备

其中可查数量较多的为：

- 三用工作船 2400多艘
- 平台供应船 1400多艘
- 海洋综合调查船 670多艘
- 平台守护船 400多艘
- 单点系泊系统约400座
- 地质勘探（地震）测量船约170艘
- 油井增产船 35艘

其他类型装备：

- 钻井支持船及平台约50座
- 海上旅馆约30座
- 重吊船/平台约100座
- 铺管船约100艘
- 浮式储油船（FSO）约50艘
- 钻机模块约100座

一、海洋工程装备简述

近年来新型海工装备：

- 在西非和巴西等温和海域，已有3艘船型FDPSO的应用
- 有16个以上的FSRU项目正在运营；
- 适用于100米水深范围内边际油田开采自升式生产卸油平台（MOPU）有13座；
- 截止2015年4月全球水下处理工程共67个，其中：气体压缩 9个，增压39个，注水5个，分离14个；
- 海底修井支持船18艘。

二、海洋工程装备设计技术

海工装备的设计开发需要重点关注下列因素：

- **安全可靠**（尤其适用新型结构）
- **经济性**（尤其当前的市场环境）
- **新技术、新装备**

  前瞻性技术要求和新的功能需求，对于新型海工装备研发尤为重要

- **油田开发模式**

  开发模式的转变或将催生新型海工结构物的诞生

- **业主的新需求**

  海工业界的需求变化，将是研发的风险点和风向标

二、海洋工程装备设计技术

海洋工程设计常用软件：

Software Name	Application	Remark
NAPA	Naval architectural analyses	NAPA
NAPA OSS	Naval architectural analyses	NAPA
SHIPFLOW	Naval architectural analyses	FLOWTECH
ANSYS & AQWA	Structural analyses	
Patran & Nastran	Structural analyses	MSC
Nauticus Hull	Structural analyses	DNV Class
SESAM	Structural analyses	DNV Class
Nauticus Machinery	Machinery Calculation	DNV Class
DEEP-C	MOORING ANALYSIS	DNV
RulesCalc	Rules calculation	LR Class
SDA	Rules calculation	LR Class
SafeHull	Rules calculation	ABS Class
SafeHull	Rules calculation & Structural analyses	ABS Class
Mars	Rules calculation & Structural analyses	BV Class
Poseidon	Rules calculation & Structural analyses	GL Class
SDP	Rules calculation	CCS Class
DIAS	Structural analyses	CCS Class
EDSA	Electrical power system design	
Airpak	CFD for HVAC	
CAESAR II	Piping analyses	CDADE
Fathom 7.0	Piping flow resistance calculation	AFT
Impulse 4.0	Piping flow resistance calculation	AFT

二、海洋工程装备设计技术

海洋工程设计涵盖以下 12 个方向：

A. 海工结构物
B. 地质勘探
C. 钻井、掘进  重点解读
D. 生产、开采
E. 系泊
F. 立管、输送
G. 井口装备、水下生产装备
H. 完井、修井
I. 水下流动性、输送解决方案
J. 水下增压、回注、分离、压缩
K. 水下钻机、水下采矿机
L. 服务及支持

二、海洋工程装备设计技术

海工装备研发的技术核心是做出功能强、效率高、经济性好的研发方案。
海工装备的设计、建造方就是要以：为业主提供竞争性强、适应性强、作业效率高的海工结构物装备为目标。

海工结构物主要分为 9 大类：

1. 固定钢结构物
2. 混凝土重力座底平台
3. 自升式平台
4. 单点系泊系统（SPM）
5. 半潜式平台
6. 船型、双船体
7. 张力腿型平台
8. 柱稳型平台
9. 水下浮体、海床结构物

二、海洋工程装备设计技术

1. 固定钢结构物（简述）

焊接形式的钢结构、管架及导管架类，它们固定于海床，支持上部模块装置包括：油气处理设备、发电机组、直升机甲板、居住舱室及旅馆服务。

全球众多固定平台的应用，证明了这些形式在应用中可靠性极高。

在浅水区也常见栈桥连接的导管架平台群，设置独立的直升机甲板、居住舱室及旅馆服务平台。

二、海洋工程装备设计技术

2. 混凝土重力座底平台（简述）

由挪威人提出，规避了固定钢结构物需要大量高强钢和大量高级焊工的困难。

出色的抗冰能力，使得混凝土重力座底平台在冰区海域（北欧、俄罗斯和加拿大）有很多应用，也适用于水深较浅的海域。

二、海洋工程装备设计技术

3. 自升式平台

钻井　　生产　　服务支持　　生产、储油

自升式平台这种结构形式目前在油田开发中正朝着功能、多样化以及系统集成化方向发展

新型平台群　　钻井、生产、储卸油

二、海洋工程装备设计技术

3. 自升式平台

自升平台在设计过程中需重点关注以下几点：

① 甲板可变载荷的确定（依据钻井深度的要求确定）
② 桩腿设计（优化设计，降低成本、减轻重量）
③ 主船体结构设计（关注固桩区结构、悬臂梁强力、支撑等高应力结构区的设计）
④ 悬臂梁设计（合理选定结构，既利于结构强度，又利于设备布置，主要考虑井位的数量）
⑤ 钻井设备选择（注重高性价比，功能齐全）

重点部位的精度控制（强化建造精度的严格控制）

大船重工目前已经开发了拥有自主知识产权的DSJ300/350/375/400/500系列自升式钻井平台。目前多座平台已经取得了市场订单。

二、海洋工程装备设计技术

4. 半潜式平台

目前市场上半潜式平台形式多样化，主体结构趋于交叉融合，实现性能优化

二、海洋工程装备设计技术

4. 半潜式平台

半潜式平台在设计过程中需重点关注以下几点：

①甲板可变有效载荷（Payload）的确定（依据钻井深度的要求）
②气隙（尤其DNV船级社针对北海已经发布新的高标准要求）
③主船体结构设计（关注特殊结构区的连接方式如横撑与立柱，①立柱与箱型甲板等特殊敏感区）
④平台受波浪载荷影响（波浪、周期、相位、浪向角等环境因子的影响）
⑤钻井设备选择（注重高性价比，高效性、完整性）
⑥重点部位的精度控制（强化建造精度的严格控制）
⑦锚泊或动力定位系统（尤其动力定位系统设计、安装及调试）

大船重工目前已开发有拥有自主知识产权的DSD1500经济型锚泊半潜式钻井平台和DSS7000深水半潜式钻井平台。

二、海洋工程装备设计技术

5. 船型/钻井船

船型结构物在海工领域应用广泛，覆盖海工勘探、生产和服务的全部领域，勘探类船型包括海洋综合调查船、物探船、地震测量船和钻井船等；服务类船型应用更加广泛。大型船主要关注钻井船。

韩国船厂在钻井船设计与建造方面具有明显优势。国内船企在 EPIC 的能力还有所欠缺。

二、海洋工程装备设计技术

5. 船型/钻井船

钻井船在设计过程中需重点关注以下几点：

① 有效载荷（Payload）的确定（依据钻井深度的要求）
② 月池设计（对快速性以及钻井操作影响较大）
③ 功能舱室布置（钻台、月池、隔水管储存等区域布置受船型局限）
④ 受波浪载荷影响（波高、周期、相位、浪向角等环境因子的影响）
⑤ 钻井设备选择（注重高性价比，重量轻）
⑥ 动力定位系统（尤其动力定位系统设计、安装及调试）

大船重工目前已经开发了拥有自主知识产权的3000米深水钻井船。

二、海洋工程装备设计技术

5. 船型/FPSO, FSO, FPS, FDPSO

通常在下述三种情况采用此种结构物的形式：
① 小型油田，装备能再利用才有经济性可言；
② 孤立油田，没有现成管网可利用。
③ 深水区，无法安装常规固定平台。

其主要构成：
船体： 大型油船的改装，甚至保留船主推进；或新造，通常20年以上不进坞。
上部模块： 按照固定平台和石油精炼标准设计，以支柱式模块化或撬装式为主流。
转塔： 大口径理载轴承，固定部分与水下立管、系泊系统连接，转动部分与船体连接，通过转塔提供模块与水下井口的联系。
系泊： 与转塔配套的深水系统有8-10个吸力桩锚，通常钢链和纤维缆并存。
立管： 水下加强立管与浮式生产系统配套，深水立管还出现水下转接浮筒，降低立管和转塔受力。

二、海洋工程装备设计技术

5. 船型/FPSO, FSO, FPS, FDPSO

在此类项目的设计过程中需重点关注以下几点：
①疲劳分析。尤其模块支墩、重型吊机基座等重要节点；
②储存分析。衡量FPSO设计能力的重要指标。
③总布置和分舱。综合考虑甲板上模块布置、主甲板内工艺流程船分割、装卸载处理、HSE等多种因素，而且要考虑系泊和立管的布局对总体性能的影响。
④主船体与流程模块接口。
⑤转塔区域模块接口设计。

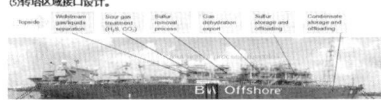

大船重工已经掌握了FPSO设计关键技术，具备开发此类海工结构物的开发设计能力。

二、海洋工程装备设计技术

6. 张力腿（TLP）平台

优点： 为垂向约束沉顺应型，水深范围为147-1500米，平台运动性能良好，拥有更稳定的生产操作条件，水深1000-1500米，经济性明显。

缺点： 重力、浮力、张力动态平衡，此类平台的特性中OFFSET（偏移）和SETDOWN（下沉）的弊端，载荷变化反应敏感。深海TLP平台造价多在10亿美元以上，只有油田总储量超过2亿桶，才能收支平衡，并进一步盈利。

二、海洋工程装备设计技术

6. 张力腿（TLP）平台

张力腿平台在设计过程中需重点关注以下几点：

1.重量控制。（小水线面，重量高度敏感）
2.典型节点结构强度和疲劳。如浮体与筋键连接点，立柱与上部模块连接点。
3.张力腿对平台运动响应分析。张力腿对平台运动性能有很大影响，分析需要计入张力腿和立管刚度以及预张力对平台本体水动力响应的影响。
4.张力腿系泊系统设计。张力腿张力腿系统的布置方式，通过Deep C系泊分析软件模拟张力腿平台的张力腿系统和平台主体的耦合作用。

大船重工正在开展关键技术研究，以期将来具备开发张力腿平台的能力。

三、海洋工程装备建造技术

1. 自升式平台建造技术

精度控制主要在以下几个方面：

● 升降基础精度控制
➢ 齿轮箱装置分段完工精度
➢ 升降基础装置分段完工精度
➢ 锁紧装置分段完工精度

● 桩腿建造精度控制
➢ 桩腿建造保障型专用精度工装
➢ 桩腿建造专用施工工装
➢ 桩腿超厚板焊接专业工艺

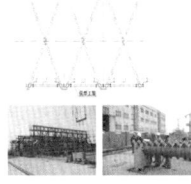

三、海洋工程装备建造技术

1. 自升式平台建造技术

悬臂梁单独建造后拖移合拢

悬臂梁结构整体建造后拖移上平台合拢安装，该技术已在大连船舶重工广泛运用。

三、海洋工程装备建造技术

1. 自升式平台建造技术

平台平地建造后拖移下水技术

通过技术研究已经完成了拖移上铊水工艺技术方案，目前在大连船舶重工已经在2座350英尺（1英尺＝0.3048米）、1座300英尺钻井平台上成功实施了平台平地建造后整体拖移上铊下水。

三、海洋工程装备建造技术

2. 半潜式平台建造技术

超大型上部模块整体吊装技术

采用多点吊点，多级吊钢平衡吊装技术，实现对超刚度、超大尺寸、超大重量的上层模块吊装。

下图模块重840吨，外形尺寸55米×25米×12米。

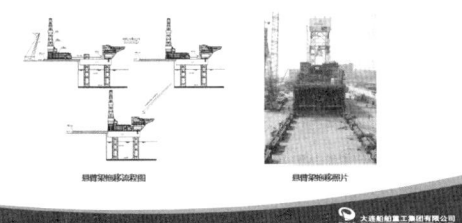

吊装照片　　有限元分析模型

三、海洋工程装备建造技术

2. 半潜式平台建造技术

动力定位侧推器装置安装技术

（1）侧推器基座定位及焊接阶段控制
（2）侧推器轴系尺寸控制
（3）基座焊接变形控制
（4）基座对中
（5）焊接后机械加工
（6）侧推器轴系对中技术
（7）侧推器水下安装

法兰面现场机加工

三、海洋工程装备建造技术

2. 半潜式平台建造技术

复杂节点制造技术

采用数控切割机切割相贯线坡口，采用专用胎架保证撑管装配精度，优化焊接顺序，保证建造精度及全过程关键数据监控技术。

 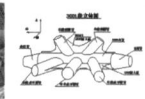 

撑管照片　　撑管立体图　　撑管相贯图坡口的切割

三、海洋工程装备建造技术

3. FPSO建造技术

上部模块的吊装合拢技术

采用专用吊梁防止模块吊装变形。安装不同类型的模块吊装合拢工装保证模块合拢定位精度。

模块矩形托架合拢定位工装　　模块调整托架合拢翻转工装　　模块吊装工装

三、海洋工程装备建造技术

3. FPSO建造技术

单元化模块设计及建造技术

大规模采用单元模块化设计技术、单元模块化建造技术，保证提高建造质量与建造速度。

单元模块化建造实例　　单元模块化设计建模

三、海洋工程装备建造技术

3. FPSO建造技术

两半段建造及合拢技术

通过分段划分优化技术、半船漂浮技术、两大段高精度合拢技术、上部模块高精度合拢技术，实现FPSO两大段建造及合拢。

FPSO前半段漂浮进坞　　FPSO前半段坞内建造

三、海洋工程装备建造技术

4. 共性建造技术

超大、超高井架建造及合拢技术

采用井架组立支撑装置，不同的超高、超重井架采用不同设备吊装，吊装用专用吊梁等技术保证井架的安全组立及顺利吊装。

井架组立临时支撑　　龙门吊吊装　　履带吊吊装　　海工吊吊装

三、海洋工程装备建造技术

4. 共性建造技术

大吨位井架负荷实验技术

设计专用大吨位井架负荷试验工装，满足井架负荷试验要求。

井架负荷试验　　试验吊装工装

单元舱室安装技术

设计专用单元舱室安装平台，优化单元舱室安装拖移路径及梯子外板临时开幅，提高梯子模块建造速度与质量。

单元舱室临时安装平台　　单元舱室拖移进舱

四、海洋工程装备发展趋势展望

海工装备发展趋势

受当前市场影响海工装备呈现两极化发展的趋势。
1. 不放弃对新技术、新船型追求，以引领行业发展；
2. 不放弃迎合当前市场的需求，开发低价格、高经济性的产品。

高端：高规格、高技术含量 ← 海工装备发展趋势 → 低端：经济性、满足最低要求

四、海洋工程装备发展趋势展望

GustoMSC

GustoMSC最近推出了两款适用于恶劣环境运营的钻井平台OCEAN1600-HE（高端）和OCEAN850-HE（低端）。

甲板长	92 米	80 米
甲板宽	88 米	78 米
定员	180 人	150 人
发电机	8 × 6500 kW	4 × 4000 kW
定位	16点锚泊+DP3	16点锚泊
吊机	2 × 90 吨	1 × 80 吨+1 × 60 吨
总可变载荷	15000 吨	
井深	210 万尺～2000 千尺	185 万尺～2000 千尺
泥浆泵	4 × 2200 马力	3 × 2200 马力
防喷器	2台, 18-3/4 英寸, 20 k	2台, 18-3/4 英寸, 15 k
接管吊	2 × 25 吨	1 × 50 吨
作业水深	3000 米	1000 米

四、海洋工程装备发展趋势展望

Aker

继 GustoMSC 推出经济型 OCEAN850-HE 后，Aker也顺势推出了经济型生产平台 Lean Semi。Aker将平台简化，以减轻重量，缩短建造周期，使得一些类似鸡肋的边际油田开发成为可能。

平台主要性能指标	
作业水深	100～400 米
日处理原油	60000 桶
上部模块重	6000 吨（同比轻30%）
资本支出CAPEX	低
运营支出OPEX	低

四、海洋工程装备发展趋势展望

DSIC

为应对低油价市场形势，DSIC在低成本经济型平台研究方面也做了诸多努力。我们相继开发了经济型自升式气体压缩平台DSJ375GC，钻井平台DSJ375，DSJ400II型，以及半潜式平台DSD1500。

大型 LNG 船的设计和建造技术特点

宋 炜

［沪东中华造船(集团)有限公司］

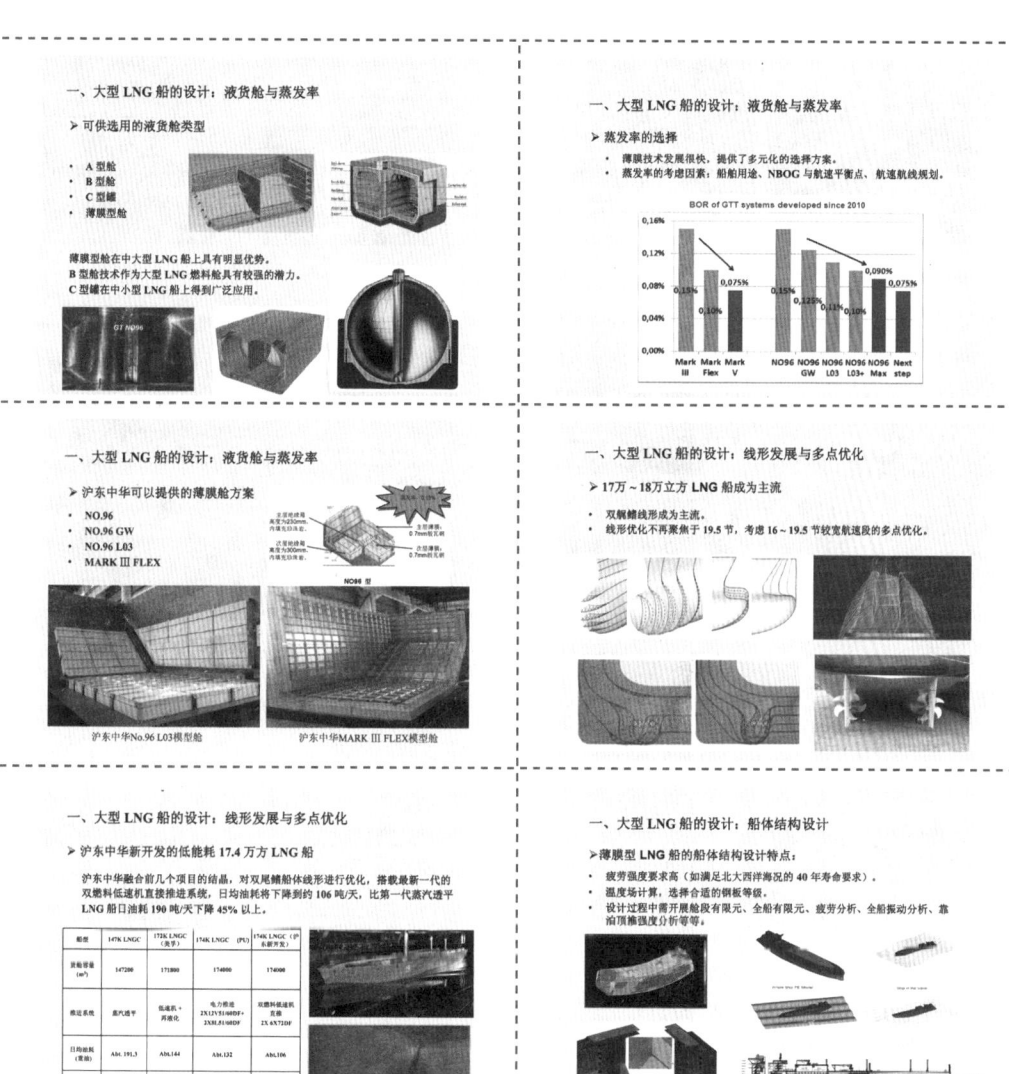

一、大型 LNG 船的设计：货物处理系统的设计

➤ 货物处理系统的节电型设计理念

- 货物处理系统中的 BOG 压缩机是能耗大户（650～1500 kW），合理设计 BOG 处理系统非常重要。
- ECOBOT 型系统设计。
- 压缩机选用的多元化方案：多级压缩机、常温压缩机、活塞式低温压缩机。

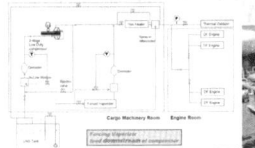

一、大型 LNG 船的设计：消防系统的设计

➤ 大型 LNG 船防火、消防一般需考虑满足 DNV FAMC 的要求

- 恒压式水消防系统、高倍泡沫灭火系统
- 绿色环保的 NOVEC 1230 灭火系统、干粉灭火系统
- 无电释放型的机舱舱底水喷淋系统
- 大气油雾探测系统

二、大型 LNG 船的建造：液货舱的建造

➤ 液货舱建造的难点控制

- 货舱区船体结构的平整度控制
- 货舱区环境的湿度和温度控制
- 背面压载舱的油漆防护
- 殷瓦焊接一次性通过率（目前沪东中华已实现殷瓦低温管绝缘达到的泄漏点单舱在个位数）

二、大型 LNG 船的建造：双艉鳍、双轴系的安装

➤ 双艉鳍和双轴系的安装难点

- 需要同时满足两根轴线的轴心距、平行度、平面度、等高度等多个交叉关联的精度要求。
- 艉部区域分段总组化合搭，有效降低累计误差，将分段搭载造成的精度误差影响降到最低，同时严格控制分段变形，全程监控。
- 艉鳍长度超过 9 米，超长距离镗孔，需要二次进刀，定位对刀难度大。

二、大型 LNG 船的建造：低温管系的安装

➤ 低温管系的安装要求

- 需要考虑冷态和热态的双向热补偿
- 特殊的焊接工艺 WPS
- 低温应力计算对支架有非常严格的定位和同期调整要求。安装时的调整对中工作量最大
- 需要克服低温管绝缘的误差、支架制造的误差、特氟龙垫板的最小厚度要求等等

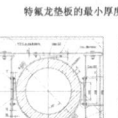

二、大型 LNG 船的建造：常规试航和气体试航

➤ 常规试航和气体试航的特点

- 常规试航检验主推性能，一般需要 7 天左右；气体试航检验液货系统和全船气体状况下的联动运行，一般需要 2～3 周时间。
- 单轴运行、双轴运行两种模式下的各种输入和操纵性试验。
- 匹配性试验：电力推进系统和船舶操纵性、双燃料动力系统和供气系统等等。
- 低温运转试验。

二、大型 LNG 船的建造：沪东中华 LNG 船项目进展

➤ 172K MOL/Exxon Mobile LNGC 项目

2016 年 4 月天堂鸟号顺利交付，17.2 万立方零货舱双艉鳍推进 LNG 运输船系列船完美收官，船东对已交付船舶运营反馈良好，标志着沪东中华正式迈入国际 LNG 船建造俱乐部。

PAPUA
(Delivered in Jan. 2015)
SOUTHERN CROSS
(Delivered in June 2015)

BEIDOU STAR
(Delivered in Nov. 2015)
KUMUL
(Delivered in Apr. 2016)

二、大型 LNG 船的建造：沪东中华 LNG 船项目进展

➤ 174K AP LNGC 项目

沪东中华为中海—中石化—MOL AP LNG 项目打造的 17.4 万立方双燃料电力推进 LNG 船进展顺利，首制船"中能福石"号常规试航和气体试航均一次性成功，将于 10 月底交付运营。

Length Overall	abt. 290.00 m
Length between perpendiculars	278.00 m
Breadth (Moulded)	46.60 m
Depth (Moulded)	26.5 m
Designed Draught (Moulded)	11.7 m
Cargo Capacity (100% filling)	174000 m³
Type of CCS	GTT No.96
Propulsion Power	25200 kW
Propulsion System	DFDE Twin Skeg 5x8L51/60DF
Service Speed	19.5/MPP/21%SM

二、大型 LNG 船的建造：沪东中华 LNG 船项目进展

➤ 174K AP LNGC 项目

AP LNGC 项目 2 号船已经完成常规试航，10 月中旬开始气体试航，计划年内交付。

其余四条船在码头舾装中，按计划建造中。

二、大型 LNG 船的建造：沪东中华 LNG 船项目进展

➤ 174K PU LNGC 项目（TEEKAY/CLNG/CNOOC 项目）

2016 年 4 月，沪东中华自主设计建造的目前国内最大、技术最先进、性能最优秀的 17.4 立方双燃料电力推进（DFDE）LNG 船"泛亚号"成功出坞，目前正在码头进行紧张的设备调试工作，预计 2017 年 9～10 月交付，该系列 2 号船亦于 2016 年 10 月出坞。

Length Overall	abt. 290.00 m
Length between perpendiculars	284.00 m
Breadth (Moulded)	46.95 m
Depth (Moulded)	26.25 m
Designed Draught (Moulded)	11.5 m
Cargo Capacity (100% filling)	174000 m³
Type of CCS	GTT No.96
Propulsion Power	23400 kW
Propulsion System	DFDE Twin Skeg 2x8L51/60DF+ 2x12V51/60DF
Service Speed	19.5/MPP/20%SM

IMO，EC & IACS Major updates coming

Vincent JOLY-NAZ

（法国船级社）

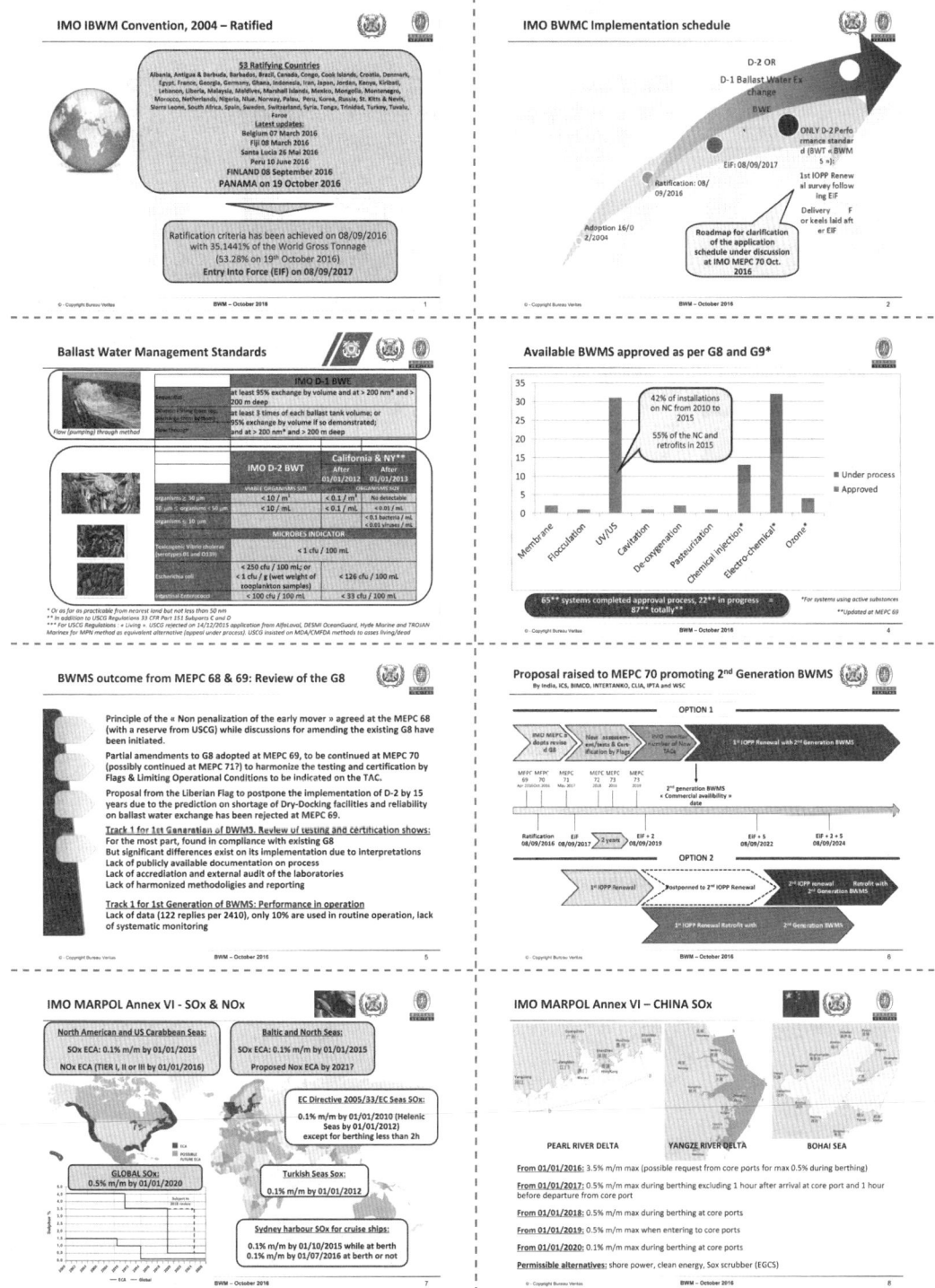

Discussion at MEPC 70: Monitoring of LSFO availability

MEPC 70/INF.6 IMO study result:

Oil industry will have the capacity to provide global quantity of LSFO by 2020.

The installation of SOx Scrubber on ships would keep the same as it is now, till 2017 where investment decisions will be made according to IMO decision regarding implementation of global limitation of the Sulphur content. The difference between the cost of high Sulphur and low Sulphur will be the leading parameter.

The use of alternate fuel would mainly involves LNG, with a demand evaluated around 10 million tons in 2020 (previously evaluated at 8 millions in 2012).

MEPC 70/INF.9 BIMCO and IMPIECA insights:

Oil industry will have some difficulties to provide global quantity of LSFO by 2020 because of some concerns related to the safe storage onboard ships of a significant part of this LSFO and because of concerns related to the shortage of sulphur removal facilities in refineries. Anyway this would go with consequences in the form of substantial increase in the fuel cost and not only for the Marine Industry.

It is expected that the proportion of ships equiped with scrubbers will remain low.

Use of LNG could raise 27 million tons in 2020. The share of the other alternate fuels are considered as negligible.

© Copyright Bureau Veritas   BWM – October 2016   9

1st real Ship To Ship LNG bunkering has taken place on 2nd September 2016 in Gothenburg

RECEIVING SHIP:
M/T TERNSUND
BV CLASS
DELIVERED FROM CHINA ON 27 JUNE 2016

BUNKERING SHIP:
CORAL ENERGY
BV CLASS

© Copyright Bureau Veritas   10

EC – Monitoring, Reporting and Verification (MRV)

2015/757 EC Directive	► All ships with GT ≥ 5000
Applicable	► All merchant ships on voyage from, to and in between ports under the jurisdiction of EC member to load or unload cargo or embark/disembark passenger ► Exclude stops for the sole purpose of refuelling, supplies and store, change of crew, dry-dock or repair
Origin	► 2009/16 EC , 2015/757 EC Directives

Subject Reference	► Ships with GT ≥ 5000 account for around 55% of the number of ships but 90% of the related CO₂ emissions
	► Monitoring on « per voyage » basis (except if more than 300 voyages per year):
	  ► Vessel ID, Amount of cargo, Port of departure/arrival, dates and travelling distance
	  ► Fuel consumption by types of fuel, CO₂ emissions by types of fuel, CO₂ emission factors by types of fuel, method of monitoring
	► Monitoring on « annual » basis:
	  ► Vessel ID, Amount of cargo, total travelling distances and time spent at sea / at berth
	  ► Total Fuel consumption by types of fuel, CO₂ emissions by type of fuel, average energy efficiency (EEOI, EIV, fuel consumption per distance and cargo)
	► Data will be made publicly available by EC

© Copyright Bureau Veritas   BWM – October 2016   11

EC MRV Implementation schedule

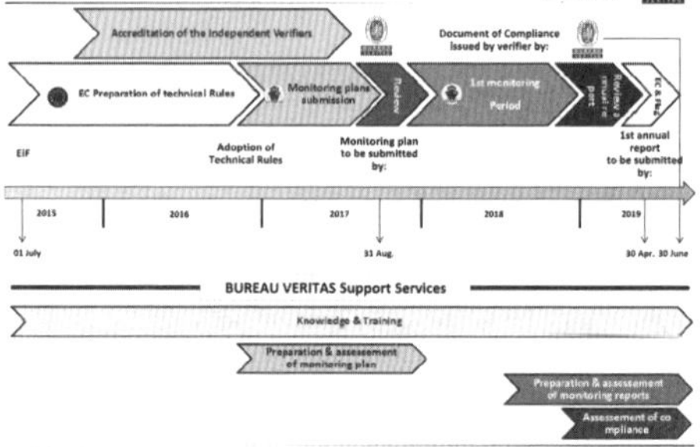

Accreditation of the independent Verifiers

Document of Compliance issued by verifier by:

EC Preparation of technical Rules — Monitoring plan submission — 1st monitoring Period — 1st annual report to be submitted by:

EIF — Adoption of Technical Rules — Monitoring plan to be submitted by:

2015	2016	2017	2018	2019
01 July		31 Aug		30 Apr. 30 June

BUREAU VERITAS Support Services

Knowledge & Training

Preparation & assessment of monitoring plan

Preparation & assessment of monitoring reports

Assessment of on compliance

© Copyright Bureau Veritas   BWM – October 2016   12

IMO MEPC – Recycling, 2009

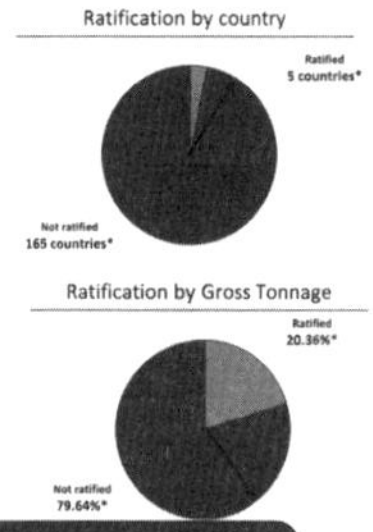

Ratification by country

Ratified 5 countries*

Not ratified 165 countries*

Ratification by Gross Tonnage

Ratified 20.36%*

Not ratified 79.64%*

Entry Into Force (EIF) two year after ratification by:
► more than 15 States; AND
► Representing more than 40% of the world merchant gross tonnage

IMO MEPC Res. 269(68) "2015 Guidelines for the development of the Inventory of Hazardous Materials (IHM)"

In line with BV notation GREENPASSPORT

*Updated on 19 Sept 2016

13

EC – Recycling Directive

2013/1257 EC Directive	► All ships with GT ≥ 500

Applicable	► Application Date (A.D.) after 31/12/2015 and after:
	  ► 6 month after recycling facilities reaches 2,5 million light displacement tons; or
	  ► 31/12/2018
	► New ship Flying EC Flag
	  ► contracted after A.D.; or
	  ► Keel laid 6 months after A.D.; or
	  ► Delivered 30 months after A.D.
	► Existing ships Flying EC Flag and all other ships calling EU Port: after A.D. but initial survey to be conducted by 31/12/2020

Origin	► 2009/16 EC , 1013/2006 EC and 1257/2013 EC Directives
Subject Reference	► Initial, renewal (5 years), additional (occasional) and final survey (prior to recycling) as per art 8 by Flag or its RO ► Materials listed in Annex I are prohibited or restricted IHM onboard at initial survey containing the informations listed in Annex II ► Some difference with IMO Convention: Polychlorinated Biphenyls (PFOS), Annex I and Brominated Flame retardant (HBCDD), Annex II ► Ship recycling plan to be prepared prior to recycling ► Authorization to be applied to the EC Commission for recycling ships flying EC Flag by a recycling company owning facilities in a third country

IACS UR E22: Computer based systems

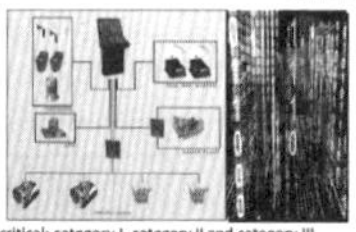

IACS UR E22 Rev. 2	► All ships
Applicable	► New ships contracted after 1st July 2017 ► Exclude navigation and radio-communications ruled by SOLAS and Loading Instruments
Origin	► IACS
Subject Reference	► Categorization from the less to the most critical: category I, category II and category III ► Life cycle including maintance steps & Top to Bottom approach : owner, System integrator and supplier ► Based on ISO 9001 Assessment of Quality Management System of the stakeholders ► Design risk assessment approach including the loss of data link (reference to IEC/ISO 31010) ► Code production testing, Integration testing before installation onboard ► BV NR 632, January 2016: Guidelines related to simulation tests using techniques as Hardware In the Loop (HIL) ► Type Approval or Case by Case Design Approval for PLC on categories II and III ► Final integration and onboard testing ► In-service software registry: traceability and management of the updates, scans for viruses and malicious softwares ► Main stream on quality and reliability issues but includes consideration on cyber security issues (mainly for wireless links systems)

© Copyright Bureau Veritas   BWM – October 2016   15

Industry initiative on Cyber Security (BIMCO)

► Submitted to IMO as document FAL 40/INF.4 (FAL 40 session will take place in April 2016) and for next MSC Committee in annex of document MSC 96/4/1.

► Define the different actors in this activity, roles & responsibilities

► Reference to NIST Cyber Security Framework (http://www.nist.gov/cyberframework/index.cfm)

► These guidelines provides pieces of advice regarding :
- Cyber risk assessment
- Cyber security controls with reference to CIS (http://www.cisecurity.org/critical-controls.cfm)
- Procedural controls like training actions and software upgrading policy
- Development of contingency plans

THE GUIDELINES ON CYBER SECURITY ONBOARD SHIPS

© Copyright Bureau Veritas   BWM – October 2016   16

IACS UR S11A: Longitudinal strenght standard for container ships

IACS UR S11A	► Container ships and ships primarily intended to carry containers with L ≥ 90 m
Applicable	► New ships contracted after 1st July 2016
Origin	► IACS

Subject Reference	► Scope
	  ► Defines brand new formulae for hull girder bending moment & shear force
	  ► Updated criteria for hull girder strength check (yielding, buckling, ultimate)
	► Why?
	  ► New formulae much more accurate (compared to direct calculation)
	  ► In addition, better clarity of formulae & commitment to latest standards (net scantlings...)
	► Impact
	  ► Slight increase of hogging bending moment amidships for larger ships
	  ► Large increase of sagging bending moment amidships
	  ► Increase of shear forces aft and fore
	  ► leading to little steel weight increase, largely depending on the design

© Copyright Bureau Veritas   BWM – October 2016   17

IACS UR S34: Finite Element Strength Analysis

IACS UR S34	► Container ships and ships primarily intended to carry containers with L ≥ 150 m
Applicable	► New ships contracted after 1st July 2016
Origin	► IACS

Subject Reference	► Define a scope of application and load cases for:
	  ► Partial Finite Elements cargo hold analysis for 150 ≤ L < 290; or
	  ► Complete ship Finite Element analysis for 290 ≤ L
	► Define a minimum set of loading conditions for partial Finite Elements cargo hold analysis

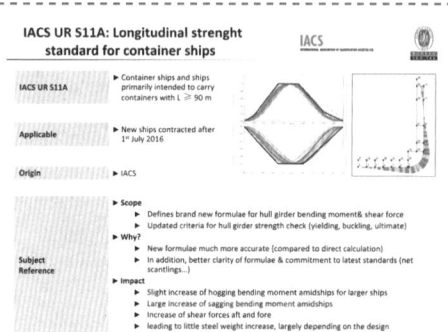

中国邮轮经济发展的若干问题

陈映秋

（中国船级社）

报告背景

- 国务院《促进海运业健康发展意见》（2014-8-15）提出四项战略目标与七项任务，明确提出发展区域邮轮经济。

到2020年，基本建成安全、便捷、高效、绿色、具有国际竞争力的现代海运体系，适应国民经济安全运行和对外贸易发展需要	优化海运船队结构、规模适度、结构合理、技术先进
完善海运企业法人治理结构，有竞争力、品牌的海运企业、港口、运营商、全球物流经营主体	完善全球海运网络
建立重点物流运输枢纽，国际影响力的航运中心	海运企业转型升级
	发展现代航运服务业
完善配套政策、法规，促使企业"走出去"	发展混合所有制海运企业
	完善相应标准、规则，例如：人才、国际化水平
	安全绿色（安全、低碳、绿色）

- 2016年3月份交通运输部发出文件，将邮轮经济顶层设计研究列为交通运输部专家委员会重点工作之一，由陈映秋委员主持。
- 本报告内容为项目研究启动内容之一。

一、邮轮经济发展历史及发展惯例

- 邮轮经济（Economic of Cruise Line）是指以邮轮旅游为核心产品带动相关产业的发展而产生的总体经济效应。其特点：
  - 超越国界
  - 社会福利提升的标志
  - 异国旅游目的地的信息充分免费交流
  - 服从于全球经济形势变化与供给侧结构改革的优质因素
  - 复杂的带有不同产品的机会市场（可以独辟蹊径）
  - 多种内涵的行业（不同文化）
  - 对访问地区影响强烈：风气、人口密度、环境
  - 流动性强，风险恰如其分的控制（比喻Daidalos-Icarus飞行器，"wings"of the cruise sector's growth, Destinations as the "feathers", "wing-frame" and the stakeholders as the "adhesive wax"）
  - 与国家收支平衡相关
  - 增加公共收入与就业
  - 拉动行业广泛（24个）
  - 服务行业集中（旅馆业、餐饮业、旅游业、航空业等）
  - 信息通信业[e-tech. Internet, Information and Communication Technology（ICT）、船岸一体化 [进一步降低旅游成本
  - 公共服务（口岸交互方式）涉及国政策
  - 引领未来技术[人机交互方式的最佳应用平台——虚拟现实技术（Virtual Reality, VR; Augmented Reality, AR; Mix Reality, MR]]发展

旅客与运营商的费用变化影响着国家/地区经济

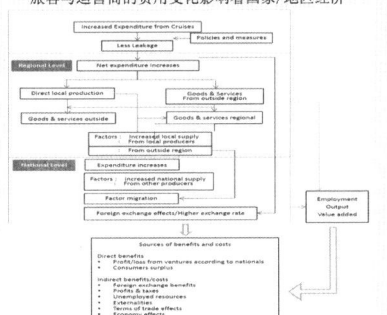

- 邮轮经济（Economic of Cruise Line）一直处于增长状态。自20世纪末以来，邮轮旅游一直保持年均8%的增速，据有关机构预测，2014年为2200万人，2015年2300万人，2020年全球邮轮游客数量可达3000万人次。
- 海上邮轮业务起源于19世纪的欧洲大西洋—地中海航线。P&O公司在1844年开发了英国至地中海航线。全世界第一艘专门用于海上豪华旅游的邮轮建于1900年。著名的泰坦尼克号邮轮建于1912年，专门用于跨大西洋航线。现代邮轮业务开始于20世纪60年代，喷气式飞机的问世打破了海上邮轮业务对于洲际旅游市场的垄断。
- 1969年，英国Cunnard公司在欧洲—美国跨大西洋航线投入Queen Elizabeth 2，将全球豪华邮轮市场带入一个全新时代。Queen Elizabeth 2将海上邮轮业务重点从单纯的（低端客户）运输服务提升到重视游客（以中产阶级以上的人群为主）在航海度假过程中的娱乐体验，人类成功地从概念上把邮轮与客船分开的里程碑，由此产生了邮轮文化，开始了不断与文人科学、美学、人体工程学、造船工程学等学科融合的历史，其功能也定格在休闲娱乐与观光游览上。

20世纪80年代，伴随着全球经济的快速发展，全球邮轮经济发展开启了新篇章，现代邮轮业务模式逐步形成。进入21世纪后，全球邮轮经济继续蓬勃发展。每年大约有10艘或更多的新邮轮投入使用，邮轮的设计和建造近一步大型化（超过10万总吨）和环境豪华建造（如玻璃电梯连接的多层甲板）以提供超星级饭店标准的客房及其服务。同时，专门开发了适合豪华邮轮业务的海上邮轮航线。邮轮旅游的概念通过普及与提高，形成了邮轮经济，是各国邮轮发展中不可忽视的一部分，在北美、大洋洲、欧洲等发达国家的经济中，邮轮经济都占有一席之地，约占全球GDP的0.3%。

2014年全球邮轮船队规模（登记加入国际邮轮协会）

	海上	内河
全球邮轮数量（艘）	411	278
床位数（张）	469000	452000

2014年全球邮轮乘客来源国人数统计

乘客来源国家	人数（万）	占比（%）
美国	1132.7	51.4
德国	177.1	8.1
英国/爱尔兰	164.4	7.5
澳大利亚/新西兰	100.0	4.5
意大利	84.2	3.8
加拿大	71.4	3.2
中国	69.7	3.1
法国	59.3	2.7
巴西	48.3	2.2
西班牙	45.4	2.1
其他	251.5	11.4

2014年全球邮轮乘客旅游目的国家/地区统计

乘客旅游目的国家/地区	全球邮轮供应床位天数占比（%）
加勒比海	37.6
地中海	18.6
欧洲（不包括地中海）	5.2
澳大利亚/新西兰	11.0
亚洲	4.6
阿拉斯加	4.5
南美	3.3
全球其他地区	15.2
合计	100

以欧洲为例，邮轮经济对各经济部门的贡献值分析如下：

大约75%的邮轮经济贡献制制造业。其中，邮轮工业占据大约的有48%的邮轮经济直接开支，25%的邮轮经济直接产生的工作岗位，34%的直接雇员收入。

交通以及公共设施服务（不含邮轮航线的直接服务，但包括旅游服务人员以及旅行服务代理等），占据了大概22%的直接开支，13%的直接工作岗位以及16%的雇员收入。欧洲雇员占据大约38%的直接工作岗位，以及29%的雇员收入。

Figure 1.1: Direct Cruise Industry Expenditures in Europe, 2015€

€16.89 Billion

Year Completed	Ships	Berths	Investment € (Millions)
2016	10	27,621	6,071
2017	11	27,820	6,180
2018	13	27,629	6,215
2019	16	50,195	9,976
Total	50	133,265	28,442

Region	2005	2010	2011	2012	2013	2014	2015
	Million passengers						
North America	9.96	11.00	11.44	11.64	11.82	12.16	12.08
Europe[1]	3.19	5.67	6.15	6.23	6.39	6.39	6.59
Sub-total	13.15	16.67	17.58	17.87	18.21	18.55	18.77
Rest of World[2]	1.21	2.40	2.91	3.03	3.09	3.49	4.33
Total	14.36	19.07	20.49	20.90	21.30	22.04	23.10
% NA	69.4	57.7	55.8	55.7	55.5	55.2	52.7

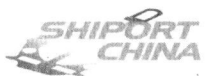

亚洲邮轮市场现状

在 2014 年为亚洲邮轮市场提供了近50%的客源后（在 140 万邮轮旅客中中国大陆居民占67.9 万），中国大陆 2015 年仍然表现强劲，愈来愈成为亚洲邮轮市场发展的主力军。2015年，亚洲拥有近 4000 艘邮轮停靠，涉及 19 个国家的 169 个邮轮港口。

到 2020 年，邮轮市场对中国经济的贡献将达到 510 亿元。

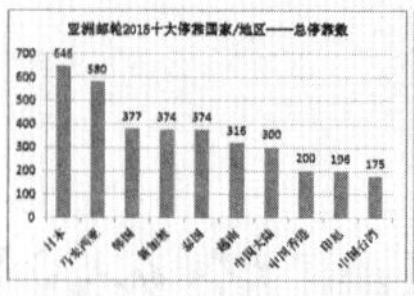

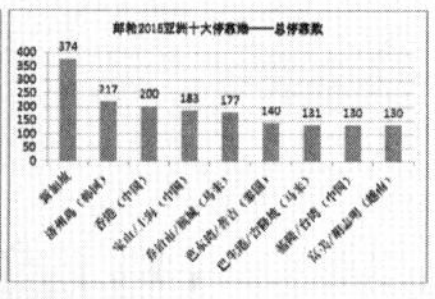

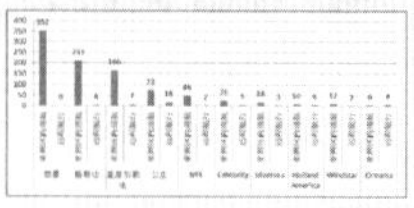

2015亚洲邮轮10大品牌

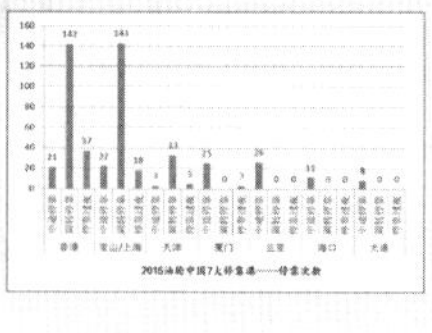

中国邮轮经济发展短板（浅析）

（1）对邮轮旅游缺乏充分的认识；

（2）港口旅游特色不鲜明、功能不足，不能组织起有竞争力的邮轮旅游航线；

（3）没有中国自己的邮轮船队；

（4）缺乏高端客户的培育；

（5）政策支持力度不够；

（6）对邮轮建造，尤其邮轮的概念设计方面的软实力差，配套能力几乎为零；

（7）投资风险与技术空白；

（8）邮轮产业链薄弱。

中国船舶工业在邮轮市场的三个宏观问题（由局部看全局，占邮轮经济30%份额）

一是缺乏强有力的控制国际邮轮市场供需装备的核心技术（没有邮轮品牌）

在全球经济进入“新平庸（New Mediocre）”阶段[体现为新经济体放缓、欧洲经济重归衰退、中国经济减速（新常态）、美国经济复苏乏力]，说明国际经济发展进入了一个波动的平滑期，中国船舶工业需要告别“低成本、高投入、高污染、高消耗”的制造技术时代，创新装备的核心技术，向技术高端发展。抗衡发达国家“高端制造业垄断”，邮轮制造业发展正当其时。高技术船舶科研计划项目从 2016 年起将推进《中国制造2025》中豪华邮轮建造技术，在 10 年左右的时间形成品牌。

二是核心零部件技术的缺失（邮轮配套近乎为零）

可以归结到产业结构与产业龙头企业的问题。虽然我国船舶工业企业参与全球产业链分工程度日益加深，但是产业分布大都集中在低成本扩张与低附加值行业，参与高附加值的产业比例偏低。高附加值研发、关键零部件生产、品牌销售及售后服务环节往往掌握在外国企业手中，在邮轮产业配套能力方面几乎为零，服务缺位。这种表现受到我国机械行业、材料工业落后影响。

三是船舶工业企业缺乏内生性长期动力（极度缺乏邮轮总包、设计、建造能力）

缺乏内生性长期动力是我国船舶工业企业存在的代普遍性的严重问题，它约束了企业创新能力的发展。它表现为研发创新缺乏原动力，企业国际化程度不高，人力资本结构不合理。它既有体制/机制问题，也有研发组织结构问题，还有科研人员素质及研究环境问题。它的存在给船舶制造业转型升级带来障碍。这些将严重影响到邮轮制造业的发展。

中国能否借鉴国际邮轮经济的发展惯例

邮轮经济发展的一般规律

（一）三大特点

1. 网络的节点经济。邮轮经济是围绕着邮轮码头而发展起来的，邮轮码头构成邮轮网络的节点。因此发展邮轮经济最重要的方式就是争取成为邮轮母港。

2. 全球经济中的本土经济。邮轮在全世界航行，因邮轮到达而引发的港口经济也就成为全球经济中的本土经济。

3. 集聚经济。邮轮经济的集聚性表现在两个方面：一是为邮轮及邮轮乘客服务的各类机构、相关产业（如宾馆、餐饮、陆空交通、景区）主要集聚在邮轮码头附近，以便快捷地为邮轮及乘客服务；二是优质的邮轮港能吸引更多邮轮集聚，而多艘邮轮的集聚又可大大促进本地经济的发展。

邮轮经济发展的一般规律

（二）邮轮经济的效益

- 从世界各相关城市包括各港口城市分析，邮轮产业构成的经济价值链起了十分显著的作用。邮轮产业所形成的消费大体有以下三项：邮轮带来的旅客消费包括餐饮、宾馆、商品采购、旅游景点门票、陆空交通等等；邮轮本身到港的消费；邮轮建造维修的消费。其中包括油料添加、码头泊位使用费、进出港引航费用、海上必需的食品采购费用、海上必需的日用消费品、淡水添置等等。上述三大项消费形成一个很明显的经济价值链。
- GDP 达到 3000 美元以上，具备了邮轮旅游的消费能力；当人均 GDP 达到 5000 美元以上时，就会产生周游世界的旅游需求。

邮轮经济发展的一般规律

（三）邮轮经济的发展条件

其产生的1：10～1：14的高带动比例系数使邮轮产业成为极具发展潜力的朝阳产业。但是需要以下的发展条件：

1. 雄厚的综合经济实力
2. 完善的基础配套设施
3. 发达的对外交通网络
4. 丰富的旅游观光资源
5. 充足的邮轮旅游客源
6. 国际化的邮轮经济政策
7. 高水平的邮轮专业人才

邮轮经济发展的一般规律

（四）邮轮经济的发展模式

进入 21 世纪以来，新的邮轮不断投入运营，新的母港和挂靠港不断诞生，新的旅游目的地和旅游航线不断开辟，使得邮轮运营商及其邮轮产业经历了极大增长。世界邮轮经济在发展阶段模式、投资管理模式和经营管理模式等方面都有根本的改变。

邮轮经济阶段发展模式

1. 引进期：对邮轮的认识还只是局限在它豪华的外观、内部设施以及高昂的旅游费用。邮轮目标市场以本国游客为主，航线观光也是以本国观光地为基本港。

2. 成长期：邮轮目标市场以本国游客为主，同时国际游客数量增加，航线观光从以本国观光地为基本港向其他地区港口延伸。

3. 成熟期：邮轮航线的平均航程达到 6～8 天，停靠目的港不断增多、航线安排灵活多样，价格逐年下降，行业集中程度高，行业经营的规模经济明显，从而撬开了邮轮旅游向大众化和年轻化方向发展的通道。邮轮产品种类繁多，市场分割加剧，竞争激烈。

邮轮经济发展的一般规律

（五）邮轮经济投资管理模式

由于邮轮码头或邮轮城的投资规模巨大，且需要 10～20 年才能收回投资，所以，国际邮轮经济投资主要采用以下三种方式。

1. 政府投资，企业经营。政府作为基础设施进行邮轮码头建设，建成后由港务部门管理，并提供海关、安检等相关设施和服务。码头的经营由企业进行。

2. 企业综合开发。为了提高企业建设邮轮码头的积极性，并使码头经营企业在财务上具有一定的盈利能力和偿债能力，可以把码头及周边区域统一开发建设，以其他设施的收益弥补码头收益的不足。

3. 引进外资，参与建设。邮轮公司或与其他外商投资者合作建设，并由邮轮公司管理，在引进一定的外资时，还可以引进较高的邮轮管理经验。

邮轮经济发展的一般规律

（六）邮轮经济经营管理模式

目前，国际邮轮行业的经营管理方式的改变主要表现为以追求规模经济、邮轮日益趋向大型化为主流方向。

1. 国外注册，本国经营。全世界60％以上或大多数的邮轮都是以巴哈马、巴拿马或利比里亚为注册地（避税）。

2. 降低票价，增加消费。

3. 开发邮轮旅游新型产品。注重邮轮本身设施、娱乐服务项目的开发与设计，不断向市场灌注新的消费概念，选择公司市场定位的鲜明主题，按照主题公园的模式与思路进行经营。

邮轮经济发展的一般规律

（七）邮轮旅游市场开发模式

一是在总体市场空间目的地开发过程中，先国内本土市场，后拓展国外国际市场；

二是在目标市场细分过程中，根据目标顾客群进行市场划分，按收入水平、邮轮设施和每日消费水平可分为：

- 豪华型市场——高端人群
- 尊贵型市场——净资产较高的人群
- 时尚型市场——工薪人群
- 经济型市场——低端

中国的机会，国外不降价，寻求一种平衡，先做哪个市场很重要。

邮轮经济发展的一般原则

（八）母港设置

在母港设置邮轮公司总部或地区总部。

邮轮母港所需设施可分为以下设施：

① 专业的邮轮码头及附属设施；

② 配套的餐饮、酒店、商店、银行、写字楼、休闲娱乐等服务设施；

③ 便捷的交通设施（交通枢纽）；

④ 物资供应及维修保障设施。

二、中国邮轮经济发展研究途径及所需要克服的障碍（政策、通航条件、建造供应链、文化、人才）

政策障碍及负面影响

- 航线批准，方便旗船可在中国水域航行，但不可在其他港口作业（如邮轮上下客人）
- 中国南海由于"军管军控"，只有中国船可航行，挂海港旗吧？
- 面临严苛的政策限制，如购进中国的邮轮要缴纳27.53%的合并税率（按规定，在国外购置、建造船舶回国登记注册，需要缴纳9%的进口关税和17%的增值税，合并税率为27.53%），合并税率越上亿之十几亿的邮轮来说，无疑是一笔不小的负担；船舶超过10年的不能进口中国；入中国籍、挂五星红旗后，所有的船舶必须是中国人，中国作为IMO的特色"游乐项目"是无法开设的。
- 税收的流失。目前在中国大陆运行的邮轮均属于挂方便旗的外籍船只，它们在中国的经济行为属于境外经济活动，除了缴纳少量的港口服务费，并不需要支付其他的税费。
- 外商投资的旅行社不得经营中国公民出境旅游业务，因此邮轮公司需要通过国内旅行社代理销售邮轮船票。
- 没有专门针对邮轮的购火据吧，沿袭的是针对货轮的进口管理办法。这意味着船舶超过10年的船只不能购入中国，而或邮轮却有近二三十年的还才算的
- 目前在中国大陆运行的邮轮均属于挂方便旗的外籍船只，它们在中国的经济行为属于境外经济活动，除了缴纳少量的港口服务费，并不需要支付其他的税费。
- 娱乐项目上限制，如赌博娱乐玩乐场所，比如Casino厅，只要是挂中国国旗的邮轮，就必须遵守中国法律，即使这艘邮轮在公海上，也不允许博彩。
- 邮轮上免税店的限制。免税店在邮轮上很重要，但是在我国开设免税店却需要经过严格的审批。邮轮的免税店如何审批，我们国家还没有出台相关的办法。

通航条件限制

- 桥高限制，大船开不进上海，"海洋迎风号"水上高度达56米，超过了杨浦大桥的限高，无法驶入黄浦江，也无法挂靠刚修好的北外滩国际客运中心，只能靠泊外高桥（18.650，−0.65，−3.37%）码头，再通过大巴将游客接驳送上船。

建造供应链缺失

- 中国自己的邮轮产业才刚起步——中资邮轮运营公司于2013年正式登场，至今仍不足5%的市场份额；而在邮轮的设计、制造、装修方面，几乎一片空白。
- 中国的邮轮建造产业链条，依然是断裂的。中国在邮轮设计、娱乐设施建造方面还存在一定差距。
- 邮轮的装修领域，中国还是空白。2014年，携程与皇家加勒比合作购进精致邮轮时，曾想在中国进行装修改造，遍寻市场却发现没有一家企业有能力接单，最后不得不委托一家新加坡公司完成装修。
- 目前在中国大陆运行的邮轮均属于挂方便旗的外籍船只，它们在中国的经济行为属于境外经济活动，除了缴纳少量的港口服务费，并不需要支付其他的税费。

邮轮文化急需培养

- 邮轮文化有待培育，邮轮行，不是工具，而是目的地。从登上邮轮的那一刻起，去哪儿就已经不重要了，重要的是怎么享受接下来的美妙旅程。那上最美的享受天际美食，也不是各种娱乐项目，或与伦比的海上风光。中国游客对于邮轮游的概念还停于观光游阶段，更多望能在马港邮耗费时间。
- 在中国邮轮消费的群体中，"年轻化"是显著特点之一。中国邮轮消费以家庭式出游居多，群体平均年龄在45~50岁之间。国外的邮轮消费者则多为60岁以上的老年人，近年来也在逐渐"年轻化"——2014年平均年龄为60岁，5年前则是69岁。
- 中国邮轮玩家年轻化与航线和价格之间的关系。价格较为便宜的多为日韩航线及东南亚航线，两序航线等短程航线，适合上班族的假期、经济能力及消费习惯。而在欧美，旅客人从45岁开始攒钱，60岁退休调整1~2年后，便可以开始邮轮环球之旅。一般一次环球邮轮游需要花费50万美元，时间7~11个月。
- 中国邮轮消费群体的职业类别：高校教授、医生、律师、设计师、体育文艺界人士占大多数，经济相对富裕，文化素养较高，对传统的观光旅游失去了兴趣。
- 纯西方的文化娱乐项目，对于邮轮消费的主力群体老年人来说，语言和审美的差异使他们很难从各项表演中体验到艺术享受。
- 邮轮上的中国元素缺乏。大部分在中国运行的邮轮针对中国人的旅游消费习惯，缺少免税店、舞蹈课等项目。中国戏曲哪呢？
- 在港口物资补充方面，由于中国产品的专业化程度还不足，多数邮轮更愿意从国外的停靠港口购买补充物资。同样一件中国货物，邮轮方直接从上海母港购进的价格要比从韩国釜山、日本福冈等货物出口地购买价格更贵，这种情况下，企业肯定会选择在价格更低一些的国外购买。

人才与教育断层

- 中国邮轮经济发展的人才（多类）严重不足、管理方式和管理制度陈旧，以及制造业滞后等现状。
- 针对船员的限制。一般邮轮上面有几十个国家的游客，所以需要配备二三十个国家的海乘人员，包括客房、餐厅、酒吧的服务员。而我们国家对船员国籍的比例是有要求的。

三、结论

（一）中国邮轮经济尚无规划，但是在2035年达到美国目前的邮轮旅游人数（1100万人）应该不是问题，需要近100艘邮轮。

（二）培育邮轮文化是一个长期的过程，可分为短期目标与长期目标。

（三）提高研究水平，由经济型到舒适（时尚、尊贵）型过渡（短期目标）。

1. 长江目前的客船技术上主要存在以下问题：
   - 节能设计概念处于初级阶段，严重滞后于海船（如多工况设计技术）；
   - 船型落后，缺乏节能减排优势；
   - 配套（虽然国产化率高于海船）缺乏重要节能产品与系统集成（电力推进、船舶电站、高效螺旋桨等）；
   - 水动力节能概念及推进系统节能设备（在海船上已经大量应用）没有得到很好应用；
   - 温室气体、NO_x、SO_x、PM 排放处于无节制状态；
   - 现存客船建造年代久远，亟待大量更新换代。

需要加强如下研究工作：

（1）内河客船概念设计（主题区划分、舒适性、人文、美学、LNG Ready、经济性、多工点设计）研究；

（2）基于CFD技术与水池试验相结合的线型优化设计及船机桨匹配应用研究；

（3）基于先进推进形式/电力高效能台推进电站变频直流电网匹配的船舵能源一体化节能技术研究与应用；

（4）减振降噪控制技术研究与应用；

（5）船体水线下象附着生物技术研究及应用；

（6）应用LNG燃料的综合性能设计及结构设计研究；

（7）日用系统（锅炉等）节能技术应用研究；

（8）全船能源管理系统应用研究。

2. 突破构成邮轮建造产业链的技术难点（顶层设计与培育）

（1）形成以船厂为主体的总包（EPCI）概念（文化建立、设施布置、科学管理、特色流程、人员培训）

（2）概念设计与基本设计（从人文、艺术——形成主题入手）

（3）供应链建与管理——培育与融合（学习国外经验与惯例）

（4）建造管理——物流、科学与质量

（5）试航与交船

（6）关注三类趋势变化：

- 船公司需要：与市场竞争与特色突出相适应的管理模式——重在流程变化
- 行业内生性：对先进技术追求——智能技术应用（动力选择与推进）——商业（营运）效率提升
- 技术成熟性：数据技术（DT）代替信息技术（IT）——大数据、机器人、传感器、新高材料、通信——智能决策、安全性、经济性提升

上述在技术上具体表现为：

（1）智能技术：邮轮行业进步的特征，数据驱动的服务为智能技术应用的标志

（2）大数据平台：进行数据挖掘带来经济的附加值，大数据分析有助于及时发现服务问题——相关利益方——决策：措施、策略调整、价格、服务模式、提升竞争力

（3）通信：优化网络布局、更高频谱应用——避免频谱拥挤、信号交叠干扰——船岸一体化，提升邮轮营运效率与安全性，远程控制

（4）高新材料：环保、安全、轻量化——提升邮轮营运效率

（5）传感器与机器人：了解海洋环境、生物学、声学、电磁特征，与机器人使用配套——采集相关数据，服务机器人可能在邮轮上应用

（6）辅助自动驾驶：感应、决策、执行模块开发，云平台大数据分析、人工智能决策——降低船员劳动强度

（7）动能与推进选择：发动机、替代燃料（低温、低闪点）、节能装置、混合动力、可再生能源——应对ECA区废气排放与气候变化、市场竞争

（8）建造技术——虚拟技术、高逼真设计软件整合、人机交互、增材制造——流程的关键参数产生变化——邮轮个性化制造

（9）推进风险设计技术应用——

- 替代设计，如主题设计（购物街道、主题公园、剧院等）
- 经济投入匹配
- 内容：危险识别、风险分析、ALARP、设计技术
- 目标——邮轮经济投入与决策

面向大型化船舶结构的前沿技术与应用

罗海东

（中国船级社技术研发中心）

面向大型船舶的波浪载荷技术研究与计算软件研发

（1）IMO GBS标准的验证导则提出
- Whipping
- Springing

（2）IACS URS11A新要求的实施

S11A Longitudinal Strength Standard for Container Ships

S11A.6.3 Whipping
Hull girder ultimate strength assessment is to take into consideration the whipping contribution to the vertical bending moment according to the Classification Society procedures.

（3）ITTC和ISSC关于Springing和Whipping分析统一规程的制订

（4）业界关注CANSI/SAJ/KOSHIPA

CCS与哈船联合研发团队的研究与软件研发

软件构成

船舶与海洋浮体波浪载荷计算软件基本模块
COMPASS-WALCS-BASIC (2013)

大型船舶波浪载荷线性水弹性分析模块
COMPASS-WALCS-LE (2015)

船舶与海洋浮体非线性时域波浪载荷计算模块
COMPASS-WALCS- NL(2016)

COMPASS-WALCS

大型船舶波浪载荷非线性水弹性分析模块
COMPASS-WALCS-NE (2015)

海洋平台与系泊系统及立管耦合运动及载荷计算模块
COMPASS-WALCS-CRA (2016)

CCS与哈船联合研发团队的研究与软件研发

COMPASS-WALCS-LE软件基本原理

中国船级社大型船舶三维线性水弹性分析软件（简称COMPASS-WALCS-LE）基于三维频域势流理论，采用模态叠加法描述船体的整体运动与局部变形，在求解流场速度势的边界条件中考虑结构弹性变形的影响，建立流体载荷与结构响应统一动力学方程并求解，得到任意剖面位置的载荷与变形。

CCS与哈船联合研发团队的研究与软件研发

COMPASS-WALCS-LE软件计算结果与试验结果比对

COMPASS-WALCS-LE解决了由波浪激励力诱导的船体梁振动计算这一复杂的流固耦合问题，主要用于大型舰船运动、波浪载荷计算以及波激振动（Springing）响应分析，并可进一步通过波激振动对船体梁疲劳载荷的影响，解决计及波激振动的船体结构疲劳强度评估。

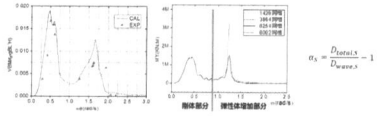

$$\sigma_h = \frac{D_{total,h}}{D_{wave,h}} - 1$$

CCS与哈船联合研发团队的研究与软件研发

COMPASS-WALCS-LE实船影响评估

考虑波激振动（Springing）影响后，对大型矿砂船的船体梁疲劳损伤将增加 10%~20%，以某型 400000DWT 矿砂船为例：

计算航速选取

有义波高 H_s	航速 V
0＜ H_s ≤6.0 m	100% V_s
6.0 m＜ H_s ≤9.0 m	75% V_s
9.0 m＜ H_s ≤12.0 m	50% V_s
12.0 m＜ H_s	25% V_s（不小于5kn）

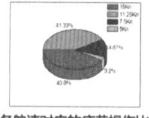

各航速对应的疲劳损伤比例

CCS与哈船联合研发团队的研究与软件研发

COMPASS-WALCS-LE实船影响评估

当浪向在迎浪及艉斜浪正负 60° 范围内，垂向波浪弯曲响应出现了明显的波激振动现象。在此范围内弹性体对结构的疲劳损伤贡献较大。

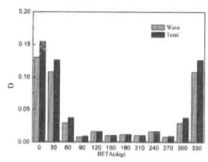

CCS与哈船联合研发团队的研究与软件研发

COMPASS-WALCS-LE实船影响评估

矿砂船船中剖面甲板纵骨不同装载工况下疲劳损伤结果

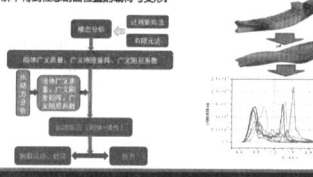

	满载	压载	组合波浪
刚体损伤	0.533	0.638	0.489
弹性体损伤	0.617	0.744	0.569
损伤比	1.159	1.167	1.163
疲劳损伤贡献度	0.159	0.167	0.163

CCS与哈船联合研发团队的研究与软件研发

COMPASS-WALCS-LE实船影响评估

考虑波激振动（Springing）影响后，对大型集装箱的船体梁疲劳损伤将增加15%~30%，以某大型集装箱船为例：

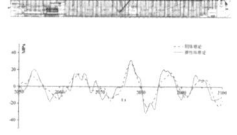

CCS与哈船联合研发团队的研究与软件研发

COMPASS-WALCS-LE实船影响评估

不同短期海况下，波激振动对疲劳损伤的影响如下图所示：

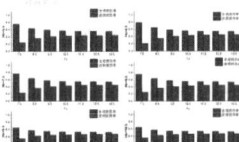

波激振动整体对该集装箱船的疲劳损伤贡献度为0.338。

CCS与哈船联合研发团队的研究与软件研发

COMPASS-WALCS-NE软件基本原理

中国船级社大型船舶三维线性水弹性分析软件（简称COMPASS-WALCS-NE）基于三维势流理论，以三维结构动力学为基础，考虑船体瞬时湿表面变化引起的非线性波浪激励力、船体受到的砰击、上浪等非线性载荷，通过在时域求解考虑流体载荷与结构响应的时域水弹性力学方程，获得船体的非线性运动、剖面载荷和变形等时历模拟结果，并依此进行长短期预报。

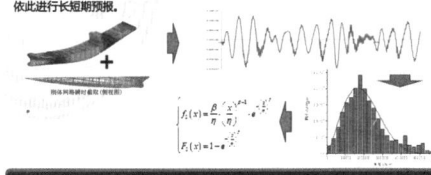

与试验数据比对

COMPASS-WALCS-NE软件解决了由非线性波浪激励力、船体受到的砰击、上浪等非线性载荷诱导的船体梁响应计算这一复杂的流固耦合问题，主要用于计算分析各类船舶的非线性运动及波浪载荷，能够解决大型船舶的颤振（Whipping）响应以及颤振对极限载荷的影响分析问题。

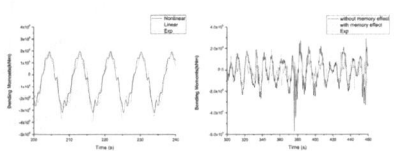

实船影响评估CA

根据UR S11A的要求，基于对典型集装箱船的分析，考虑砰击颤振（Whipping）影响后，由于方形系数较小、外飘较大，大型集装箱船非线性波浪载荷的中拱中垂差别较大，中拱波浪弯矩增加5%~10%，中垂波浪弯矩将增加20%~40%。

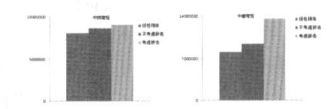

对大型矿砂船，考虑砰击颤振（Whipping）影响后，中拱及中垂波浪弯矩将增加5%~15%。

结构高级屈曲技术与COMPASS-ABA软件研发

船舶大型化造成构件尺寸和主要支撑构件之间的布置间距同时加大，对屈曲评估的影响在于：

➢ 部分板格长短边比值可能超过现有规范经验闭合公式的有效适用范围（一般为1：5～1：6）；
➢ 对于大型/超大型矿砂船等船型，简单套用CSR规范公式将造成部分特殊尺度比板格屈曲评估结果不准确，影响船舶设计。

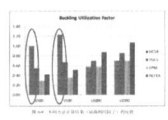

高级屈曲 COMPASS-ABA 软件研发

现有屈曲评估方法主要分为经验型闭合公式法和非线性有限元法，各有优缺点。

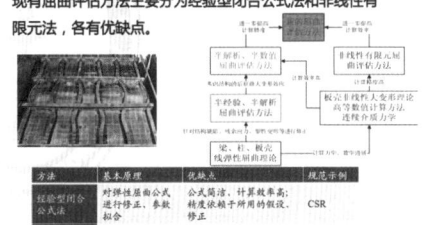

方法	基本原理	优缺点	规范示例
经验型闭合公式法	对弹性屈曲公式进行修正、参数拟合	公式简洁、计算效率高；精度依赖于所用的假设、修正	CSR
非线性有限元法	用ABAQUS等通用有限元软件	计算精度高；计算效率低	暂无

CCS 与 702 所的联合研究与评估工具开发

研究开发了高级屈曲评估技术及相应的 COMPASS-ABA 软件：

➢ 满足大型/超大型船舶设计和规范升级的要求；
➢ 进一步提高分析精度、适用范围。

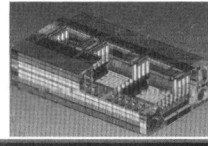

CCS与702所的联合研究与评估工具开发

高级屈曲评估技术基本原理为：

➢ 提出加筋板所有可能发生的失效模式；
➢ 在每个失效模式下，利用弹性大挠度理论求解得到一条应力—挠度曲线，并利用刚塑性理论求解出另一条应力—挠度曲线，这两条曲线的交点即为对应破坏模式下的加筋板的极限强度；
➢ 所有失效模式中，交点值最小对应的失效模式为加筋板的实际失效模式，其值即为加筋板的实际极限承载能力。

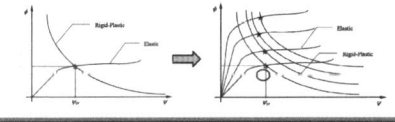

CCS与702所的联合研究与评估工具开发

COMPASS-ABA 软件涵盖了船体结构屈曲评估所需要的各种失效模式，其主要功能包括：

➢ 失效模式A——纵、横两向加强筋与平板同时发生屈曲失效
➢ 失效模式B——两横向加强筋间与纵向加强筋同时发生屈曲失效
➢ 失效模式C——肋间板屈曲引起的纵向加强筋屈服及屈曲失效
➢ 失效模式D——肋间板屈曲引起的纵向加强筋扭曲失效
➢ 失效模式E——面内拉、压屈服失效
➢ 考虑剪切效应的板格极限强度分析
➢ 加筋板整体弹性屈曲强度分析

CCS与702所的联合研究与评估工具开发

COMPASS-ABA软件主要界面如下所示：

COMPASS-ABA Software (Ver1.0)

高级屈曲COMPASS-ABA软件研发

目前，高级屈曲评估方法及 COMPASS-ABA 软件已在中国船级社《矿砂船船体结构强度直接计算指南》（2016）中作为替代方法，用于局部超尺度加筋板结构的屈曲评估。

同时，高级屈曲评估技术在海工平台的校核中也逐步开始应用。

为什么开展断裂力学疲劳评估的技术研发？

大型集装箱船对断裂力学疲劳评估方法的需求

传统规范中对疲劳强度的评估均基于S-N曲线，而目前的S-N曲线是基于厚度 20 mm 左右的普通钢实验数据制定的，虽然考虑了板厚修正系数，但对于大型、超大型集装箱船舷口围板、强力甲板等部位广泛使厚度超过 50 mm 的 YP47高强度现状来说，已经难以适应新船型、新材料的疲劳强度评估需求。

断裂力学疲劳评估软件研发

大型集装箱船对断裂力学疲劳评估方法的需求

为解决大型、超大型集装箱船高强度钢超厚板的疲劳强度评估关键问题，保证集装箱船安全，中国船级社开展了断裂力学疲劳评估方法研究及软件研发（包括描述性方法和直接计算方法）。

CCS与上海交大的合作研发工作

断裂力学疲劳评估方法的特点

> 基于断裂力学的疲劳评估可以覆盖裂纹的萌生、扩展直至构件断裂或失效的全过程，预报随时间变化的裂纹长度和深度并可由实际检验进行验证；

> 与S-N曲线评估方法相比，断裂力学方法不受板厚和材料钢级的限制，适用范围更广；

> 与现有规范采用累积损伤度的评价指标相比，断裂力学的评价指标（裂纹长度与深度）具有直观和可量化的特点，有利于未来进一步开展基于风险的检测与维护研究。

CCS与上海交大的合作研发工作

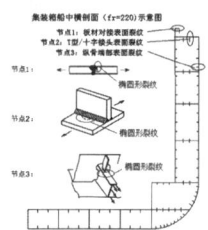

描述性分析模块覆盖的典型评估位置示意图

CCS与上海交大的合作研发工作

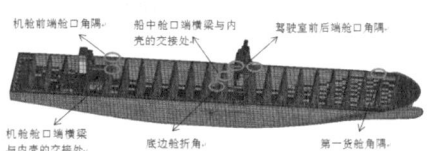

直接计算方法模块覆盖的典型评估位置示意图

CCS与上海交大的合作研发工作

实船评估（进行中）——船中剖面甲板纵骨T形/十字接头表面

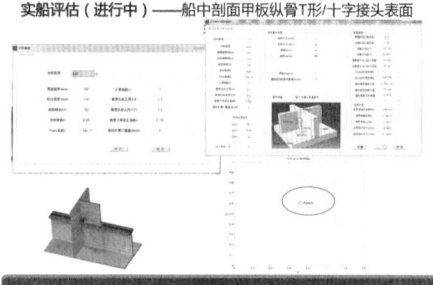

CCS与上海交大的合作研发工作

实船评估（进行中）——机舱前端横舱壁圆弧形角隅裂纹

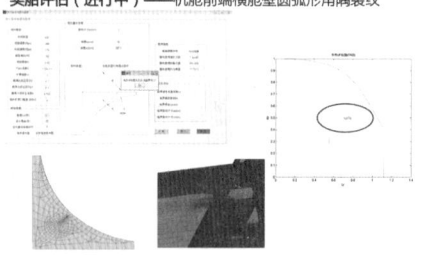

与试验结果的比对（进行中）

目前即将完成对断裂力学评估的相关参数的试验验证工作，并将根据验证结果对评估方法和软件做进一步完善，尽快实现设计和审图的实际应用。

大型工程计算软件开发技术新进展及展望

Why 1：顺应发展趋势，全球数字化、智能化造船，亟待覆盖船舶全生命周期的设计、检验和建造的专业软件系统的协同和融合。

Why 2：服务国内行业发展，落实"中国制造2025"。

Why 3：提升内部审图效率，缩短退图周期。

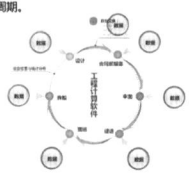

舰船制造行业融合创新之路

史卫东

（大连船舶重工集团有限公司）

摘　要：本文以"创新发展、军民融合"为主题，聚焦行业前沿，简要介绍了现代舰船行业历经数十载的发展，重点阐述了军民融合发展的政策及需求。

关键词：舰船行业；融合；创新

0　前言

放眼世界，凡是发达国家，无一不是技术创新的国家，技术创新无一不是驱动增长的根本源泉。当今，能源已成为促进经济发展的法宝。石油、煤炭的霸主地位将逐渐被核能、海洋能、太阳能、风能等新一代能源所取代。今天，宇航技术和海洋工程的发展，叩击着中国的大门。

1　创新驱动战略

今天，创新已经几乎到达世界每个角落，创新让我们置身于"一切皆有可能"的时代，让未来更加充满想象。2016 年 5 月，中国提出建设世界科技强国的目标，面向科技前沿、经济发展和国家重大需求，加快科技创新，掌握全球科技竞争的先机，打造数字化、智能化的制造工业。

1.1　现代舰船发展

日本在第二次世界大战后，在美国的扶植下，以举国之力发展造船工业。20 世纪 70 年代以前，韩国的造船业只能建造 3 万吨级以下的船舶，而后从 1989 年的 268 万总吨增加到 1998 年的 724 万总吨，2000 年达到 1000 万总吨，超过日本成为世界第一造船大国。

1.1.1　中国船舶工业全面发展

改革开放 30 多年来，中国船舶工业取得了长足的全面发展。自 2002 年，国家提出建设第一造船大国和强国的宏伟目标，不仅加快了渤海湾、长三角、珠三角三大造船基地的发展进程，还促使国内外大量资金向造船业转移。造船产量由 1978 年的 70 万载重吨大幅提高到 2010 年的 6560 万载重吨，增长了 90 多倍。中国正向着造船大国和强国的目标前进。

1.1.2　创新之路机遇

2016 年 5 月，中共中央、国务院印发了《国家创新驱动发展战略纲要》，提出实施创新驱动发展战略，强调科技创新是提高社会生产力和综合国力的战略支撑，必须摆在国家发展全局的核心位置。创新驱动就是创新成为引领发展的第一动力，科技创新与制度创新、管理创新、商业模式创新、业态创新和文化创新相结合，推动发展方式向依靠持续的知识积累、技术进步和劳动力素质提升转变，促进经济向形态更高级、分工更精细、结构更合理的阶段演进。

1.2　舰船制造创新强国

科技创新的竞争一直是人类社会和国家发展的主题。舰船制造必须创新，创新是当今舰船行业的立业之本，同时也是造船强国的必由之路。

1.2.1　造船与创新强国

中国创新的高铁、核电、手机及互联网等已成为舰船行业创新驱动发展的环境基础。舰船行业的创新驱动

主要在于高性能船,其中大部分在于军用舰船(见图1),大致包括水面舰船、潜艇,水面舰船又包括水面战斗舰艇、两栖战舰艇、水雷战舰艇等水面作战舰艇和辅助舰船。

舰船行业的创新驱动方向有以下5个方面:

一是战略布局体系创新。

二是市场经营方式创新。

三是产品结构组合创新。

四是行业技术融合创新。

五是信息网络应用创新。

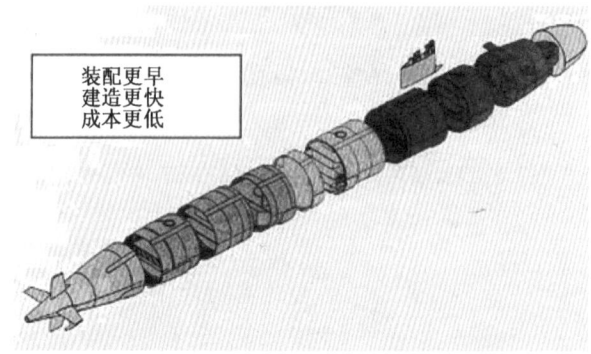

装配更早
建造更快
成本更低

图1 "海狼"级潜艇设计创新模块化建造

1.2.2 航母工程是舰船行业创新强国的代表

航母作为高性能船的首要典型代表,对造船驱动、创新强国的潜力巨大。以美国为例,"福特"级航母(见图2)关键技术的开发对舰船行业的创新驱动影响巨大,彰显了大国国力。"福特"级航母所代表的舰船行业高性能船关键技术的创新主要有:小型舰桥技术、飞行甲板和机库扩展制造技术、水下防护技术、航行补给系统技术、区域电力分配系统技术、电磁弹射技术、先进雷达与着舰引导系统和阻拦装置技术、飞机升降机技术、武器升降机及弹药储运技术、喷气燃料批送系统技术、舰空导弹技术、集成桅杆技术;航母技术带动了美国整个舰船行业的发展。

我国舰船行业正在抓紧实施创新驱动,其中航母续建工程就是一项史无前例的创新工程。目前,大船集团建造的我国第一艘航空母舰"辽宁舰",已于2012年9月25日正式交舰入列。这不仅填补了中国海军远洋作战能力的空白,也圆了国人百年航母梦想,同时对国内舰船行业造船强国实施创新驱动战略提供了宝贵的经验。

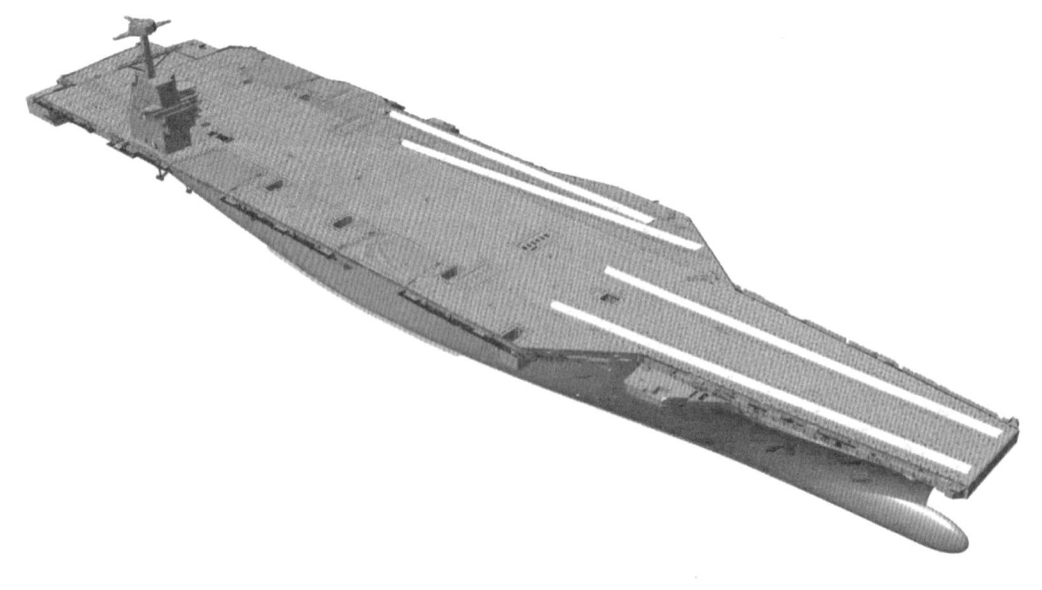

图2 "福特"级航母三维设计模型

2 融合发展之路

创新意味着改变,持续的、微小的改变也可能引发强大的创新,但有时候只是对现有技术的重新整合同样能够产生惊人的结果;复杂的协调,实际上并没有做什么新的研发也没有发明任何新的部件,但以一种全新的方式把它们结合起来,取得事半功倍的效果,这就是融合(创新)。因此,舰船制造行业必须走融合发展之路。

2.1 舰船制造行业融合

进入 21 世纪,人类进入知识经济和低碳经济时代,制造业将向绿色制造和清洁生产发展,IMO(国际海事协会)和 IACS(国际船级社协会)已制定了系列保护地球海洋环境的新规则。除了原有的敏捷制造和智能技术以外,造船技术将以节能、减排、降耗技术为中心,向轻量化、低碳化、无害化及全生命周期制造技术等绿色造船技术发展。

2.1.1 国内造船技术发展

我国造船技术的发展经历了 3 个阶段:20 世纪 50 年代开始,为苏联造船技术导入期;20 世纪 60 年代至 70 年代,为自主造船技术的形成期;从 70 年代后期开始,趋向开放式的技术研究期。我国主要造船方法有:(1)整体(散装)建造法;(2)分段塔式建造法;(3)岛式建造法;(4)总段建造法;(5)壳舾涂一体化区域造船法;(6)串联造船法;(7)模块造船法;(8)巨型建造法。

2.1.2 舰船行业融合

军船制造技术的发展,经过多年的发展,特别是第二次世界大战后,舰艇的种类和数量不断增加,性能不断提高。在众多舰艇中,潜艇的发展尤为突出。自从 19 世纪 80 年代,世界第一艘潜艇问世至今已有百余年历史。苏联是世界上建造和拥有潜艇数量最多的国家,建造了各型潜艇 160 余艘。美国的第一艘核动力潜艇"鹦鹉螺"号于 1954 年下水。20 世纪 70 年代,美国开始采用区域建造原理,以总段模块化建造工艺替代传统的整艇建造工艺。

驱护舰建造技术的突破,主要也是区域总段模块化设计制造技术的应用。

航空母舰是迄今最大的水面舰艇。美国纽波特纽斯造船厂在新一代核动力航母建造中,广泛地应用先进的预舾装和模块化舾装技术。

上述舰船制造技术的发展,无一不是通过不断融合而产生的技术突破。因此,国内舰船行业发展仍然要走融合发展的道路。

2.2 舰船制造融合发展未来之路

习近平在 2016 年 3 月 13 日出席解放军代表团全体会议时强调:创新是引领发展的第一动力,我军必须高度重视战略前沿技术发展,要把军队创新纳入国家创新体系,全面实施创新驱动发展战略,以重点突破带动和推进全面创新,推动国防和军队建设实现新跨越。

舰船行业融合发展未来之路是推进军民融合发展体系建设,通过军民船舶建造资源的融合,在船坞、码头、吊车、场地、动能、车间等生产配套设施和科研设施的规划中兼顾军品研制的较高指标要求和民品建造快速高效的产量效益要求,促进了船厂总装能力迅速提升。民品受世界金融危机影响而需产品转型与升级换代,军品向大型化、高科技方向发展,为此对军民融合发展提出更高的要求。因此军民融合发展体系建设面临一些新问题。在市场引导下多年来开发形成的民品先进造船模式,能否借鉴、应用于军品研制,为具有高科技含量的大型化军品提供较为成熟的总装平台,值得深入研究。

(1)有针对性地加强科研生产硬件基础设施、软件设计开发的投入,在已有通用的基础上突出高科技含量产品的研发与制造能力建设。以保证大型水面舰船研制生产为前提,同时将 LNG/LPG 高附加值船型、远海工程平台的研发建造纳入军民融合发展体系建设中。

(2)将大型民船预舾装、壳舾涂一体化,中间产品成品化,区域建造等先进造船模式有机地移植到大型水面舰船的研制工程中,既促进先进工艺技术在高科技含量产品研发中的集成,又为高新武器装备特装创造更加可靠的总装平台。

舰船行业融合发展将实现建设"军民融合、技术领先、产融一体的创新型企业集团"的战略目标,立足集团优势资源,充分利用网络信息共享、互联互通优势、内部挖潜、外部开源,建立集智解难、供需对接的信息沟通机制,实现协同发展、跨界融合。

2.2.1 实现工业与服务业的深度融合"互联网＋工业"

舰船行业未来发展要实现工业与服务业的深度融合,重塑舰船制造业"微笑曲线":

(1)实质性提升生产性服务业水平。

(2)实现舰船制造业信息化、服务化。

(3)推进舰船制造业的全球化布局。

2.2.2 "互联网＋工业"——塑舰船制造业"微笑曲线"

舰船行业未来发展要实现工业与互联网的深度融合:

(1)工业互联网与智能制造结合。

(2)"互联网＋"助力"舰船制造2025"。

3 展望行业未来

2013年年底,德国电气电子和信息技术协会发布了德国首个"工业4.0"标准化路线图。"工业4.0"是德国政府2010年正式推出的《高技术战略2020》十大未来项目之一。2015年5月,中国政府发布了《中国制造2025》行动纲领。该纲领将制造业定位成"立国之本、兴国之器、强国之基",提出了建设制造业强国的三步走战略:《中国制造2025》就是这三步走战略的第一步,是未来十年指导各级政府相关工作的纲领性文件。

李克强在2016年3月30日主持召开国务院常务会议:决定在现有11个国家自主创新示范区基础上,再新设河南郑洛新、山东半岛、辽宁沈大3个国家自主创新示范区;辽宁沈大国家自主创新示范区,依托沈阳、大连国家级高新区,打造高新技术产业经济带,对促进东北老工业基地转型升级及以大连为基地的舰船行业发展具有重要意义。

3.1 创新创业与舰船制造

3.1.1 创新是建设制造强国的核心

围绕产业链部署创新链,围绕创新链配置资金链。强化以企业为主体、市场为导向、产学研用相结合的制造业创新体系。要加强关键核心技术研发,力争在集成电路、新一代移动通信、大数据、智能机器人、节能与新能源汽车等领域,突破一批关键核心和共性技术。更加注重"四基"发展,在关键基础材料、核心基础零部件(元器件)、先进基础工艺及产业技术基础方面不断提升发展水平。

一般认为,自主创新有3种模式:原始创新、集成创新、引进消化吸收再创新。

新兴产业方面,要求围绕新一代信息技术、智能制造、增材制造、新材料、生物医药等领域创新发展的重大共性需求,形成一批制造业创新中心(工业技术研究基地)。传统产业方面,促进钢铁、石化、工程机械、轻工、纺织等产业向价值链高端发展。

在推动"互联网＋协同制造"方面重点做好以下工作:一是大力发展智能制造。二是培育新型生产模式。三是提升网络化协同制造水平。四是加速制造业服务化转型。

3.1.2 中国制造亟须重整价值

当前,中国制造业价值存在以下3个主要缺陷:

(1)核心技术受制于人。例如,在核心技术方面,我国的国外知识产权依存度至少达到90%。发达国家对国外知识产权的依赖程度一般低于30%。

(2)缺乏全球知名品牌。例如,2012年我国约出口10亿部手机,但90%的利润被苹果、三星赚去,我国靠廉价劳动力只能赚得1%。在全球最大品牌咨询机构Interbrand发布的2013年全球最佳百大品牌排行榜中没有我国企业的身影。

(3)产学研脱节现象未得到根本解决。中国科学技术发展战略研究发布的《国家创新指数报告2013》显示,我国研发经费长期快速增长,2012年达到10298.4亿元,居世界第3位,占全球份额由2000年的1.7%迅速提高到11.7%,但由于产学研用脱节,我国科技成果转化率仅10%左右,远低于发达国家40%的水平。

当前,中国制造业重整价值的5个方向是:

方向一:抓住机遇与潜力——中国拥有非常好的制造业基础。

方向二:技术创新。

方向三:品牌建设。

方向四：集群效应。

方向五：提升中国制造关键是改善制度环境。

3.1.3　中国制造企业三大当务之急

面临世界金融危机所引发的长期贸易低迷,中国制造企业急需提高创新竞争力。

所急一：实现卓越制造。

所急二：向上游进军。

所急三：克服复杂的供应链。

3.1.4　舰船制造业竞争力四大挑战

挑战一：生产要素成本高企。

挑战二：企业创新能力不足。

挑战三：价值链复杂度加深。

挑战四：经济波动加剧。

为应对挑战、提高行业竞争力,我国船舶技术创新的主要方面如下：①先进造船理念与模式的创新,包括：成组技术,系统工程,工业工程；②造船方法创新,包括：中间产品,分道制造,壳舾涂一体化作业；③单项技术创新；④工艺装备自动化创新；⑤数字化制造技术创新；⑥造船工法创新。

3.2　行业未来新产品与专利体系

如今,全球的人工智能已经迎来了突破性的发展,可透过机器人的发展来想象未来、塑造未来；借助不断深入的科学探索未来。

3.2.1　行业未来新产品

当前,航空、航天、汽车等制造行业已成熟应用机器人激光焊接、远程激光焊接系统等先进技术与装备,对于以焊接劳动密集型机械制造为主的造船业,从根本上改变相对落后的造船技术。焊接技术飞跃发展是舰船行业发展、摆脱落后局面的未来首选。

另外,对于以机械制造为主的造船业,工艺装备自动化创新也是舰船行业发展的未来重要选择。以船舶总装厂船体加工为例,多点柔性成形数字化加工正在逐步代替水火弯板和大火热弯,如图3和图4所示。

图3　多点柔性成形加工精度高　　　　　　图4　柔性成形表面质量好

3.2.2　专利体系

创新创造了持久的价值,创新创造了机会,而专利体系是直接与创新相连的。实际上,专利体系是现有的唯一渠道——用以吸引、记录、创新、接受发明价值的唯一渠道。舰船行业的未来关键是建设军民融合的专利体系,这是支撑解决行业发展难题的基础。

3.3　《中国制造2025》破题工业强国

解决这个问题,要从4方面入手：一是坚定不移地调整产业结构。二是坚定不移地实施创新驱动发展战略。三是按中央要求压缩部分行业的严重过剩产能。四是淘汰部分落后产能。我们是制造业大国,但还不是制造业强国,还没有一大批具有国际竞争力的骨干企业,产业发展还有一批重大技术、装备亟待突破。

3.3.1 创新不止

创新可能带来的问题,依然需要人类通过创新来解决。所以,当放眼全世界,我们可以看到创新带来的改变——据国际权威机构测算,应用工业互联网后,企业的效率会提高大约 20%,成本下降 20%,能耗和排放可以下降 10% 左右。

3.3.2 《中国制造 2025》"智"造蜕变

新一轮工业革命是信息技术与制造业深度融合,以制造业数字化、网络化、智能化为核心,建立在物联网和务(服务)联网基础上,结合新能源、新材料等方面的突破而引发的新一轮产业变革。

3.3.3 制造业数字化、智能化是新的工业革命的核心

先进制造技术创新的内涵包含了产品创新、制造技术创新、产业模式创新 3 个方面。数字化、智能化技术是产品创新和制造技术创新的共性使能技术,并深刻改革制造业的生产模式和产业形态,是新的工业革命的核心技术。

产品数控技术和智能技术实现机械产品创新。这种装备和产品设计的 CAD/CAM(计算机辅助设计和制造)系统集成,大大提高了质量和市场竞争力。我国的海洋石油 981 平台是一个典型的全电推动平台,在 3000 米深海钻井,钻入地下 1.2 万米钻油,靠的是平台底部的 8 个电推进器。在计算机系统控制下,数控化使机械产品装备"大脑",开辟了高端机械产品创新的广阔空间。

3.3.4 数字化、智能化,推动《中国制造 2025》

依靠技术创新实现由"制造大国"到"制造强国"的历史性跨越。

国际金融危机以来,世界经济竞争格局发生了深刻变化,主要有 2 个大的发展趋势:一方面,实体经济的战略意义被重新评估;另一方面,新一轮的工业革命正在深化。

中国制造业的跨越式发展具备了许多良好条件:

(1)我国制造业拥有巨大市场。

(2)我国制造业有着世界最为完整的体系。

(3)我国一直坚持信息化与工业化融合发展。

(4)我国在制造业人才队伍建设方面已经形成了独特的人力资源优势。

(5)我国制造业在自主创新方面已经取得了一些辉煌成就,上天、入地、下海、高铁、输电、发电、国防等都显示出我国制造业巨大的创新力量。

3.3.5 制造技术创新——数字化和智能化集成制造技术

数字技术创新是制造技术的首要创新。一方面是制造工艺创新;另一方面是生产过程数字化创新。数字化、智能化技术一方面使 CAD、CAM、CAPP(计算机辅助工艺设计)、数字化制造装备等得到快速发展。另一方面,这些技术集成可形成柔性制造单元、数字化车间乃至数字化工厂。管理技术创新、产业模式创新也是制造技术的重要创新方向。

3.3.6 以工程化、产业化为主线推动中国制造业数字化、智能化

中国制造业数字化、智能化,最关键是要推进工程化、产业化。科学发现和技术发明一定要完成工程化并面向市场实现产业化,真正转化为显示生产力,才能称为科技创新。

3.3.7 把握工业转型升级的大趋势

当前,中国制造企业要把握工业转型升级的大趋势:

(1)能源互联网革命的大趋势。

(2)制造业数字化革命的大趋势。

(3)制造业服务化革命的大趋势。

当前,中国制造企业应对工业转型升级的时代挑战有 3 大策略:

(1)重塑制造业竞争新优势。

(2)推进绿色转型。

(3)实施创新驱动战略。

2014 年第三季度,我国产能利用率仅为 78.7%,与第二季度持平,同比下降 0.9 个百分点,处于近 4 年来的较低水平。产能过剩的范围已经从钢铁、水泥、电解铝、平板玻璃、造船等传统产业扩散到战略性新兴产业。

3.3.8 展望未来——"智造"化的未来工厂

创新,迅速把人类带到纷繁复杂又异彩纷呈的世界。莎士比亚名言说:"凡是过去,皆为序曲。"

大数据、云计算、开放互动成为移动互联网时代的主要特征,传统消费电子厂的"按单生产"方式已经不能适应市场变化。工厂发展的未来是"智造"化:

（1）从数字化生产到无人工厂。

（2）拥抱定制化生产时代。

（3）工业机器人夯实舰船"智造"基础。

（4）"互联网＋"成为舰船制造强国的新引擎。

4 结束语

进入 21 世纪以来,船舶革命性的突破趋势有:新能源船舶、海洋大型构筑物。

船舶制造技术的主要发展趋势包括:

（1）模块化造船。

（2）智能化造船。

（3）数字化造船。

（4）绿色造船。

近年来,国外国防制造技术十大动向中与舰船制造相关的有两个方向:

（1）军工领域增材制造技术研究应用更加深入。

（2）美国武器系统数字化研制新技术进入转化阶段。

当前,新材料、新技术的突破发展将为传统技术领域及制造业带来前所未有的革命性机遇,也将直接影响与推动船舶应用技术革命:电磁材料技术、碳材料技术。

未来舰船应用新材料技术的展望如下:

（1）量子通信技术。

（2）石墨烯技术。

（3）碳炔技术。

（4）微小超先进计算机技术。

未来改变计算机使用方式,对智能船舶制造技术将产生直接、深刻的影响,直接推动船舶 C4I 系统等数字化网络控制技术的应用革命。对航空母舰而言,其可为舰船空天一体化、海基陆战一体化的全球网络"神经"系统的建立,提供足够容量的舰载磁存储设备支持。

【参考文献】

[1] 应长春.船舶工艺技术[M].上海:上海交通大学出版社,2013.

中国航天发展与展望

闻 新

（沈阳航空航天大学）

目录

第一部分　中国航天60年回顾
第二部分　里程碑之一：载人航天——神舟飞船
第三部分　中国航天和人类航天的未来

第一部分

中国航天60年回顾

1.1 中国航天的诞生

➤ 60年前的今天，1956 年 10 月 8 日，中国第一个导弹研究机构——国防部第五研究院成立，标志着中国航天事业的创建。

➤ 成立大会的会场就在 466 医院的大食堂，聂荣臻庄严宣布：国防部第五研究院正式成立，钱学森任院长。

1.2 中国航天　艰难又辉煌

- 1960 年，中国第一枚仿制的近程地地导弹——"东风一号"发射上天。
- 1966 年，中近程导弹"东风二号甲"完成两弹结合试验，打破了大国核垄断。
- 在纪念抗战胜利 70 周年阅兵式上，"东风""红旗""长剑""鹰击"都是国家的脊梁。

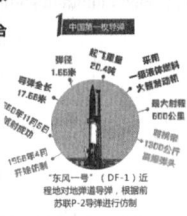

1.3 建立了中国航天的三大里程碑

60 年间，中国航天从无到有、从小到大，取得了以三大里程碑为代表的巨大成就。

- 2003 年 10 月 15 日，杨利伟搭乘"神舟五号"飞船成功往返太空。
- 2007 年 10 月 24 日，中国月球探测器"嫦娥一号"准确入轨。
- 2012 年 12 月 27 日，北斗系统空间信号接口控制文件正式版 1.0 正式公布，北斗导航业务正式对亚太地区提供无源定位、导航、授时服务。

1.4 建立了中国航天的三大里程碑

除此之外，下图为百度公开介绍内容

2007年中国反卫星导弹试验
2007年中国反卫星导弹试验是指中国于2007年1月11日进行的一次反卫星导弹试验。在该试验中，由西昌卫星发射中心，发射的一枚开拓者1号系列火箭携带动能弹头，以反方向8公里/秒的速度，击毁了轨道高度863公里，重750公斤的本国已报废的气象卫星风云一号C，是自1985年美国发射ASM-135反卫星导弹摧毁P78-1人造卫星以来首次成功的人造卫星拦截试验。

1.5 60 年来，航天发展带动了其他产业发展

1.6 60 年里，构建了一种管理体系和航天文化

形成了航天文化：
—航天精神（也是"两弹一星"精神）
—载人航天精神

几十年来，我国航天事业从无到有、从小到大、从弱到强，走出了一条具有鲜明中国特色的发展道路。

航天精神的形成

- 1956 年国防部第五研究院的建院方针："自力更生为主，力争外援和利用资本主义国家已有的科学成果。"

- 1986 年底，航天工业部党组对航天精神进行了归纳，提出了："自力更生、大力协同、尊重科学、严谨务实、献身事业、勇于攀登"的航天传统精神。

- 后来，根据聂荣臻的建议，对航天精神做了新的表述：……。

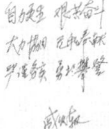

1.7 传承文化

- 1968 年，中国开始了载人航天技术的研究，曾命名为"曙光号"，但由于"文化大革命"的政治环境，计划中途被搁浅。

1.8 建立起来的航天人气

人气

1.9 设立"航天日"

- 1975 年，周总理曾建议"航天这种管理和文化应该推广到全国民用行业"。

- "航天日"，不仅仅展示了航天事业取得的成就，也是推广航天文化。

今天——中国航天日，中国航天文化

航天日——航天人感觉：
辉煌的过去、光荣的今天、不平凡的未来

不平凡的未来——明天——火星探测、中国卫星覆盖全球、月球基地

2020年发射火星探测卫星
2021年在建党100周年时，着陆火星。
2030年实现整体跃升，跻身航天强国。

我国2020年完成北斗导航卫星全球组网

第二部分 里程碑之一：载人航天——神舟飞船

昨天

今天

明天

"神舟"系列技术特征？

- 共 13+1 个分系统：

  结构机构、环控生保、热控、制导与控制、推进、测控与通信、数据管理、仪表照明、电源、返回着陆、应急救生、有效载荷，交会对接机构、航天员。

- 三舱结构：

  轨道舱、返回舱、推进舱
  （有的还包括附加段或对接机构）

神舟多项创新技术

神舟与国外飞船相比：

- 中国的第一代飞船，直接研制三舱结构，可坐 3 个人。

- 一船多用，轨道舱留轨寿命达半年，可以当作卫星或交会对接实用。

- 防热材料质量轻：

  神舟表面积 22.4 平方米，防热材料 500 千克

  俄罗斯联盟号表面积 17 平方米，防热材料 700 千克

- 神舟降落伞是世界上回收能力最强的降落伞。

4 艘无人试验飞船

- 世界没有，通过 4 艘无人试验

- 首次采用了三垂技术

- 发射准备工作从 15 天缩短为 3 天

"神一" 的主要任务

- 1999 年 11 月 20 日
- 验证总体方案的可行性
- 验证 5 大关键技术
  舱段分离技术、调姿制动技术、升力控制技术、防热技术和回收技术

"神二" 的主要任务

- 2001 年 1 月 10 日
- 重点验证环控生保系统、应急救生系统
- 轨道舱留轨试验半年，开展空间科学试验

"神三" 的主要任务

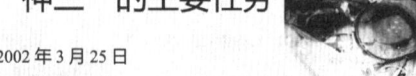

- 2002 年 3 月 25 日
- 搭载模拟人登天
  模拟人：新陈代谢装置、拟人生理信号设备和形体假人组成
- 模拟人可以模拟航天员生理活动参数，如耗氧、脉搏等，这是世界首创
- 火箭上增加了逃逸救生塔

"神四" 的主要任务

- 2002 年 12 月 30 日
- 这是一艘最完善的无人飞船
- 对载人航天大系统进行了全面考核
- 搭载 2 个假人
- 增加了黑匣子
- 对座椅进行改进

"神五" 的主要任务

- 2003 年 10 月 15 日
- 宇航员上天飞行 21 小时，比世界任何国家第一次上天飞行时间都长
- 中国航天迈进了新纪元

"神六" 的主要任务

- 2005 年 10 月 12 日
- 两人进入太空
- 技术突破：
  多人多天技术
  有人参与的空间科学实验
  舱门及密封技术
  生保技术
  用水技术

"神七" 的主要任务

- 2008 年 9 月 25 日
- 3 人飞行，航天员出舱活动
- 突破和掌握出舱活动相关技术
- 释放一颗伴飞小卫星，为交会对接提供一些经验、打下一些基础

"神八" 的主要任务

- 2011 年 11 月 1 日
- 飞船轨道舱前端安装自动式对接机构，具备自动和手动交会对接与分离功能
- 全船一共有 600 多台套的设备，一半以上发生了技术状态的变化
- 新研制的设备、新增加的设备占 15%
- 它发射升空后，与天宫一号对接

"神九" 的主要任务

- 配备了交会对接相关设备
- 飞船的轨道舱增加了前舱门
- 数据管理和控制的计算机功能更强大
- 太阳帆板发电效率更高
- 回收舱可靠性和安全性更高
- 飞船内部的环境设计也更为人性化，更宜人

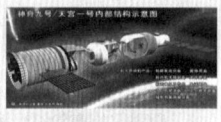

中国 "神九" 飞天，向世界宣告：

- 中国飞船技术从试验走向成熟
- 中国航天员的培养水平达到国际一流水平
- 中国达到了世界航天大国水平

"神十"的任务

- 应用飞行，进行短暂的有人照管试验
- 地面课堂建立与天宫一号的双向通信链路，体现了航天直接为教育服务的理念
- 验证组合体的协调工作能力
- 验证制导系统功能，是进一步定型阶段

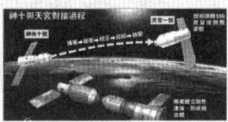

神舟十一号　载人航天让中国人骄傲

- 日本宇航员感觉："中国真行。"
- 俄罗斯宇航员感觉："我们不再孤单了"，"在广阔宇宙的一隅，还有一艘宇宙飞船，乘坐着两名宇航员"。
- 从另一个角度看，载人航天是有难度的。

台湾三立电视台谈话节目，主持人与来宾讨论大陆神舟十一号飞船与天宫二号对接新闻，质疑大陆造假。

美国载人登月也曾有人怀疑是假的。

太空动物实验

- 2016年10月19日，神舟十一号上天的蚕宝宝真身了！不要小看这6个小家伙哦！它们可是由科学家培育的改良蚕种"秋丰白玉"，将参加香港中学生设计的"太空养蚕"任务，并且会和两位航天员共同度过一段令人羡慕的太空岁月。

第三部分：中国航天和人类航天的未来

中国载人航天未来所面临工作

- 货运飞船，2017年发射天舟一号货运飞船。
- 2018年发射空间站核心舱；2022年发射20吨级舱段组合的空间站。
- 这期间，中国将会更深入地参与国际空间站的活动。

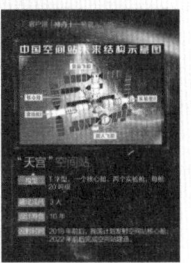

人类未来飞出太阳系所面临的3大问题是什么？

- 1. 精密地勘察和制作太阳系附近的星图。
- 2. 设计接近光速的火箭发动机，突破光障。
- 3. 长期飞行的生命保障和延续问题。

人类赋予航天活动的任务

人类利用先进的航天技术：

（1）探索宇宙演化

（2）生命起源

（3）物质结构

21世纪内人类航天的任务

- 21世纪的航天任务之一是发现地外文明在哪？
- 航天人需要向外星人学习、研制载人飞船。

美国西弗吉尼亚州绿岸山区
绿岸射电望远镜大约43层楼高，重7700吨。

21世纪的航天任务——探索黑洞

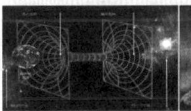 

- 爱因斯坦1930年认为透过虫洞可以做时间旅行。
- 21世纪末人类探索太空任务的目标之一：寻找时光倒流的方法。

现代弹药(箭)技术及发展趋势

焦志刚

(沈阳理工大学)

一、弹药(箭)技术与兵器科学技术

1. 兵器科学技术概述

兵器是以非核常规手段杀伤敌有生力量、破坏敌作战设施、保护我方人员及设施的器械,是进行常规战争、反恐、应对突发事件、保卫国家安全的重要物质基础。

兵器科学技术是以兵器工程技术为研究对象,具有与其他学科完全不同的科学内涵,并形成了一个较为完整的学科知识体系;它运用先进的理论体系、设计思想、工程方法和技术途径以使兵器装备满足战争需要和战场要求。

2016-10

一、弹药(箭)技术与兵器科学技术

2. 弹药技术的地位与作用

弹药作为武器系统实现精确打击和高效毁伤目标的终端环节,是完成武器系统作战使命或作战任务的核心。弹药技术每一跨越性的进步都将显著提高武器系统的整体效能。目前我国弹药品种基本齐全,总体上弹药性能处于 20 世纪 90 年代水平,其中底排火箭复合增程技术、末敏末修技术、穿破甲弹技术等达到国际先进水平。

坦克火炮

2016-10

一、弹药(箭)技术与兵器科学技术

3. 弹药技术研究概论

弹药作为兵器(即武器)中的毁伤分系统,是武器装备的核心部分。弹药通常指具有发射装药、飞行稳定装置、控制装置、爆炸装药或其他装填物等,能完成对目标的毁伤、干扰或其他作战任务的军械物品。

具体而言,弹药包括枪弹、手榴弹、枪榴弹、炮弹、火箭弹、航空炸弹、导弹、鱼雷、水雷、地雷、爆破筒、发烟罐以及爆炸药包等。

2016-10

一、弹药(箭)技术与兵器科学技术

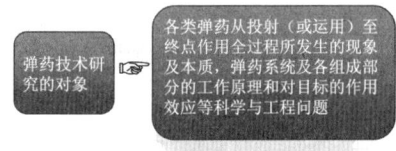
弹药技术研究的对象 → 各类弹药从投射(或运用)至终点作用全过程所发生的现象及本质,弹药系统及各组成部分的工作原理和对目标的作用效应等科学与工程问题

2016-10

一、弹药(箭)技术与兵器科学技术

我国弹药最先研究的是爆破性能、聚能效应、弹丸侵彻特性等科学技术问题,包括爆炸物理的基本理论,聚能效应和侵彻效应的基本现象,空中、水下和土岩中爆炸现象,以及自然破片的杀伤作用机理等。

在 20 世纪 50 年代引进脉冲X光机并且建起第一批爆炸洞以后,开始在实验室定量研究弹药的爆炸现象、金属射流的形成过程等。到 20 世纪 80 年代末,建立了战斗部对复杂目标毁伤的较完整的理论体系,为杀伤爆破弹药,如榴弹、航空炸弹、地雷、水雷和导弹战斗部的研制提供了理论和技术基础。

2016-10

一、弹药(箭)技术与兵器科学技术

从 20 世纪 70 年代开始,对穿破甲机理进行了深入研究,使我国穿甲弹、破甲弹的技术水平至今保持在世界先进水平。

在破片侵彻方面,全面研究了钢和钨合金的实心球破片对塑性介质、木板、钢板,以及半无限、单层、多层铝板等的侵彻现象。

在推进、增程和减阻技术方面,主要研究了固体火箭发动机技术、飞行弹丸减阻技术和复合增程技术等。

综上所述,弹药将向灵巧化、智能化、远射程和高效毁伤的方向发展。

2016-10

二、弹箭技术研究现状

1. 弹药(箭)总体技术

弹药总体技术包括总体结构、气动布局、弹道与飞行控制、效能评估、系统可靠性与发射平台的适应性等内容。远射程、高精度、高效毁伤和低成本是弹药技术永恒追求的目标。

炮弹

2016-10

二、弹箭技术研究现状

(1)总体结构与气动布局设计技术

小型化、抗高过载是弹箭结构设计的显著特点和基本特征。为获得尽可能高的可靠性、飞行速度和毁伤威力,要求弹药零部件必须承受较高的过载和小型化。新型灵巧智能弹药的气动外形布局设计突破了传统弹药的旋转体外形,可折叠弹翼、遂形弹翼、旋转弹翼、非凹截面外形、鸭式布局等新型气动布局被大量采用。

目前,国内正在开展结构强度设计、弹道分析和威力计算一体化设计平台的开发工作。

2016-10

二、弹箭技术研究现状

（2）模块化、系列化设计技术

为实现弹药的现代化和不断更新，在弹药设计中必须贯彻"三化"和产品预筹改进的设计思想。近几年，针对火箭弹、大口径弹药、航空炸弹等新产品的研发和技术改造，上述设计思想已得到初步贯彻。其中，多用途子弹药、反跑道子弹药等已基本实现通用化、系列化，大口径弹药的主要部件已逐步实现通用化，以满足通用射击等要求。远程多管火箭弹和航空炸弹的战斗部舱段、火箭发动机、制导与控制组件设计已初步实现模块化，为系列化产品的研制奠定了基础。

2016-10

二、弹箭技术研究现状

（3）引战配合技术

引信与战斗部配合是指在给定的弹药与目标交会条件下，引信的启动区与战斗部的动态毁伤区之间的协调。在战斗部爆炸时，如果目标的要害（易损）部位正好处于动态毁伤元覆盖的区域内，将会对目标造成最优的毁伤。在触发引信领域，引战配合的研究重点是破甲弹高精度炸高起爆控制技术、串联随进战斗部二次起爆控制技术等，在灵巧引信领域，引战配合的研究重点是制导引信一体化技术、硬目标可编程计层起爆控制技术、定向/可瞄式战斗部选择起爆控制技术、标易损要害部位识别与炸点控制技术等。

2016-10

二、弹箭技术研究现状

（4）弹药可靠性设计与应用

弹药可靠性是在特定条件下和规定时间内弹药完成规定功能的能力。近几年主要开展了弹药可靠性论证技术、可靠性设计分析技术及可靠性实验与评估技术研究。针对常规弹药，提出了有关作用可靠性、发火可靠性、可靠储存寿命等参数和指标的确定方法，开展了弹药可靠性建模，靠科学预估、可靠性分析、容差分析等方法研究，以及弹药环境应力筛选，可靠性鉴定与验收实验和评估、加速寿命实验等技术研究。

2016-10

二、弹箭技术研究现状

2.弹箭减阻增程技术

弹药增程技术是根据弹药的结构及弹道特点，在能够保证威力及精度指标的前提下，进行提高射程的相关研究。它主要包括减阻增程技术、火箭增程技术、底排火箭复合增程技术、冲压发动机增程技术、推进/滑翔复合增程技术等。

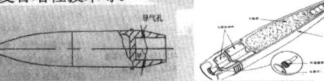

155 mm带有导气孔的底凹增程弹　　155 mm火箭增程底排弹

2016-10

二、弹箭技术研究现状

我国在 20 世纪 70 年代，开展了多种增程技术的研究和远程弹药的型号研制。在减阻增程方面，相继研制了枣核弹、底凹弹和底部排气弹等增程弹药。采用底部排气装置后，使同口径弹药的射程提高了20%以上。

进入 21 世纪以后，在底排和火箭增程应用技术已经成熟的情况下，相继研制了不同口径的底排/火箭复合增程弹，其射程提高了50%～75%。火箭增程技术在120 mm迫击炮弹上应用以后，其射程达到了13 km，增程率达到120%以上。

2016-10

二、弹箭技术研究现状

在火箭武器远程化方面，先后开展了高能推进剂技术、新材料新工艺技术、提高密集度技术和先进设计技术研究，将研究成果应用到型号研制中以后，在威力基本不变，密集度有所提高的情况下，使火箭弹的射程大幅提高，并实现了火箭弹的简易控制。这些火箭的射程和密集度指标也已达到了国际同类产品的先进水平。

为了进一步提高弹箭武器的射程，近年来又开展了冲压发动机增程和推进/滑翔增程应用技术研究。

2016-10

二、弹箭技术研究现状

3.弹药(箭)精确打击技术

弹箭精确化理论和技术是研究炮弹、火箭弹飞行过程中目标探测、制导，实现精确打击目标的学科。

无控常规弹箭的最大缺点是射击精度低，特别是弹着点散布较大。现代战争对命中精度提出了很高的要求。精度的提高意味着要摧毁同一目标，弹药的消耗量将大幅度地减小，不仅能够减轻后勤需求，减少作战平台与人员的暴露，而且可以避免对平民和非军事设施的附带损毁。因此，提高弹箭的射击精度一直是军事部门、军工部门和军事工程技术人员最为关心、孜孜不倦努力解决的问题之一。

2016-10

二、弹箭技术研究现状

灵巧弹药是一种可实现高效率精确打击目标的弹药，主要包含末敏弹药、末制导与制导弹药、弹道修正弹药等。它是当前弹药发展的主方向。

155 mm末敏弹

2016-10

二、弹箭技术研究现状

一些灵巧弹药已在海湾战争中崭露头角，发挥了重大的作用；一些新产品或更换代的产品正在研制之中，例如复合探测体制无伞末敏弹、二维修正弹、布撒器、巡飞弹等。

末制导弹炮弹

2016-10

二、弹箭技术研究现状

4.弹药(箭)高效毁伤技术

高效毁伤理论和技术是针对不同类型的目标，研究毁伤能量（化学、力学、光学、电磁学、声学等）的释放方式和释放方向的控制，实现对目标结构的破坏和使目标功能的丧失或降低，达到最佳毁伤效果的一门学科。

战斗部是弹药的有效载荷，其威力的表现形式是多样的。成型装药技术、硬目标侵彻技术、杀爆战斗部技术的发展最为活跃，终点效应也从传统的杀伤、侵彻、爆破拓展到干扰、软杀伤、反电网等新的形式。

2016-10

二、弹箭技术研究现状

（1）成型装药是最有效的反坚固目标技术，在反坦克、钻地、反机场跑道战斗部中得到了广泛的应用。目前新材料药型罩、多级串联和多模态组合等成型装药技术已经取得突破。

（2）重金属破片技术在我国应用广泛。

（3）综合效应技术受到重视，结合相关产品进行杀伤、破甲、纵火多功能匹配技术研究。

（4）子母弹战斗部方面的开舱抛撒和子弹药技术亦趋成熟。

（5）战斗部炸药装药技术也得到迅速发展。

2016-10

二、弹箭技术研究现状

5.弹箭引信和火工品技术

（1）引信技术

引信是在确保勤务处理和发射安全的前提下，利用环境和目标信息，依据预定策略或实时指令引爆弹药装药的装置或控制系统。引信由安全系统、发火控制系统、爆炸序和能源等构成，主要有触发、近炸和时间以及多选择引信等类型，可以触及目标、接近目标或在设定的时间起爆。

2016-10

二、弹箭技术研究现状

随着作战需求和科学技术的发展，引信的功能在不断地拓展，出现了许多全新的类型，例如接受全球定位卫星信号的 GPS 引信等。这些引信通过复杂的机械、化学、力学和电子学机理和技术完成预期的引爆弹药功能。在装备信息化，特别是弹药信息化中，引信占有特别重要的地位。

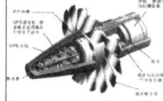 

弹道修正引信　　　　传感器引信炸弹

2016-10

二、弹箭技术研究现状

引信是探测与控制装置。从探测的角度审视，引信有环境探测和目标探测能力。从控制的角度审视，引信有自控（触发和近炸）、程控（时间）、遥控（指令）和手工控制（手榴弹）等多种类型。引信还是信息系统，有信号收发装置。引信通过炸点控制，能使弹药发挥最大作用效能。即使弹药直接命中目标中心，炸点在目标前（如对地近炸）、在目标表面（如破甲弹）或在目标内部（如侵彻弹），仍由引信控制。对于不能命中目标的脱靶弹药，引信的炸点控制演化为弥补射弹偏差。

2016-10

二、弹箭技术研究现状

最近十几年来我国重点研究将光、电、磁、计算机等现代技术应用于引信，例如GPS 修正引信、自适应侵彻引信、激光引信等已经取得很大突破，电子近炸引信、计转数引信等已经在型号中应用。在引信化学、物理能源、MEMS 加工、装配与检测、引信灌封等特种工艺，环境敏感材料应用等一些关键技术和相关基础条件上也有很大发展。

2016-10

二、弹箭技术研究现状

（2）火工品技术

火工品在弹药中承担着点火、传火、做功、干扰及起爆、传爆等重要功能，是弹药系统中最为敏感的元器件，其性能直接影响着弹药系统的作用效能、安全性和可靠性，有不可替代的作用。它具有敏感性、瞬发性、功率密度高等特点。火工品一般体积较小，但结构较复杂，作用过程涉及物理、化学、电子等诸多学科。

2016-10

二、弹箭技术研究现状

20 世纪末，弹药技术和信息技术的发展对火工品提出了全新的结构与功效要求，也使火工品技术得到很大的发展。如 MEMS 技术、激光技术、纳米制造技术以及先进的集成加工制造技术，促进了火工品技术跃上新的台阶。通过探索新型半导体材料、新型桥膜结构和带电磁滤波功能的多结构研究，可反应半导体桥膜换能元、复合半导体桥膜换能元和半导体桥冲击片换能元等新型半导体桥膜换能元的技术取得突破，微机电、微光电技术的应用正在使爆炸箔冲击片换能元趋于微型化。同时，激光技术在火工品上的应用，使起爆与点火技术实现了程控多选择和钝感化。

2016-10

二、弹箭技术研究现状

在研究高能密度化合物分子结构与构效关系、复合配方药剂的微米/纳米粒度级配等理论和技术的基础上，我国研究开发了新一代起爆药如 CP、BNCP、NCP 等，得到多种感度选择性和功能适应性的药剂，通过炸药细化、掺杂或改性，使激光敏感药剂的临界发火能量降低。各种以 PETN、RDX 为主体的小临界尺寸传爆药的稳定传爆直径均小于 0.4 mm，甚至达到了0.16 mm，爆速 7000～8000 m/s。以 NTO、FOX、LLM—115 炸药为主要的传爆药耐高过载能力得到了较大的提高。这为发展高可靠性、微型化的火工品技术建立了基础。

2016-10

三、弹箭技术国内外研究对比

1.弹箭减阻/增程技术对比

美、英、俄等国在火箭/滑翔增程超远程制导炮弹方面已进行了大量的研究工作，部分型号已装备部队，产品的射程也达到了 80～120 km。

在火炮发射的弹药方面，我国增程技术的差距主要在冲压增程和滑翔增程技术上。而我国的冲压增程炮弹和火箭/滑翔增程炮弹技术还处于预研阶段，还有许多关键技术需要突破。

2016-10

三、弹箭技术国内外研究对比

在火箭武器方面，国外大口径火箭的射程已达到300 km 以上，且都已采用了制导技术，而我国的大口径火箭最大射程、精度和威力指标还比较低。另外，近几年我国研制的一些火箭武器，其可靠性还存在许多问题，原因是我国的原材料、工艺、设计、分析和检测技术等与先进国家相比，还存在一定的差距。

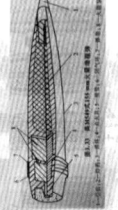

美国M549式155 mm火箭增程弹

2016-10

三、弹箭技术国内外研究对比

2.弹药(箭)精确打击弹药技术对比

灵巧弹药技术作为弹药实现精确打击的核心和关键技术，受到了美、俄等军事强国的高度重视，先后研制了激光半主动制导炸弹与炮弹、末敏弹、GPS制导炸弹与制导炮弹等。

至今已在各种火炮、火箭炮、飞机平台上发展了数十种灵巧弹药。可以说，以美国为主的发达国家在灵巧弹药方面已形成了一个全新的装备与技术领域。美国发展的JDAM系列制导炸弹、XM982制导炮弹、GMLRS制导火箭弹增加导引头后，其CEP可达到1.3 m。

2016-10

三、弹箭技术国内外研究对比

国内灵巧弹药技术的发展与国外相比差距较大。虽然通过预研和引进、消化、吸收、再创新，先后完成了末敏弹、激光半主动制导弹药等相关型号的研制，但在其他灵巧弹药技术上，国内大多处于先期技术开发和演示验证水平，距离工程实用化仍需开展大量的研究工作。未来的微小型灵巧与智能弹药技术及产品模块化技术尚处于先期概念研究和技术探索阶段。

2016-10

三、弹箭技术国内外研究对比

3.弹药(箭)高效毁伤技术对比

常规弹药的毁伤技术比较接近世界先进水平，但在高能炸药、先进材料应用和高威力战斗部技术方面差距明显。

在装药技术上，国外在陆军弹药上广泛采用B炸药等高能炸药，发展了高性能挤注装药离心浇铸等战斗部装药技术，有效提高了战斗部装药质量和威力，国内在这方面存在较大差距，B药在大口径榴弹上的应用还有待进一步提高。

2016-10

三、弹箭技术国内外研究对比

4.弹箭引信和火工品技术对比

（1）引信对比

我国在火药、机械引信方面与国外先进水平差距不大，但电子引信落后较多，其中表现突出的是：国外单篇微波集成电路在引信中迅速推广。美国陆、海、空三军的非制导弹药已经全部升级换代，1998年后定型的导弹引信均采用电子安全系统，多选择（多功能）引信比例逐步增大。

2016-10

三、弹箭技术国内外研究对比

国外高新技术引信发展迅速。成像技术已在末敏弹等引信上装备。在引信与制导一体化方面，国外运用先进、廉价的微型惯性测量组合（MIMU）和GPS系统发展弹道修正引信，已装备部队，并且制导与引信交换信息，甚至共用硬件已经很普遍。

（2）火工品技术

我国先进火工品技术研究与国外先进水平有一定的差距，主要表现为：换能元耗能能力弱，抗环境加固能力弱，安全性与可靠性尚未达到要求，火工药剂性能优良的品种少，抗环境能力差。

2016-10

四、弹箭技术发展趋势

1.弹箭减阻增程技术发展趋势

弹箭推进增程理论与技术的主要任务是大幅度提高火箭弹、炮弹的射程，为兵器远程化提供技术支撑。

发展新型、高效推进技术，包括高装填密度、大推重比、大长细比高效火箭发动机技术、固体冲压发动机技术。发展新型可控长航时发动机技术，包括脉冲爆轰发动机技术、凝胶推进剂火箭发动机技术以及微小型涡轮喷气发动机技术，提高发动机的综合性能，为进一步提高射程提供高支撑。

2016-10

四、弹箭技术发展趋势

2.弹药(箭)精确打击技术未来发展趋势

灵巧/智能弹药技术将是今后一个时期最主要的发展方向，要以弹道修正、末制导与制导弹药技术、末敏弹技术三大技术群为重点，注重相关技术多领域交叉、融合，突出基础和共性技术，强化工程应用背景，在低成本惯性导航组件技术、微惯导/卫星定位组合导航与抗干扰技术、探测控制组件与引信一体化结构设计技术等方面尽快取得突破性进展。

2016-10

四、弹箭技术发展趋势

3.弹药(箭)高效毁伤技术未来发展趋势

高效毁伤方面将首先突破的是活性杀伤破片技术。采用纳米材料技术，会进一步提高活性破片在战斗部爆炸驱动下的弹道安定性。通过与传统重金属材料结合，创新活性破片结构，提高活性破片保持弹道存速和终点击穿能力，进一步提升活性破片毁伤威力。活性破片/杆条战斗部技术、活性射流/EFP战斗部技术武器概念也将得到发展。

在反硬目标战斗部方面，对混凝土/钢筋混凝土目标的高速侵彻技术将是研究的重点。

2016-10

四、弹箭技术发展趋势

4.弹箭引信和火工品技术未来发展趋势

（1）弹箭引信技术发展趋势

引信技术未来发展的重要趋势除继续加强探测与控制能力外，将突出微小型化、灵巧化和信息化的特点。在加强探测能力方面，扩展频谱是一个重要方面，引信将使用通信、雷达、制导难以使用的"非大气窗口"毫米波与"非大气窗口"红外线，并向紫外线和亚毫米波（太赫兹电磁波）扩展。

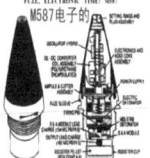

无线电引信

2016-10

四、弹箭技术发展趋势

（2）弹箭火工品技术发展趋势

火工品技术将向着安全、可靠、小型（微型）化、智能化、模块化等方向发展。重点开展低能冲击片雷管、反应式半导体桥雷管、微火工系统等先进火工品技术与基础研究，解决多模起爆及微型、微能火工装置核心技术，提高火工品的安全性和可靠性。

（完）

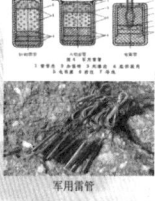

军用雷管

2016-10

● 专题论坛

关于船厂面临的涂装难题及解决方案的讨论

孟昭懿

（大连中船新材料有限公司）

---

0 目 录

防护方案

- 1.1 如何解决不锈钢管和有色金属管外壁防护问题？
- 1.2 如何解决管道及法兰封堵问题？
- 1.3 如何解决涂层免受焊渣等杂物损坏的问题？
- 1.4 如何解决涂装（包括特涂）过程中的涂层分界及防护？
- 1.5 如何在特涂、下水过程中保护船体部件免受腐蚀？

新型磨料

如何解决船厂现有磨料使用寿命短、不环保的问题？

1

防护方案

主要讲述涂装环节的船体管路、设备、涂层等部位的防护方案

1.1 如何解决不锈钢管和有色金属管外壁防护问题？

原防护方案

当前各船厂对不锈钢管和有色金属管通常采用三防布+胶皮的防护方式。

困扰问题1：无论是三防布还是胶皮防护都不能做到完全密封防护，一旦沙子或者其他坚硬物体进入管壁和防护物之间，划伤管壁，造成二次修复。

困扰问题2：管路防护需要多层包裹，耗费工时，浪费材料。

图为现有的使用三防布防护的管路

1.1 如何解决不锈钢管和有色金属管外壁防护问题？

常规工况：有色金属保护膜

该保护膜密封和贴服性好，同时抗划擦、喷砂，能够有效避免灰尘、盐雾、化学液体以及喷砂对管壁的损伤，同时抗划擦、阻燃。

该保护膜厚度为0.22 mm，缓冲性好，可以保证在喷砂过程中管壁不被钢砂打伤。

优质的胶层，可保证贴附后6个月不留残胶。

该保护膜与传统防护方式（胶皮+三防布）成本不相上下，但对管路外壁防护效果很好，可以完全避免二次修复的问题。

上图为使用PVC膜防护的管道

图1为使用PVC膜防护后的钢管（1层）。
图2为扫砂3分钟后的PVC膜和钢管。
图3为撕下PVC膜的钢管。
可以清楚看到管壁上没有残胶。

1.1 如何解决不锈钢管和有色金属管外壁防护问题？

附近有动火作业时：多晶硅防火布

耐高温，可以持续防护焊渣或者切割铁水对管路外壁造成的损坏：多晶纤维面无熔漏燃点在800℃左右；硅胶面无熔漏燃点在250℃左右。

抗冲击，硅胶层对坠落物的撞击可以起到缓冲作用。

当不锈钢管及有色金属管附近有切割等动火作业时，辅助有色金属保护膜使用。

图4可以看出，30分钟后防火布没有任何烧毁痕迹。

图1为在焊渣持续喷溅过程中，防火布未燃
图2为使用火焰枪炙烤防火布
图3为炙烤15分钟后的防火布

1.2 如何解决管道及法兰封堵问题？

原防护方案

为了达到密封、抗冲砂等目的，一般船厂采用四种材料对现有管口、法兰面进行防护：

先用塑料管堵封住管口或者法兰；为了保证密封，再用拉伸膜将管口或者法兰缠绕；之后捆绑上三防布；为了抗打砂，最后还要包裹一层胶皮。喷砂结束后，将包装物拆除，使用高压风将钢砂吹扫干净，然后重新防护法兰进入涂装环节。

困扰问题：工序繁多，防护效果不理想。

图为现有的防护方式

1.2 如何解决管道及法兰封堵问题？

方案：新型管道密封贴

用于管道预晒装、喷砂防护、涂装到合拢安装的全周期密封防护，保证管道内部不被外界杂物污染。

密封防护、抗冲砂、防水防腐三合一。

只贴一次，全周期防护，节约工时和材料成本。

颜色可定制，区分不同的管系。

新型管道密封贴
三防布

可以看出，新型管道密封贴牢牢地贴附在管口，并且能够保证管内路的清洁和密封。

图1为打砂前贴附在管口的新型管道密封贴
图2为打砂后的新型管道密封贴

1.3 如何解决涂层免受焊渣等杂物损坏的问题？

原防护方案

使用胶皮等防护材料对涂层进行防护，存在问题是不符合船厂的防火要求。

方案：磁性胶皮

可实现涂装后钢板区域全覆盖保护或封闭防护，能够有效地保护钢板表面的涂层不受焊渣以及各种冲击的损坏。

不燃材料，更安全。
有柔性，贴附力好。
单面磁性，安装施工方便简单。
使用寿命长，可以循环使用。
规格可以定制，更加灵活。

1.4 如何解决涂装（包括特涂）过程中的涂层分界及防护问题？

原防护方案

1. 涂装时，为了进行油漆分界或者防护，传统的工艺是用"胶带+塑料膜+胶带"的方法对非涂装区域进行保护，需要施工三道。
困扰问题：工序烦琐、胶带残胶污染、塑料膜容易脱落等问题。

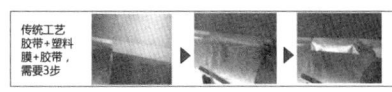

传统工艺胶带+塑料膜+胶带，需要3步

2. 特涂涂装防护时，为了解决静电电荷可能引爆漆雾的安全隐患，船厂常将防静电服剪裁、配合棉质胶带进行简单遮蔽，解决了上述问题。
困扰问题：防护成本高、施工麻烦。

1.4 如何解决涂装（包括特涂）过程中的涂层分界及防护问题？

方案一：替普通涂装使用喷漆保护膜

CSIC 喷漆保护膜将美纹纸胶带和 PVC 薄膜结合到一起，不留残胶，完美解决了传统工艺的施工问题。与传统的三道工序施工方法相比，只有一道工序，节省了人力，提高了施工质量，缩短了施工周期，同时还大幅地降低了高架车等设备的使用次数。
（a）黏着性好，无残胶，不损伤油漆表面。
（b）简化工序，有很好的分界效果。
（c）采用折叠技术，产品外形体积小巧，携带方便。

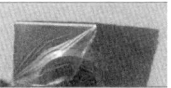

喷漆保护膜只需要粘贴一次

1.4 如何解决涂装（包括特涂）过程中的涂层分界及防护问题？

方案二：特涂使用 PE 防静电保护膜

PE 防静电保护膜：针对化学品船特涂舱室涂装遮蔽开发。

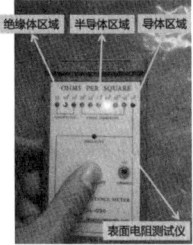

绝缘体区域　半导体区域　导体区域

PE 防静电保护膜的工作原理：保护膜中含有导体颗粒，可以将粘贴、撕掉过程中产生的静电导出，达到降低静电电荷的作用。
（a）安全、方便。
（b）降低成本。

表面电阻测试仪

1.5 如何在特涂、下水过程中保护船体部件免受腐蚀？

原防护方案

1. 特涂时，舱室门框经常使用锡箔纸或者牛皮纸胶带进行长时间防护。
困扰问题：锡箔纸或者牛皮纸在长时间防护后，会留下残胶，后期还要打磨处理。

2. 为了提高船坞利用率，有些合拢会在下水后完成，合拢口遇水生锈，需要进行打磨处理。
困扰问题：耗费工时。

方案：特种防腐胶带

采用聚乙烯和合成橡胶制成，厚度0.31 mm左右。
长时间贴附，不留残胶。
防水性能好，提高船坞利用率。
抗冲砂，并且冲砂结束后不留残胶。
成本低，该产品比国外同品质的胶带价格低 20% 左右。

1.5 如何在特涂、下水过程中保护船体部件免受腐蚀？

小分段在船台合拢或首尾两部分后，可贴附 CSIC 特种防腐胶带后下水，用拖船把两部分拖到船坞，在大船坞中进行合拢。该胶带特有的黏性及防水性能，可防止合拢口生锈。

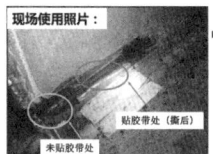

现场使用照片：

左图为：下水2周后，到船坞合拢，贴胶带处和没贴胶带处的对比。

贴胶带处（腐后）
未贴胶带处

优点：
防水，耐酸碱，耐老化，防腐，不生锈，不留残胶。
撕开后可直接施焊，不用打磨，省时、简化工艺！

2

新型磨料

主要讲述既能保证喷砂效率、环保指标又能降低使用成本的新型强化磨料

2.1 喷丸材料的变革

1993—1997 年　铜矿砂　➡　每平方米消耗 75 千克

1997—2009 年　铸造钢丸　➡　每平方米消耗磨料 0.5～0.8 千克

2009 年　新型强化钢丸　➡　每平方米消耗磨料 0.1～0.3 千克

磨料类型	消耗率	效率	单价	作业环境	综合成本
铜矿砂	极高	中	极低	极差	极高
铸造钢丸	中	中	中	差	高
新型强化钢丸	低	高	高	较好	低

2.2 影响喷丸效果的因素

影响因素	喷丸效果	直接作用
磨料尺寸（配比）	表面粗糙度	磨料使用成本
磨料形状	表面覆盖率	工作效率
磨料密度	表面清洁度	报验通过率
磨料金相组织	磨料消耗量及粉尘	油漆附着力及使用量
磨料数量		设备耗材更换频率
喷嘴形状、喷射角度与距离		
喷丸工作压力与时间		

2.3 优质磨料应该具备的特性

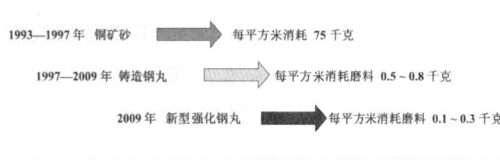

优质磨料应具备的特性

关键性能指针

使用寿命长　生产效率高　消耗小粉尘量低　综合成本低

2.4 CSIC新型强化钢丸的优势

公司专利产品

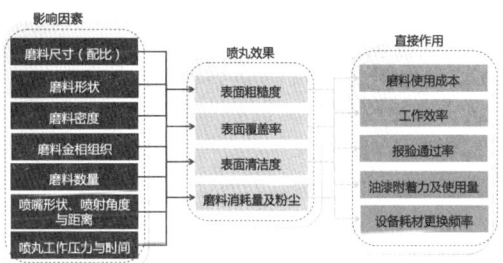

切丸　G1
G2　G3

CSIC 新型强化钢丸采用国际先进技术，通过对特质线材进行公司独有的热处理工艺，多次拉拔达到规范要求的粒度直径、相应硬度和抗拉强度，再经过数控拉切、磨圆等工艺精细而成，严格按照德国 VDFI8001/2009 和美国 SAE J441、AMS2431标准生产。

主要化学成分：
碳C：0.60%~0.65%；硅Si：0.10%~0.30%；锰Mn：0.40%~1.20%；硫S≤0.03%；磷 P≤0.03%。

硬度	抗拉强度	粒度	形状
HV400-500、HV555-605、HV610-670、HV670-740		0.2mm~2.5mm	切丸Z、同G1、G2、G3。

CSIC新型强化钢丸的4种产品形状

2.4 CSIC新型强化钢丸的优势

无论何种磨料，使用的基本条件就是要满足靶材表面处理的要求。

在船舶行业中，钢板表面清理必须满足 PSPC 涂层新标准盐分、清洁度、粗糙度三项指标要求。

（1）盐分，目标标准50 mg/m²以内，实测结果
25.6~26.8 mg/m²，最低 24 mg/m²，最高 30 mg/m²。

（2）清洁度，目标1级，实测结果 1 级。

（3）粗糙度，目标值30 ~ 75 um，实测结果 50 ~70 um。

右图中，下图为普通铸造磨料喷丸后效果，上图为
CSIC 新型强化钢丸喷丸后效果

2.4 CSIC 新型强化钢丸的优势

2.4.1 CSIC 新型强化钢丸的使用寿命长

普通的铸造磨料的金相组织是回火马氏体，在喷丸过程中很快破碎，磨料使用寿命短，磨料的使用成本大。CSIC 新型强化钢丸的金相组织是形变珠光体，在喷丸过程中，它只有越磨越小，不会产生太多粉尘，使用寿命长，大大降低了磨料的使用成本。

铸造磨料—碎裂　　

CSIC新型强化钢丸—磨损　　

2.4 CSIC新型强化钢丸的优势

2.4.2 CSIC新型强化钢丸的生产效率高

喷砂处理后的船体分段

普通的铸造磨料易破碎，破碎后的磨料（我们称之为钢砂）形状不统一，钢丸、钢砂、粉尘一起通过喷枪，撞击工件表面，使有效撞击工件表面的磨料数量变少；同时，磨料形状不一致，相互之间的摩擦力变大，磨料的动能变小，因此表面清理效率较低。

CSIC 新型强化钢丸在喷丸过程中，越磨越小，粉尘小，单位时间内通过喷枪的有效撞击磨料数量比普通铸造磨料多；同时，长径比等长的切断在不断撞击后，逐渐变为圆形，减小了磨料之间的阻力，单颗磨料的动能增大，因此表面清理效率较高。每次撞击，单颗磨料表面还将持续产生新的锐角，也保证了清理效率。

2.4 CSIC新型强化钢丸的优势

2.4.3 CSIC新型强化钢丸的消耗小、粉尘量低

单位面积钢丸消耗量（kg/m²）=实际消耗磨料（kg）/被处理型材面积（m²）

消耗量是衡量一种磨料是好还是不好最重要，也是最简单、最直观的指标！

新型强化钢丸消耗量只有普通磨料消耗量的1/3~1/2，大大降低了消耗成本。

以喷砂间为例，据中船新材料公司在客户现场的实际统计得知，CSIC新型强化钢丸的消耗量为0.15 kg/m²左右，普通铸造磨料的消耗量为 0.68 kg/m² 左右。

由于磨料消耗量降低，排放粉尘也大大减少，作业环境得到极大改善。

2.4 CSIC新型强化钢丸的优势

2.4.3 CSIC新型强化钢丸的消耗小、粉尘量低

磨料的消耗量及其产生的粉尘量，直接影响除尘设备的耗材更换频次、处理工件表面的清洁度，以及工人的工作环境。

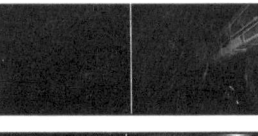

喷砂时能见度对比
（左图普通铸造钢丸、右图 CSIC 新型强化钢丸）

停喷后环境对比
（左图普通铸造钢丸、右图 CSIC 新型强化钢丸）

2.4 CSIC新型强化钢丸的优势

2.4.4 CSIC新型强化钢丸的综合成本低

磨料消耗量少，直接降低磨料的使用成本。

01 使用成本

02 粉尘少，减轻过滤系统负担，减少滤器更换频次，降低成本。 设备成本

03 喷砂效率提高后，分段处理时间减少，工厂动能、电能的使用成本均下降。 动能电能

优化涂装工艺——降低涂装成本

孟祥军

（大连船舶重工集团有限公司）

一、各阶段涂装设计优化

1. 合同设计及详细设计

（1）符合国际标准，高固体分、低VOC、全船通用环氧漆的设计应用

*优异（合适）的配套性及膜厚设计（1度膜厚=100~160μm）

*全船各区域通用（快干）环氧漆的应用技术及工艺设计衔接——必要性！

*目前，各家油漆商船舶环氧漆品种选用1~3种，2种居多。

（2）水性环保漆的设计应用（中国北方冬季局限性）。

（3）全船舾装件及管系通用环氧漆的设计应用。

（4）新型（水性、耐高温、环氧类等）车间底漆的设计应用。

2. 生产设计

利用TRIBON等先进软件系统开展涂装面积计算，三维模型数据及图形的设计模式、数字化的数据信息传输，必要的彩色三维示意图信息传输，现场无纸化的设计信息采用，从而实现智能型涂装生产设计。

二、涂装检验程序体系及技能工人

1. 专职涂装检验员的设置、涂装质量报告-报告体系完善建立

部分船厂未设置专门的涂装检验部门及专职涂装检验员（或船厂油漆检验人员流失严重），或虽聘上岗；未建立完善的涂装质量报验及报告体系，主要依托油漆商（检验代表），自身不参与现场检验，缺少喷涂过程质量监控，导致喷漆工人为了一次报验合格率，超厚喷涂及误喷浪费现象严重。

2. 喷砂、喷涂工人技能培训及鉴定

目前，大多数船厂采用涂装外协的方式，喷砂及喷漆工人大多没有经过专业培训，缺少对其技能的考评及监督，直接影响涂装质量，加大油漆消耗。

建议：建立专职涂装检验员体制及监控制度；完善涂装漆膜报验报告体系（比照PSPC）；船厂比照焊接工人的考评，建立喷砂及喷漆工人的等级考评制度，与工资待遇挂钩，能完善船厂对涂装外协的监管制度，从而加强对油漆消耗的控制。

三、油漆消耗系数——标准

1. 油漆消耗系数（代码为K）的定义

油漆消耗系数（K），学术上亦称为涂覆系数，是某一品种油漆在单位面积上的实际消耗量与理论消耗量的比值。

2. 油漆消耗量（Q）的计算方法

根据已计算出的待涂装区域面积S（平方米），某品种油漆的理论涂布率V（x平方米每升），该种油漆施工在某区域的消耗系数K，按下述公式计算油漆消耗量（Q）：

（1）理论消耗量Q理 Q理 = S / V

（2）设计消耗量Q设 Q设 = S / V * K

3. 油漆综合消耗系数的计算方法

按照上述方法，计算汇总全船各区域、各阶段（分段阶段、总组阶段、系泊阶段）的油漆理论消耗总量（Q理总）及设计消耗总量（Q设总），同时计算出综合设计消耗系数（K设），即：K设=Q设总/Q理总

此种方法可称为"总量法"，亦可采用"加权平均法"。

三、油漆消耗系数——不可抗力因素

· 根据目前国内各船厂的建造实际，存在如下现场实际涂装工艺：

（1）针对分段阶段未完全涂装结束的区域，在船台船坞合拢阶段或系泊阶段，需要对该区域进行整体拉毛（打磨）清洁处理，满က涂底漆涂层至规定膜厚后，再进行后续涂漆施工。这些区域主要有：主甲板区（第一度）、机泵舱区（第一度）、上层建筑区（第一度）等。

（2）在系泊阶段（船舶试航后），因为后续的扫尾施工破坏或较长的建造周期影响，主船体的外表面在交船前，因为船东要求或交船因素，需要"美观"施工，这些区域主要有：主甲板区（面漆）、外板区（面漆）、机泵舱区（面漆）、上层建筑区（面漆）等。

*上述不可抗力因素，对油漆综合消耗系数影响较大！

四、国内外船厂油漆消耗系数状况

·据笔者认为：衡量某船厂的油漆消耗状况，应按照某某船实际的油漆综合消耗系数（K实）为考评依据。根据目前国内外船厂油漆消耗状况，笔者认为以船舶产品的油漆综合消耗系数（K实）为基础，油漆消耗水平大体可分为四挡：A挡，K实=1.9~3.0（或1.8以内）；B挡，K实=2.0~2.2；C挡，K实=2.2~2.4；D挡，K实=2.4~2.6。据笔者所知的数据情况，日韩的船厂，其油漆消耗水平在A挡或B挡；国内的骨干船厂，其油漆消耗水平在B或C挡。

由此可见，我国在造船的油漆消耗水平方面，与日韩船厂仍存在一定的差距！

五、新工艺新技术的推广应用

· 新工艺新技术的推广应用

1. 钢材表面预处理及分段二次表面处理——优异的磨料选型及配比方案（强化—合金混合磨料等）及车间底漆选用等，确保符合PSPC（IMO MSC 215.82）要求的钢材表面粗糙度、清洁度、盐分值的实现。

2. 机舱区通用环氧漆（1度=120μm）或水性涂料的应用。

3. 新型低表面能等防污涂料的应用。

4. 舵及螺旋桨等新型涂料（ECOSPEED等）的应用。

*5. 便携式循环喷砂设备及智能机器人的应用。

6. 新型双组分泵的应用。

7. 大包装桶油漆（如：200升/桶）应用。

8. 淡水舱分段前移施工工艺节点前移。

*真空循环海绵体喷砂样例

六、结束语

近些年来，国内各个船厂都面临着较大的造船成本压力，都在千方百计地降本增效。本报告旨在说明船舶油漆消耗控制不仅仅局限在某一个方面，它贯穿船舶设计及建造的全过程，需要管理者科学地、实事求是地制定并完善相关体制体系，加强各个环节控制，真正"降低油漆消耗，推进绿色涂装"，早日实现——

中国造船强国梦！

特涂未来工艺发展趋势

许朝清

（江阴华尔新特种涂装有限公司）

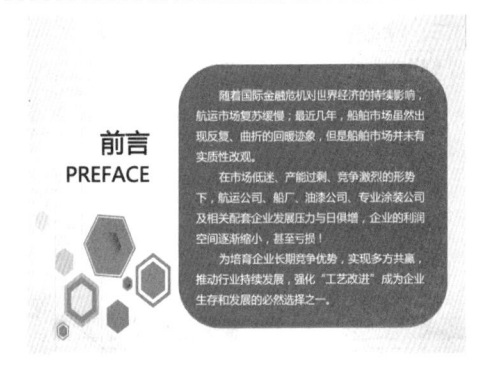

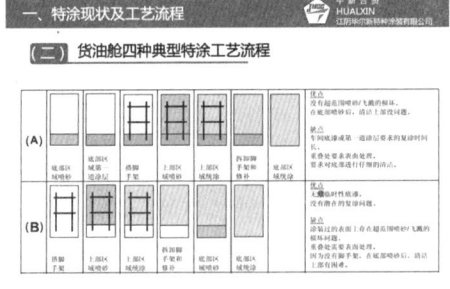

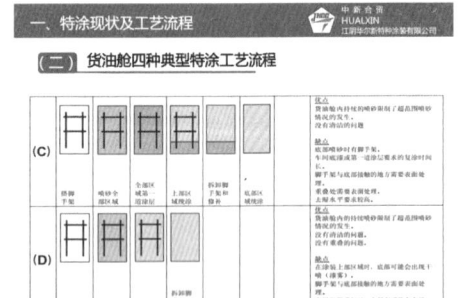

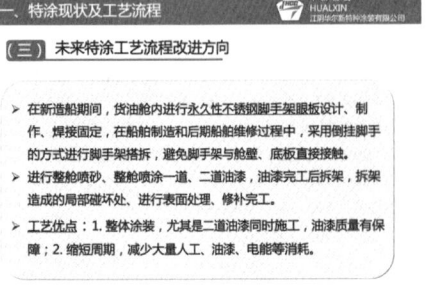

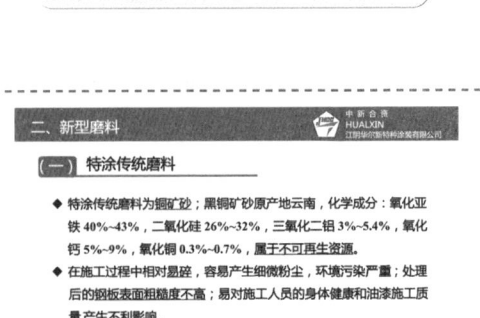

二、新型磨料　中新合资 HUALXIN 江阴华尔新特种涂装有限公司

（二）铜矿砂二次回收利用

磨料是特涂主要耗材和重要成本之一，目前华尔新公司采取"二次回收利用"的方式，在不影响质量的前提下，降低原材料消耗，达到降本增效的目的。目前公司铜矿砂二次回收利用率在75%以上，成本下降明显。

铜矿砂回收专业料斗

二、新型磨料　中新合资 HUALXIN 江阴华尔新特种涂装有限公司

（三）新型磨料改进方向

超高压水泵

- 探寻可循环利用的磨料代替铜矿砂等一次性磨料是大势所趋；目前华尔新公司正在积极推进，钢砂代替铜矿砂进行新造船特涂。
- 新型磨料代替传统磨料，例如：强化钢砂丸、高品质石榴石磨料替代普通铸钢磨料，目前国内处于开发、实验阶段。超高压水除锈、湿喷砂工艺等正在逐步尝试推进。

三、新型涂料　中新合资 HUALXIN 江阴华尔新特种涂装有限公司

（一）特涂常用涂料

- 目前国际市场常用液货舱涂料主要有三大类：纯环氧漆、酚醛环氧漆、无机硅酸锌漆。
- 不常用液货舱涂料：Marine-line 784、Interline 9001等油漆。

三、新型涂料　中新合资 HUALXIN 江阴华尔新特种涂装有限公司

（二）未来新型涂料

- 国家宏观经济朝着可持续发展的方向调整，对资源的有效利用和环境保护已经提到重要的地位。
- 未来特种涂料的发展将会向高性能、易施工、经济性、环境友好型发展。

三、新型涂料　中新合资 HUALXIN 江阴华尔新特种涂装有限公司

（二）未来新型涂料

1. 高性能：涂层化学结构致密，载货范围广，能够抵御各种装载对象的溶解、渗透和腐蚀，并且具有优良的耐海水、耐货性、耐热水清洗等特性。

2. 易施工：低表面处理要求，与车间底漆有很好的兼容性；施工环境条件要求相对宽松；可以使用超高压水、扫砂、打磨等方式进行表面处理；油漆具有快干性，且油漆道数减少，3度→2度，2度→1度。

三、新型涂料　中新合资 HUALXIN 江阴华尔新特种涂装有限公司

（二）未来新型涂料

3. 经济性：原材料资源丰富，制造工艺简易，简单易得；方便、快速洗舱，缩短装货等待时间间隔。

4. 环境友好型：无溶剂，降低VOC的排放，减轻环境污染；无毒无害，降低职业健康风险；采取大包装、双组分泵进行喷涂施工，精确油漆配比，减少有害废弃物（残留油漆、空桶）产生。目前因为双组分泵和大包装的现场转运等问题，推广仍然存在较大困难，业内需要进一步开拓思维，寻找新的解决路径和方法。

三、新型涂料　中新合资 HUALXIN 江阴华尔新特种涂装有限公司

（三）未来特涂承包方式转变

未来的特涂承包施工模式将从现有的劳务成本转变成劳务和设备的总包模式，同时优质特涂工程承包商将与油漆公司一起采取深度互利互惠的合作总包模式，为船厂提供特涂一揽子解决方案。

四、特涂设备　中新合资 HUALXIN 江阴华尔新特种涂装有限公司

（一）特涂主要设备现状

去湿机

吸砂机

特涂关键是"拼设备"，目前的关键设备主要有去湿机、移动式喷砂缸、真空吸砂机，其中：

1. 去湿机和吸砂机均为大功率的能耗设备，其中去湿机的功率为：130 kW；吸砂机的功率为：90 kW。

2. 移动式喷砂缸只能进行铜矿砂等一次性磨料喷砂，使用循环使用磨料存在磨料一次性投入大、加砂周期长等一系列问题。

四、特涂设备　中新合资 HUALXIN 江阴华尔新特种涂装有限公司

（二）特涂设备改进方向

1. 目前特涂舱室喷砂后，采取的是大功率真空吸砂机进行磨料回收，存在电能消耗大、吸砂效率低的问题；可以设计为用机械绞龙、传输带等机械方式进行磨料回收，减少电能消耗。

2. 移动式全循环喷砂系统（MBR）不断完善，目前该设备为应用可循环利用磨料提供设备支持。

移动式全循环喷砂系统（MBR）

五、质量安全环境职业健康　中新合资 HUALXIN 江阴华尔新特种涂装有限公司

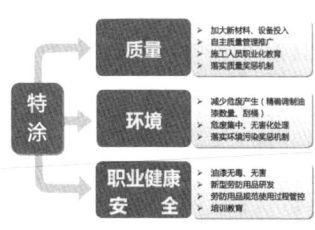

特涂　→　质量
- 加大新材料、设备投入
- 自主质量管理推广
- 施工人员职业化教育
- 落实质量奖惩机制

特涂　→　环境
- 减少危废产生（精确调制油漆数量、时间）
- 无溶剂、无害化处理
- 落实环境污染奖惩机制

特涂　→　职业健康安全
- 油漆无毒、无害
- 新型劳防用品研发
- 劳防用品规范使用过程管控
- 培训教育

新的环保要求对船舶涂装带来的新"烦恼"

解 亮

（大连船舶重工集团有限公司）

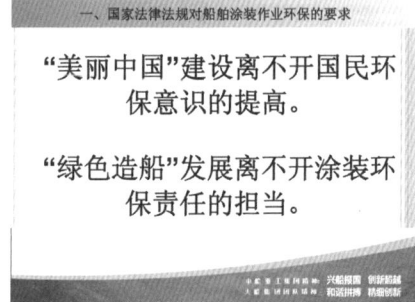

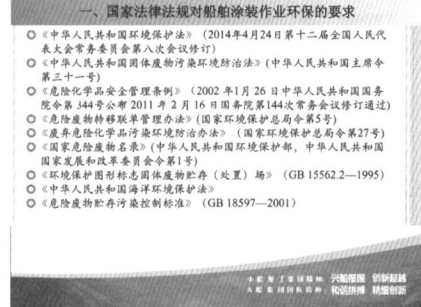

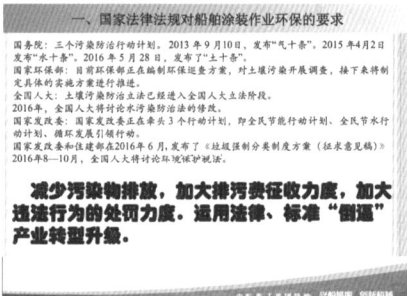

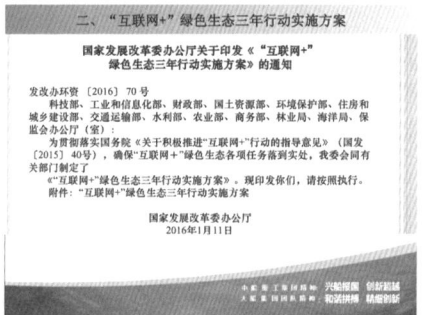

三、船舶涂装行业面临的"环保"烦恼

1. 船舶涂装作业产生的衍生物和废弃物从不被"关注"到越来越被"关注"。

2. 船舶涂装作业过程的污染涉及"气、土、水"，与我们身心健康息息相关。

3. 船舶涂装管理的新"烦恼"和应对措施。

三、船舶涂装行业面临的"环保"烦恼

（一）船舶涂装作业废油漆桶—渣产生的来源

1. 涂装施工过程结束后，油漆桶内剩余的余料；
2. 涂装施工过程结束后，油漆桶内壁黏挂的余料；
3. 预涂施工过程结束后或其他清洗工作结束后，油漆桶（通常为5升的固化剂小桶）内剩余的余料及桶内壁黏挂的余料；
4. 涂装施工过程中（固化漆品种更换等）及结束后，需要清洗喷漆泵及枪带、枪嘴等，产生的废油漆与稀释混合液；
5. 施工领用油漆后，因生产工序调整等原因，未能全部使用，且未及时退还物资部仓库，导致油漆过期后，丢弃的过期油漆；
6. 施工领用油漆后，因厂内运输或装卸不当等因素，导致油漆破损，未能全部使用，且未及时退还物资部仓库（此种情况仓库可能拒收），丢弃的破损油漆。

三、船舶涂装行业面临的"环保"烦恼

○（二）调研南北主要船舶企业涂装作业各类油漆桶－渣现场

三、船舶涂装行业面临的"环保"烦恼

○（二）调研南北主要船舶企业涂装作业各类油漆桶－渣现场

三、船舶涂装行业面临的"环保"烦恼

○（二）调研南北主要船舶企业涂装作业各类油漆桶－渣现场

三、船舶涂装行业面临的"环保"烦恼

○（二）调研南北主要船舶企业涂装作业各类油漆桶－渣现场

三、船舶涂装行业面临的"环保"烦恼

○（二）调研南北主要船舶企业涂装作业各类油漆桶－渣现场

三、船舶涂装行业面临的"环保"烦恼

○（二）调研南北主要船舶企业涂装作业各类油漆桶－渣现场

三、船舶涂装行业面临的"环保"烦恼

○（三）调研南北主要船舶企业涂装油漆桶－渣管理

○调研南北部分船企固废危化品管理情况。

○调研稀释剂回收装置的应用情况，回收效率、回收种类、安全性和综合性价比等。

○调研查找危化品固废管理改进空间和控制方法或措施，清洁处置并降低重点油漆桶挂渣产生量，减少废油漆桶处置费用。

○调研了解废稀释剂回收装置的应用到船厂自主管理的模式，循环使用，降低清洁使用的稀释剂的购置费用。

四、船舶涂装行业废油漆桶—渣管理思路

○（一）现场管理层面

　　一是将废油漆桶从现场转运至危化品场地既而入垃圾转运管理范畴，禁止涂装部门自行安排货车、小货车等运送，减轻涂装系外协单位运输管理成本。但对管理而言，设置转运门槛标准，即设立什么样的情况下的废油漆桶不能转运，否则危化品场地管理单位可以拒收，若遭遇，对运输单位使用专用托盘及危化品垃圾箱的一样处罚。对于非运输单位转运时使用专用托盘危化品垃圾箱的，一律拒绝，垃圾箱等私自接受或遗失发现，予以处罚。对于作业单位私自转运废油漆桶，一经发现严历处罚；即明确只有运输单位按要求使用专用托盘危化品垃圾箱的，方可转运。

　　二是由安全环保部门继续按日常日管理原则，涂装部门产生的废油漆桶必须按规定予以清理，凡未及时清理的予以处罚（将运输单位与产出单位联结，只要因涂装系单位自集的废油漆桶未按既定的转运清理好废油漆桶，同拒绝转运）。安全环保部门仅对涂装部门单独检查，不涉及涂装系内部的施工单位或作业区域。

　　三是涂装部门自行管理所属区域的外协单位于废油漆桶的清理处理，对其管理的所属外协单位进行内控管理与考核。

四、船船涂装行业废油漆桶—渣管理思路

○（二）新技术、新工装、新设备管理侧面

▸ 研究为涂装部门提供或配置何种工具或装备，高效、快捷清理施工后油漆桶内残留的油漆；其一主要是使剩余油漆能够被再利用上，其二主要是考虑剩余的不能用于生产使用的油漆如何清理，在哪个阶段清理。

四、船船涂装行业废油漆桶—渣管理思路

○（三）涂装设计层面

▸ 从涂层技术配套方案、全船通用环氧漆的应用（减少油漆品种）、修订油漆消耗系数、控制生产设计定额、各阶段油漆"零头进整方法"、考虑增加必要的 10 升包装桶、合适涂装阶段大包装桶（200 升及以上）的应用等方面开展研究、改进及完善工作。

四、船船涂装行业废油漆桶—渣管理思路

○（四）生产领用和作业指导书层面

▸ 加强各涂装施工单位的油漆领用、施工全过程环节控制，制定或完善制定相关的油漆管理程序及办法，如：领用后的运输、保存，应用过程监控，施工过程中（因油漆品种更换等）及结束后清洗喷漆泵及枪带、枪嘴等方式方法，产生的废油漆及稀料混合液的处理方法，施工后的余料处理，施工后油漆挂桶壁部分的处理方法，剩余整桶油漆的返库，破损油漆的处理等等。

五、船船涂装行业废油漆桶—渣管理措施方案

○（一）油漆桶清理用稀释剂回收再利用方案

▸ 塑料收集桶：容积16升，主要用于归集回收废稀释剂，也作为厂家过滤后返回的干净稀释剂盛装桶使用。

▸ 稀释剂存储罐：目前容积在60~80升，用于盛装存储厂家过滤后干净的稀释剂供应设备。上部开口、厂家运回的干净稀释剂物料可直接倒进上面，具有搅拌功能，现场着有开关，即水龙头。

▸ 稀释清洗桶（设置喷淋清理功能）：放置在清洗槽上方，主要用于小型气动喷枪清洗，枪口内部清洗等，现场有着手工清洗、现场着有开关、即水龙头，进行直接灌油。

▸ 集中清洗槽：主要用于工人清洗槽清洗喷油漆枪带的稀释剂的回收，上部前分管集中，方便现场工人的清洗；底部有铁皮槽及排放废漆集中分类及沉淀、时间久后的废渣集中处理清理。

▸ 单桶实化处理装置：放置在清洗桶上方，主要用于喷枪/枪零件清洗、收集，由于喷油漆的实化性现象，为减少实化实干部实使用浓度的油漆消耗，一般采用实化处理。

▸ 废油漆回收桶：用于将废油漆或废稀释剂归于经沉淀清理收集清理，即收皮渣。容积180升，既可用于物料待清洗后放入稀释剂沉淀回收，作为现场废油漆桶中废油漆清理回收和存储，便于转运运输。

五、船船涂装行业废油漆桶—渣管理措施方案

○（一）油漆桶清理用稀释剂回收再利用方案

▸ 压缩风罩：含有喷油漆枪带快速插口，主要用于串洗喷嘴和枪带的动力源。

▸ 安全设施管理：包括排放风罩、防爆风机、防爆灯、防爆开关等，主要用于防止危险气体浓度控制和作业环境改善。

▸ 风动搅拌器：此回收场地由于同时兼顾机车厂少量喷涂使用回收油漆的搅拌混合，需使用的搅拌器。因为回收厂少量找油油及局部修补时，由于用量较少，为防止整桶油漆搅拌时会产生的浪费，此区域存储部分成品油漆及稀释剂，可根据工人提出的需求量进行搅拌，按需使用。这样如双组分的油漆减少整桶混合熟化后未使用的油漆固化浪费问题。

▸ 手摇泵：用于将与盛装在废油漆的铁皮桶内静止沉淀后可回收的稀释剂回收到塑料桶中。

五、船船涂装行业废油漆桶—渣管理措施方案

○（一）油漆桶清理用稀释剂回收再利用方案

按船厂从事涂装作业的外协单位，包含从事分段、船台船坞和水下涂装作业（按配置 50 台喷漆泵计算）。喷漆泵包括枪带在内，每次使用完毕，串洗需用的稀释剂在 10 升左右（即半桶）。50 台喷漆泵在使用的情况下，若喷漆泵每天使用一次，如此每天清洗喷漆泵需用的稀释剂为 500升。按平均稀释剂单价 10 元/升计算，清洗用稀释剂费用大约在 5000 元/天。上述稀释剂消耗量不包括清洗油刷、油辊等工具所消耗的稀释剂。

稀释剂回收再利用技术和装置目前已经非常成熟，分类有效回收再利用可超过 90%，提纯后的稀释剂用于清洗喷漆泵。

五、船船涂装行业废油漆桶—渣管理措施方案

○（二）油漆桶标准重量

Package Code: GU111 Used for For common solvent based products (volume=5 L)

English Properties	Chinese Properties	Specification
Weight	桶重量	(386 ± 8) 克
Weight of top lid	压盖重	(66 ± 4) 克

5 L工业漆/船舶漆包装桶技术规格

Package Code: GU101 Used for For common solvent based products

English Properties	Chinese Properties	Specification
Weight	桶重量	(388 ± 8) 克
Weight of top lid	桶盖重	(66 ± 2) 克

20 L防爆桶技术双规格

Package Code: GU175 Used For Antifouling products

English Properties	Chinese Properties	Specification
Weight	桶重量	(1330 ± 27) 克
Weight of top lid	桶盖重	(340 ± 5) 克

20 L工业漆/船舶漆包装桶技术规格

Package Code: GU764 Used For For common solvent based products

English Properties	Chinese Properties	Specification
Weight	桶重量	(1296 ± 26) 克
Weight of top lid	桶盖重	(340 ± 5) 克

20 L稀释剂方桶技术规格

Package Code: GU332 Used for All thinners

English Properties	Chinese Properties	Specification
Weight	桶重量	(1238 ± 25) 克
Weight of top lid	压盖重	(9 ± 2) 克

五、船船涂装行业废油漆桶—渣管理措施方案

○（三）废油漆桶、废油漆渣、废稀释剂环保处置分类及费用

▸ 废油漆桶、渣、废稀释剂环保处置分类：
HW49/HW12/HW42

▸ 废油漆桶—渣环保处置费用：
目前综合平均在 3000 元/吨。

▸ 废油漆桶挂渣比例：
通常非彻底清理干净的废油漆桶挂渣在50%以上。

▸ 经初步调研，大型船舶企业年使用油漆为 400万～500万升，废油漆占 8%～10%。年环保处置费用在几百万元。

五、船船涂装行业废油漆桶—渣管理措施方案

○（四）油漆桶清理、处置方案

▸ 增加油漆桶内领漆装置：船舶油漆减少的控制管理，隔离装置大化，内置油漆减少的控制管理，塑型解决涂装涂料材料及不能倒环境宜导致的油漆桶内。于厂里需要附涂桶的自动化包装喷漆加减喷装料桶，自动时装注采用，自动控制装注料，放方案有可利，则边油漆桶可避免在任何污染。无成毕保光置导不可返回厂家再利用，仅有油漆的的周期的物装载保光置。

▸ 改变现有油漆桶模型：包装桶按照喷涂加面顶上方打，增加高度工装留下，便使涂料在自动装置下流入下方的挡挡模的或或双组分气动白模式自动清料设备或装入浆上从出漆方案等，无需油漆桶周挡工程管等。以装备子置义包装防挡式等设想。

▸ 双组分油漆泵解决方案：单项构置双组分油漆混介下，油漆公司提供小包装油漆桶，厂可解放空分油漆桶及大包装油漆提供混合反应混储整。

▸ 简单清理工程方案：JOTUN油漆公司桶容器有自己前内通的特点。搜集到国内来船厂"涂漆部部门有手工处理油漆桶的小工具。

▸ 与油漆公司合作方案：不改变现有的油漆桶包装方式。但油漆供给厂"专用油漆桶反应中的钢料有搅拌机之及减速机厂等超合方案。同时如厂采用增加喷漆桶环保式油漆桶（本进行混合与固化后不落料），自动就简单以及废稀释剂回收循环利用等。

▸ 油漆桶破研机方案：油漆桶破研机利用电机电动化机挤挤碎出的基本原理，在高速大速度电机挤挤的影响下，油漆桶破碎干净，油漆桶破研后的碎打污刷润浸会有的有效的涂料剥离，后漆物料过空气回收分离系统，将手轻物取刀漆，最终成为涂料油漆渣废渣，分离出的油渣湿气可单独自装料成约干均为充气化油漆渣置。步骤取义。

▸ 自主或委托研发专用的销油漆桶设备方案。

耐高温车间底漆在新造船中的应用

李梅林

（中国船舶工业集团有限公司第十一研究所）

CSSC

- 一、车间底漆概述
- 二、耐高温车间底漆开发背景
- 三、耐高温车间底漆性能特点
- 四、经济性分析

中国船舶工业集团公司第十一研究所

CSSC 一、车间底漆概述

造船是一个复杂的过程，要经历分段制造与预舾装、船台或坞内合拢、下水、码头舾装与系泊试验、试航等过程。

下图是船舶建造工程与涂装工程的流程图（简图）。

中国船舶工业集团公司第十一研究所

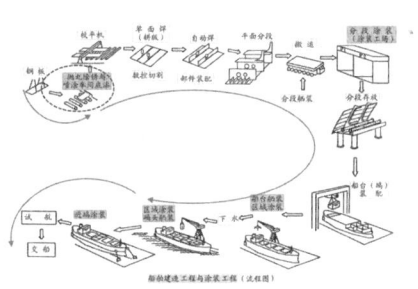

船舶建造工程与涂装工程（沈红图）

中国船舶工业集团公司第十一研究所

CSSC 一、车间底漆概述

车间底漆（Shop primer），又称钢材预处理底漆或保养底漆（Prefabrication Primer），是钢板或型钢经抛丸预处理除锈后在流水线上喷涂的一层防锈漆。

车间底漆的作用是对经过表面处理的钢材进行保护，防止钢材在加工及船舶建造期间生锈，从而大大减轻分段或船台涂装时的除锈工作量。

中国船舶工业集团公司第十一研究所

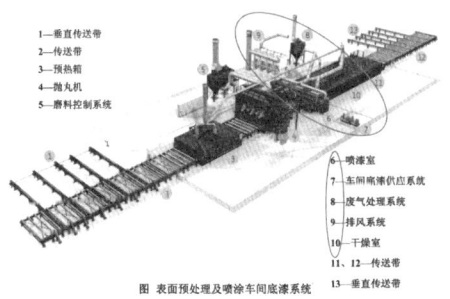

1—垂直传送带
2—传送带
3—预热箱
4—抛丸机
5—磨料控制系统
6—喷漆室
7—车间喷漆供应系统
8—废气处理系统
9—排风系统
10—干燥室
11、12—传送带
13—垂直传送带

图 表面预处理及喷涂车间底漆系统

中国船舶工业集团公司第十一研究所

CSSC 一、车间底漆概述

车间底漆特点：

① 车间底漆是一种临时保养性的底漆，在分段涂装时可除去，也可保留。

② 膜厚不计入船体涂层的总膜厚。

③ 在焊接、切割时车间底漆可不必除去。

④ 车间底漆需要与船舶涂料配套应用。

⑤ 在自动化流水线上进行施工。

中国船舶工业集团公司第十一研究所

CSSC 二、耐高温车间底漆开发背景

有效地使用车间底漆现已成为船舶、海洋工程、桥梁和重型机械设备等需要加工大型钢材工业的重要工作程序。但经过车间底漆涂装后的钢材到正式进行防腐涂装前，一是要经过6个月左右的作业周期，因自然老化而使临时保护失效，造成钢材锈蚀；二是要经受切割、焊接、火工校正等高温加工，临时保护漆膜往往因耐温性不高而造成防腐失效，而使钢材锈蚀。

中国船舶工业集团公司第十一研究所

CSSC 二、耐高温车间底漆开发背景

目前，我国民船建造过程中使用的车间底漆只耐400℃左右的温度，经切割、焊接、火工校正等高温作业后车间底漆漆膜大幅破损，分段二次除锈前表面锈蚀比较严重，无奈只能采用整体冲砂工艺，即分段整体100%冲砂至Sa 2½，消耗诸多人力、能源的同时也阻碍了效率提升。

通过调研发现，日韩等先进造船国家普遍采用耐热型临时保护底漆，相比普通车间底漆，能大幅降低二次除锈涂装时材料和能源消耗，提高作业效率，具有很好的研发和应用推广价值。

中国船舶工业集团公司第十一研究所

二、耐高温车间底漆开发背景

中国船舶工业集团第十一研究所经过科研团队历时近五年的努力，形成了具有自主知识产权且性能优良的耐高温车间底漆产品：E06-11N。该产品达到船用车间底漆的技术性能指标，该项目通过了国防科工委的专家验收。

中国船舶工业集团公司第十一研究所

二、耐高温车间底漆开发背景

E06-11N经上海科学技术情报研究所查新：属国内首创、在海洋耐候性指标上达到国际先进水平。

中国船舶工业集团公司第十一研究所

三、耐高温车间底漆性能特点

E06-11N耐高温性能检测：

样板喷涂底漆 ➡ 模拟船厂火工校正（800～860℃）➡ 海洋大气环境曝晒 **3个月** ➡ 配套涂装干燥成膜 ➡ 开展高/低温交变试验、盐雾试验和附着力试验

样品在第三方检测机构开展了涂层性能测试，通过严格的检测，试验结果优良：
高低温交变 5 周期（24小时/周期）后漆膜无变化；
盐雾试验 500 h后漆膜无起泡、无脱落、无锈蚀；
附着力压强大于 2 MPa。

中国船舶工业集团公司第十一研究所

三、耐高温车间底漆性能特点

A. 耐高温性能

耐高温车间底漆对钢材表面具有良好的电化学保护性，可耐800℃。

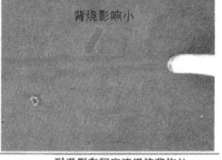

普通车间底漆焊接背烧处　　耐温型车间底漆焊接背烧处

中国船舶工业集团公司第十一研究所

三、耐高温车间底漆性能特点

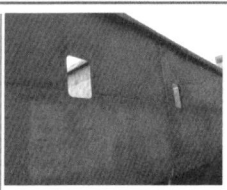

普通车间底漆分段（左）和耐高温车间底漆分段（右）切割热影响区

右侧分段热影响区明显小

中国船舶工业集团公司第十一研究所

B. 施工性能

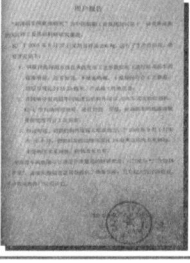

1. 漆雾均匀、不堵喷嘴，干燥符合工艺要求，膜厚符合要求，施工性能优良；
2. 切割、焊接受损宽度符合要求；
3. 经焊接、切割的构件，堆放10个月后，切割焊接边缘高温区 10 mm内未见锈蚀，防锈效果良好。

中国船舶工业集团公司第十一研究所

三、耐高温车间底漆性能特点

C. 焊接、切割性能

耐高温车间底漆含有的合金氧化物在高温下吸收高温氧化的铁离子，可以清洁基体表面，改善焊接、切割和火工校正的作业环境，有助于提高焊接效率。

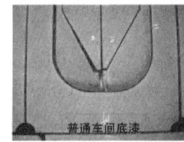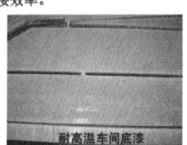

普通车间底漆　　　耐高温车间底漆

中国船舶工业集团公司第十一研究所

三、耐高温车间底漆性能特点

耐高温车间底漆 E06-11N 通过了 GL 船级社的焊接试验，并取得了 CCS、GL、LR 等多家船级社的工厂认可证书。

中国船舶工业集团公司第十一研究所

应用推广情况

E06-11N先后多次在两大集团船厂进行预处理线试用和实船应用，各项指标优异，得到船厂好评。

- 上海外高桥造船有限公司
- 广州中船龙穴造船有限公司
- 中船黄埔文冲船舶有限公司
- 中船澄西船舶修造有限公司
- 渤海船舶重工有限责任公司
- 山海关船舶重工有限责任公司

中国船舶工业集团公司第十一研究所

应用推广情况

2015 年 3 月 17 日，E06-11N 在上海外高桥造船有限公司进行了预处理喷涂试验，考察产品在切割焊接火工、曝晒后的防腐效果。

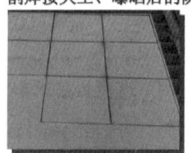

钢板切割　　　　钢板焊接

中国船舶工业集团公司第十一研究所

四、经济性分析

耐高温型车间底漆与普通无机锌车间底漆相比,耐热性能显著提高,经电焊、火工后涂层破损面积小。

近年来 IMO 国际涂装规范标准 PSPC 的推出执行,也给分段二次除锈工艺改进带来了契机。PSPC 规范明确要求:

"如果由环氧基的主涂层和车间底漆组成的整体涂层系统按试验程序通过了合格证明预试验,则使用同样的环氧涂料系统时,可保留完整的车间底漆,保留的车间底漆应用扫掠式喷砂、高压水洗或等效的方法清洁。"

采用耐高温型车间底漆,完好区域采用扫砂工艺不需要 100% 打砂,与传统的无机锌车间底漆相比,可以降低分段二次表面清理工作量。

中国船舶工业集团公司第十一研究所

 四、经济性分析

扫砂:
确保车间底漆涂膜的完整性和清洁度,以轻度扫砂的方式,减少在分段涂装前的表面处理工作,从而在涂装前保留完整和地大部分车间底漆的工艺。
IOS 8501-1:
Sa 1: 在不放大观察下,钢板表面应无可见的油脂和污垢,并没有附着不牢的氧化皮、铁锈、油漆涂层及外来物质。
Sa 2½: 在不放大观察下,钢板表面应无可见的油脂和污垢,并且没有氧化皮、铁锈、油漆涂层和外来物质,任何污染物的残留痕迹,仅以轻微的点及条状呈现。

项目	车间底漆保留量	表面处理等级	
		主焊缝	大面积
冲砂	几乎 100% 出白	Sa 2½	Sa 2½
扫砂	> 50%	主焊缝 Sa 2½	大面积 Sa 1

中国船舶工业集团公司第十一研究所

 四、经济性分析

目前日韩船厂扫砂工艺实现常态化工艺,技术的成熟度非常高。国内其他船企(除中远川崎外)基本未实施。韩国大宇船厂、日本川崎船厂常态化工艺实现扫砂工艺。

中国船舶工业集团公司第十一研究所

 四、经济性分析

耐高温车间漆可以降低二次除锈工作量,加快建造速度,提高生产效率。若全面实施扫砂工艺,在相同施工面积、相同施工人数、同等施工难度前提下,可使二次表面处理工时消耗明显下降。

1. 直接经济效益:

电能、动能成本大幅度节省。

另外可以节省磨料、涂料消耗。

根据工况和船厂施工条件不同,可省 10% ~ 30%。

中国船舶工业集团公司第十一研究所

 四、经济性分析

2. 间接效益及社会效益分析:

(1)施工效率提升。

(2)扫砂分段车间底漆保留面积较大,避免二次除锈后钢板粗糙度过大,降低油漆的消耗。

(3)扫砂工艺能够有效降低砂的消耗,减少粉尘排放量,有效改善施工人员工作环境。

中国船舶工业集团公司第十一研究所

 四、经济性分析

目前我国船舶涂装与国外相比存在较大差距,大幅度降低二次除锈工作量,是缩短造船周期,提高船舶建造经济效益的有效途径。

船舶涂装行业的思考

庄纪美

（中国船舶工业集团有限公司）

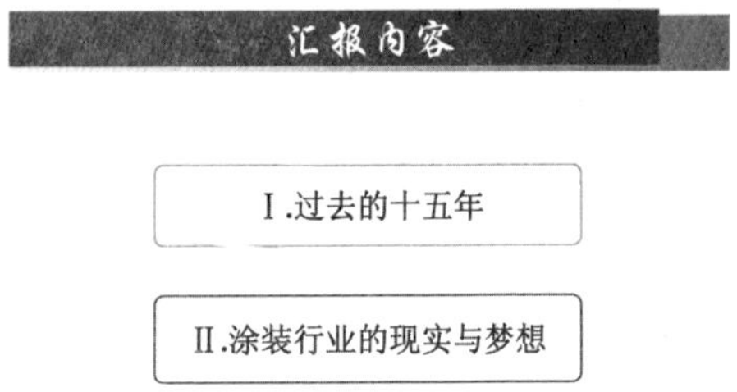

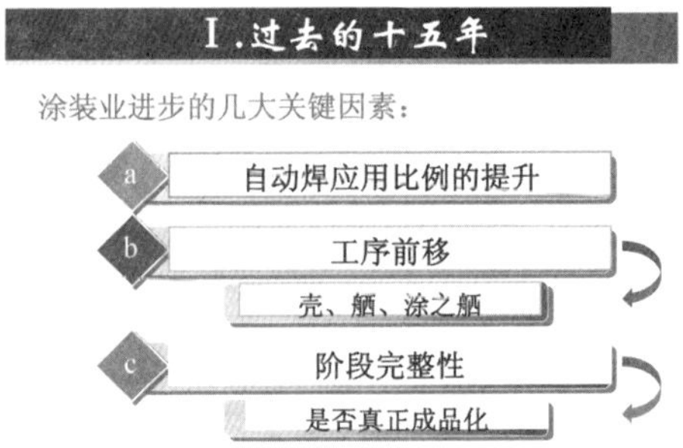

汇报内容

- Ⅰ.过去的十五年
- Ⅱ.涂装行业的现实与梦想

Ⅰ.过去的十五年

涂装业进步的几大关键因素：

- a 自动焊应用比例的提升
- b 工序前移
  - 壳、舾、涂之舾
- c 阶段完整性
  - 是否真正成品化

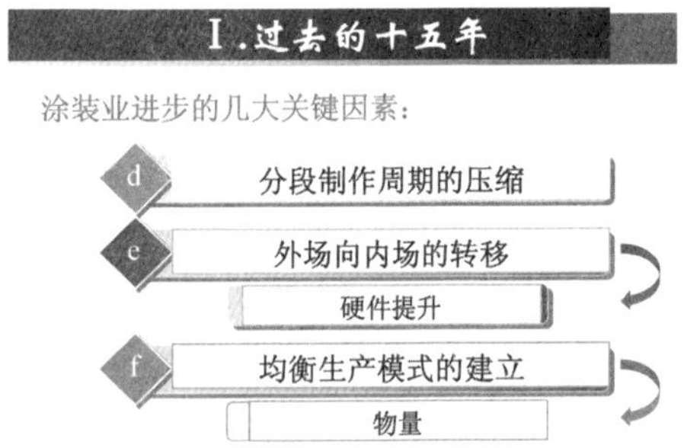

Ⅰ.过去的十五年

涂装业进步的几大关键因素：

- d 分段制作周期的压缩
- e 外场向内场的转移
  - 硬件提升
- f 均衡生产模式的建立
  - 物量

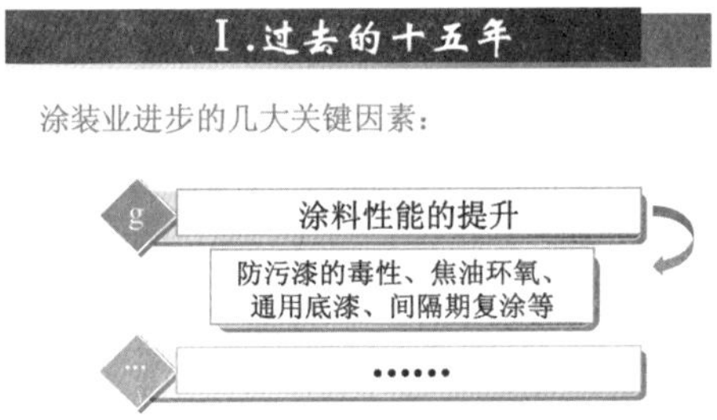

Ⅰ.过去的十五年

涂装业进步的几大关键因素：

- g 涂料性能的提升
  - 防污漆的毒性、焦油环氧、通用底漆、间隔期复涂等
- ....

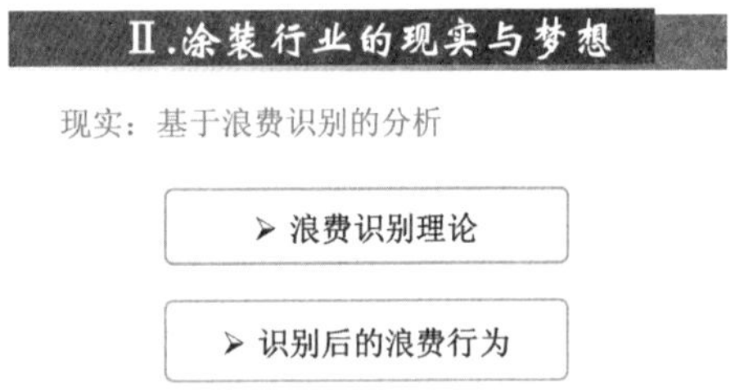

Ⅱ.涂装行业的现实与梦想

现实：基于浪费识别的分析

- ➢ 浪费识别理论
- ➢ 识别后的浪费行为

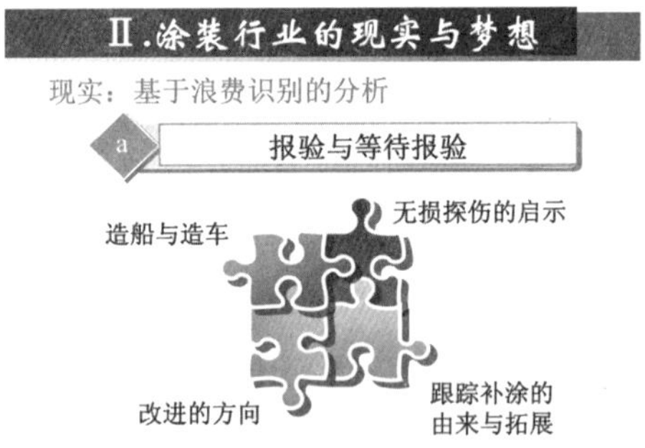

Ⅱ.涂装行业的现实与梦想

现实：基于浪费识别的分析

- a 报验与等待报验

造船与造车　无损探伤的启示

改进的方向　跟踪补涂的由来与拓展

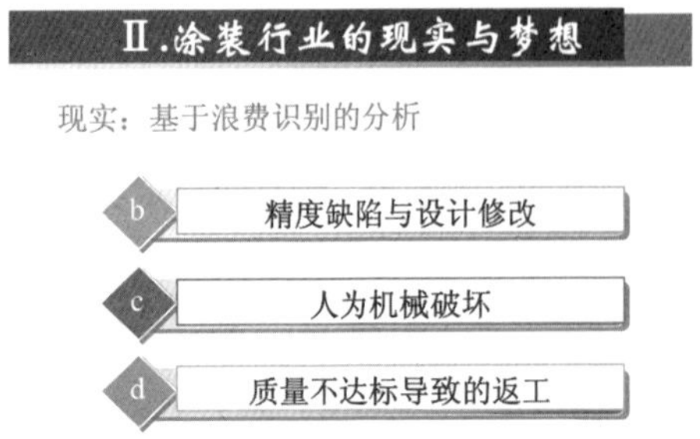

Ⅱ.涂装行业的现实与梦想

现实：基于浪费识别的分析

- b 精度缺陷与设计修改
- c 人为机械破坏
- d 质量不达标导致的返工

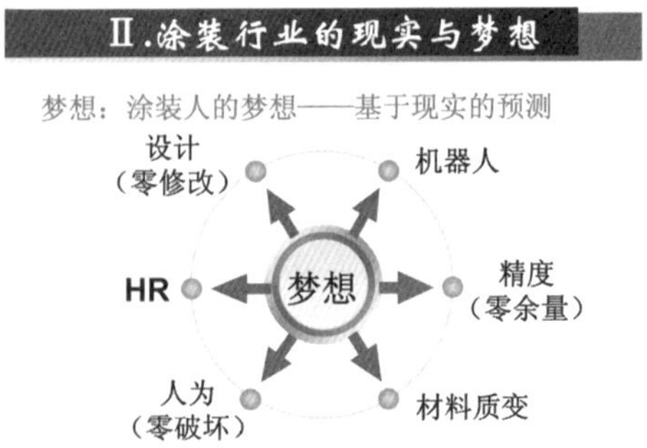

Ⅱ.涂装行业的现实与梦想

梦想：涂装人的梦想——基于现实的预测

设计（零修改）　机器人

HR　梦想　精度（零余量）

人为（零破坏）　材料质变

未来船舶涂料发展趋势

赵海涛

[海虹老人涂料(上海)有限公司]

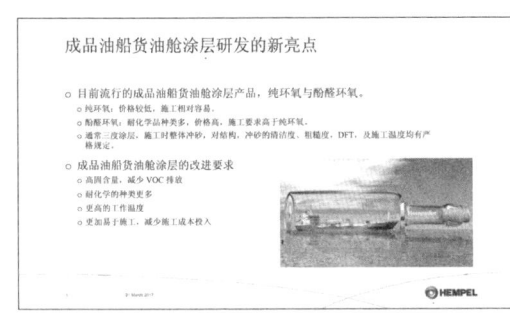

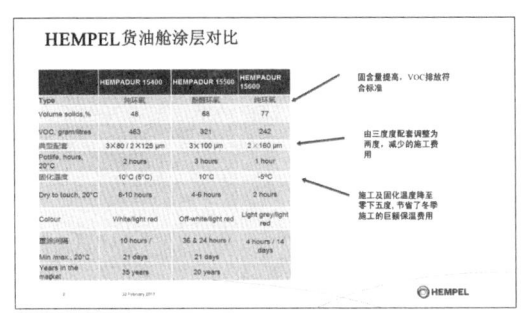

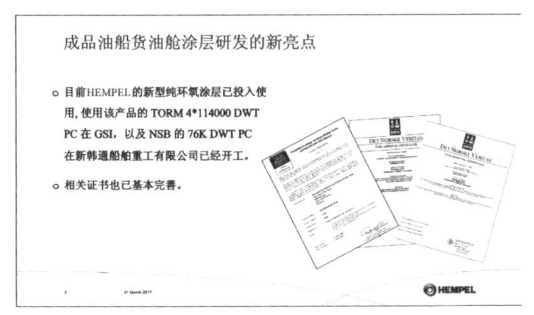

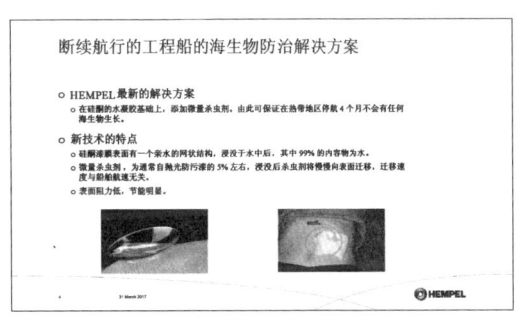

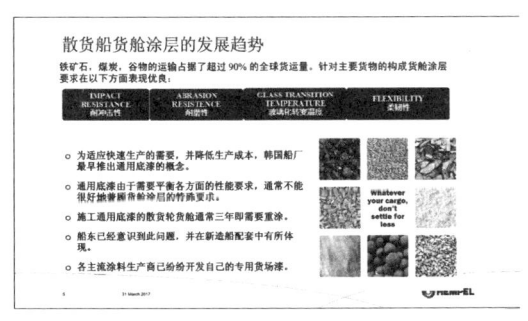

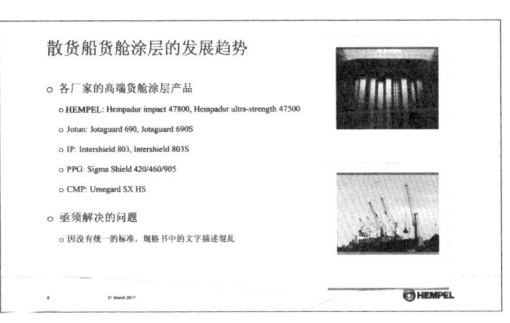

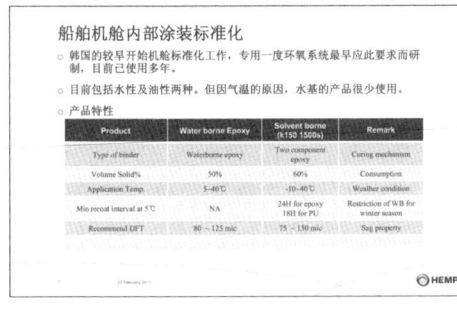

船舶涂料/涂装新标准

—— VOC，EEDI，ISO 19030 等

王　健

（中远佐敦涂料有限公司）

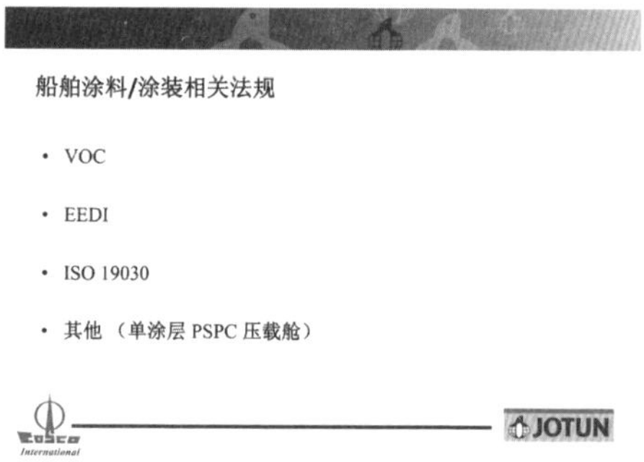

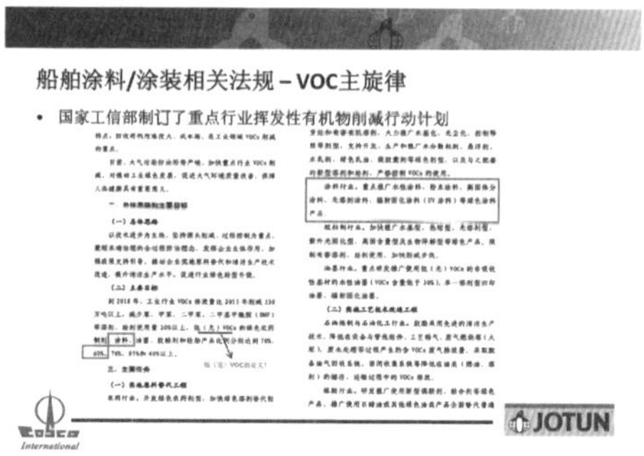

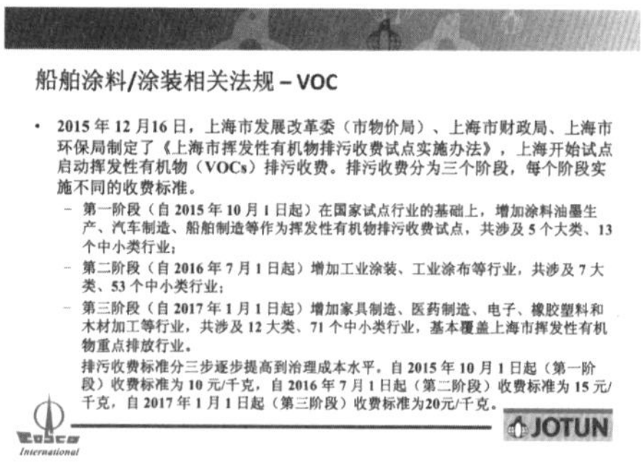

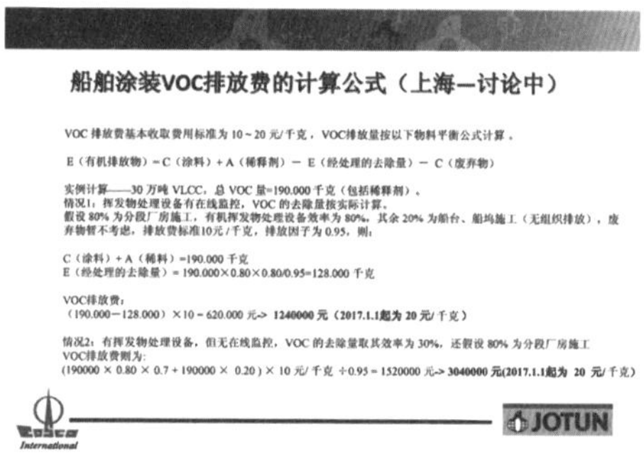

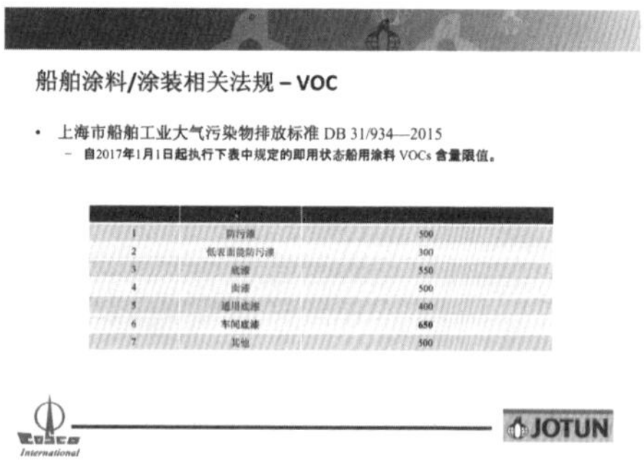

船舶涂料/涂装相关法规

- VOC
- EEDI
- ISO 19030
- 其他（单涂层 PSPC 压载舱）

船舶涂料/涂装相关法规 – VOC主旋律

- 国家工信部制订了重点行业挥发性有机物削减行动计划

船舶涂料/涂装相关法规 – VOC

- 2015 年 12 月 16 日，上海市发展改革委（市物价局）、上海市财政局、上海市环保局制定了《上海市挥发性有机物排污收费试点实施办法》，上海开始试点启动挥发性有机物（VOCs）排污收费。排污收费分为三个阶段，每个阶段实施不同的收费标准。
  - 第一阶段（自 2015 年 10 月 1 日起）在国家试点行业的基础上，增加涂料油墨生产、汽车制造、船舶制造等行业为挥发性有机物排污收费试点，共涉及 5 个大类、13 个中小类行业；
  - 第二阶段（自 2016 年 7 月 1 日起）增加工业涂装、工业涂布等行业，共涉及 7 大类、53 个中小类行业；
  - 第三阶段（自 2017 年 1 月 1 日起）增加家具制造、医药制造、电子、橡胶塑料和木材加工等行业，共涉及 12 大类、71 个中小类行业，基本覆盖上海市挥发性有机物重点排放行业。
- 排污收费标准分三步逐步提高到治理成本水平。自 2015 年 10 月 1 日起（第一阶段）收费标准为 10 元/千克，自 2016 年 7 月 1 日起（第二阶段）收费标准为 15 元/千克，自 2017 年 1 月 1 日起（第三阶段）收费标准为 20 元/千克。

船舶涂装 VOC 排放费的计算公式（上海—讨论中）

VOC 排放费基本收取费用标准为 10～20 元/千克，VOC 排放量按以下物料平衡公式计算。

E（有机排放物）= C（涂料）+ A（稀释剂）- E（经处理的去除量）（废弃物）

实例计算—30 万吨 VLCC，总 VOC 量=190.000 千克（包括稀释剂）。

假设 80% 为分段厂房施工，有机挥发物处理设备去除效率为 80%，其余 20% 为船台、船坞施工（无组织排放），废弃物回收不计，排放量标准为 0.95。

C（涂料）+ A（稀释剂）=190.000 千克
E（经处理的去除量）= 190.000 × 0.80 × 0.95=128.000 千克

VOC排放费：
（190.000—128.000）× 10 = 620.000 元=1240000 元（2017.1.1起为 20 元/千克）

情况2：有挥发物处理设备，但无在线监测，VOC 的去除量按其效率率为 30%，还假设设 80% 为分段厂房施工
VOC排放费约为：
（190000 × 0.80 × 0.7 + 190000 × 0.20）× 10 元/千克 × 0.95 = 1520000 = 3040000 元（2017.1.1起为 20 元/千克）

船舶涂料/涂装相关法规 – VOC

- 上海市船舶工业大气污染物排放标准 DB 31/934—2015
  - 自 2017 年 1 月 1 日起执行下表中规定的即用状态船用涂料 VOCs 含量限值。

1	喷涂漆	550
2	低表面处理防污漆	300
3	底漆	550
4	面漆	500
5	缓蚀底漆	450
6	专用底漆	680
7	其他	500

船舶涂料/涂装相关法规 – VOC

- 国家工信部制订了重点行业挥发性有机物削减行动计划：
  - 到 2018 年，工业行业 VOCs 排放量比 2015 年减减 330 万吨以上，低 VOC 涂料比例达到 60% 以上。
  - 重点推广水性涂料、高固体分涂料、无溶剂涂料等绿色产品。
- 环保部高污染、高环境风险产品名录
  - 455 GHW 高 VOC 低固体分含量船舶涂料。
- VOC 消费税
  - 2015年2月1日起强制执行，针对涂料企业征收，VOC超过420 g/L的涂料征收4%消费税。

船舶涂料/涂装相关法规– VOC

- 其他省市 VOC 排污费（暂未包括船舶行业）

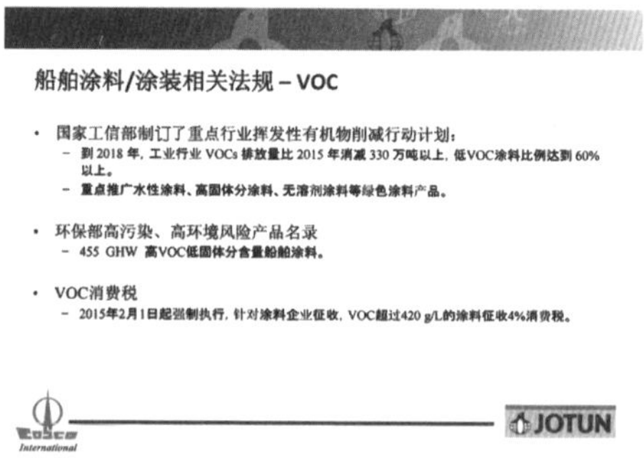

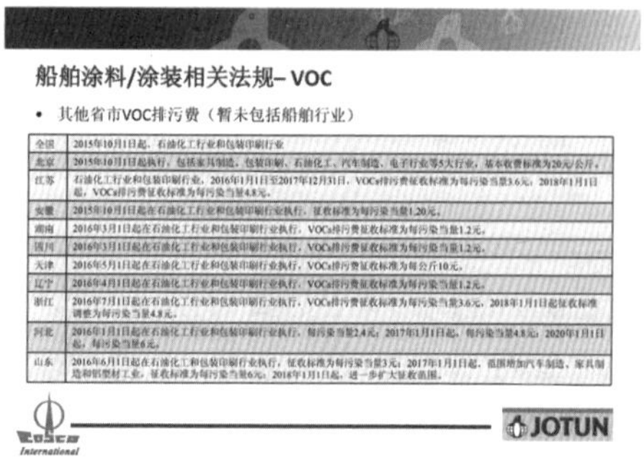

全国	2015年10月1日起，石油化工行业和包装印刷行业
北京	2015年10月1日起执行，包括油漆制造、包装印刷、石油化工、汽车制造、电子行业等五大行业，基本收费标准为20元/公斤。
江苏	石油化工行业和包装印刷行业，2016年1月1日起2017年12月31日，VOCs排污费征收标准为每吨污染物3.6元，2018年1月1日起，VOC的排污费征收标准为每吨污染物4.8元。
安徽	2015年10月1日起在石油化工行业执行，征收标准为每污染物当量1.2元。
湖南	2016年3月1日起在石油化工和包装印刷行业执行，VOC的排污费征收标准为每公斤污染物1.2元。
四川	2016年3月1日起在石油化工和包装印刷行业执行，VOC的排污费征收标准为每公斤污染物1.2元。
天津	2016年3月1日起在石油化工和包装印刷行业执行，VOC的排污费征收标准为每公斤污染物10元。
辽宁	2016年3月1日起在石油化工和包装印刷行业执行，VOC的排污费征收标准为每公斤污染物3.6元。
浙江	2016年1月1日起在石油化工和包装印刷行业执行，VOC的排污费征收标准为每公斤污染物3.6元，2018年1月1日起征收标准调整为每污染物当量4.8元。
河北	2016年1月1日起在石油化工和包装印刷行业执行，征收标准为每污染物当量2.4元，2017年1月1日起，每污染物当量3.6元，2019年1月1日起，每污染物当量4.8元。
山东	2016年6月1日起在石油化工和包装印刷行业执行，征收标准每污染物当量为1.2元，2017年1月1日起，提高到每污染物当量1.8元，2018年1月1日起，进一步提高到更高的范围。

如何改善 EEDI 及降低温室气体排放？

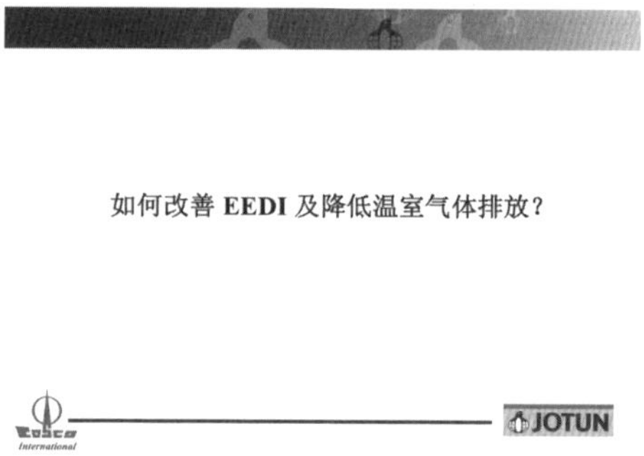

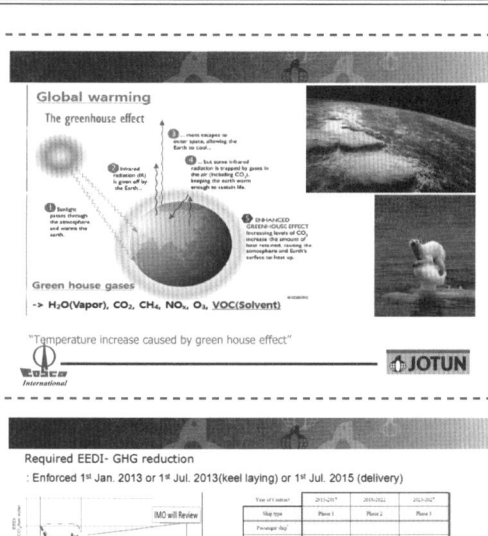

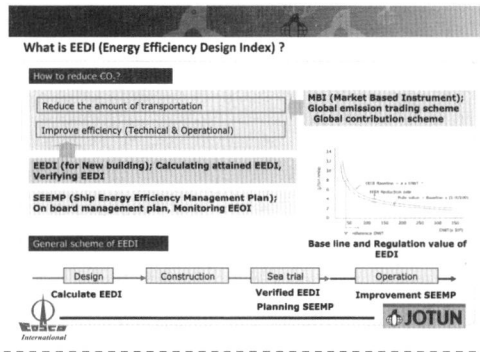

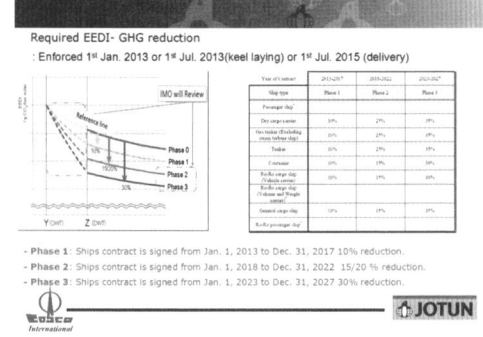

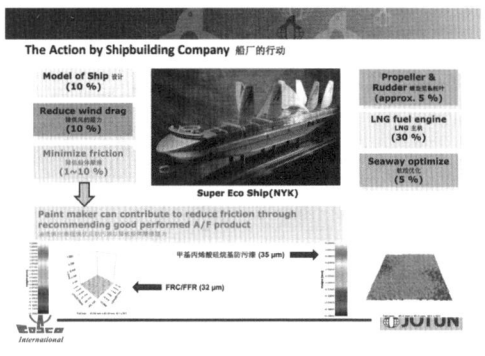

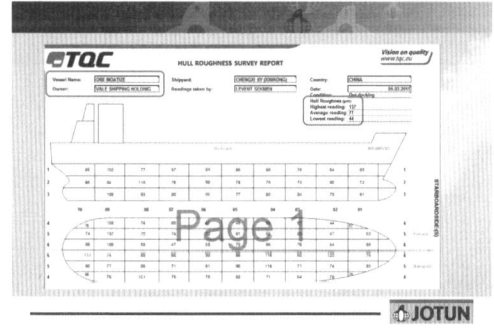

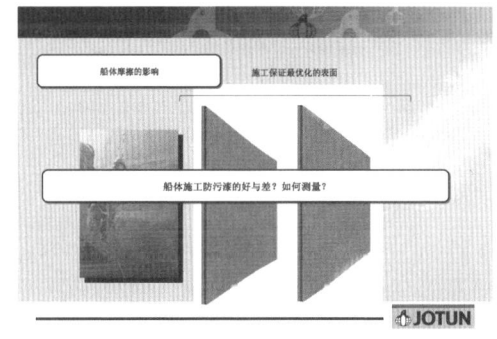

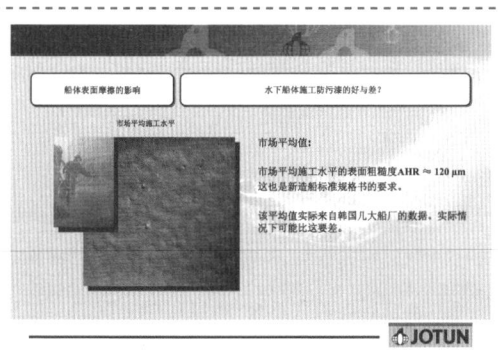

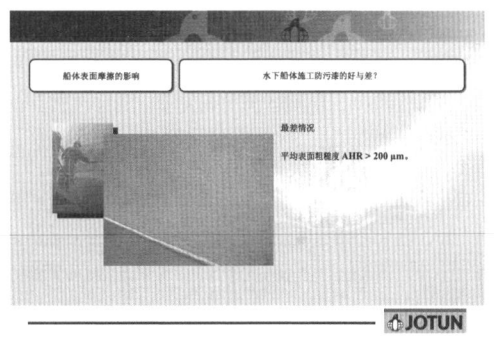

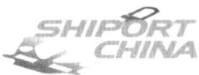

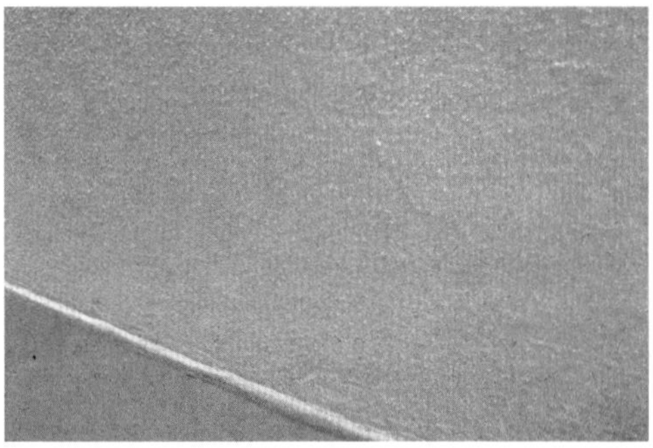

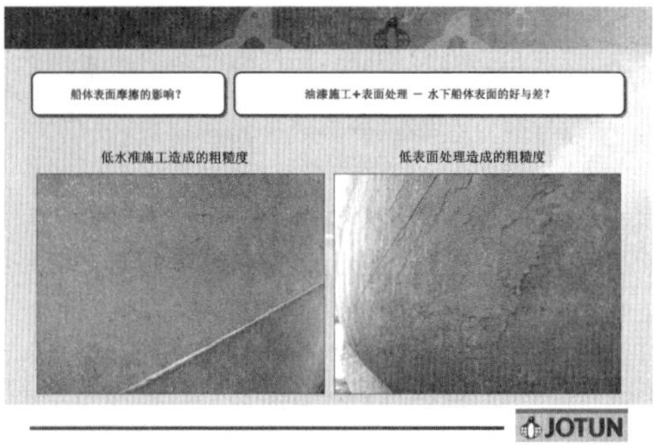
船体表面摩擦的影响？
油漆施工+表面处理 － 水下船体表面的好与差？
低水准施工造成的粗糙度
低表面处理造成的粗糙度
JOTUN

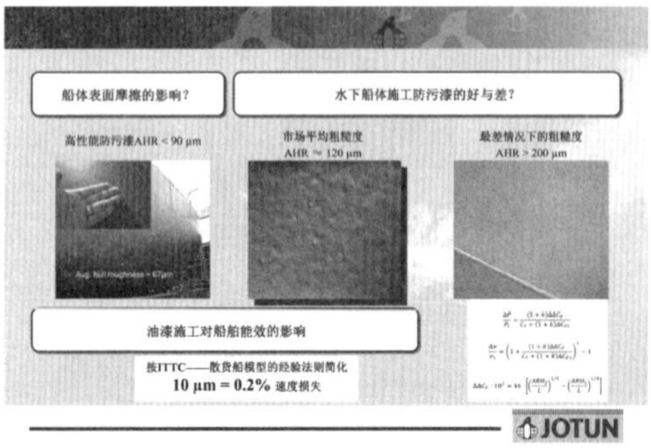
船体表面摩擦的影响？
水下船体施工防污漆的好与差？
高性能防污漆AHR < 90 μm
市场平均粗糙度 AHR ≈ 120 μm
最差情况下的粗糙度 AHR > 200 μm
Avg. hull roughness = 67μm
油漆施工对船舶能效的影响
按ITTC——散货船模型的经验法则简化
10 μm = 0.2% 速度损失
JOTUN

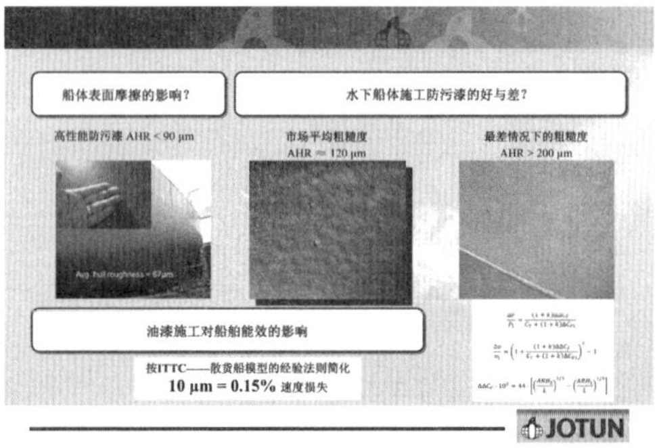
船体表面摩擦的影响？
水下船体施工防污漆的好与差？
高性能防污漆 AHR < 90 μm
市场平均粗糙度 AHR ≈ 120 μm
最差情况下的粗糙度 AHR > 200 μm
油漆施工对船舶能效的影响
按ITTC——散货船模型的经验法则简化
10 μm = 0.15% 速度损失
JOTUN

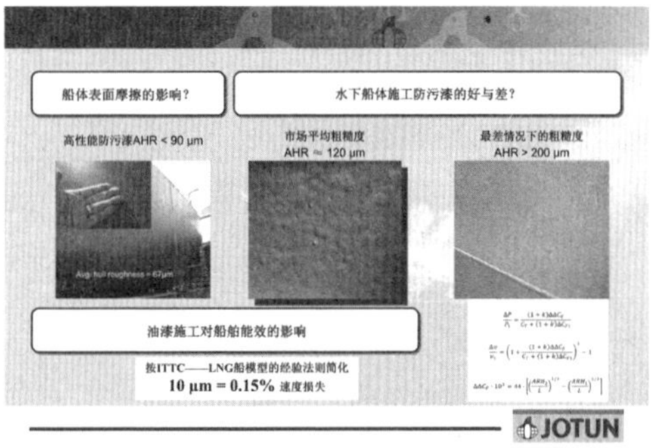
船体表面摩擦的影响？
水下船体施工防污漆的好与差？
高性能防污漆AHR < 90 μm
市场平均粗糙度 AHR ≈ 120 μm
最差情况下的粗糙度 AHR > 200 μm
油漆施工对船舶能效的影响
按ITTC——LNG船模型的经验法则简化
10 μm = 0.15% 速度损失
JOTUN

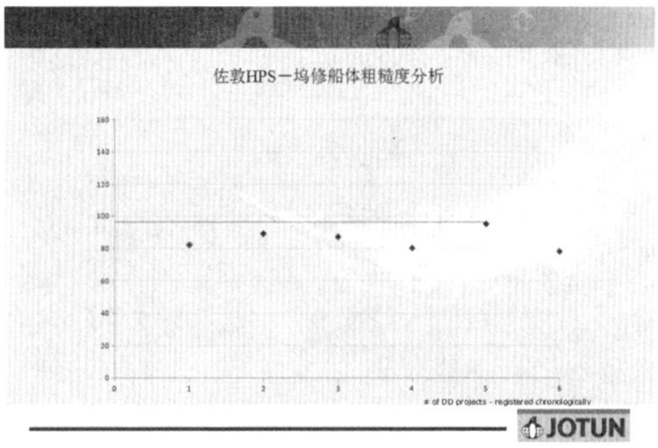
佐敦HPS－坞修船体粗糙度分析
JOTUN

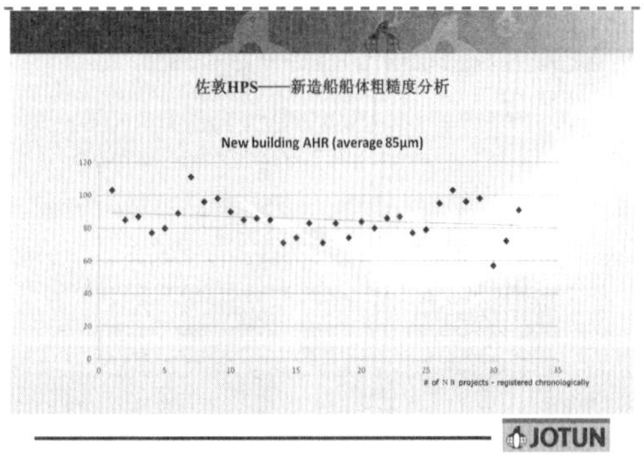
佐敦HPS——新造船船体粗糙度分析
New building AHR (average 85μm)
JOTUN

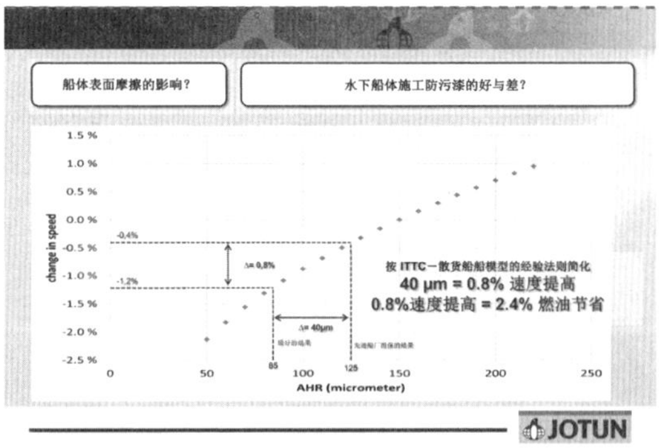
船体表面摩擦的影响？
水下船体施工防污漆的好与差？
change in speed
AHR (micrometer)
按 ITTC－散货船船模型的经验法则简化
40 μm = 0.8% 速度提高
0.8%速度提高 = 2.4% 燃油节省
JOTUN

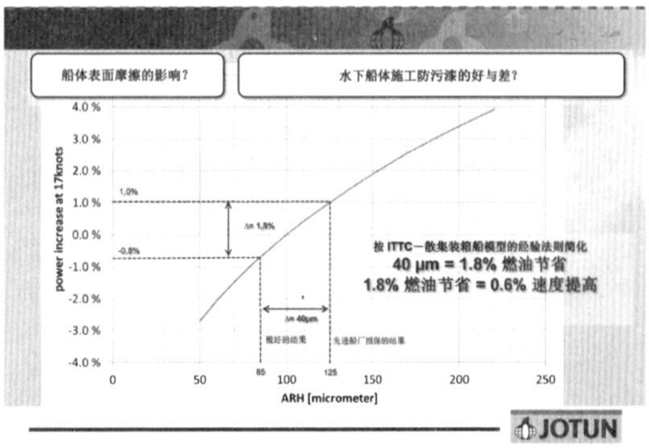
船体表面摩擦的影响？
水下船体施工防污漆的好与差？
power increase at 17knots
ARH [micrometer]
按 ITTC－散集装箱船模型的经验法则简化
40 μm = 1.8% 燃油节省
1.8% 燃油节省 = 0.6% 速度提高
JOTUN

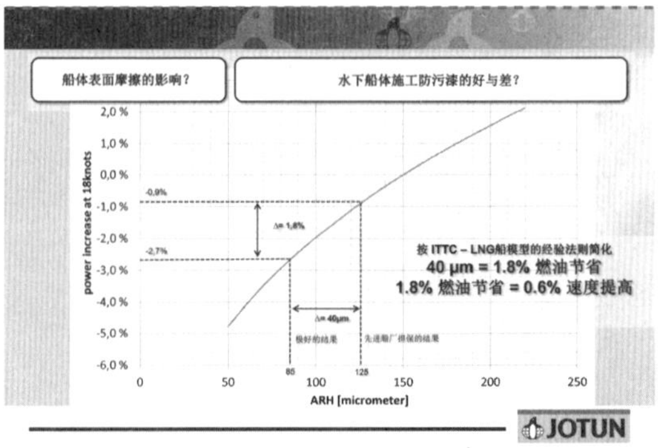
船体表面摩擦的影响？
水下船体施工防污漆的好与差？
power increase at 18knots
ARH [micrometer]
按 ITTC－LNG船模型的经验法则简化
40 μm = 1.8% 燃油节省
1.8% 燃油节省 = 0.6% 速度提高
JOTUN

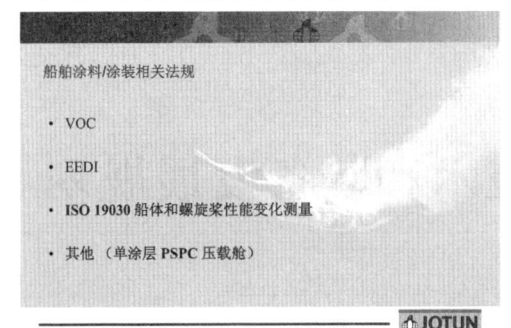

船舶涂料/涂装相关法规

- VOC
- EEDI
- ISO 19030 船体和螺旋桨性能变化测量
- 其他（单涂层 PSPC 压载舱）

Establishing a market standard – ISO
建立一个市场标准—ISO

Background背景

- Feb 2012: 2012年2月
  Submission to MEPC63 calling for a reliable standard for measuring hull and propeller performance (MEPC63-4-8)
  MEPC63上的提案要求建立一个可靠的测量船体和螺旋桨性能的标准（MEPC63-4-8）
  —Main barrier is a lack of transparent and reliable standard for measuring hull and propeller performance
  主要障碍是缺少透明可靠的测量船体和螺旋桨性能的标准

- ISO established working group to develop a standard in 2013
  ISO于2013年成立了工作组来起草这一标准

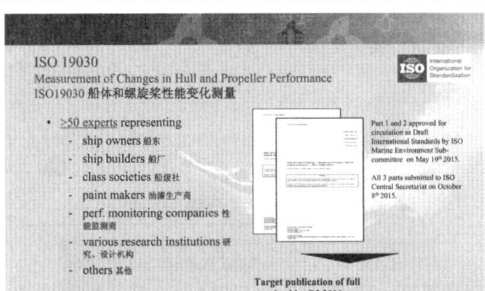

ISO 19030
Measurement of Changes in Hull and Propeller Performance
ISO19030 船体和螺旋桨性能变化测量

- ≥50 experts representing
  - ship owners 船东
  - ship builders 船厂
  - class societies 船级社
  - paint makers 油漆生产商
  - perf. monitoring companies 性能监测商
  - various research institutions 研究、设计机构
  - others 其他
- > 12000 hours spent achieving consensus on drafts

Part 1 and 2 approved for circulation as Draft International Standards by ISO Marine Environment Sub-commitee on May 19th 2015.

All 3 parts submitted to ISO Central Secretariat on October 8th 2015.

Target publication of full standard by Q3 2016
全部标准预期于2016年第三季度发布

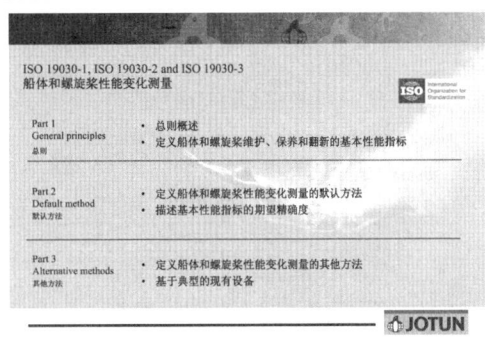

ISO 19030-1, ISO 19030-2 and ISO 19030-3
船体和螺旋桨性能变化测量

Part 1 General principles 总则	• 总则概述 • 定义船体和螺旋桨维护、保养和翻新的基本性能指标
Part 2 Default method 默认方法	• 定义船体和螺旋桨性能变化测量的默认方法 • 描述基本性能指标的期望精确度
Part 3 Alternative methods 其他方法	• 定义船体和螺旋桨性能变化测量的其他方法 • 基于典型的现有设备

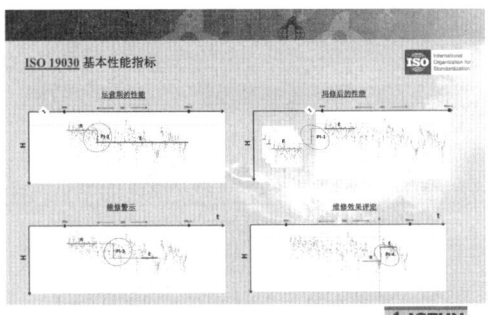

ISO 19030 基本性能指标

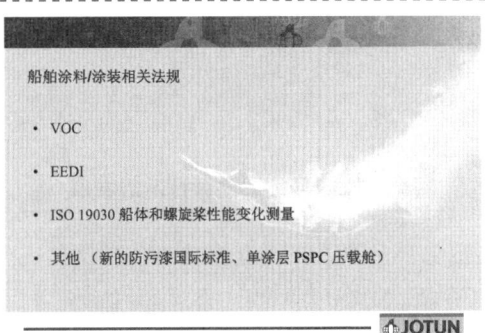

船舶涂料/涂装相关法规

- VOC
- EEDI
- ISO 19030 船体和螺旋桨性能变化测量
- 其他（新的防污漆国际标准、单涂层 PSPC 压载舱）

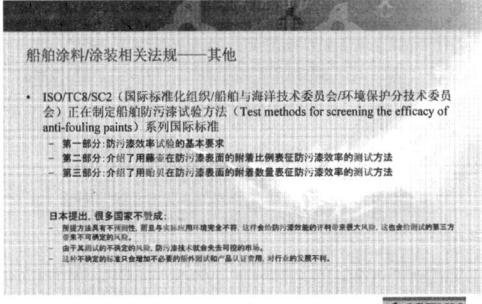

船舶涂料/涂装相关法规——其他

- ISO/TC8/SC2（国际标准化组织/船舶与海洋技术委员会/环境保护分技术委员会）正在制定船舶防污漆试验方法（Test methods for screening the efficacy of anti-fouling paints）系列国际标准
  - 第一部分：防污漆效率试验的基本要求
  - 第二部分：介绍了用藤壶在防污漆表面的附着比例表征防污漆效率的测试方法
  - 第三部分：介绍了用船蛆在防污漆表面的附着数量表征防污漆效率的测试方法

日本提出，很多国家不赞成：

如防污漆具有不同性质，即是为了使防污漆对环境安全无害，这行会的防污漆测试方法要求中会受最大风险。这也会引起的第三方答案不可调整的风险。

由于其测试的不确定的风险，防污漆技术就会有失去可控信的市场。

这个不确定性的标准只会增加不必要的测试成本和产品认定的费用，对行会的发展不利。

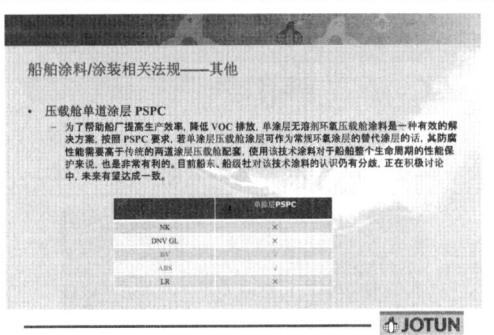

船舶涂料/涂装相关法规——其他

- 压载舱单道涂层 PSPC
  - 为了帮助船厂提高生产效率，降低 VOC 排放，单涂层无溶剂环氧压载舱涂料是一种有效的解决方案。按照 PSPC 要求，若单涂层压载舱涂层可作为常规环氧涂层的替代涂层的话，其防腐性能需要基于传统的两道涂层压载舱配置。使用该技术涂料对于船舶整个生命周期的性能保护来说，也是非常有利的。目前船东、船级社对该技术涂料的认识仍有分歧，正在积极讨论中，而未来有望达成一致。

	单涂层PSPC
NK	×
DNV GL	×
BV	√
ABS	√
LR	×

未来造船智能化涂装技术和装备发展规划

周 良

（上海广成涂装技术工程有限公司）

1

海纳百川、追求卓越

未来造船涂装技术的特征

环保　节能　高效　无人

未来造船涂装技术的发展

自动化　数字化　智能化

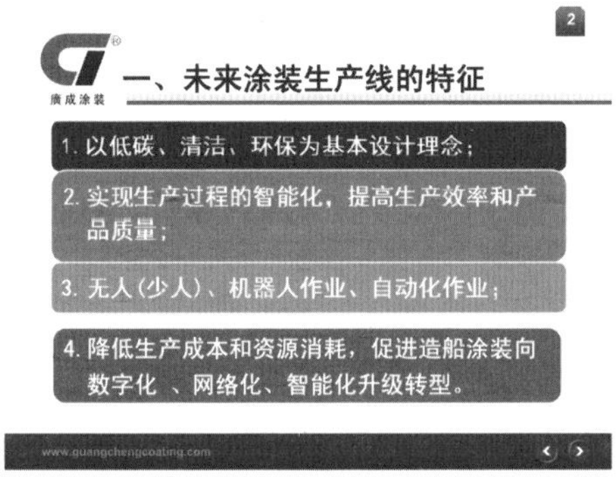

2

一、未来涂装生产线的特征

1. 以低碳、清洁、环保为基本设计理念；

2. 实现生产过程的智能化，提高生产效率和产品质量；

3. 无人（少人）、机器人作业、自动化作业；

4. 降低生产成本和资源消耗，促进造船涂装向数字化、网络化、智能化升级转型。

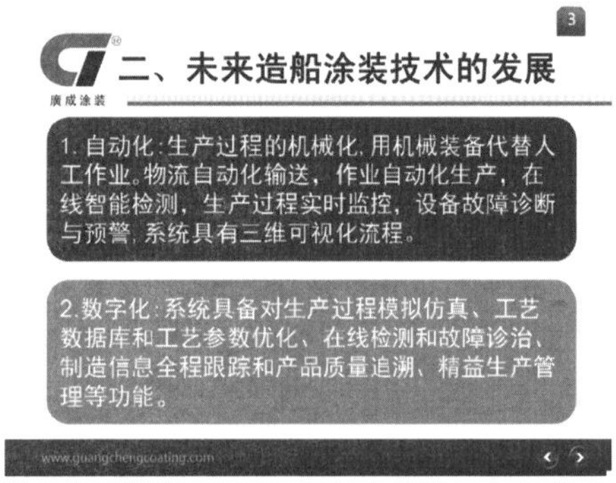

www.guangchengcoating.com

3

二、未来造船涂装技术的发展

1. 自动化：生产过程的机械化，用机械装备代替人工作业，物流自动化输送，作业自动化生产，在线智能检测，生产过程实时监控，设备故障诊断与预警，系统具有三维可视化流程。

2. 数字化：系统具备对生产过程模拟仿真、工艺数据库和工艺参数优化、在线检测和故障诊治、制造信息全程跟踪和产品质量追溯、精益生产管理等功能。

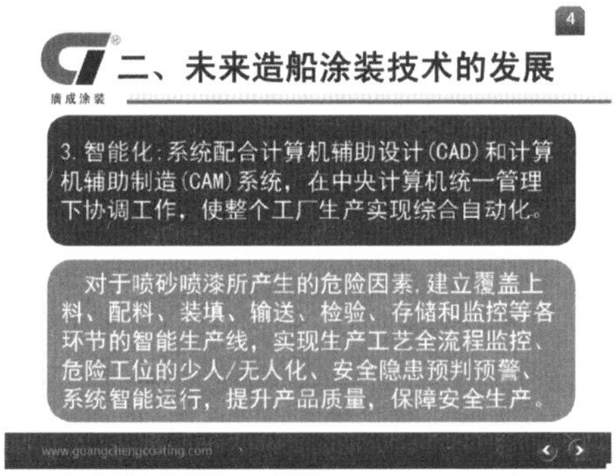

www.guangchengcoating.com

4

二、未来造船涂装技术的发展

3. 智能化：系统配合计算机辅助设计（CAD）和计算机辅助制造（CAM）系统，在中央计算机统一管理下协调工作，使整个工厂生产实现综合自动化。

对于喷砂喷漆所产生的危险因素，建立覆盖上料、配料、装填、输送、检验、存储和监控等各环节的智能生产线，实现生产工艺全流程监控、危险工位的少人／无人化、安全隐患预判预警、系统智能运行，提升产品质量，保障安全生产

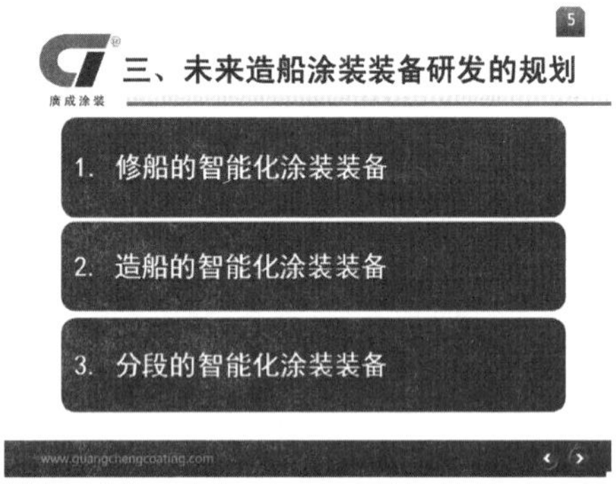

5

三、未来造船涂装装备研发的规划

1. 修船的智能化涂装装备

2. 造船的智能化涂装装备

3. 分段的智能化涂装装备

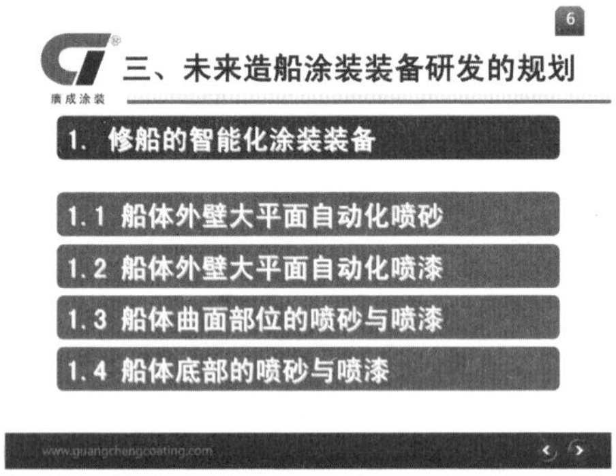

www.guangchengcoating.com

6

三、未来造船涂装装备研发的规划

1. 修船的智能化涂装装备

1.1 船体外壁大平面自动化喷砂

1.2 船体外壁大平面自动化喷漆

1.3 船体曲面部位的喷砂与喷漆

1.4 船体底部的喷砂与喷漆

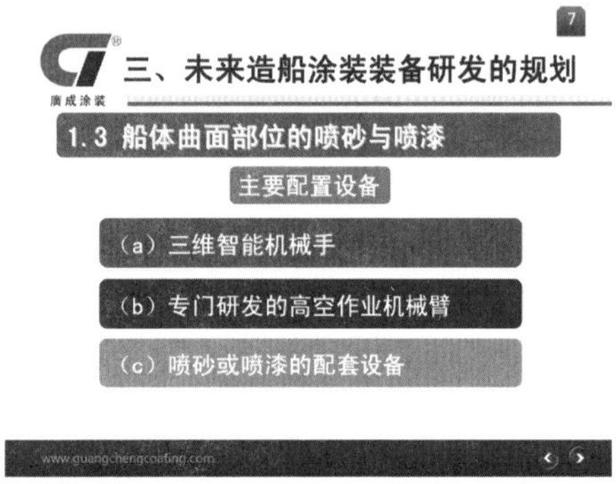

www.guangchengcoating.com

7

三、未来造船涂装装备研发的规划

1.3 船体曲面部位的喷砂与喷漆

主要配置设备

（a）三维智能机械手

（b）专门研发的高空作业机械臂

（c）喷砂或喷漆的配套设备

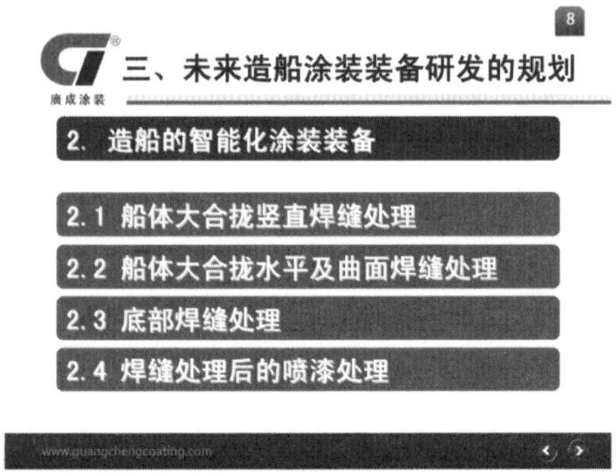

www.guangchengcoating.com

8

三、未来造船涂装装备研发的规划

2. 造船的智能化涂装装备

2.1 船体大合拢竖直焊缝处理

2.2 船体大合拢水平及曲面焊缝处理

2.3 底部焊缝处理

2.4 焊缝处理后的喷漆处理

www.guangchengcoating.com

9　三、未来造船涂装装备研发的规划

2.1 船体大合拢竖直焊缝处理

技术参数	
处理宽度	250 mm
处理效率	15~30 m²/h
抛丸上升速度	1~2 m/min
最大处理高度	35 m

www.guangchengcoating.com

10　四、未来造船智能化涂装的配置与概算

基本参数

以17.7万吨好望角散货船为例，型长 292 m，型宽 45 m，型深 24.8 m，表面总面积约为16000 m²

处理面积	喷砂处理时间	喷漆处理时间	喷砂枪数量	喷漆枪数量	完成作业时间
16000 m²	48 h	36 h	24个	6+6个	60 h

www.guangchengcoating.com

11　四、未来造船智能化涂装的配置与概算

1. 修船装备的配置数量与预算

序号	系统名称	设备名称	型号	数量(个)	单价(万)	合计(万)
1	大平面往复式喷砂系统	往复式喷砂机械手	GZT-JXS-CWB/WF-B	6	35	210
		高空作业机械臂	GK350	6	130	780
		组合式喷砂机组	GZT-PSJZ-G1	6	25	150
		真空吸砂机	GVS-8M	6	18	108
					小计	1248

12　四、未来造船智能化涂装的配置与概算

序号	系统名称	设备名称	型号	数量(个)	单价(万)	合计(万)
2	曲面三维机械臂喷砂喷漆系统	喷砂喷漆机器人	GZT-GTPS-JXS	2	45	90
		高空作业机械臂	GK350	2	130	260
		组合式喷砂机组	GZT-PSJZ-G1	2	25	50
		双组分喷漆设备	GSPX-1	2	50	100
					小计	500
3	大平面往复式喷砂系统	往复式喷砂机械手	GZT-JXS-CWB/WF-P	6	30	180
		高空作业机械臂	GK350	6	100	600
		双组分喷漆设备	GSPX-1	6	50	300
					小计	1080
三项合计			2828（万）			

13　四、未来造船智能化涂装的配置与概算

2. 造船船坞装备的配置数量与预算

序号	系统名称	设备名称	型号	数量(个)	单价(万)	合计(万)
1	竖直焊缝处理系统	抛丸机及除尘器	S250VE DC3324	3	60	180
		高空作业机械臂	GK350	3	130	390
					小计	570
2	水平及曲面焊缝处理系统	罩壳回收式机械手	GZT-JXS-CWB-B	3	30	90
		高空作业机械臂	GK350	3	130	390
		组合式喷砂机组	GZT-PSJZ-G2	3	40	120
		真空吸砂机	GVS-8M	3	18	54
					小计	654

14　四、未来造船智能化涂装的配置与概算

序号	系统名称	设备名称	型号	数量(个)	单价(万)	合计(万)
3	大平面往复式喷漆系统	往复式喷漆机械手	GZT-JXS-CWB/WF-P	3	30	90
		高空作业机械臂	GK350	3	130	390
		双组分喷漆设备	GSPX-1	3	50	150
					小计	630
4	曲面三维机械臂喷漆系统	喷漆机器人	GZT-GTPS-JXS	2	60	120
		高空作业机械臂	GK350	2	130	260
		双组分喷漆设备	GSPX-1	2	50	100
					小计	450
四项合计			2334（万）			

15　四、未来造船智能化涂装的配置与概算

3. 分段厂房喷砂喷漆的配置数量与预算

以 33 m×48 m×13 m(h) 的分段为例，可以放置 4 个标准分段，分段总面积为 4000~6000 m²，处理外表面积约为 2000 m²。

序号	系统名称	设备名称	型号	数量(个)	单价(万)	合计(万)
1	喷砂房机器人系统	龙门架	GZT-GTPS-L	4	30	120
		喷砂机器人	GZT-GTPS	16	200	3200
		底部低空喷砂作业车	DK20	2	80	160
					小计	3480

16　四、未来造船智能化涂装的配置与概算

3. 分段厂房喷砂喷漆的配置数量与预算

序号	系统名称	设备名称	型号	数量(个)	单价(万)	合计(万)
2	喷漆房机器人系统	龙门架	GZT-GTPS-L	4	30	120
		喷漆机器人	GZT-GTPS	8	200	1600
		底部低空喷砂作业车	DK20	2	80	160
		双组份喷漆设备	GSPX-1	4	50	200
					小计	2080
1喷1涂合计			5560（万）			
如果按2喷4涂的涂装房，总计为：15280（万）						

17　四、未来造船智能化涂装的配置与概算

综合预算

修船智能化装备	2828（万）
造船船坞智能化装备	2304（万）
分段厂房智能化装备	5560（万）（1喷1涂）

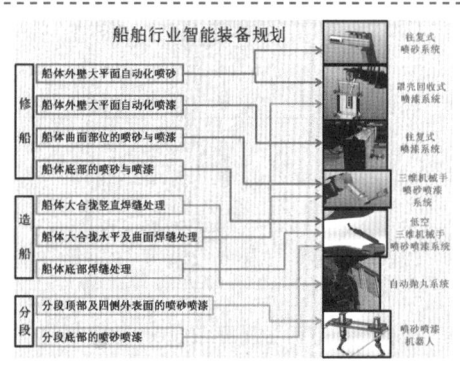

● 技术交流

半潜支持平台钻井服务系统界面方案研究

刘永歆　杨述闯　唐传安　王　旭

（大连船舶重工集团有限公司）

摘　要：本文结合钻井模块服务系统的消耗需求，通过对与钻井模块有界面的压缩空气、燃油、消防、海水和饮用水等系统的研究与设计，完成了一型半潜支持平台钻井模块服务系统界面方案的实际应用。

关键词：半潜支持平台；钻井模块；服务系统

0　前言

　　半潜式钻井支持平台是最近几年兴起的新概念、高技术含量、高附加值的海洋工程装备。支持平台配置相关钻井辅助设备和舱室以服务钻井平台，提供电力、泥浆、固井水泥、压缩空气等。相对加大了钻井平台的有效可变载荷，有利于减少供应物资的次数，降低作业成本；且保证钻井工作的连续性，提高了经济效益。

　　由于钻井模块较为复杂，其服务系统的消耗需求往往在支持平台开工较长时间后才能提供，给服务系统的设计和平台建造带来极大的困难。如果应对不当，可能会引起颠覆性修改。目前国内对这种设计方法的研究较少，故有必要进行深入的探讨。

　　本文结合钻井模块的消耗需求，以某型半潜支持平台为例，研究与钻井模块有界面的压缩空气、燃油、消防、海水和饮用水等系统的设计。

1　服务系统界面

　　图1为该平台的服务系统界面简图。钻井模块由数十个撬块通过"搭积木"的方式组合于生产平台上，支持平台服务系统通过脐带软管将介质输送至生产平台以满足钻井需求。此种布置有以下特点：

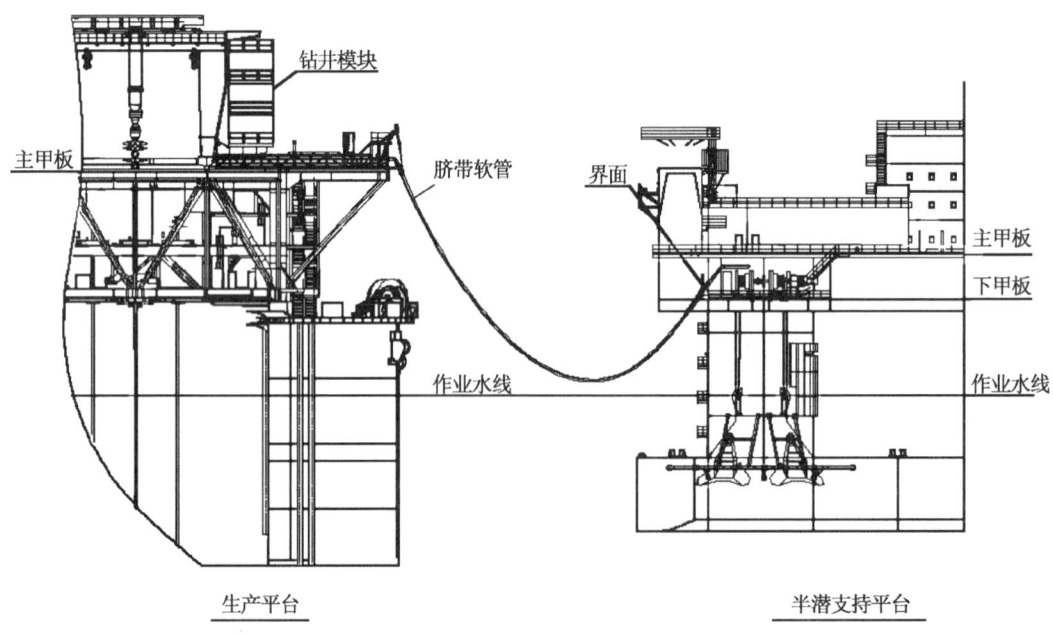

图1　服务系统界面简图

（1）钻井模块及脐带软管由钻井包厂家统一供货,其界面在支持平台下甲板处。

（2）服务系统的消耗需求以界面处的消耗需求为设计输入依据。

（3）生产平台与半潜支持平台间耦合作业工况需提供给钻井包厂家,以便其计算界面位置的压强及流量需求。

（4）脐带软管的沿程阻力较大,需提醒钻井模块生产厂家重点关注。

以上特点使该平台服务系统的界面消耗需求充满变数,钻井包厂家需要在合同生效半年以上才能提供相对可靠的信息,远远落后于支持平台设计进度,给服务系统的设备订货和设计带来极大的影响。

2　服务系统界面消耗需求

表 1 为钻井包厂家提供的最终消耗需求表,包含 7 种不同工况,设备订货和系统设计需以界面处最大消耗需求为依据。

表 1　服务系统界面消耗需求表

Utility	Location	Equipment Description	Manufacturer	Modle	Rig Assembly		Drilling		Tripping		Running Casing		Rotary table Drilling		Rig Skidding		Riser	
					SCFM	(psi)	SCFM	(psi)	SCFM	(psi)	SCFM	(psi)	SCFM	(psi)	SCFM	(psi)	SCFM	(psi)
Air	Consumption				1857		3298		3298		3298		3248				3614	
	TOTAL Head(psi) and Flow (SCFM) Requirements at the MEP Consumers Outlet				1857	105	3298	116	3298	116	3298	116	3248	116	NA		3614	105
	TOTAL Head(psi) and Flow (SCFM) Requirements at the TSV Consumers Outlet				1857	138	3298	138	3298	138	3298	138	3248	138			3614	138

Utility	Location	Equipment Description	Manufacturer	Modle	Rig Assembly		Drilling		Tripping		Running Casing		Rotary table Drilling		Rig Skidding		Riser	
					GPM	psi	GPM	psi	GPM	psi	GPM	psi	GPM	psi	GPM	psi	GPM	psi
Potable Water	Drill floor	Eye wash/shower station			NA	NA	40	50	40	50	40	50	40	50	NA	NA	40	50
	Solid Control System	Eye wash/shower station			NA	NA	40	50	40	50	40	50	40	50	NA	NA	40	50
	TOTAL Head(psi) and Flow (GPM) Requirements at the MEP Consumers Outlet				0	0	80	50	80	50	80	50	80	50			80	50
	TOTAL Head(psi) and Flow (GPM) Requirements at the TSV Consumers Outlet				0	0	80	138	80	138	80	138	80	138			80	138
Diesel Oil	Solid Control System				NA	NA	6	15	6	15	NA	NA	6	15	NA	NA	NA	NA
	TOTAL Head(psi) and Flow (GPM) Requirements at the MEP Consumers Outlet						6	15	6	15			6	15			6	15
	TOTAL Head(psi) and Flow (GPM) Requirements at the TSV Consumers Outlet						6	81	6	81			6	81			6	81
Seawater and Seawater Cooling System	Drill Floor	Drawworks cooling			NA	NA	70	50	70	50	70	50	70	50	NA	NA	70	50
		Drill Floor Cleaning			100	20	100	20	100	20	100	20	100	20	NA	NA	100	20
	Solid Control System	Shaker/Pit Cleaning			100	20	100	20	100	20	100	20	100	20	NA	NA	100	20
	Utility Module	H.P.U Cooling			58	30	58	30	58	30	58	30	58	30	58	30	58	30
	Mezzanine Deck	Bell Nipple Loss Circulation			NA	NA	NA	NA	NA	NA	NA	NA	NA	NA	NA	NA	NA	NA
	TOTAL Head(psi) and Flow (GPM) Requirements at the MEP Consumers Outlet				258	30	328	50	328	50	328	50	328	50	58	30	328	50
	TOTAL Head(psi) and Flow (GPM) Requirements at the TSV Consumers Outlet				258	96	328	105	328	105	328	105	328	105	58	96	328	105
FIRE FIGHTING	Fire Fighting Hose	Firefighting Hose			GPM 666	psi 87	GPM 666	psi 87	GPM 666	psi 87	GPM 666	psi 87	GPM 666	psi 87	NA		GPM 666	psi 87
	Fire Fighting Nozzle	Firefighting Nozzle			380	58	380	58	380	58	380	58	380	58			380	58
	Consumption				1046		1046		1046		1046		1046				1046	
	TOTAL Head(psi) and Flow (SCFM) Requirements at the MEP Consumers Outlet				1046	87	1046	87	1046	87	1046	87	1046	87	NA		1046	87
	TOTAL Head(psi) and Flow (SCFM) Requirements at the TSV Consumers Outlet				1046	153	1046	153	1046	153	1046	153	1046	153			1046	153

3　压缩空气系统设计

压缩空气系统设计的难点在于空压机容量的确定,计算容量时需兼顾钻井模块和支持平台需求,单个设备负荷系数的选取应根据实际工况,并无指导性的文件可以借鉴,该平台容量计算见表 2。

本平台最终选用 3 台 2500 m^3/h 容量的空压机,略大于理论计算值 6660 m^3/h。根据空压机位置与界面处的大致走向,经专用流体软件计算后,选定空压机排出压强为 10.5 bar。

4　燃油系统设计

由表 1 可以查出,燃油需求为 6 GPM×81psi,约为 1.4 m^3/h×5.6 bar。支持平台前期订货选用的燃油日用泵容量为 8 m^3/h×8.5 bar。用专用流体软件计算后,发现在界面处燃油压强大于其需求,经与泵厂家沟通,将燃油日用泵旁通安全阀调为 6.9 bar。如果此燃油日用泵供给多个设备,需综合衡量排出能力以满足要求。

5　消防水系统设计

由表 1 可以查出,消防水需求为 1046 GPM×153 psi,约为 238 m^3/h×10.55 bar。压强需求已超出浮体内主消防泵的能力,由于主消防系统为环管设计,且系统用户较多,仅仅更换主消防泵并无法有效提高界面压强。IMO MODU Code 允许在高吸程的平台上,安装增压泵和储水柜。经评估,设置一台消防增压泵更利于减重和控制。计算工况:确保钻井模块界面处压强和流量,确保支持平台尽可能远离的两个消防栓的压强和流量,以

及确保临近界面处灭火所必需的消防水。经计算,消防水环管处压强为 8 bar,消防增压泵容量估算为 240 m³/h×3 bar,此参数代入专用软件重新计算,满足界面处消防需求,设计方案见图2。

表2　空压机容量计算表

Utility	Location	Equipment Description	Tag No.	Drilling (m³/h)	Drilling (bar)	Load Factor (%)	After Correction (m³/h)
		Load case—Drilling					
MEP air consumers	Drill floor	Air Winch		1188.6	6.2	90%	1069.74
		Air Winch					
	Substructure Lower deck DWS	Man Rider Winch		147.73	6.2	90%	132.95
		Air Winch		594.3	6.2	90%	534.87
		Bop Unit Control		84.9	6.9	90%	76.41
	Third pert equipment	Pneumatic Butterfly Valve		16.98	4.1	90%	15.28
		Pneumatic Butterfly Valve		16.98	4.1	90%	15.28
		Pneumatic Butterfly Valve		16.98	4.1	90%	15.28
	Drill floor	Hi-Line Transport System Winch		1188.6	6.2	80%	950.88
				NA	NA	NA	NA
	Drill floor	Man Rider Winch		87	6.2	90%	78.3
	Upper Racking Board			169.8	6.2	90%	152.82
	Mastwell center	Top Drive Service Loop		84.9	8	90%	76.41
	Drill floor	Choke Control-Third Party		50.94	6.9	90%	45.85
	Drill Floor	Power Slip gressing Unit		23.772	8	90%	21.39
	Drill floor	Utility Hose 1		20	6.2	100%	20
	Drill floor	Utility Hose 2		20	6.2	100%	20
TSV air consumers	Columns	BULK AIR SYSTEM		2250	8.6	90%	2025
	Aft side of TSV	Hi-Line Transport System Winch-on TSV		1188.6	8.6	80%	950.88
	Engine room	Start air for MDGS		67	8.6	25%	16.75
	Utility station	Utility hose 1		20	8.6	100%	20
	Utility station	Utility hose 2		20	8.6	100%	20
	See chest	PURGE OF SEA CHEST		30	8.6	50%	15
	PIPE CABLE TRUNK	BILGE PUMP, DIAPHRAG		83.4	8.6	100%	83.4
	PUMP ROOM (P&F)	BILGE PUMP, DIAPHRAGM		114.6	8.6	100%	114.6
	WINCH FLOOR(P&A)	DRAIN TRANSFER PUMP, DIAPHRAGM		85.8	8.6	100%	95.8
	PUMP ROOM(P&F)	BALLAST PUMP PRIMING, 250 m³/h		10.8	8.6	100%	10.8
	PUMP ROOM(P&A)	BALLAST PUMP PRIMING, 250 m³/h		10.8	8.6	100%	10.8
	PUMP ROOM(P&A)	MUD TRANSFER PUMP PRIMING, 200 m³/h		10.8	8.6	100%	10.8
	PUMP ROOM(P&A)	DRILL WATER PUMP PRIMING, 100 m³/h		10.8	8.6	100%	10.8
	PUMP ROOM(S&A)	BASE OIL TRANSFER PUMP PRIMING, 100 m³/h		10.8	8.6	100%	10.8
		OTHER UTILITY CONSUMERS		−50	8.6	100%	50
						Sum	6660

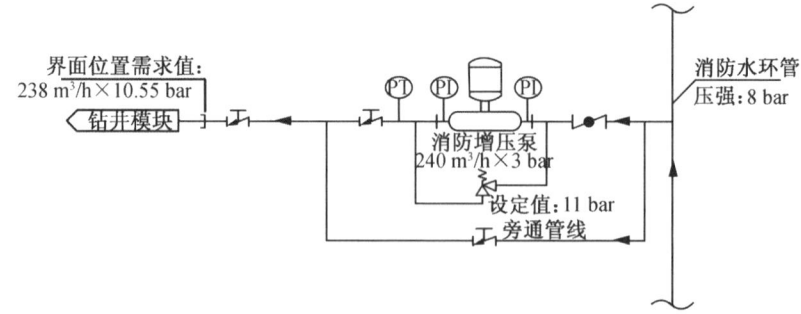

图2　消防水系统界面设计方案

6　海水冷却系统设计

由表1可以查出,冷却海水需求为328 GPM×105 psi,约为74.5 m³/h×7.2 bar。浮体内海水驳运泵排出压强无法满足钻井模块压强需求,可以参照消防系统设置海水增压泵。与消防系统不同,海水冷却系统为连续作业,运行时可能有几个舱柜进行清洗,清洗水量只能根据经验或与船东协商而定。在用专用软件计算时发现,清洗水开启和关闭对界面处压强和流量影响较大,界面处压强为 7 ~ 9.5 bar。经沟通,钻井模块厂家接受此压强范围。海水增压泵参数和设计方案见图3。

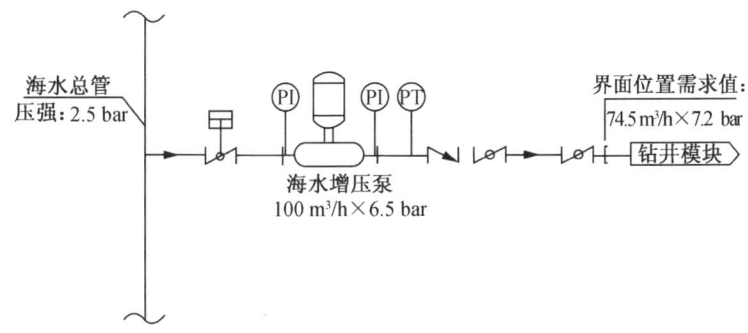

图3　海水冷却系统界面设计方案

7　饮用水系统设计

饮用水系统主要用于钻井模块上的洗眼站和淋浴喷头,属于间断性工作,其界面需求约为 18.2 m³/h×9.5 bar。由于此系统为间断性工作,过高的配置会导致重量增加和材料浪费。经与船东协商,界面处饮用水流量降为 9.1 m³/h。此系统采用淡水压强柜和增压泵补水方案,当压强开关 PS1 探测柜内压强低于 9 bar 时,增压泵启动进行补水,当 PS2 高于 10.5 bar 时,增压泵自动停止,通过这种控制方式很好地解决了饮水系统间断性工作的问题,且可以有效节能。具体方案见图4。

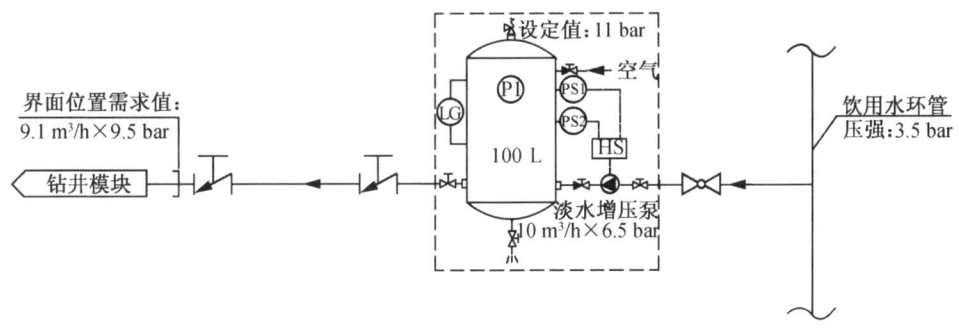

图4　饮用水系统界面设计方案

8　结论

钻井模块服务系统的界面方案设计是半潜支持平台的重点、难点和风险点,需及早策划、有效应对,才能避免半潜支持平台与钻井模块联合作业时重大事故的发生。本文通过界面方案的研究,提出了可靠、经济的解决方案,确保了钻井模块服务系统的需求,并最终在一型半潜支持平台上得以实际应用。

【参考文献】

[1] 刘海霞. 深海半潜式钻井平台的总布置. 中国海洋平台[J],2007,22(3):7-11.
[2] IMO. Code for the construction and equipment of mobile offshore drilling Unit[S]. 2009.

船舶主机选型论证研究

金祥臣

（渤船重工船舶设计研究有限公司）

摘　要：该文通过分析主机工况曲线、螺旋桨曲线、等航速曲线、油耗特性曲线、废气能量曲线，给出主机选型计算方法，研究各种曲线的数据及选型技巧，形成一套针对大型矿砂船的主机选型思路，可为其他船舶主机选型设计提供参考。

关键词：油耗；调定模式；废气能量；航速预报；机桨匹配

0　前言

本文以 VLOC 为例，进行了主机选型工作研究。在新船研发阶段，主机选型方案主要确定主机型号和主机调定模式。在国际大环境经济不景气、航运周期不紧迫和重点考虑船东运营成本的情况下，其评判方案优劣性主要考虑燃油消耗率（SFOC）和 EEDI 对主机最小功率的要求，其次要综合考虑国际防污染公约对排放的要求和主机废气回收能量的需求等其他因素。

1　技术准备

1.1　初步拟定投标船型的总体参数

初步拟定的 VLOC 总体参数如表 1 所示。

表 1　VLOC 总体参数

船长	垂线间长	型宽	型深	设计吃水	结构吃水	航速（设计吃水）
323 m	316 m	60 m	25 m	18 m	18.5 m	14.5 kn

1.2　水池实验室给出航速报告

将设计初期的船舶总体参数及要求发给水池实验室，由其用计算机软件模拟出船舶的初步型线，并给出航速预报报告。主机选型过程需要在航速预报中查看并获得的数据如下：

（1）无风无浪的海况情况下，主机功率 13044 kW 和转速 51.3 r/min。

（2）15% 海况储备，即主机 CSR 点的功率 15000 kW 和转速 53.8 r/min。

（3）20% 机械储备，即主机 SMCR 点的功率 18750 kW 和转速 58 r/min。

另外，根据 RESOLUTION MEPC.232(65)（即 EEDI）对船舶主机最小功率的要求，校核如下：

①最小功率线性法：$P_{min1} = 0.049 \times 250000 + 7329 = 19579$ kW；

②简化评估法（水池实验室）：$P_{min2} = 18240$ kW，最终选取 $P(EEDI) = 18240$ kW。

$P(SMCR) = 18750$ kW $> P(EEDI) = 18240$ kW，主机 SMCR 点的功率满足 EEDI 要求的最小功率。

2　主机选型

2.1　主机型号选择

根据整理后的技术参数和数据，绘制一个主机选型图。

首先，创建一个对数的二维坐标系，将 $\log n$ 设为 x 轴，将 $\log P$ 设为 y 轴。将以下数据绘制到坐标系中得图 1 主机选型图。

（1）根据航速预报报告，绘出主机无海况储备的等航速曲线 α = 0.28，见图 1 中 L-1。

（2）根据主机功率增加 15% 海况储备，绘出 CSR 等航速曲线 α = 0.28，见图 1 中 L-2。

（3）主机功率增加 15% 海况储备的基础上，功率再增加 5%，10%，15% 机械储备，分别绘出相应的 5%，10%，15% 机械储备的等航速曲线 α = 0.28，见图中 L-3、L-4、L-5。

（4）再绘制 EEDI 最小功率 18240 kW 的水平线。

（5）3 种型号柴油机的主机工况图：6G80ME；7G70ME；6RT Flex82T B。

（6）2 种桨径的螺旋桨曲线图：D10.8；D10.3。

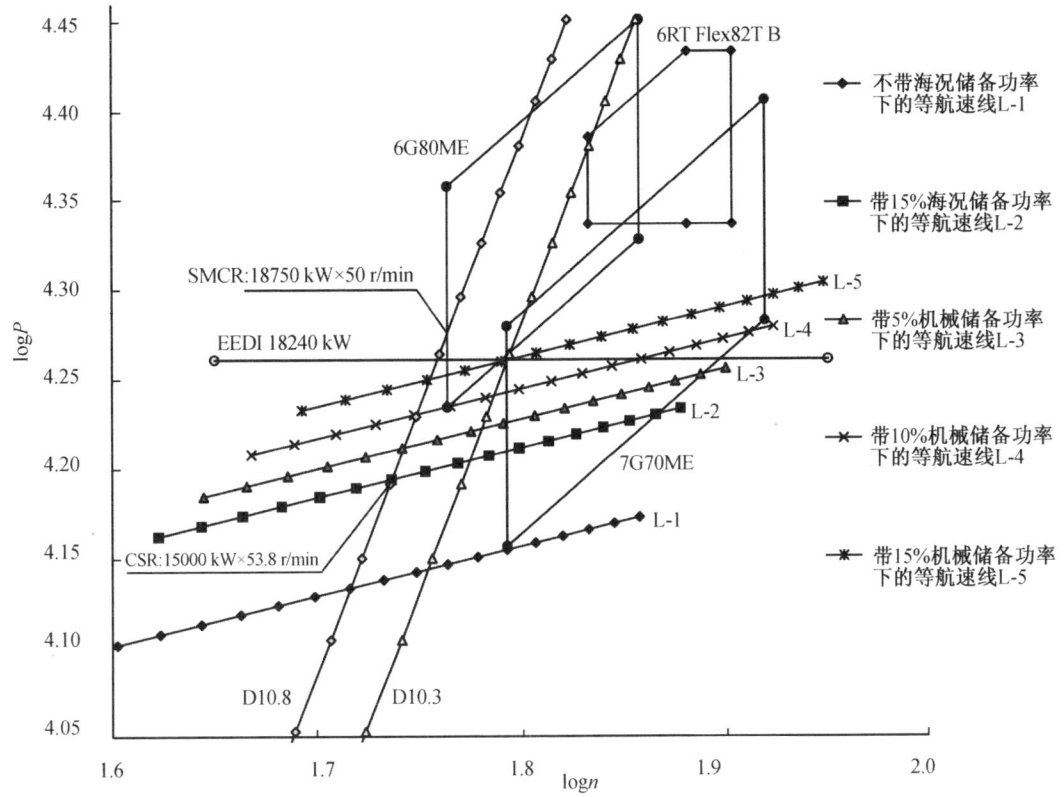

图 1　主机选型图

同时，主机选型与机桨匹配共有 4 种方案，详见表 2。

表 2　主机选型与机桨匹配的 4 种方案

	螺旋桨直径（m）	主机型号	功率（kW）（CSR）	SFOC［g/(kW·h)］	日油耗（t/day）
方案一	10.8	6G80ME	15000	156.1×(1+6%)	59.57
方案二	10.3	6G80ME	16100	156.1×(1+6%)	63.94
方案三	10.3	7G70ME	16100	160.2×(1+6%)	65.62
方案四	9.71	6RT Flex82T B	16390	主机功率机械储备太大	

从表中分析可得：船舶主机在 CSR 点运营时，方案一具有最低的油耗，再根据主机外形图、机舱布置、压载工况、确定的轴线高度 5500 mm 等条件，分析、校核后满足要求。此方案对于当前低迷的船舶营运市场，是一款低油耗的主机选型，可以在对标中有较强的竞争力。

根据方案对比和图 1 分析，总结主机选型的两种技巧：

（1）主机 CSR 点落在图中左下区域，越靠近左下侧主机越省油。但螺旋桨直径会变大，轻载水线会变高，阻力变大，主机会多耗一部分燃油，需要综合考虑主机油耗。

（2）主机况图的 L-1 点落在图右上区域，等高时越靠近右侧主机平均有效压力越少，主机越省油。但主机体积越大，主机价格越高，需要综合考虑主机周围机舱布置及成本。

2.2　调定模式选择

当国际经济良好，缩短运营周期，为了提高船舶运营航速，主机通常采取 High Load 调定模式。而本船根据当前国际经济环境状态，要减少运营成本，降低油耗，因此考虑 Low Load、Part Load 调定模式。船厂承诺合同功率点及 CSR 点的油耗对比详见表 3。

表3　主机 6G80ME 在 ISO 环境工况油耗数据对比

调定模式	Low Load	Part Load
SMCR	18750 kW×58 r/min	18750 kW×58 r/min
CSR(80% SMCR)	15000 kW×53.8 r/min	15000 kW×53.8 r/min
燃油消耗率(CSR)	157.1 g/(kW·h)	156.1 g/(kW·h)
日油耗(CSR)	56.56 t/day	56.20 t/day

主机油耗分析：

基于上表中油耗数据对照，可以看出主机运行在 Part Load 比 Low Load 要省 0.36 t/day。

对图2中6G80ME 主机的两种调定模式 Part Load、Low Load 油耗特性曲线对比，可以发现当主机运行在 CSR 点时，其中 Part Load 是低油耗的调定模式。但是当船舶低航速运营时，Low Load 却是更省油的调定模式。因此，这两种调定模式均可作为可选的方案设计。

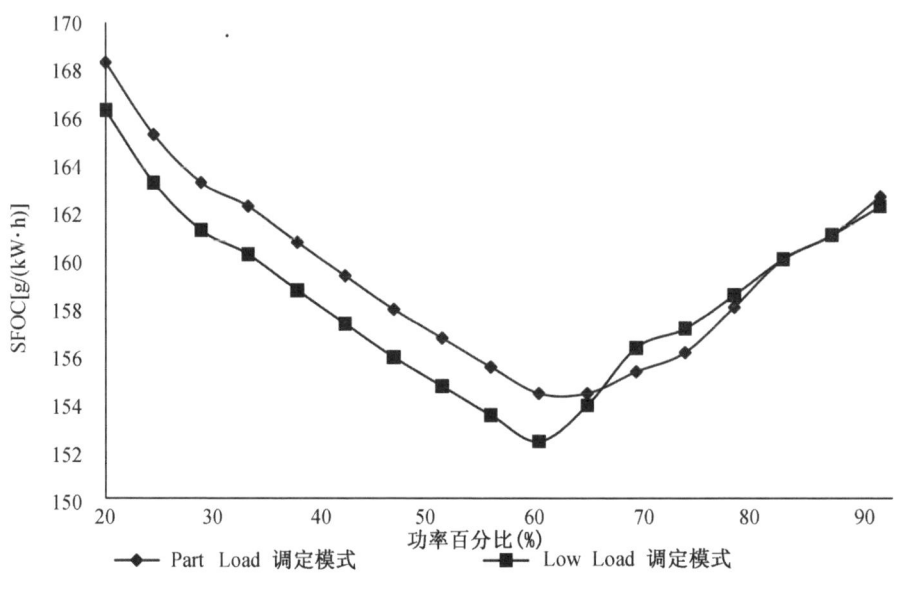

图2　6G80ME 油耗特性曲线

2.3　主机废热分析

主机在不同的调定模式下，产生的废气能量也是不同的。一般来说，由于 Part Load 和 Low Load 的调定在低功率范围内油耗较低，燃油转换机械能效率较高，因此废气中的能量也相对较少。在选择主机调定时，主要关注 CSR 点的主机废气能量是否可以满足船舶航行时的需求，但也需要适当考虑实际船舶运营时，主机废气能量是否可以满足需求。

主机废气能量计算是基于 ISO 环境工况下的主机 CSR 点废气温度和废气量，饱和蒸汽 0.7 MPa，给水温度 80 ℃，废气锅炉出口废气温度 175 ℃，主机排烟出口至废气锅炉入口温度降 2 ℃，废气锅炉热损失 4%。计算的结果见表4。

表4　主机废气蒸发量对比(kg/h)

6G80ME	Low Load	Part Load
CSR(80% SMCR)	1419	1423

从图3中可以明显看出，6G80ME 在 Part Load 和 Low Load 调定时，废气能量基本一致，仅在功率为75%时 Part load 稍低一些。而 Low Load 调定在降低航速运营方面存在优势，但是考虑本船 CSR 功率为 SMCR 的80%，因此如果采用 MAN 的主机，推荐采用 Part Load 调定，这样合同承诺油耗更低，同时对于废气能量也不存在任何影响。

2.4　主机排放分析

该船预定航线是澳洲—东亚。此区域目前执行 Tier Ⅱ 要求。但考虑未来新增加的要求及提高船型的适应能力，应做好执行 Tier Ⅲ 的预案。

对于主机 Tier Ⅲ，MAN 6G80ME 主机有两种解决方案，分别是废气再循环系统(简称 EGR)和选择催化还原系统(简称 SCR)。对于本船，从废气能量和机舱布置角度考虑，采用 EGR 系统的 6G80ME 主机更有优势。

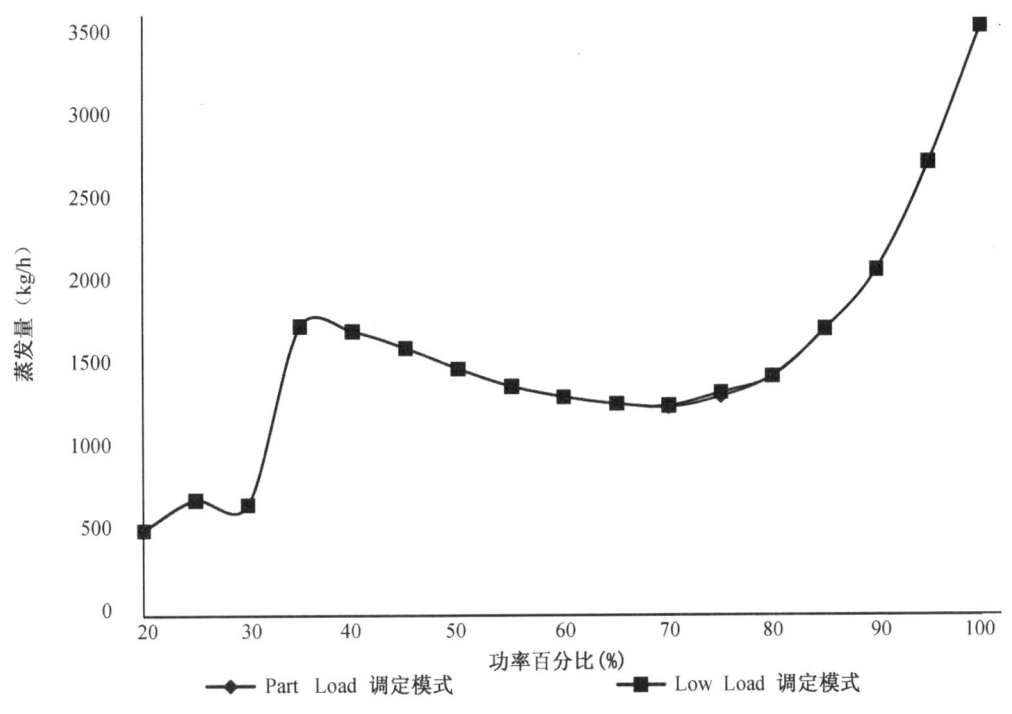

图3   6G80ME 主机废气能量产生蒸汽量特性曲线

3   结论和分析

综合以上分析,主机选型及功率点设置和油耗等参数详见表5。

表5   主机选型及功率点设置和油耗等参数

型号	MAN B&W 6G80ME-C9.5（Part Load，Tier Ⅱ）
形式	二冲程,船用增压低速超长冲程柴油机
数量	1 台
MCR	28260 kW × 72 r/min
SMCR	18750 kW × 58 r/min
CSR	15000 kW × 53.8 r/min
燃油消耗率	$156.1 \times (1 + 6\%)$ g/(kW·h) 按 ISO 环境工况,主机运行在 CSR 点,燃油低热值 LCV 为 42700 kJ/kg
日油耗	56.20 t/day ＋ 2.16 t/day 按 ISO 环境工况,主机运行在 CSR 点,燃油低热值 LCV 为 42700 kJ/kg

结论:本文主机选型的完成,固化了新船主机选型的流程,缩短了主机选型的设计周期,在应对船型对标的时间紧迫性上有较大的竞争力。

本义介绍内容符合当前船东营运需求的趋势,对丁船舶研发过程中的主机选型有借鉴意义。但值得注意的是,由于船型、航区、采用的水池试验室、船东营运要求、总图分舱等各方面都存在差异,在主机选型时,需要综合考虑这些变化因素,做到满足各方面的要求。

【参考文献】

[1] 中国船舶工业集团公司. 船舶设计实用手册轮机分册[M]. 3 版. 北京:国防工业出版社,2013.

[2] 中国船舶工业集团公司. 船舶设计实用手册总体分册[M]. 3 版. 北京:国防工业出版社,2013.

[3] 国防科学工业技术工业委员会. 中国造船质量标准[M]. 北京:交通电子音像出版社,2009.

[4] 盛振邦,刘应中. 船舶原理(下册)[M]. 上海:上海交通大学出版社,2004.

[5] 李积德,等. 船舶耐波性专辑[J]. 中国造船增刊,1991.

[6] 中国船级社. 钢质海船入级规范[M]. 北京:人民交通出版社,2012.

[7] MAN Diesel,Turbo. MAN B&W 98-50 ME/MC-C Engine Selection Guide[S]. 2010.

[8] MAN Diesel,Turbo. MAN B&W Two-stroke Marine Engines Emission Project Guide[S]. 2015.

[9] WARTSILA. WINGTD 4.0 Engine Selection[S]. 2013.

LNG-FSRU 液货处理系统设计与功能研究

李明鹏　张新胜　王志勇　唐志杰

（大连船舶重工集团有限公司）

摘要： 液化天然气作为一种清洁能源，国内外市场对其需求越来越大。LNG-FSRU 是 LNG 海上浮式终端，建造成本低，周期短，安全环保，未来市场前景广阔。本文对其液货处理系统以及液货设备进行设计，对系统操作流程和设备选型要求进行研究。对于 LNG-FSRU 的设计建造具有重要的参考价值。

关键词： LNG-FSRU；货物处理系统；液货设备

0　前言

　　LNG-FSRU 是海上液化天然气（LNG）浮式接收储存和再汽化装置，不同于 LNG 浮式生产储存卸货装置（LNG-FPSO），外形类似于 LNG 运输船。作为海上 LNG 接收终端，其主要功能是接收、储存和再汽化 LNG. 汽化后的天然气通过海底管道向岸上电厂和城市用户供气。

　　与传统陆上的 LNG 接收终端相比较，FSRU 具有建设周期短、占用陆地面积小、装置灵活性高、建造成本低、审批手续简单等特点，可用于我国沿海经济发达、环境敏感、人口稠密的地区，以满足这些地区国民经济和社会发展、能源结构调整、能源供应安全并改善人民生活水平的需要。

1　FSRU 货物处理系统概述

　　货物处理系统（Cargo Handling System）简称 CHS，是 FSRU 的核心系统，能够实现 LNG 的装载、倒舱、卸载、再汽化等功能需求。其工作流程图如图 1 所示。

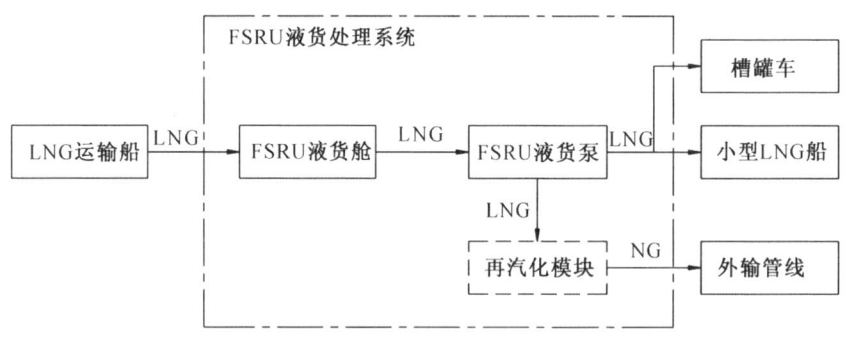

图 1　LNG-FSRU 工作流程图

　　液货处理系统和液货设备以及相关联的蒸发气处理系统、货舱喷淋系统、氮气系统、惰性气体/干燥空气系统、辅助系统等有机结合，在满足船级社规范规则的前提下，协同实现货物处理系统的各项功能。

2　货物处理系统流程

　　本文以薄膜型舱为例进行研究，FSRU 货物处理系统和 LNG 运输船类似，该系统由于储存介质都是低温液态天然气，因此具有一般 LNG 船货物系统的典型特点，诸如浸没泵、液穹、气穹、喷淋管等设置。货物处理系统流程图如图 2 所示。

　　FSRU 不同于 LNG 的主要典型特点有：

（1）由于 FSRU 的特点，根据液货晃荡的计算要求，较大容量的货舱通常设置为双排舱。

（2）FSRU 典型系统总管包含：

①LNG 液货总管。

②LNG 扫舱喷淋总管。

③LNG 再汽化单元液货供给管。

④蒸发气总管。

⑤气体总管。

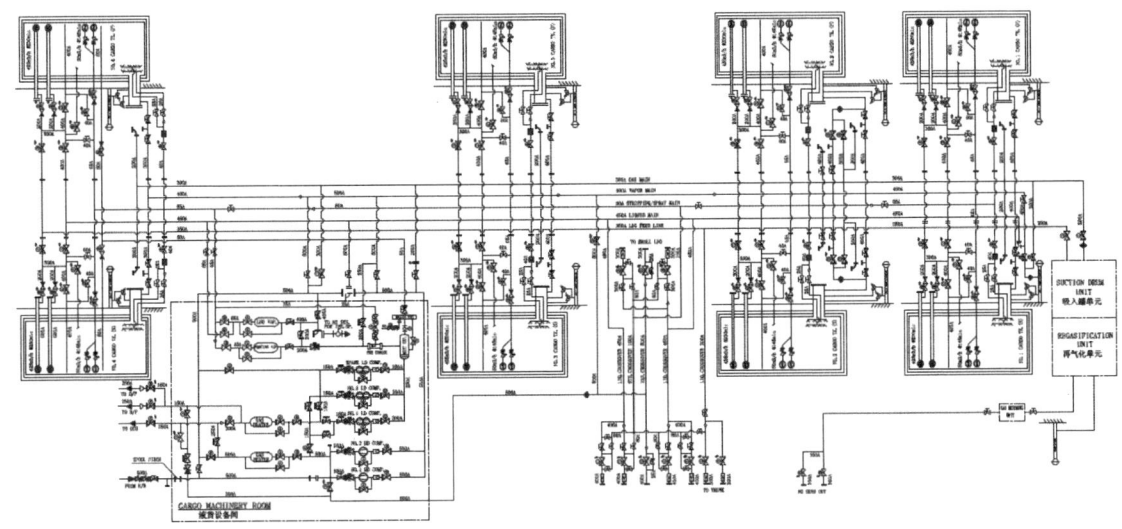

图 2　货物处理系统流程图

典型液货舱货物处理系统配置如图 3 所示。

3　液货处理系统功能操作

液货处理系统设计需要满足船舶在不同状态下的多种功能实现。在每种液货操作中，液货围护系统和液货处理系统工作状态均可在 IAS 系统中自动或遥控和监控，不同的安全保护能够确保系统处于安全、可靠的状态。

其操作阶段及操作步骤主要有：

（1）准备出坞操作

①干燥（夏季）。

②干燥（冬季）。

③惰化。

④使用液氮干燥惰化。

⑤天然气（气态）加注。

⑥冷舱。

（2）常规操作

⑦LNG 装载。

⑧DFDE 和 GCU 燃气模式。

⑨DFDE 和 GCU 强制蒸发模式。

⑩GCU 燃气模式。

⑪LNG 卸货至小 LNG 船及蒸发气返回模式。

⑫LNG 卸货至小 LNG 船及蒸发气无返回模式。

⑬Free Flow 状态下 GCU 燃烧模式。

⑭再汽化输入模式。

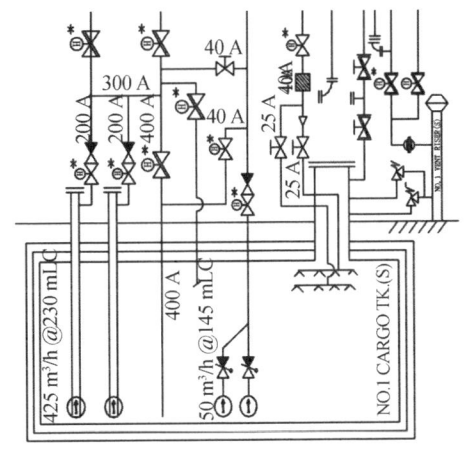

图 3　典型液货舱货物处理系统

⑮卸载至槽罐车。

⑯舱内冷却。

⑰倒舱。

（3）准备进坞操作

⑱扫线。

⑲暖舱透气模式。

⑳暖舱燃烧模式。

㉑惰化。

㉒干燥空气活化。

（4）应急操作

㉓应急液货驳运。

（5）单舱操作

下面就典型的操作状态进行介绍。

3.1　LNG 装载

LNG 运输船将 LNG 通过低温软管或输液臂装载至 FSRU，蒸发气通过高负荷压缩机驳运回 LNG 船，部分（或全部）蒸发气供双燃料主机消耗。该状态需要校核 FSRU 液货系统和惰性气体系统的输送能力，以及高负荷压缩机全负荷工作状态的能力。LNG 装载流程图如图 4 所示。

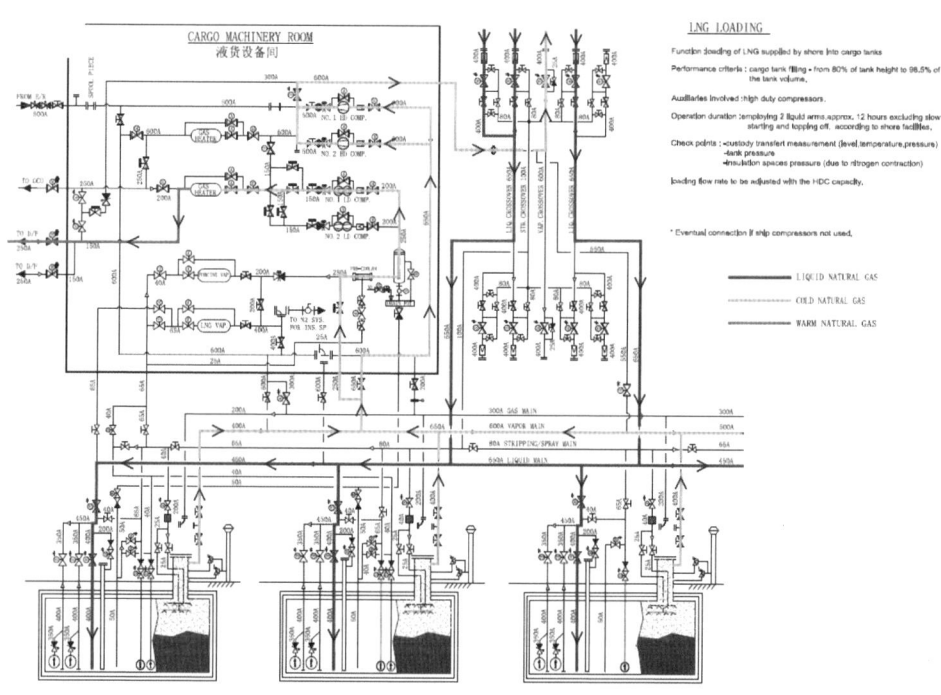

图 4　LNG 装载流程图

3.2　LNG 卸载

FSRU 利用液货泵将 LNG 驳运至集管区，并通过低温软管或输液臂卸载至小 LNG 船。与此同时，在考虑蒸发气不返回的情况下，令蒸发器强制工作以保证货舱压力至正常状态，不至于产生过低负压而破坏货舱。该操作状态下，液货泵达到系统最大卸载率，强制使蒸发器达到最大工作负荷。LNG 卸载流程图如图 5 所示。

3.3　Free Flow 状态

货舱所产生的蒸发气在自由流通（Free Flow）状态下可以通过管道进入 GCU 燃烧，以保证货舱蒸发气压力不至于超过设计压力而损坏货舱。该状态以及 GCU 正常燃烧状态需达到 GCU 最大设计负荷。Free Flow 流程图如图 6 所示。

3.4　暖舱透气操作

暖舱透气操作是当液货通过液货泵卸载完毕后，扫舱泵在 Dead Lean 状态将货舱内的货物卸载后的操作。

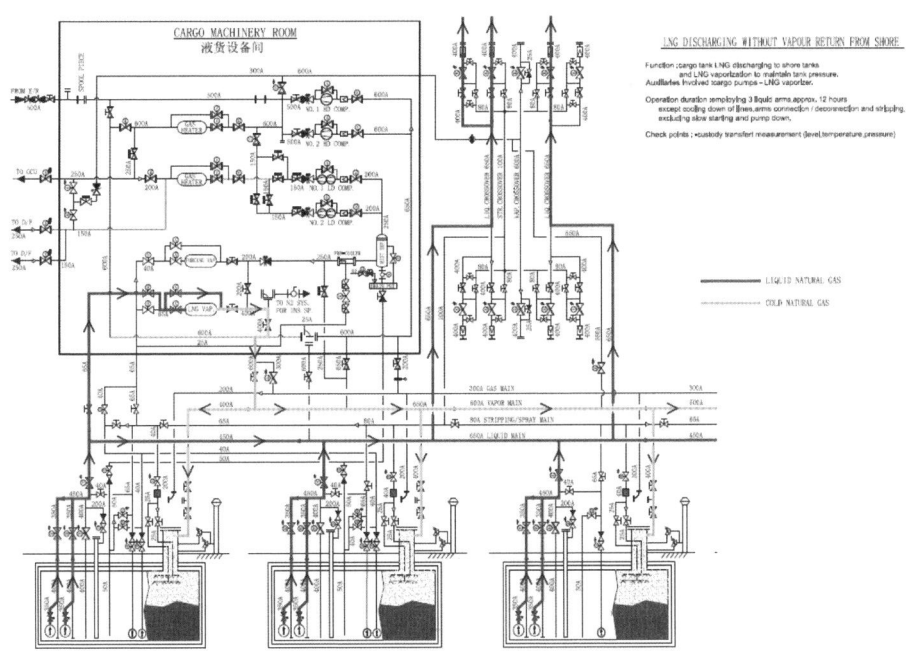

图 5　LNG 卸载流程图

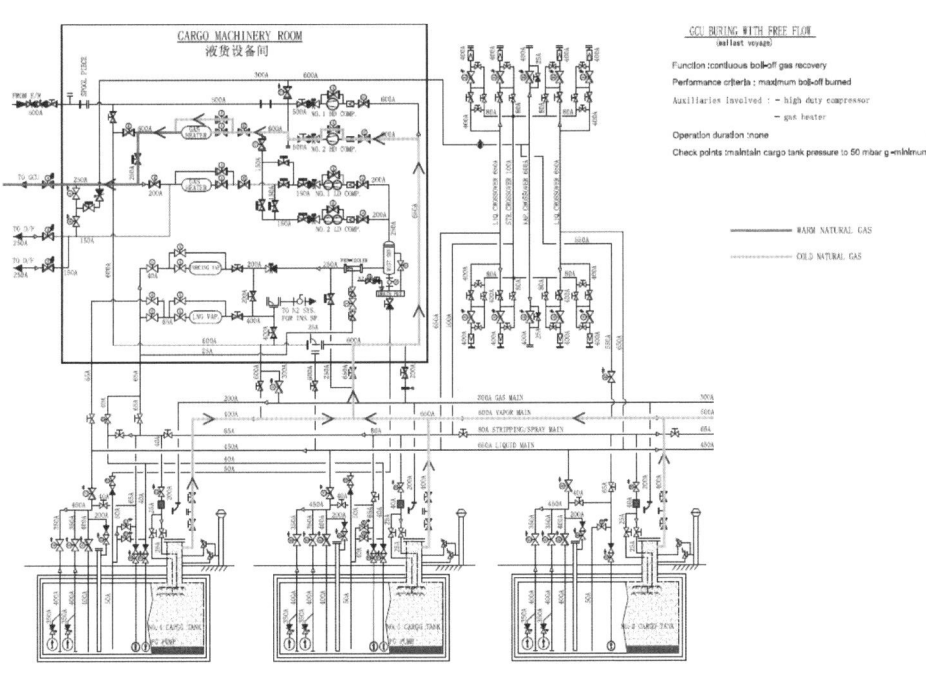

图 6　Free Flow 流程图

暖舱操作一般分两步:第一步,暖舱 GCU 燃烧操作;第二步,暖舱透气桅排放操作。该状态下,高负荷压缩机和加热器需要满足设计要求。暖舱透气流程图如图 7 所示。

3.5　单舱维护操作

单舱操作流程如图 8 所示,准备维护货舱程序如下:

单舱操作状态用于 FSRU 在不进坞的状态下维修、维护货舱和货舱设备的情况。下面以单舱通风为例进行介绍。惰化完毕的货舱需要进行活化,即采用干燥空气替代惰性气体,以保证其含氧量达到人员可以进入的标准。通常船上采用惰性气体发生器,将空气干燥后注入货舱进一步替换惰性气体。单舱通风流程图如图 9 所示。

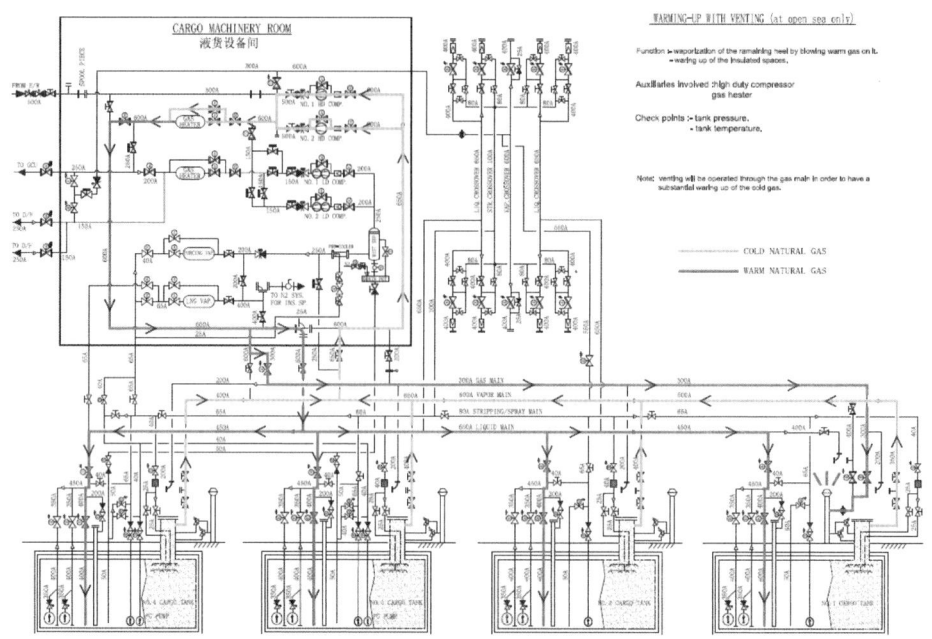

图7　暖舱透气流程图

图8　单舱操作流程

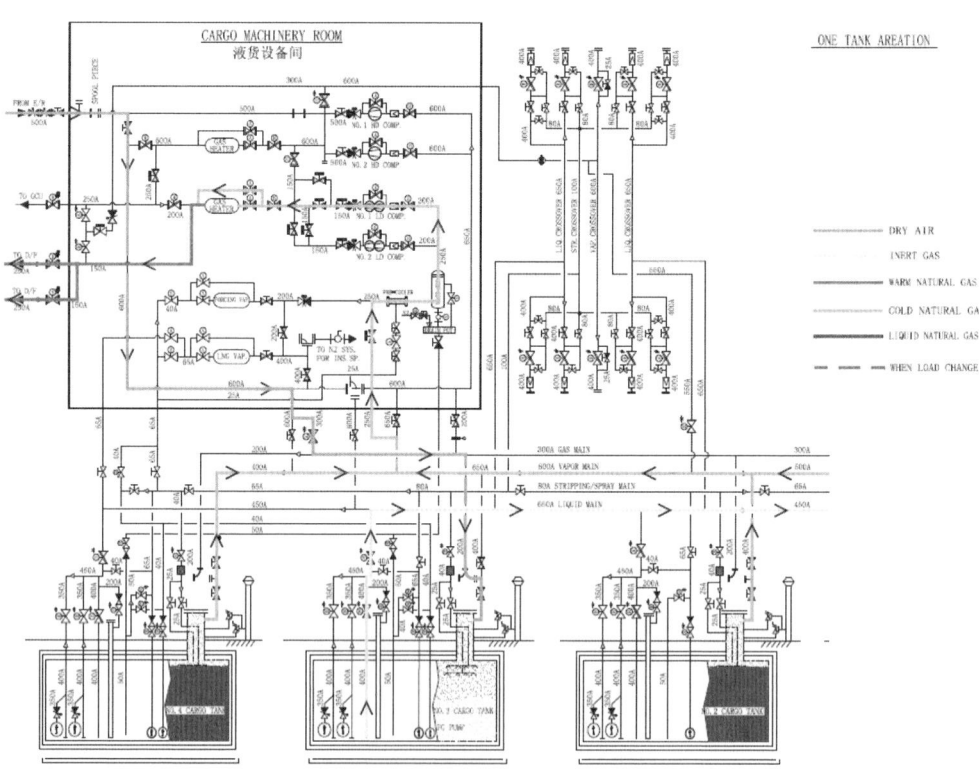

图9　单舱通风流程图

4　液货设备功能及设计条件

4.1　液货处理系统设计基于下述条件

液货处理系统：

—最小设计温度：　　　　　　　−161.4 °C

　　—货物密度（比重）：　　　　470 kg/m³
　　—货舱正常操作压强：　　　　1.06 bar
　　FSRU 液货处理系统按最大装载率进行设计,正常工况下流体设计速率如下：
　　最大液体管线流速为 7 m/s；
　　最大蒸发气管线流速为 40 m/s；
　　系统调试和应急操作时流速可高于最大设计速率。

4.2　液货系统主要设备及参数如下

4.2.1　液货供给泵

功能：(1)液货卸载至小 LNG 船和槽罐车。
　　　　(2)兼作再汽化模块注入泵。
设计参数：
　　—数量：　　　　　　　　　2 台/舱(2×50%)
　　—排量和压头：　　　　　　425 m³/h×165 mLC(S.G.：0.5)
　　—形式：　　　　　　　　　立式,离心式,可回收浸没式

4.2.2　扫舱/喷淋泵

功能：(1)进坞前将剩余液货卸载至最低液位(最大艉倾状态下)。
　　　　(2)正常状态下供给喷淋头,降低舱内温度。
　　　　(3)卸货前冷却管线。
　　　　(4)兼作燃气供给泵。
　　　　(5)供给强制蒸发器。
设计参数：
　　—数量：　　　　　　　　　1 台/舱
　　—排量和压头：　　　　　　60 m³/h×145 mLC(S.G.：0.5)
　　—形式：　　　　　　　　　立式,离心式,浸没式

4.2.3　液货应急泵

功能：作为液货泵的备用设备。
设计参数：
　　—数量：　　　　　　　　　2 台
　　—排量和压头：　　　　　　425 m³/h×165 mLC(S.G.：0.5)
　　—形式：　　　　　　　　　立式,离心式,可回收浸没式

4.2.4　低负荷压缩机

功能：(1)将蒸发气输送至双燃料主机和 GCU。
　　　　(2)保证货舱内压力稳定在允许范围内。
设计参数：
　　—数量：　　　　　　　　　2 台
　　—形式：　　　　　　　　　卧式,离心式,双级泵
　　—进口温度：　　　　　　　-100 ℃
　　—进出口压强：　　　　　　1.06 bar/6.45 bar

4.2.5　高负荷压缩机

功能：(1)装载状态下输出蒸发气。
　　　　(2)冷舱操作时输出蒸发气。
　　　　(3)循环蒸发气用以暖舱。
　　　　(4)加注天然气时输送混合气体。
设计参数：
　　—数量：　　　　　　　　　2 台

—形式： 卧式,离心式,双级泵

—进口温度： -140 ℃

—进口压强： 1.06 bar

4.2.6 LNG 蒸发器

功能：(1)加注天然气。

(2)主机燃料供给,作为强制蒸发器的备用设备。

(3)蒸发 LNG 返回货舱 LNG,以保证货舱压力。

(4)液氮蒸发用于加注和惰化绝缘层。

设计参数：

—数量： 1 台

—进口温度： -140 ℃

4.2.7 LNG 强制蒸发器

功能：强制蒸发 LNG,保证主机和主发电机燃料供给。

设计参数：

—数量： 1 台

—出口温度： -40 ℃

考虑以上设计工况和要求,对液货处理设备进行设计。

5 结语

FSRU 液货系统的设计和设备的选型,需要满足新 IGC Code 和所入级船级社的规范要求,以及所建造和设计的技术规格书的要求,并且需要考虑系统功能和船舶运营操作安全和便利的要求。由于该 LNG-FSRU 是一种新型的海上浮式装置,其设计、开发、建造和检验需要不断完善。本文所研究的液货处理系统设计和功能研究成果可供此类典型项目参考,需要在实践中不断检验。

【参考文献】

[1] 钱伯章,朱建芳.世界液化天然气的现状及展望[J].天然气与石油,2008,26(4):34-38.

[2] 钱成文.国内 LNG 接收终端简介及发展趋势[J].石油工业技术监督,2005,21(5):65-70.

[3] GTT 2010—2015 Cargo Handling System FLNG.

[4] MSC.370(93) Amendments to the International Code for the Construction and Equipment of Ships Carrying Liquefied Gases in Bulk.

中低速柴油机气缸冷腐蚀分析与解决

刘树珍　陈椿芳　曹玉海

（大连船用柴油机有限公司）

摘要： 从船用中低速机诞生之日起，气缸的冷腐蚀就是困扰柴油机使用的一个严重问题，一直没有被解决，从而加剧缸套、活塞环的磨损。采用激光熔敷技术，对中低速机缸套、活塞环表面进行合金化处理，防止气缸冷腐蚀的产生，将降低中低速柴油机的缸套、活塞环更换周期，极大地降低航运公司用船成本，很有必要性。

关键词： 气缸套；活塞环；气缸冷腐蚀；陶瓷合金；激光熔敷

0　前言

从船用中低速机诞生之日起，气缸的冷腐蚀就是困扰柴油机使用的一个严重问题。而缸套、活塞环是柴油机上的核心部件，特别是现如今的船舶常采用低负荷运行，燃油（HFO）中的硫更有可能转化成硫酸，增加了气缸的酸性，对缸套、活塞环造成腐蚀，从而加剧了缸套、活塞环的磨损，直接或间接地增加船东的用船成本。因此缸套、活塞环的冷腐蚀问题是至今为止世界范围内都想解决而没有彻底解决的问题。

如今，受 2008 年经济危机的影响，航运业遭遇了经济寒冬，发展中经济体经济放缓，国际大宗货物市场需求端购买力不足等原因导致运力过剩、运价下跌，航运业面临入不敷出、经营困难的局面。航运市场的竞争，归根结底是运营成本的竞争。所以各大航运公司为了生存，想办法降本增效，目前只有两种方法：一是降低人工成本，即裁员；二是降低用船成本，一般采取降速航行的方法，以节约用船的燃料成本，除此之外，再无其他办法。

"用户最爱，市场所在"，如果能够引进新技术，进行科学创新，优化船舶配置设计，降低用船成本，肯定受航运公司的欢迎。那么，激光熔敷技术的引入，使其在四冲程、二冲程柴油机上的研发应用成为可能，即对中低速机缸套、活塞环表面进行合金化处理技术。此技术的采用，将降低中低速柴油机的零部件更换周期，极大地降低航运公司用船成本，很有必要性。

1　中低速机现状

MAN 公司设计的成熟船用低速柴油机从 20 世纪 80 年代的 MARK3 到 MARK5、MARK6、MARK7、MARK8，再到今天的 G 形机，9.5. MAN 的主机在不断更新换代，主机功率在不断强化，而且随着市场变化，主机更新换代越来越快。爆压不断提高，意味着主机气缸工作条件越来越苛刻。随着新机型推出，MAN 在不断强化相关零部件性能，以满足苛刻的气缸工作条件，如缸盖相关部位焊上铬镍铁合金涂层，活塞头上部焊上 8 mm 厚的铬镍铁合金涂层，活塞裙镀上 0.3 ~ 0.35 mm 厚的钼涂层，活塞环镀上 0.6 mm 厚的陶瓷合金涂层（修改不彻底，常有剥落现象）。这些修改的目的，无非是强化零部件耐高温、耐高压等性能，提高部件的使用寿命。

而缸套主体材料为 HT250 + 部分稀有合金，表面硬度为 HB230 左右，再加上缸套工作表面的特殊性，使其不适用于上述修改方案。而恰恰缸套、活塞环属于易损部件，按 MAN 的标准，缸套的磨损值为直径的 0.8% 时必须更换新的缸套。据调查，现低速主机的缸套平均使用期限为 4 年左右，活塞环平均使用期限为 3 ~ 6 个月。引起磨损的最主要原因是缸套、活塞环的冷腐蚀。因此，MAN 公司推出一个补救方案——缸套冷却水系统修改，专门接一路水给缸套加温（LDCL 系统），用以减少冷腐蚀。实践证明此项修改不成功，它只是一个补救措施，缸套、活塞环本身的冷腐蚀问题没有得到解决，并增加了建造、维护成本。

另一由被中国船舶工业集团公司收购的瓦锡兰温特图尔发动机有限公司(简称 WinGD)设计的 TriboPack (缸套减磨包)即在缸套上部加装刮碳环,活塞顶环采用铬陶瓷环,缸套包绝缘这三个方案,减轻了气缸磨损, 但也没有彻底解决气缸冷腐蚀问题。

2　气缸冷腐蚀产生的原因

根据 MAN 公司的研究报告,气缸冷腐蚀主要由以下 4 个因素造成。

(1)缸套的温度。

(2)缸套表面压力。

(3)燃油的含硫量(船用重质燃料油 HFO)。

(4)冷却水量。

那么,只有强化缸套、活塞环本身的性能,才能从根本上解决气缸冷腐蚀问题,而不是通过加装外部装置来减缓气缸的磨损。因此,引进中国航天基础材料研究工艺,采用激光熔敷技术对缸套、活塞环表面进行陶瓷合金化处理,在缸套、活塞环表面形成合金硬化层,对这 4 个因素有很好的抵抗能力,从而提高缸套耐腐蚀性能。所以,缸套活塞环表面陶瓷合金化处理,使彻底解决气缸冷腐蚀问题成为可能。

3　工艺的实施

合金化是将高能量密度的激光束辅照在喷有专门合金化涂料的缸套、活塞环表面,使添加涂料和基材进行充分的冶金作用,形成无明显界面的合金化涂层,确保了合金化和基材间高的冶金结合强度,直接熔于本体,绝不会脱落。在这一过程中,缸套表面铬钼合金铸铁被快速加热熔化和快速冷却凝固,在快速熔化和凝固过程中,预置的合金化涂料迅速、均匀地进入熔化凝固层中,增加了熔凝层中碳和合金元素的含量,形成激冷的合金化硬化层。合金化硬化层由高硬度的超细化的马氏体、莱氏体组成,具有较高的硬度。当合金化涂料中具有较高的 Cr、Si、B 含量时,合金化层的 Cr、Si、B 含量较基体明显提高。

缸套、活塞环表面合金化处理时,其工作表面不是全覆盖,而是根据部件使用性能的不同要求,实行50% ~ 90%的覆盖。这样,既能保留原有合金铸铁的机械性能,又能发挥陶瓷合金的耐高温、耐腐蚀性,二者相结合, 从而提高缸套、活塞环的抗磨损能力。

4　结论

经过五年多的装船运行证明:缸套、活塞环表面经激光合金化处理(见图 1 ~ 图 5)后,不仅具有高的硬度和耐磨性,而且具有良好的抗腐蚀能力,彻底解决了困扰业界多年的气缸冷腐蚀问题,且原有的结构尺寸未做任何修改。缸套、活塞环的使用期限一般延长 3 倍以上。经测算,每条船每年节省用船成本 25 万元以上。此种方法产生良好的社会和经济效益,广受各大航运公司的关注。

中低速机缸套、活塞环表面进行合金化处理技术是世界首创,属自主科技创新项目,使船用中低速柴油机的整体使用性能显著提高,并开发利用网络化、数字化、智能化等技术,为制造高性能船舶配套。这势必会增加中国造船业在世界船舶领域的影响力;为贯彻国轮国造、国轮国配的战略目标,对接国家战略,从制造大国向建设海洋强国、制造强国迈进,做出巨大贡献;能让我们看到中国制造的细节实力,更能看到中国创造的希望所在。

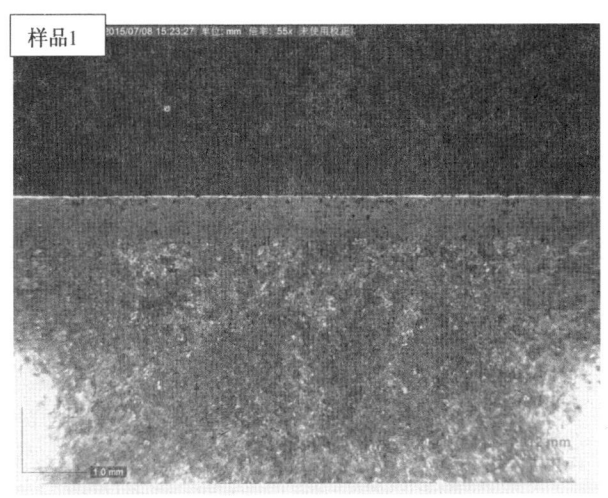
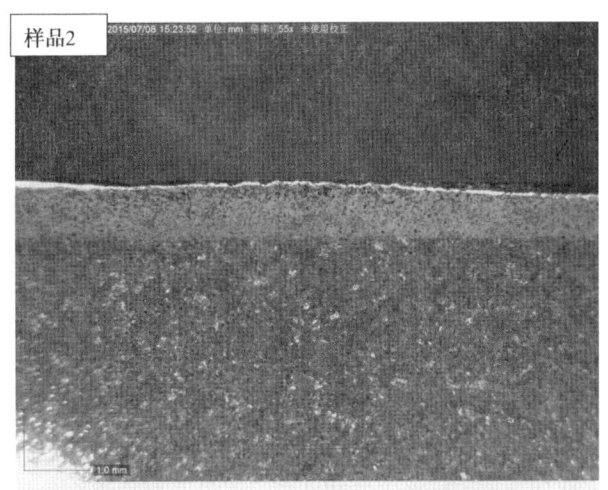

图1 激光合金化横截面形貌

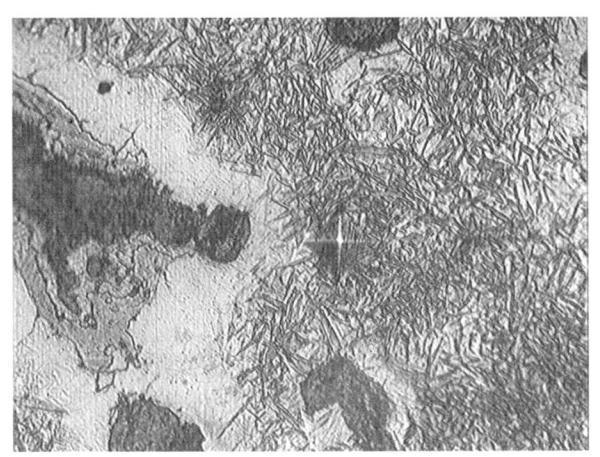

图2 激光合金化组织

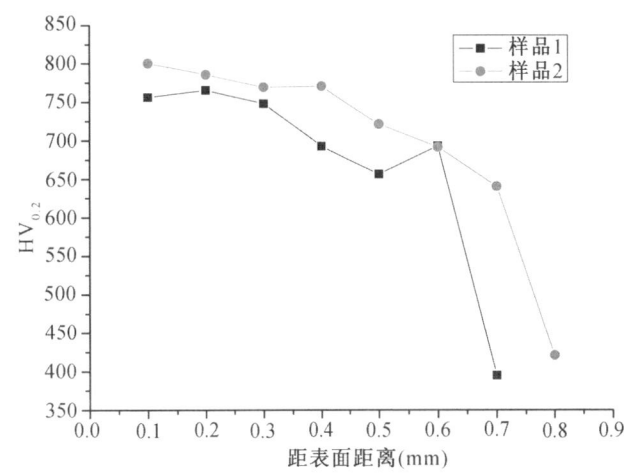

图3 激光合金化硬度检测结果

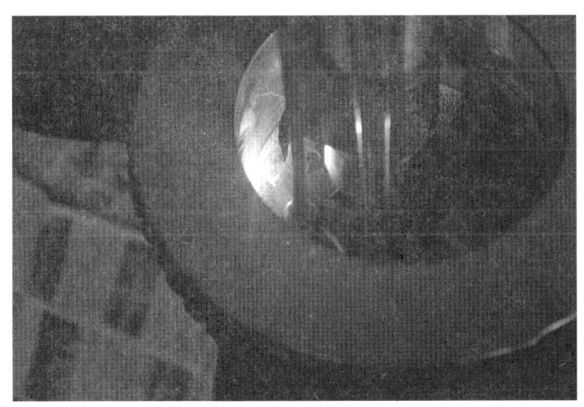

图4 缸套激光熔敷加工

图5 合金化处理后的缸套

主发电机兼作应急发电机布置与管路系统研究

杨述闯　唐传安　刘永歆　王　旭

（大连船舶重工集团有限公司）

摘　要：本文结合规范规则及发电机厂家的要求，通过对机舱布置和管路系统原理研究与设计，完成了一型半潜平台主发电机兼作应急发电机的实际应用。

关键词：主发电机；应急发电机；布置；管路系统

0　前言

　　根据 MODU Code 和各大船级社海工平台规范，在一定条件下，海工产品可以取消独立的应急发电机设置，利用主发电机兼作应急发电机。取消独立的应急发电机后，一方面可以减少船厂的采购成本，降低平台造价；另一方面可以比较明显地降低平台重量，这对半潜式海工平台有着重要意义。但目前对这种设计方法的研究较少，国内也无实船项目，故有必要进行深入的探讨。

　　本文结合各规范规则的要求，以我集团建造的一型半潜式钻井平台为例，研究主发电机兼作应急发电机的布置与管路系统设计。该平台为 DNV 和 CCS 双船级，设有 6 台柴油发电机组。其配置为：

　　柴油机：瓦锡兰 12V32 型，6600 kW，720 r/min；

　　发电机：ABB AMG 0900MR10 LSE，7114 kV·A，720 r/min，11 kV·A，60 Hz。

1　机舱布置

　　图 1 为该平台的机舱布置简图。每个机舱布置 2 台柴油发电机组，共 3 个机舱。3 个机舱位于平台艉部甲板箱区域，沿平台中心线对称。其中，NO.1、NO.3 和 NO.5 发电机为主发电机；NO.2、NO.4 和 NO.6 发电机为主发电机兼作应急发电机。该平台的机舱布置有以下特点：

　　（1）3 个机舱均位于平台破损水线以上。

　　（2）每个机舱的辅助设备和系统均处在完全独立的处所中，燃滑油泵、空气瓶、燃油柜和配电盘间等均处在同一 A60 防火区域中，相邻机舱舱壁的两面均包覆 A60 绝缘。

　　（3）每个机舱内设 2 个燃油日用柜，每个日用柜的舱容满足规范规定的应急发电机 18 h 使用要求。

　　（4）机舱的逃生通道、灭火系统等满足船级社关于 A 类机械处所的要求。

　　以上特点使该平台的机舱布置同时满足主发电机和应急发电机的布置要求，且 3 个机舱完全独立，在任一机舱失火或失效的情况下，另一机舱的应急发电机可立即投入使用，不影响其他处所的电力分配和应急用电设备的供电。

2　燃油系统设计

　　图 2 给出了燃油系统简图。发电机组作为主发电机运行时，系统按常规运行电动燃油泵；为满足发电机组作为应急发电机时的启动需要，系统额外配置了 1 台气动燃油泵，气动燃油泵的驱动空气来自发电机的启动空气，而非来自控制空气系统，这样能满足船级社关于死船启动的要求。气动燃油泵的驱动空气供给管路上并列设有 1 个电磁阀和 1 个截止阀。电磁阀由 PMS 系统自带的 UPS 供电。当全船突然停电，需要该发电机作为应急发电机启动时，由 PMS 发出指令向该电磁阀供电使电磁阀打开，气动燃油泵运行，就可以保证应急发电机的

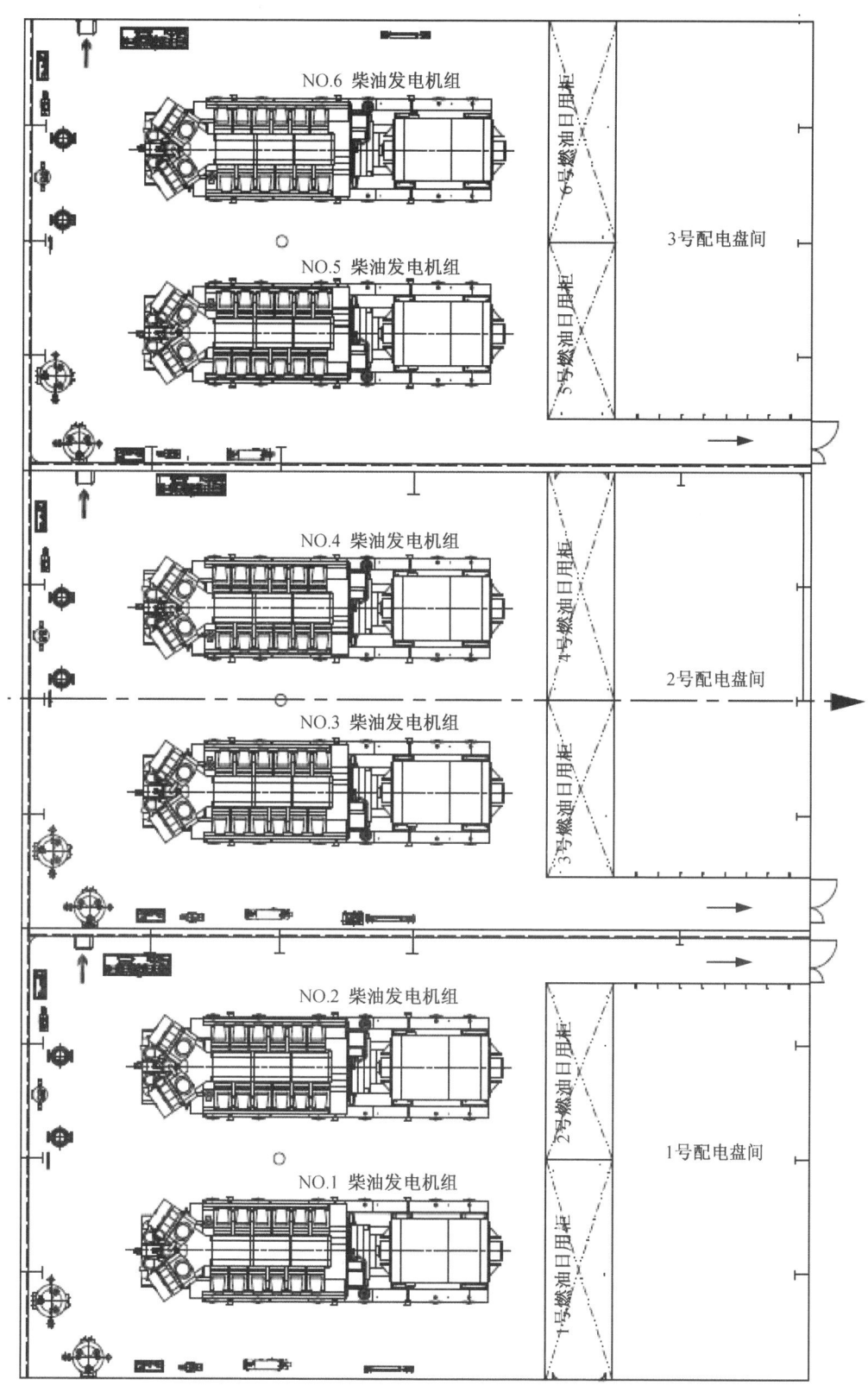

图1 机舱布置简图

燃油供给和启动。启动成功后,电磁阀自动关闭并转为电动泵运行。与电磁阀并列的截止阀平时处于常闭状态,当平台需要进行死船启动或 UPS 发生故障时,手动打开此截止阀,亦可启动气动燃油泵。

3 滑油系统设计

图3为该型柴油机滑油系统简图。滑油系统主要由机带滑油泵、预供电动滑油泵和气动滑油泵组成。当发电机作为主发电机且处于备用状态时,需运行预供电动滑油泵以保证发电机可以随时启动;当发电机作为主发电机启动时,预供电动滑油泵自动停止,由机带滑油泵供给滑油;当发电机作为应急发电机需要启动时,由气

动滑油泵保证滑油的供给。该气动滑油泵的系统设计和控制逻辑与气动燃油泵相同。

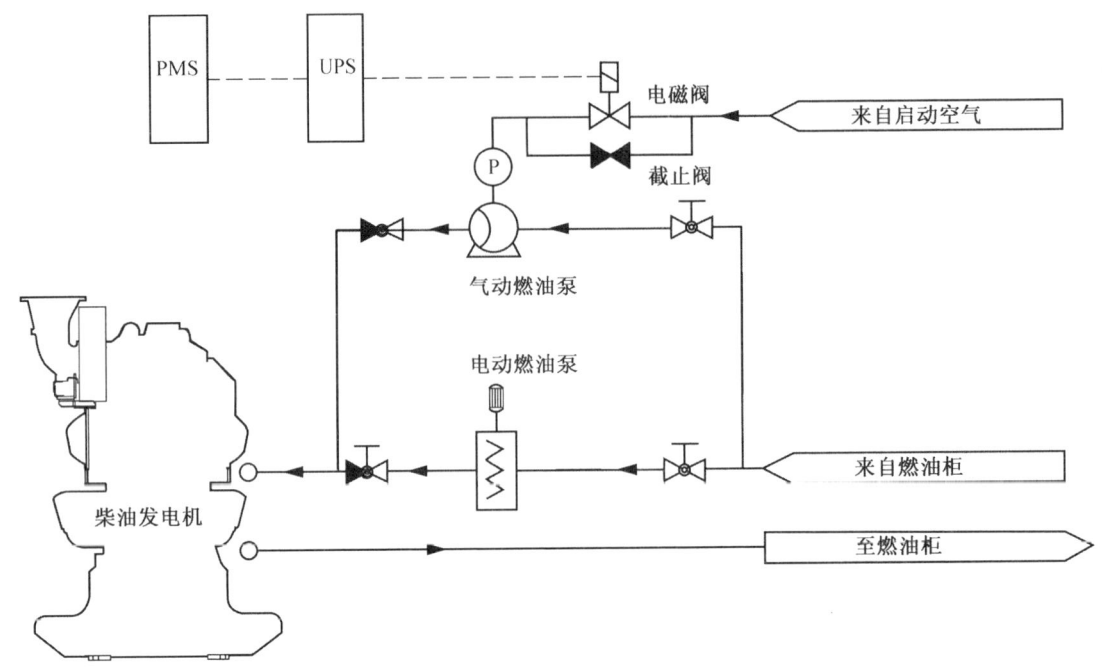

图 2　燃油系统简图

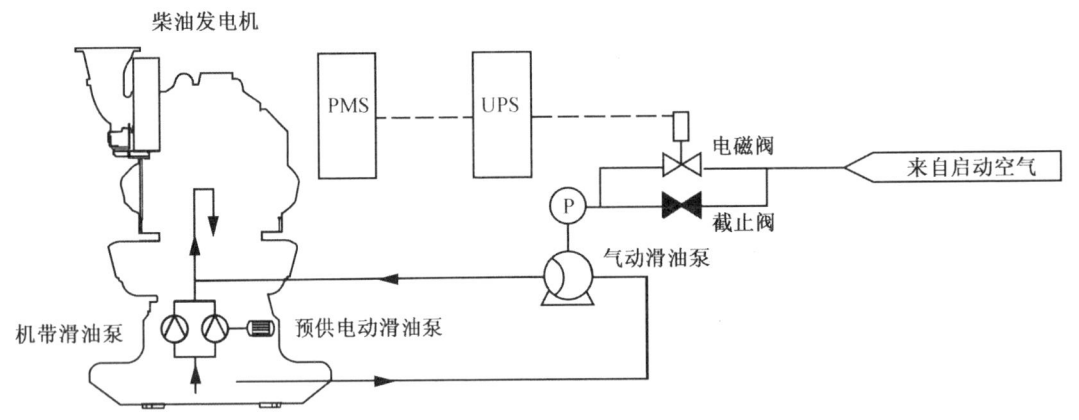

图 3　滑油系统简图

4　启动空气系统设计

图 4 是启动空气系统简图。3 个机舱的启动空气系统各自完全独立,每个机舱设有 2 个启动空气瓶和 1 个空压机。启动空气除了用于柴油发电机的启动外,还用于气动燃油泵和滑油泵的运行,确保全船失电时应急发电机能够启动。启动空气系统关键是空气瓶体积的计算。根据规范要求,作为主发电机时,每个空气瓶需满足 1 台柴油发电机启动 3 次所需要的空气用量;作为应急发电机时,2 个空气瓶的空气分别作为应急发电机启动的第一、第二启动能源,每个空气瓶的体积也需满足应急发电机启动 3 次所需要的空气用量,但此时需将气动泵的空气消耗量考虑进去。

5　其他系统

跟柴油发电机相关的其他系统还有冷却水系统和控制空气系统等,根据厂家的声明和其内部原理,无论是在主发电机工况还是在应急发电机工况下,这些系统的失效均不影响柴油发电机的正常启动,故按常规设计即可,不再赘述。

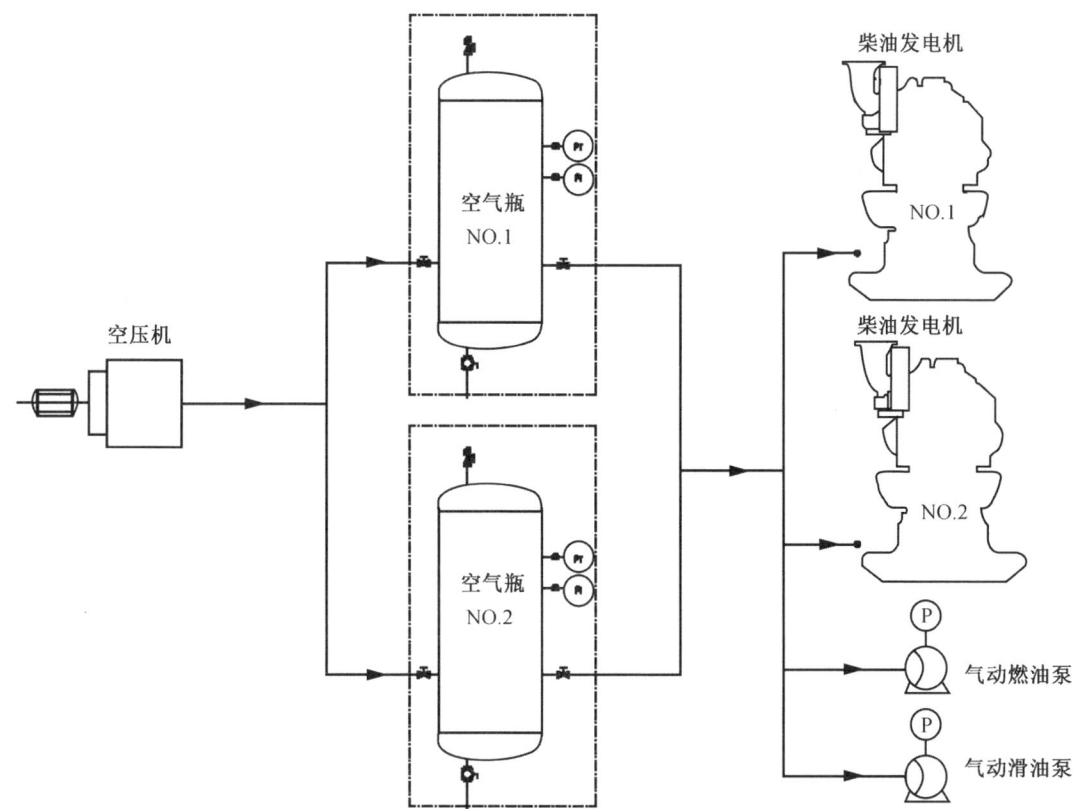

图4　启动空气系统简图

6　结论

　　海工产品利用主发电机兼作应急发电机的设计在国内尚未实际应用。本文通过合理布置,保证了在任一机舱失火或失效的情况下,其他机舱的一台主发电机(兼应急发电机)可以立即投入使用。通过创新的管路系统设计和控制,保证了在全船失电或死船情况下,主发电机(兼应急发电机)可以正常启动和使用,满足了船级社规范和设备厂家的要求,并最终在一型半潜式钻井平台上得以实际应用。

【参考文献】

[1] IMO. Code for the Construction and Equipment of Mobile Offshore Drilling Unit[S]. 2009.

[2] 刘海霞. 深海半潜式钻井平台的重量控制探述[J]. 中国海洋平台, 2011, 26(6):9-15.

[3] IMO. International Convention for the Safety of Life at Sea[S]. 2009.

[4] 中国船级社.海上移动平台入级规范[S]. 2012.

[5] DNV-GL. Rules for Classification Offshore Units [S]. 2015.

移动式货架在海工平台上的应用

穆建树　崔　莉

（大连船舶重工集团有限公司）

摘　要：本文介绍了移动式货架系统的特点、性能和安装方法，对比了其与普通固定式货架在布置上的优点，并列举了移动式货架系统在若干海工平台上的实际应用。移动式货架系统安装方便，使用灵活，同时可以较大幅度地提高仓库的有效仓储容积，可以在海工平台上推广使用。

关键词：移动式货架系统；有效仓储容积

0　前言

　　海洋工程平台上空间一般有限，有限空间内设备布置力求紧凑，空间利用率追求最大化。有人员居住的海洋工程平台，包括生活平台和各种服务支持平台，其冷库、干粮库的仓储容积需满足一个补给周期内平台上定员人数的最低食物储备要求。受平台上空间的限制，一般分配给冷库和干粮库的空间是一定的，为此，使有限仓库空间内有效仓储容积最大化成为设计者不断追求的目标。还有其他的一些工具仓库、被服库等，需要频繁地进行物料转运。通过移动式货架的使用，可以为叉车、推车等转运工具腾出一定的操作空间，最大限度地满足物料转运的空间需要。

1　移动式货架系统

　　目前，海洋工程平台上使用的移动式货架系统主要包括轨道移动式货架系统及非轨道移动式货架系统。轨道移动式货架系统主要应用于冷库、干粮库等存放生活补给的仓库内，根据移动控制机构的不同可分为手摇式和电动式两种。对于载重比较轻的货架，或较矮的人工拣货的货架，可采用手摇式，由于其成本低且使用方便，目前广泛用于海洋工程平台上。对于载重比较大的货架，则采用电动控制，以使其具有变频控制功能，可控制货架驱动和运行的速度，以防止货架抖动和倾斜；在其适当的位置还安装有定位用的光电传感器和可刹车的齿轮马达，以提高定位的准确性。我们可根据实际需要来选择使用手摇式或者电动式货架。根据结构形式不同，移动式货架系统又可分为敞开式移动货架和关闭式移动货架。敞开式移动货架的传动组织设计于货架底座内，操作盘设于货架端部，外形简练、操作便利。货架的前后设有安全分线开关，一遇障碍物当即停止。关闭式移动货架主要用于房间不十分规则、不适合安装轨道的仓库内。当不需要存取货物时，各货架移动到一侧后，悉数关闭并锁住。在各货架接口处装有橡皮封口，这样在货架关闭时胶皮将起到保护货架，降低噪声的作用。非轨道移动式货架没有固定的轨道，所以货架的移动范围将更大，货架不仅仅在轨道上移动，还能够将货架移动到房间内的任何地方。但由于这种形式的货架在移动前需要进行连接件的拆卸，相对于轨道式移动货架来说，使用起来比较麻烦，所以在实船上使用较少。

1.1　手摇关闭式轨道移动货架系统

　　由于手摇关闭式轨道移动货架系统成本低、使用方便，目前广泛应用于海洋工程平台上，所以这里着重介绍该种移动式货架。手摇关闭式轨道移动货架系统配备滑动轨道，在进行物料转运时货架可以在轨道上沿轨道方向自由滑动。通过货架在轨道上的滑动以及货架间的互锁，实现货架占用空间的可调性，这样在使用叉车或手推车进行物料转运时将会非常方便，又能灵活地调整仓储空间，有效解决了因货架固定不动而影响物料转运的问题。海洋工程平台上这种手摇关闭式轨道移动货架系统主要应用于冷库和干粮库，食品放入货架后，将货架移动至一侧实现关闭，这样大大节省了货架空间。另外，由于该种货架存放的主要是食品，可能某组货架存放的是青菜,其他货架存放的是水果,通过货架的关闭,货架上的食品也将不会串味儿。这是普通固定式货架无论如何也达不到的效果。目前海工平台上应用的轨道典型图如图1所示。安装时轨道焊接或者用螺栓紧固在船厂预留好的槽钢底座上,安装方便、快捷。通过在轨道上推拉货架实现货架组合的打开或关闭。轨道末端安装有制止器,当货架滑移或推动到最大打开长度或到制止器时,货架将不再打开。

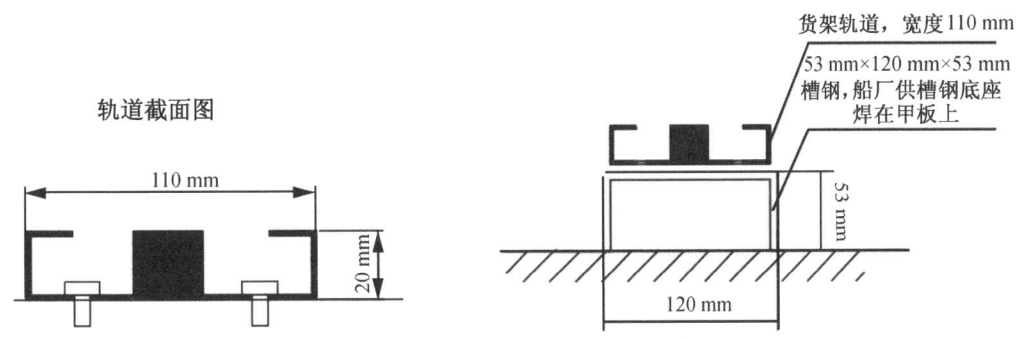

图1 移动式货架轨道典型图

同时,轨道移动式货架系统也安装有锁紧固定装置,防止在恶劣海工条件下货架晃动,如图2和图3所示。货架内部有涡轮蜗杆传动机构,能够将摇把产生的力矩传递到底部滑轮上,使滑轮可以沿轨道滚动。当需要移动货架时,顺时针或者逆时针摇动摇把,货架就会朝前或者朝后缓慢移动。货架到达指定位置后,将摇把锁紧、固定装置扣紧,货架就牢牢地与轨道卡紧了。

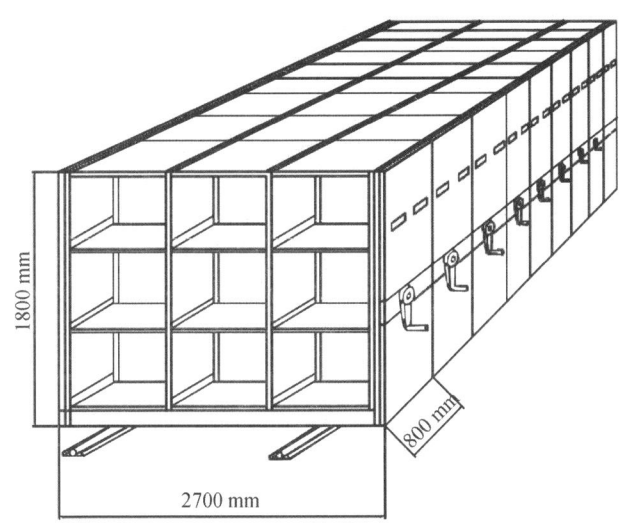

图2 移动式货架示意图

图3 移动摇把和锁紧装置

1.2 非轨道移动式货架系统

非轨道移动式货架系统是在每个货架的支腿上安装滑动滚轮,通过滑动滚轮,可以实现货架在仓库内的自由移动。滚轮上带有刹车装置,货架在不移动时刹车是锁紧的。相邻货架间或者货架与天棚及舱壁间进行可拆式连接,平时货架通过刹车或可拆式固定件对货架进行固定。由于相邻货架都是连接在一起的,所以可以同时移动一个或几个货架。货架下方的滚轮要求能够承载来自货架上满负荷的物品重量,当使用吊运葫芦、叉车或手推车运载物品时,我们可以将阻碍通道的货架移开,或者将货架移动到方便装载货物的地方。这样通过滚轮移动式货架的移动,我们就能够实现物料的灵活转运。我们知道,目前在海洋工程平台上物料的转运通道都需要进行严格的规划,污染物及非污染物的通道要求分开。因为货架是可移动的,所以我们可以根据需要对货架的摆放位置进行调整,而不至于在存放物品时受物品性质的限制。

非轨道移动式货架系统的移动范围较广,不受轨道限制。在移动前,需要将连接件拆除后再进行移动,因为在货架上放满货物时移动货架很费力;如果货架上的货物过多,且摆放不规则,货物很有可能因为移动而滑落,使人员受到伤害。所以目前在海洋工程平台上,虽然它的成本要低于轨道移动式货架,但考虑到安全及移

动费力等种种因素,我们一般不建议使用。偶尔根据船东要求或在房间不适合使用轨道移动式货架的情况下,也可以考虑使用非轨道移动式货架,图4是实船根据船东要求使用非轨道移动式货架的布置图。

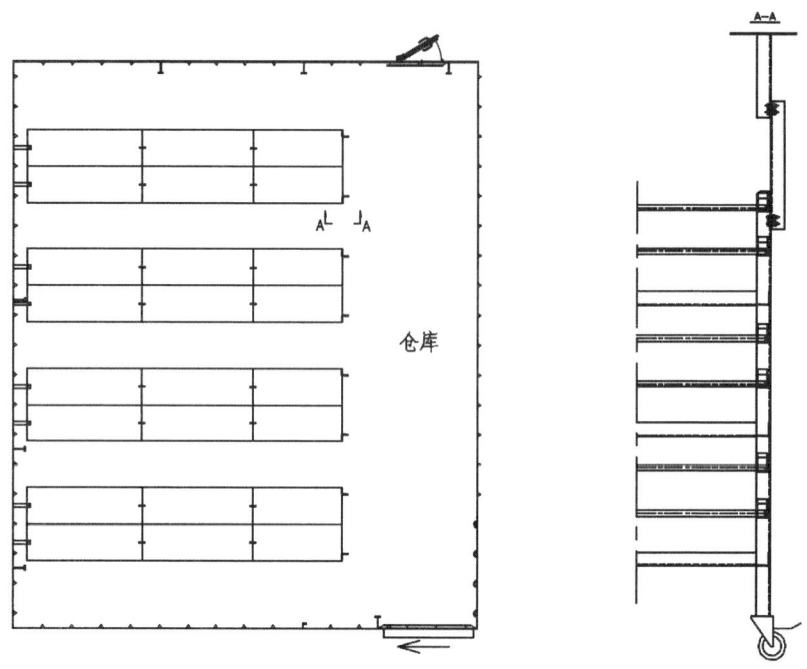

图4 非轨道移动式货架系统

2 移动式货架系统与固定式货架的比较

无论是轨道移动式货架系统还是非轨道移动式货架系统,与固定式货架相比,都具有以下优势。

2.1 储存量比固定式货架大很多

移动式货架系统由于其位置可以移动,所以相对于固定式货架来说具有无可比拟的先天优势。固定式货架不能移动,某些地方由于货物尺寸原因,或货物布置在固定式货架的角落,导致货物安放不方便,有些地方没有得到充分利用。而移动式货架则不然,由于移动式货架相邻货架间的相对位置可以调整,所以搁架上的空间能够得以充分利用,不会有浪费。轨道移动式货架系统由于可以自由打开或关闭,所以可以不考虑相邻搁架间的间隔。如图5所示,当房间面积相同时,同规格货架相比,移动式货架可以放8组,而固定式货架只能放5组,这样不但移动式货架的存储量大于固定式货架,且空间利用率高。非轨道移动式货架,因其可以移动,所以相邻货架间的通道可以根据实际需要减小,这样同样面积的房间内就可以多布置一些货架,储存量将比固定式货架多,进行物料转运时只需移动有影响的货架即可。

2.2 节省空间

由于移动式货架可以根据实际需要将货架现场推移到一起,所以相较于固定式货架而言,比较节省空间。固定式货架由于不可移动,布置时势必要让通道的宽度不仅满足人员的通行要求,还满足用吊运葫芦、叉车及手推车存取货物时需要的空间要求。如果预留空间太小,则不能满足物料转运的要求,那样只能少放货架。货架减少,那么可存放的物品就少,这样就将浪费仓储空间。如图5所示,左侧8个移动式货架并排放置在轨道上,根据需要随意打开任意一个货架就可以了,其他的空间一点也不浪费;右侧是固定式货架,同样的房间面积,相邻货架间预留宽1000 mm的通道供行人或货物通过,所以最多也只能安装5排货架。可见移动式货架系统在空间利用上与固定式货架系统相比有着绝对的优势。

2.3 需要的物料转运通道较少

移动式货架系统只需要预留出一条主要的物料运输通道即可,对物料进行转运时,我们移动或打开相关的货架就可以实现物料转运。固定式货架的一条通道只能服务于相邻的两排货架,所以一个房间内多排货架需要多个通道,这样通道的占用面积将比移动式货架大得多。总的来说,移动式货架系统可以并排密集摆放,最大限度地利用仓库的既有面积,提高仓库的有效仓储容积。图5是某平台采用移动式货架系统和采用传统固定式货架的干粮库一角布置比较图。

根据布置情况统计计算分析可知,如果采用传统固定式货架,有效仓储容积约为 20 m³,而采用移动式货架系统以后,有效仓储容积能提高到约 35 m³,提高了约 43%。

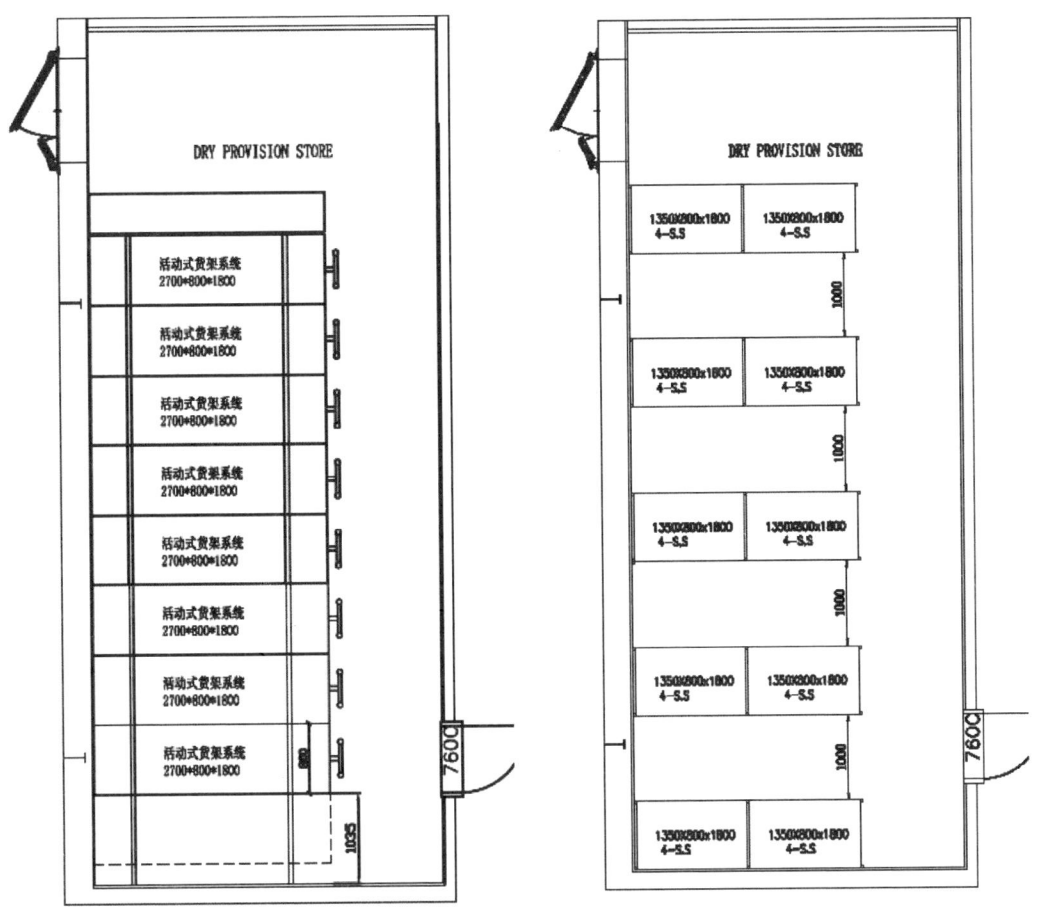

采用移动式货架系统的干粮库一角布置图　　　　采用传统固定式货架的干粮库一角布置图

图 5　某项目干粮库一角货架布置图对比

3　移动式货架系统的应用及需要注意的问题

大船海工已交付和正在建造的几个半潜平台上已经实际应用了轨道移动式货架系统。其使用效果良好,也受到了船东的好评。根据实船经验,移动式货架系统在使用时需要注意以下问题:

(1)货架表面及内部要经常清理,尤其是放置食品的货架。虽然货架表面都是经过处理的,但使用时也要防潮,受潮后要及时擦干,以保持货架整洁。

(2)货架在使用时不能超载。由于货架需要移动,尤其是非轨道式移动货架,如果超载,极易引起安全事故。

(3)注意货物的尺寸。正常情况下,货物的尺寸不要超出货架边缘,这样人在行走时才能避免受伤。

(4)货物搬运过程中要注意轻拿轻放,既避免撞击货架,把货架撞坏,也避免人员受伤。

(5)要遵守货架高层放轻物,低层放重物的原则。这样可以降低整个货架及货物的重心位置,一旦有货物坠落,对人员的伤害将是最轻的。

4　应用推广

综上所述,相较于传统固定式货架,移动式货架系统安装方便、快捷,使用灵活,并且还能提高仓库有效仓储容积,特别适用于狭长空间仓库的布置,可在空间有限的海洋工程平台上推广使用。

简述船舶压载水处理装置设计

李春鹏[1]　司忠良[2]　刁凤磊[3]

（1. 青岛海德威科技有限公司；2. 大连中远船务工程有限公司；3. 大连船舶工业工程公司）

摘　要：本文从船舶压载水处理装置产生的背景出发，就课题研究的目的和意义进行了阐述，并对国内外的研究发展现状进行了分析。通过对压载水处理的目的和方法的介绍，引出电解法压载水处理装置，并就电解法船舶压载水处理装置的原理及其控制系统进行叙述。

关键词：控制；PLC；压载水；处理装置；电解

1　研究压载水处理的意义

本文的研究目的是结合国内外相关研究成果，根据船舶设备的实际、压载水处理装置的标准要求、系统的工艺和有关运行要求，进一步加强研究：解决系统中自动监测和检测的问题，构建适合船舶设备的自冗余控制系统，提高压载水处理装置运行的自保障能力。其旨在解决压载水处理装置的核心部分——系统运行控制研究。用以解决在设计压载水处理装置时，对于系统的控制如何实现，如何支配整个系统工作，如何对系统的运行参数进行监测和检测等问题，从而使系统能够满足需求、达到理想的处理效果且稳定运行。

近几十年来，全球各地研究压载水处理的方法已有上百种。总体来说，可以分为机械法、物理法和化学法等方法。

1.1　机械法

机械法主要是通过过滤、气旋分离、高速泵粉碎等机械设备的方式，去除压载水中的有害生物，从而对压载水进行处理以达到公约规定的、要求的目的的一种方法。

1.2　物理法

物理法是通过紫外线、γ射线、超声波、加热等物理的方式在船舶压载水的压载或者卸载过程中对水中的生物和细菌进行灭活的处理方法。

1.3　化学法

化学法是压载水处理中最常用的一种方法，通过化学药剂的化学作用杀灭压载水中的有害生物，从而对压载水进行处理以达到公约规定的、要求的目的的一种方法。其主要的方法是通过添加氯、过氧化氢、臭氧物质以用电解和电催化等方式在压载水中直接产生化学物质以达到杀菌灭藻的目的。

2　压载水处理装置

2.1　压载水处理的方法与目的

船舶压载水所带来的外来生物的入侵性传播是海洋面临的威胁之一。为维护海洋生物的多样性，保护海洋环境，势必要对船舶压载水进行处理。近年来，随着对船舶压载水处理的研究，对压载水的处理方法有机械法、物理法和化学法等上百种方法。

目前，压载水处理通常采用的是机械法与物理法、化学法相结合的方法，如过滤＋电解、过滤＋紫外线等方法。但不管采用哪一种方法，最佳的压载水处理方法是符合如下特点的：

（1）物理法或机械法，应该具有较低的能耗和较高的处理效率。

（2）在低活性物质浓度条件下高效地杀灭压载水微生物。

（3）运行成本低廉。

（4）设备简单、易操作、安全、可靠。

2.2　压载水处理装置的原理

机械过滤与电解相结合的压载水处理装置（简称电解法压载水处理装置）所采用的灭菌杀藻的原理，如图1所示。在压载水压载的过程中，其第一步处理是利用全自动过滤器将水中的尺寸大于50 μm 的生物过滤掉；第二步处理是从压载系统过滤器后的主管路中引一支路海水进入电解设备，通过电解方式产生高浓度的次氯酸钠；最后将电解得到的次氯酸钠再回注到主管路上，在主管路上混合后进入压载舱。

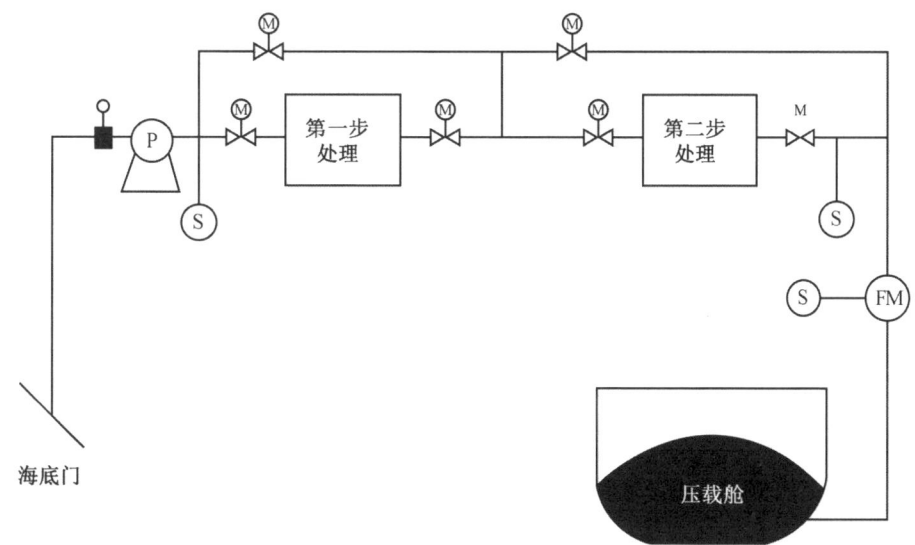

图1　压载水处理装置原理

电解法压载水处理装置分为两步进行处理：

其第一步机械法过滤采用的全自动过滤器为全自动反冲洗过滤器，在反冲洗过程中仍能连续过滤。过滤器内采用多滤芯结构，使其在反冲洗时仍可以连续工作，并使过滤器的压力损失更小、运行更稳定。

其第二步电解法产生次氯酸钠杀菌是该压载水处理装置的核心，电解单元从过滤后的压载水抽取总量1% ~2%的水流进行电解，制取氯气和次氯酸钠溶液，同时通过除气装置将电解产生的氢气稀释到安全界限以下，排出到舷外安全区域。

2.3　压载水处理装置控制系统

控制系统作为压载水处理装置的核心单元，是由多个模块组成的，包括操作控制管理模块、监测传感管理模块、运行状态报警管理模块等。

控制管理模块主要是根据监测传感管理模块获得的各项参数以及控制系统程序设定对压载水处理装置进行运行操作。作为其核心部分负责整个系统的控制、系统启动和关闭顺序的自动控制及系统运行所必需的控制程序等。同时，控制管理模块还可以显示管理系统的运行工作状态，包括各组成部分的工作状态、传感器实时监测到的数据和状态；存储和记录设备运行情况，并能够按照正式的检查要求显示或打印等。

控制系统对于压载水处理装置来说非常重要。控制系统设计的优劣直接影响整个系统的运行效能。采用全新的自动控制技术和监测技术可以克服人工控制运行操作烦琐、误操作等缺点，大大提高系统的操作性和稳定性。

3　压载水处理装置控制系统设计

此部分主要介绍船舶压载水处理装置控制系统硬件的原理与实现，涵盖了硬件的选用原则、触摸操作控制屏、控制按键及PLC的选用与控制方式、硬件连接等。本系统采用"触摸面板 + PLC"的硬件结构实现船舶压载水处理装置的控制系统。硬件选用时主要考虑系统响应的及时性、可靠性和使用寿命。

3.1　系统架构设计

控制系统是船舶压载水处理装置的关键部分，它与系统的各部分密切结合，具有整体性、关联性、可扩展性

等特点。压载水处理装置控制系统由操作控制模块、状态报警模块、监测传感接口及系统的输入输出接口和手动输入操作模块等组成。

3.2 操作控制模块

操作控制模块是控制系统人机交互的重要部分,包括船员控制系统所需的人机交互按键。操作控制模块主要通过采用西门子 SIMATIC MP 277 触摸面板,实现操作控制的各项人机互动。西门子 SIMATIC MP 277 全集成自动化(TIA)的集成组件,使得工程开发费用最小化,降低了使用成本。

控制系统所需的人机交互按键采用软件制作在触摸面板上直接和硬件相结合的方式,在控制系统的箱体上直接设计和安装相关控制按键。为方便操作人员的操作,控制系统要达到"一键式"操作控制功能,必须对系统进行专业化的自动化控制设计,控制系统的人机交互按键,在进行每一个操作时只需要操作人员按下一个选择按键即可。根据船舶压载水处理装置的工艺流程原理,对于控制系统的人机交互按键设计 6 个按键,使系统实现一键式操作,从而控制过滤器、电解单元等一系列设备的运行控制。操作上使用嵌入式操作系统,具有系统稳定、实时性强的优点。

3.2.1 硬件设计

(1)触摸面板的选择

多功能触摸面板 MP 277 设备是基于创新的标准型操作系统 Microsoft Windows CE 5.0,属于"多功能平台"类的设备。它具有高性能以及良好的性价比的多种应用用途,配备 PROFIBUS 接口、用于连接 PROFINET 的以太网接口、2 个 USB 端口及多达 64k 色的 TFT 屏幕。该触摸面板除支持典型的 HMI 应用程序 WinCC flexible 外,还支持 Sm@ rtService 、Sm@ rtAccess、OPC 服务器等应用程序。

(2)人机交互按键的设计

控制系统的人机交互操作,除通过 MP 277 多功能触摸面板的软操作外,在控制系统的箱体上设计有手动输入按键。手动输入按键的动作采集使用设备控制模块的 PLC 采集,并在相应按键动作后,改变其按键的指示灯的亮灭,以此方便操作人员观察。由于 PLC 的 IO 口为 DC 24 V 输入和输出,因此按键采用 DC 24 V 供电的指示灯按钮作为人机交互按键。

3.2.2 软件设计

操作控制模块所采用的西门子 SIMATIC 触摸面板的操作系统在面板出厂时已经在其内部嵌入了 Windows CE 操作系统,而用户程序由用户自己根据其系统需要在 SIMATIC WinCC flexible 下编制并写入到 SIMATIC 触摸面板的程序存储卡中。SIMATIC WinCC flexible 编程界面包括标题栏、菜单条、工具条、状态栏以及多个窗口等,界面中间窗口为本系统部分控制界面图。

3.3 设备控制模块

设备控制模块是控制系统对于设备控制的重要模块,是控制系统对设备发布指令的核心。根据压载水处理装置的控制流程和控制要求,采用西门子 S7-200 系列 PLC 作为控制系统设备控制模块的核心控制部件。

4 总结与展望

本文中设计实现的船舶压载水处理装置控制系统,通过 PLC 实现对压载水处理装置的运行控制和实时监测,提高了装置的工作效率及稳定性。系统实现了对船舶压载水处理装置的一键式控制和操作。本系统具有快捷、简便,操作简单的特点,为压载水处理装置提供了良好的控制系统。

随着对相关法规和技术了解的深入,对压载水处理装置控制系统能够进行的设计有了更多的认识,有了一些新的设计思路,如采用操作控制系统与船舶平衡仪、船舶配载仪的连接,从而实现船舶压载水的完全自动控制。

【参考文献】

[1]庞艳华,吕晓燕,丁永生,等.船舶压载水外来生物入侵传播的防治[J].大连海事大学学报,2007,33(1):10-12.
[2]蔡军,黄荣富,陈新响.船舶压载水防治措施探讨[J].交通节能与环保,2012,8(3):57-60.

自升式钻井平台悬臂梁总体布置方案设计

孙连科　郭洪生　刘　刚　赵　杰

（大连船舶重工集团设计研究所有限公司）

摘　要：悬臂梁及其内部设备是自升式钻井平台最为核心的部分之一,悬臂梁内钻井设备布置和钻井工艺流程是否合理、是否满足规范要求对钻井作业将会有很大的影响。本文首先对悬臂梁类型做简要描述,然后针对伸缩式悬臂梁结构特点和钻井作业特点,对其内部设备总体布置进行研究,最终确定正在开发的自升式钻井平台悬臂梁总体布置方案。相信对于其他同类平台的设计会有很好的参考作用。

关键词：自升式钻井平台;伸缩式悬臂梁;设备布置;方案设计

0　前言

　　悬臂梁及其内设备是自升式钻井平台最为核心的部分之一,其主要功能有如下几点:一是通过悬臂梁外伸,使平台能够一次站位实现多井钻探作业,显著提高钻井作业效率;二是极大地提高了自升式钻井平台的钻井功能,从纯钻井发展到勘探井及修井并举,特别是能够在现有固定式平台上进行钻井和修井作业;三是悬臂梁还承担堆放钻杆、钻具的功能,同时悬臂梁内部布置了许多钻井设备和辅助设备等,这些设备主要包括防喷器和分流器及其控制系统、泥浆处理系统、固井单元、套管张力系统、马达控制中心以及灭火控制房间等。根据悬臂梁内部结构特点和空间大小,部分钻井设备如泥浆处理系统和固井单元等布置在主甲板区域。悬臂梁内钻井设备布置和钻井工艺流程是否合理、是否满足规范要求对钻井作业将会有很大的影响。本文首先对悬臂梁类型做简要描述,然后针对伸缩式悬臂梁结构特点,对其内部设备总体布置进行研究,最后确定正在开发的500 ft(1 ft＝0.3048 m)自升式钻井平台悬臂梁布置方案。

1　悬臂梁类型及特点

　　根据悬臂梁在平台主甲板上移动方式的不同,目前国际流行的悬臂梁形式有伸缩式悬臂梁、X－Y滑移式悬臂梁和旋转式悬臂梁三种。伸缩式悬臂梁的主要特点是钻台和悬臂梁相对独立,钻井作业时悬臂梁在平台主甲板上做前后纵向移动,而钻台则在悬臂梁上做左右横向移动;X－Y滑移式悬臂梁由荷兰GustoMSC公司开发设计,其主要特点是悬臂梁和钻台作为一个整体进行运动,可在平台主甲板上整体进行纵向移动,亦可沿主甲板上轨道进行横向移动,这种形式的悬臂梁已在荷兰GustoMSC公司开发的钻井平台上大量应用;旋转式悬臂梁由荷兰Huisman近年开发设计,其主要特点是悬臂梁与钻台作为一个整体,通过径向与环向滑轨实现移动,其典型代表船型是多用途钻修井平台DM250,市场应用较少。无论哪种形式的悬臂梁,其中最具有特点的功能是通过悬臂梁外伸滑移,使平台能够一次站位实现多井钻探作业,显著提高钻井作业效率。典型的400 ft平台伸缩式悬臂梁移动范围可达到22.9 m×9.14 m,一次站位后可实现较多的井口作业;典型的400 ft平台X－Y滑移式悬臂梁移动范围更大,整体移动范围可达到24.4 m×15.24 m,一次站位后可实现更多的井口作业;旋转式悬臂梁也可覆盖一定的范围,但市场应用很少。

　　上述三种形式的悬臂梁设计,伸缩式悬臂梁形式目前市场应用最为广泛,其主要代表船型为中国电气有限公司设计的JU2000系列、L780系列、SUPERM2系列,DSIC设计的DSJ300、DSJ350以及DSJ400系列,新加坡吉宝集团设计的Kepple FELS系列及LeTourneau设计的产品等。X－Y悬臂梁形式优点较多,但目前只有荷兰GustoMSC公司开发的钻井平台采用了这种形式,并且GustoMSC公司已申请专利,若采用将会大大提高建造成本。旋转型悬臂梁覆盖井口面积小,市场应用少,并且荷兰Huisman公司也申请了专利,某型正在开发的自升

式钻井平台将采用伸缩式悬臂梁结构设计。

2 伸缩式悬臂梁布置方案

伸缩式悬臂梁的主要特点是钻台与悬臂梁相互对立,根据不同的井口位置,悬臂梁可沿平台前后伸缩移动,钻台及井架可在悬臂梁上做左右横向移动。这种悬臂梁基本由两个纵向的大梁和两个横向梁组成,在极限井位时,其钻台重量、悬臂梁重量以及钻台载荷和悬臂梁载荷主要靠两侧的主梁承担。当钻台在主梁上部左右滑动时,主梁不能完全与其共同工作,钻井载荷和可变载荷有所减少。当悬臂梁伸出船尾时,船尾基座滚轮装置将承受极大的基座支反力,基座和基座接触的主梁下翼板缘应力集中,因此,悬臂梁的外伸距离将受到限制。

伸缩式悬臂梁结构可归纳为三种:一种是完全开敞式悬臂梁,结构形式类似于门式结构,这种悬臂梁内没有足够的空间,通常需要把泥浆处理模块、固井装置等布置在主甲板开敞区域,悬臂梁内只布置了井控设备、套管张力等设备,中国电气有限公司设计的 L780 和 SUPER M2 系列、DSIC 设计的 DSJ300、新加坡吉宝集团设计的 Kepple FELS 系列、LeTourneau 公司设计的 SUPER 116E 以及 WORKHOSE 等系列均采用门式悬臂梁结构。另外一种是封闭式悬臂梁,结构形式类似于箱式结构,这种悬臂梁内有很大的空间,通常泥浆处理模块和固井设备也都布置在悬臂梁内,中国电气有限公司设计的 JU2000 系列、DSIC 设计的 DSJ350 均采用箱式悬臂梁结构。还有一种悬臂梁结构介于门式结构和箱式结构之间,在门式结构的基础上增加了部分箱式结构,称为半箱式结构。箱式结构部分主要作为泥浆处理房间,用来布置泥浆固控设备;半箱式悬臂梁结构设计通常要求悬臂梁两纵向大梁之间跨度较大,DSIC 设计的 DSJ400 采用半箱式悬臂梁结构。

2.1 门式悬臂梁布置

对于门式悬臂梁结构来说,此区域内布置的钻井设备较少,根据功能不同可划分为如下主要设备:

(1)防喷器组(BOP)控制区域:主要包括 BOP 以及控制系统等。

(2)管架甲板区域:用来堆放钻杆、钻具,布置刮泥器房间,同时,根据钻井设备配置高低,管架甲板区域可选配关节吊和猫道机。

(3)井口月池区域:布置杂用和载人绞车、计量泵、计量柜等。

典型门式悬臂梁设备布置如图1和图2所示。

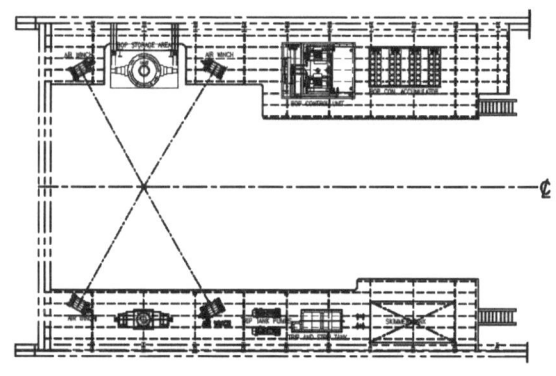 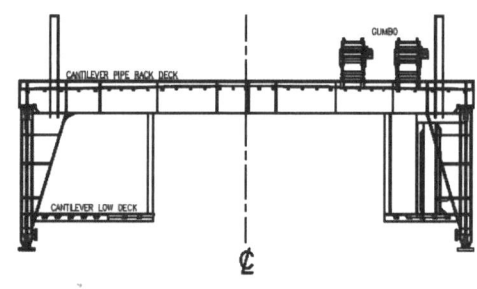

图1 典型门式悬臂梁底甲板布置图　　图2 典型门式悬臂梁布置侧视图

由于门式悬臂梁内空间有限,固井单元和泥浆处理模块没有布置在悬臂梁内,而是分别布置在主甲板艉部左舷和右舷区域。这样布置可减少悬臂梁和钻台的固定载荷,但并不利于泥浆系统流程和管路优化设计,也减少了主甲板的堆场有效利用空间。

2.2 箱式悬臂梁布置

对于箱式悬臂梁结构来说,此区域是钻井设备布置较集中的区域,根据功能不同可划分为以下几类:

(1)泥浆处理区域:主要包括刮泥器、泥浆振动筛、除气器、除砂和除泥器、除气泵、除砂泵和除泥泵、离心机等。

(2)配电间:主要包括悬臂梁马达控制中心、灭火控制房间等。

(3)BOP 控制区域:主要包括 BOP 以及控制设备等。

(4)套管张力系统设备:主要包括套管张力动力单元、控制单元、套管张力蓄能器等。

(5)管架甲板区域:根据排管要求通常还布置猫道机和关节吊等。

（6）第三方设备：主要包括录井单元、固井单元、离心机等。

悬臂梁内设置两层甲板，相对于门式悬臂梁结构，泥浆处理模块和固井设备均布置在悬臂梁内，这样有利于泥浆系统工艺流程和管路优化设计，但同时增加了悬臂梁固定载荷的重量（如图3、图4和图5所示）。该型悬臂梁纵壁间距较大，与主船体纵向连续结构对位，重量较重，需要适应钻台在不同工作位置的载荷要求，但内部空间较大，有利于各种钻井设备和管路布置。

若采用自动排管系统，管架甲板布置猫道机和关节吊，右舷艉部靠近钻台区域设置为刮泥器房间，其他区域作为钻具堆场使用。

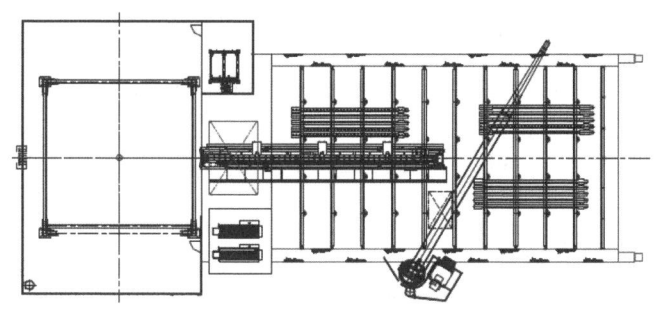

图3　典型箱式悬臂梁管架甲板布置图

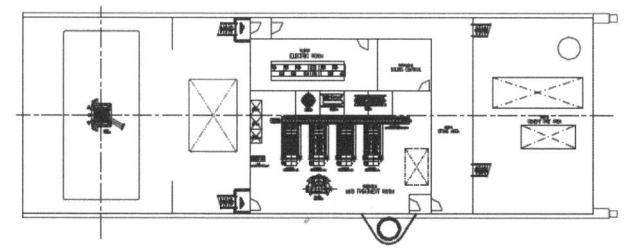

图4　典型箱式悬臂梁中间甲板布置图

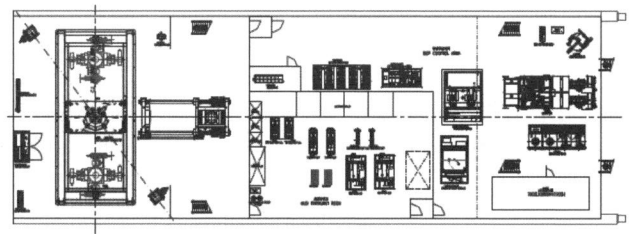

图5　典型箱式悬臂梁底层甲板布置图

从总体布置来看，设备布置合理，从井口返回的泥浆，首先经过管架甲板上的刮泥器，然后再通过泥浆分配器分配到振动筛和泥浆处理池，处理后的泥浆再通过主甲板上的泥浆回流槽返回至主船体泥浆池内，整个流程设计合理，满足工艺要求。BOP控制区域设置在底层甲板，与井口月池区域相邻，便于设备操作和管路连接。由于固井设备尺寸较高，悬臂梁艉部区域只设置一层，用来布置固井设备，同时方便固井设备和钻台区域设备管路连接。

2.3　半箱式悬臂梁布置

对于半箱式悬臂梁结构来说，此区域也是钻井设备布置较集中的区域，根据功能不同可划分为以下几类：

（1）泥浆处理设备：主要包括刮泥器、泥浆振动筛、除气器、除砂和除泥器、除气泵、除砂泵和除泥泵、离心机等。

（2）配电间：主要包括悬臂梁马达控制中心、灭火控制房间等。

（3）井控设备：主要包括BOP以及控制设备等。

（4）套管张力系统设备：主要包括套管张力动力单元、控制单元、套管张力蓄能器等。

（5）管架甲板区域：根据排管要求通常还布置猫道机和关节吊等。

（6）第三方设备：主要包括离心机、离心泵等。

半箱式悬臂梁布置与箱式悬臂梁布置的主要区别是第三方设备如固井装置、录井装置布置位置不同。半箱式悬臂梁由于空间限制，这几类设备将布置在主甲板区域。管架甲板区域布置与箱式悬臂梁布置基本一致，悬臂梁内中间甲板区域和底层甲板区域布置如图6和图7所示，配电间、BOP和分流器控制房间布置在悬臂梁左舷中间甲板上方，泥浆处理室上下两层房间布置在悬臂梁右舷，左、右舷中间区域可作为防喷器及其他部件的吊运通道。

从总体布置来看，设备布置合理，从井口返回的泥浆，首先经过管架甲板上的刮泥器，然后通过泥浆分配器分配到振动筛和泥浆处理池，处理后的泥浆再通过主甲板上的泥浆回流槽返回至泥浆池，整个流程设计合理，满足工艺要求。马达控制中心与BOP控制区域设置在左舷中间甲板。固井装置没有布置在悬臂梁区域内，可减轻悬臂梁整体重量。若悬臂梁两侧纵向大梁跨距较小，则不适合做半箱式悬臂梁。

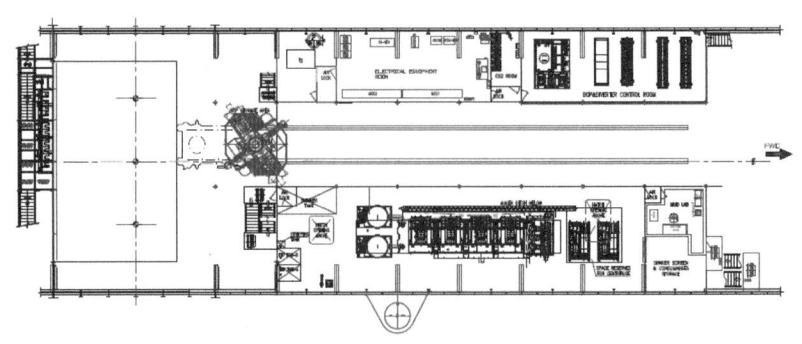

图6　典型半箱式悬臂梁内中间甲板区域布置图

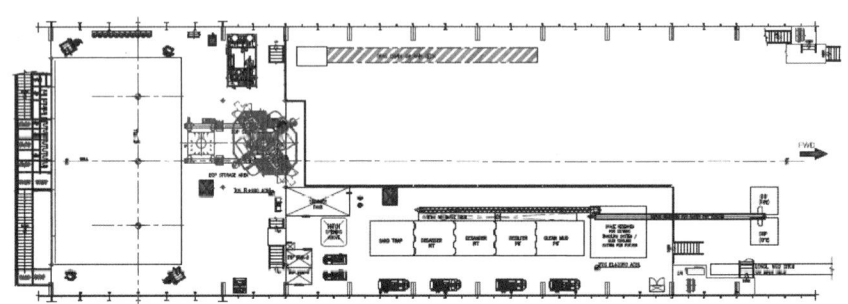

图7　典型半箱式悬臂梁内底层甲板区域布置图

无论哪种形式的悬臂梁,在进行各功能处所的设备布置时,要考虑按照工艺流程的具体要求,便于操作及管理,应力求布置紧凑且井井有条,避免松散和零乱,尽量缩短输送距离;要考虑设备重量分布尽可能沿悬臂梁中心线左右对称布置,使悬臂梁两侧主梁受力均匀;要考虑设备吊运维修要求以及逃生通道的要求;泥浆处理室、井口月池区域为危险区,危险区域与非危险区域相连时要设置隔离间,以防止危险气体进入。

三种伸缩式悬臂梁布置主要差异见表1。

表1　三种伸缩式悬臂梁布置差异

序号	名称	门式悬臂梁	箱式悬臂梁	半箱式悬臂梁
1	设备布置	钻井设备布置少,主要有井控设备、套管张力系统设备、管架甲板区域设备。泥浆处理模块和固井装置布置在主甲板区域,不利于管路优化布置和工艺流程设计	钻井设备布置多,除门式悬臂梁内布置的钻井设备外,泥浆处理模块和固井装置均布置在悬臂梁内,有利于管路优化布置和工艺流程设计	与箱式悬臂梁设计相比,固井设备布置在主甲板区域,其他布置与箱式悬臂梁布置类似
2	结构支撑	由两侧侧向工字梁、上部甲板及内部平台组成,无横向肋板,横向强度由上部甲板横梁承受,在上部甲板横梁和侧向梁之间设置侧向柱	由两侧侧向工字梁、上部管架甲板及内部两层平台组成,有横向肋板,横向强度由甲板横梁和横向肋板承受	由两侧侧向工字梁、上部甲板及内部平台组成,无横向肋板,横向强度由上部甲板横梁承受,在上部甲板横梁和侧向梁之间设置侧向支柱
3	重量	悬臂梁重量较小,对悬臂梁结构强度要求较低	悬臂梁重量大,对悬臂梁结构强度要求高	悬臂梁重量介于门式结构和箱式结构之间,对悬臂梁结构强度要求高

3　目标平台悬臂梁布置方案

分析上述三种形式的悬臂梁布置方案,目标平台将采用箱式悬臂梁设计,泥浆处理模块、控制间、井控设备、套管张力配套系统设备、固井单元、录井单元等均布置在悬臂梁内,管架甲板区域布置刮泥器房间、猫道机、关节吊,其他区域作为钻杆钻具堆场使用。

管架甲板区域布置与上述"伸缩式悬臂梁布置方案"中提到的箱式悬臂梁和半箱式悬臂梁布置基本类似,悬臂梁内中间甲板区域和底层甲板区域布置如图8和图9所示,与箱式悬臂梁布置稍有差异。

从总体布置来看,悬臂梁尾部区域是月池和BOP存储区域,月池四周布置杂用绞车和载人绞车以及套管张力蓄能器和控制台等;底层甲板左舷是BOP和分流器控制区域和固井装置区域,右舷中间部位是泥浆处理室下层房间,前侧区域用来布置录井单元;中间甲板左舷中间部位是马达控制房间,左舷前部是固井装置上层区域(此区域

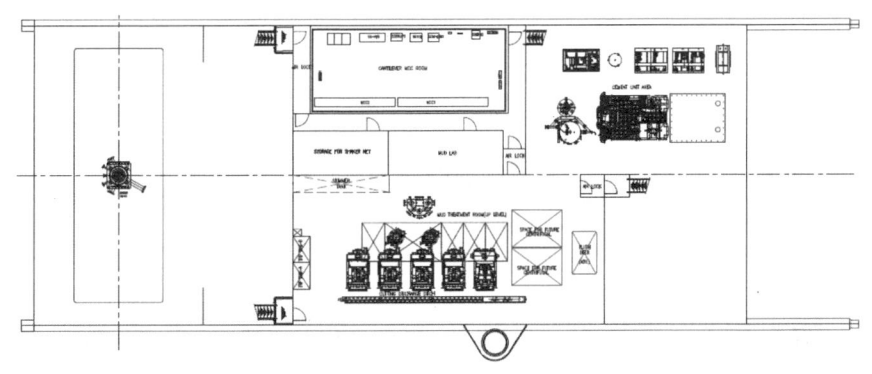

图8　悬臂梁内中间甲板区域布置图

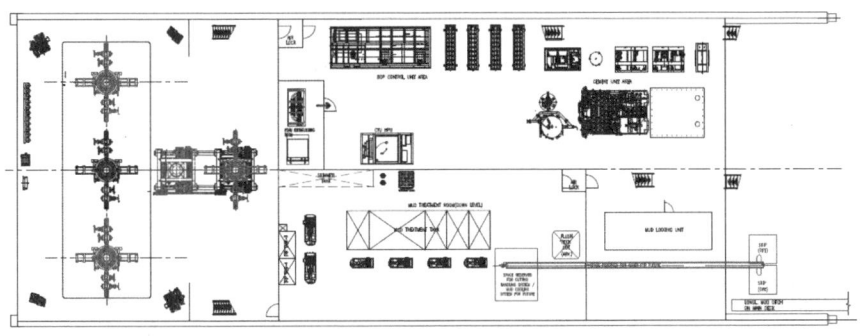

图9　悬臂梁内底层甲板区域布置图

无中间甲板,固井装置本身较高),中间甲板右舷中间区域是泥浆处理室上层房间。整体布置合理,满足钻井工艺流程需要,满足设备吊运维修以及通道要求,满足设备重量两侧均匀分布,悬臂梁整体受力均匀。

4　结语

　　本文针对不同结构的伸缩式悬臂梁特点,研究了各自不同的布置方案,分析其优缺点,确定了某型正在开发设计的伸缩式悬臂梁总体布置方案,相信对于其他类似自升式钻井平台的设计会有一定的参考、借鉴作用。

【参考文献】

［1］ABS. Rules for Building and Classing Mobile Offshore Drilling Units［S］. 2012.

［2］董庆辉. 海洋钻井泥浆系统研究［C］.2009 年度海洋工程学术会议,2009.

纳米涂料在船舶涂装中的应用

张　野[1]　喻庆双[1]　杨文杰[2]　刘洪顺[2]　齐成国[2]

[1.大连船舶工业公司(集团);2.渤海船舶重工有限责任公司]

摘　要:本文通过介绍一种新材料性能及特点,期望其在船舶中得到全面应用。

关键词:纳米;新材料;车间底漆

0　前言

在船舶建造精细化的大背景下,壳舾涂中的"涂"得到了越来越多的重视,尤其是PSPC正式实施后,涂装被提升到了空前高度。因为人们越来越意识到涂装不仅仅是美观,更关乎着船舶使用寿命和使用安全,涂装严重制约着船舶的建造成本和建造周期。

现有船舶涂装体系中,涂装基本流程如下:原材料涂装车间底漆(一次表面处理)→钢材下料、加工、装配→分段预舾装→分段进砂房(二次表面处理)→分段涂装→船台合拢、舾装→船台二次除锈→二次涂装→船舶下水→码头二次除锈、涂装→交船前坞内涂装。

1　问题的由来

原材料进入建造阶段的首道程序就是进流水线涂车间底漆。车间底漆(Shop primer),又称钢材预处理底漆或保养底漆,是钢板或型钢经抛丸预处理除锈后在流水线上喷涂的一层防锈漆。车间底漆的作用是对经过表面处理的钢材进行保护,防止钢板在加工及建造期间生锈,从而大大减轻分段或船台涂装时的除锈工作量。

车间底漆性能的好坏决定了除锈工作量的多少。我国船厂在进入砂间前几乎所有分段均是露天存放。由于建造周期相对较长,空气中的水汽及S、Cl等离子的作用使车间底漆大部分被破坏而失去了临时保护的作用。尤其是北方船厂,极端天气多,空气中有害离子含量高使得这种情况更加严重。如果能找到一种长效性车间底漆,就可大大改善上述情况。

2　车间底漆特点

(1)车间底漆是一种临时保养性的底漆,具有一定的防止钢板锈蚀的性能,保养期限一般为3~9个月。长期接触海水部位的车间底漆具有阴极保护不皂化的性能。

(2)能够很好地满足自动化流水线作业的需要,漆膜在3~5 min内表干。一般在加温条件下,钢板表面温度为40 ℃,车间底漆在3 min内干燥,保证在轨道上移动并在起吊时不损坏漆膜。

(3)车间底漆的膜厚较薄,能采用高压无气喷涂并得到均匀的涂膜。含锌或不含锌的车间底漆厚度分别为15~20 μm和15~25 μm;车间底漆的膜厚一般不计入船体涂层的总膜厚内。

(4)车间底漆在分段正式涂装时,可以除去也可以保留,主要取决于正式涂装时车间底漆层本身的完好性和第一层涂装涂料对表面处理的具体要求,并能与将涂装的涂料具有兼容性。

(5)车间底漆不对钢板的焊接性能产生影响,不影响焊接强度。

(6)车间底漆不含有含砷、锑、铅、铬、镉的颜料。在切割或焊接时,漆膜产生的烟雾及粉尘等对人体无害,释放的有毒、有害物质浓度在国家卫生指标所允许的范围之内。

(7)漆膜机械性能良好,能耐搬运时的摩擦碰撞,包括加工时的弯曲,与将涂装的各种涂料具有良好的层间附着力。

（8）漆膜具有良好的耐阴极保护电位性能。

3　新材料特性

近年来，各船厂已经意识到车间底漆问题的重要性，纷纷通过自身努力寻找出路，如长效性车间底漆及耐高温车间底漆，但都由于效果一般、成本过高等各种各样的原因未能得到全面推广。

本文介绍的材料是西安华捷奥海新材料公司研发生产的战略新纳米材料，材料本身是具有核/壳结构的高分子纤维材料，呈纤维状，粒径 40～80 nm，长度 2～3 μm，电导率 13 S/m。其发明专利为 ZL201210027221.9，并具有以下几个特点：

（1）纳米微粒尺寸小，表面积大，具有低表面能，在发生化学反应时使金属阳极处于纯化电位，在金属表面形成致密的氧化物钝化层。它具有阳极保护作用，阳极保护后，纳米高分子材料充当催化剂，干扰金属表面氧化反应。

（2）纳米纤维重防腐涂料，在金属表面能够形成致密的互通互穿导电网络结构，使金属的腐蚀电位升高（升高 223 mV），腐蚀电流密度下降 173.2 μA/cm²，腐蚀电流密度大大降低，使腐蚀发生的难度提高，腐蚀不易发生。

（3）由于形成致密的互通互穿导电网络结构，电子向涂料表面移动，氧化还原反应发生在涂层的外表面，而不是如常规涂料一样发生在金属表面，使反应与金属形成空间分离，保护金属不被腐蚀。纳米纤维重防腐涂料，在防腐过程中有可逆氧化还原特性、不损耗的优势。

（4）纳米纤维高分子材料与树脂可形成"金属塑料"，它具有超长的耐酸、耐碱、耐盐等介质特性，是新一代高性能防锈材料。它能提高涂料的抗老化性，使涂料的耐日晒色牢度大大提高，可使涂料颜色长久保持鲜艳，具有前所未有的功能稳定性。

（5）涂料不含 Zn、Cr、Pb 等重金属，无毒、无害、无味，挥发性有机化合物（Volatile Organic Compounds，简称 VOC）含量小于等于 385 g/L，远低于国家环保标准 420 g/L，具有优异的环保功能。

该产品已通过美国 FDA 认证，且已经多家涂料质量检测中心、海军涂料检测中心、海洋化工研究院等权威机构检测。

4　纳米纤维重防腐涂料主要技术指标

纳米纤维重防腐涂料的主要技术指标如表 1 所示。

表 1　纳米纤维重防腐涂料主要技术指标

项目		技术指标
Cl^- 渗透率[mg/(cm²·d)]		3.6×10^{-5}（国家标准：5.0×10^{-3}）
断裂伸长率(%)		62.9
耐磨性		砂轮法：4.8 mg(500 g/1000 r)；落砂法：0.9 L/μm
与碳钢附着力(MPa)		22
与不锈钢附着力(MPa)		12
与耐酸砖附着力(MPa)		8
表面电阻率(Ω·m)		10^7
交变湿热测试		20000 h，涂层无变化
耐盐雾性		10000 h，涂层无变化
耐盐水性		30000 h，涂层很轻微变化
耐化学性	10% H_2SO_4	10000 h，涂层无变化
	5% NaOH	10000 h，涂层无变化
	耐汽油、煤油等	30000 h，涂层很轻微变化

从表 1 和图 1 可以看到，与传统涂料相比较，纳米纤维重防腐涂料性能指标高出传统防腐涂料 5～80 倍，

在各方面表现出的性能改变已经不仅仅是量的变化,而是产生了质的飞跃。

纳米纤维重防腐涂料还具有密度小、优异的附着力和柔韧性、耐高温和耐焊接性,对基材表面无粗糙度要求等优点。

由于纳米纤维重防腐涂料优异的防腐性能和施工性能,使用纳米纤维重防腐涂料,可以一次成膜从而达到防腐要求,减少工艺环节,节省材料,大幅降低成本,提高经济效益。

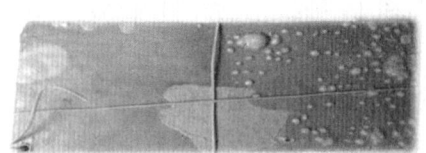

进口传统防腐涂料浸泡4天后

进口传统防腐涂料浸泡7天后

1.2%氢氟酸+2.5盐酸浸泡30天

纳米重防腐涂料浸泡30天后

图1 传统防腐涂料与纳米重防腐涂料对产品影响的对比图

5 经济性分析

新材料具有耐高温和优异的耐腐蚀能力,使得涂装工作效率等均有大幅度提高,具体有以下几个显著特点:

(1)显著改善一次表面处理后的钢板情况,经过本材料涂装后的钢板表面基本无锈蚀,不必清除,只需简单去尘清洁即可涂装后续涂料,大幅度降低二次除锈工作量,人员、动能、时间成本显著下降。

(2)本材料与钢材表面附着力优异且与后续涂层兼容性好,提高涂层整体物理性能,使涂层机械性能、防腐性、耐蚀性和其他物理性能显著提高。

(3)VOC 排放量减少,绿色环保,减少对操作者危害。

(4)减少粉尘、锈蚀等排放提供砂房内配套设备使用寿命,提高砂房使用寿命。

(5)油漆本身密度小,本材料小于 $1.1 \ g/cm^3$,(水 $1.0 \ g/cm^3$,其他传统油漆最低 $1.3 \ g/cm^3$,环氧 $1.6 \ g/cm^3$ 左右),减少油漆本身重量提供船舶综合性能。

(6)大幅度整体缩短分段涂装周期,显著提高涂装工作质量。

6 总结

本材料具备一系列优异的物理及化学性能,如低表面能、优异的耐酸碱性、耐高温等性能,但本材料在船舶中的大范围应用尚未普及;本文只是抛砖引玉,期望各位船舶涂装专家能共同探讨本材料的普及应用。总之,本材料的研发绝不是一次涂料的完善,而是腐蚀防护领域的一次革命。

船舶及海工项目应急配电系统设计研究

杜　淼　章　强　赵建帮

（大连船舶重工集团有限公司）

摘　要：本文以各大船级社的规范为基础,依托多型船舶及海洋工程项目的设计方案,结合设备的特点及船东的实际要求,研究、总结了船舶及海工项目应急配电系统设计原则。

关键词：船舶及海工项目;应急配电系统设计;发电机;变压器

0　前言

对于船舶及海洋工程项目应急电源的设计,每个项目都有一些区别,设计方案不尽相同,为了既满足规范要求,又尽量简化配置,节约电缆和其他的成本,有必要对应急电源的配置进行研究。

1　规范对应急电源的要求

关于船舶应急电源,《国际海上人命安全公约》和各大船级社都有明确的要求,它们的要求大体相同。总结起来,其中共性的要求(针对货船)有以下几点:

1.1　应急电源、相关的变换设备(如设有)、临时应急电源、应急配电板和应急照明配电板应置于最高连续甲板之上,并应从露天甲板易于到达。除在例外情况下经主管机关允许外,它们不应置于防撞舱壁的前面。

1.2　可用的电源功率应足够对应急情况下安全所必需的设备供电,并适当地考虑到这些设备可能要同时使用。应急电源应能足以在下述时间内至少同时对下列设备供电(如这些设备由电力驱动),同时应考虑某些负载的启动电流和瞬变特性:

1.2.1　对每一集合和登乘地点和舷侧的应急照明供电 3 h。

1.2.2　对下列处所的应急照明供电 18 h:

(1)所有服务和居住处所的走廊、梯道和出入口、载人电梯及其围阱。

(2)机器处所和主发电站,包括它们的控制位置。

(3)所有控制站、机器控制室和每一主配电板及应急配电板处。

(4)储藏消防员装备的所有处所。

(5)操舵装置处。

(6)本条 1.2.5 所指的消防泵、喷水泵(如设有)、应急舱底泵(如设有)和它们的电动机启动位置,以及在 2002 年 7 月 1 日或以后建造的液货船的所有货泵舱。

1.2.3　对下列设备供电 18 h:

(1)现行《国际海上避碰规则》所要求的航行灯和其他信号灯。

(2)现行《国际海上人命安全公约》所要求的甚高频无线电装置、中频无线电装置、船舶地面站以及中频/高频无线电装置。

1.2.4　对下列设备供电 18 h,除非这些设备能由设置于适当处所的、可供紧急时使用的蓄电池组独立供电 18 h:

(1)紧急情况下所要求的所有船内通信设备。

(2)现行《国际海上人命安全公约》所要求的船上航行设备,当此项规定为不合理或不可行时,主管机关可对小于 5000 GT 的船舶免除此项要求。

（3）探火和失火报警系统。

（4）用于断续操作的白昼信号灯、船舶号笛、手动报警按钮和紧急时需要使用的所有船内信号。

1.2.5　如以应急发电机作为动力源,则应对消防泵之一供电 18 h。

1.2.6　按现行《国际海上人命安全公约》要求的时间对操舵装置供电。

1.2.7　定期从事短途航行的船舶,主管机关如确信能达到适当的安全标准,则可接受比上述的 18 h 更短的时间,但应不少于 12 h。

1.3　应急电源可以是一台发电机,或者是一组蓄电池,它们应符合下列要求:

1.3.1　当应急电源为发电机时,它应是:

（1）由适当的原动机驱动,有独立的燃油供给,燃油闪点(闭杯试验)不低于 43 ℃ 。

（2）除非设有临时应急电源,否则在主电源发生故障时应自动启动,如应急发电机是自动启动的,则应自动与应急配电板接通;且以上所述的那些设备应自动接通应急发电机,并能在 45 s 之内尽快地、安全地、实际可行地自动启动并能对规定的负载供电。

1.3.2　当应急电源为蓄电池组时,它应能:

（1）承载应急负载而不必充电,在整个供电期间蓄电池的电压变化在其额定电压的 ±12% 之内。

（2）如主电源发生故障时,自动与应急配电板接通。

（3）至少立即对上述的那些设备供电。

1.4　如从瘫船状态恢复推进必须依靠应急电源,则其容量应足以供给下列设备的用电,并应在失电后 30 min 内完成。

（1）上述所规定的各项设备。

（2）从瘫船状态恢复船舶推进和其他机械(如适用)恢复运转。

以上是各船级社对应急电源的共性要求。其中, LR 和 CCS 的要求基本与上述要求相同,而 DNV 除以上的要求外,还有应急电源能单独对水密门及可燃气体探测系统的应急供电 18 h 的要求。

2　对应急电源配置的分析

本人根据自己对规范的理解以及参照几条船舶的经验总结,列出了应急配电盘的满足规范要求的最低负载配置,见表 1。

表 1　应急配电盘的最低负载配置

应急配电盘的最低负载配置
应急消防泵
应急空压机
一台机舱风机
一台舵机
舵机舱风机
应急发电机室供风机(如有)
到 DC 24 V 充放电板
发电机预润滑油泵
一套燃油单元的柴油泵
应急照明分电
应急发电机蓄电池充电器
航行灯控制板
信号灯控制板
火警控制板
集控台
GMDSS
通信导航控制板
机舱报警系统

针对不同的船型及说明书,还应该有一些特殊的设备需要考虑由应急电源供电。

需要说明的是虽然救生艇绞车通常也作为应急负载,但是经过与船级社的探讨,发现若救生艇绞车的下放是利用重力或者储能装置而非电源,则其不需要应急电源供电。这主要是考虑出现紧急情况时,人员的逃生不受影响,而救生艇的回收不在应急状况考虑范围内。

另外,机舱水喷雾系统的电源也可以不由应急电源供电,其水泵及主装置的电源可以由主电盘供电,但其报警装置应由应急电源供电,可以考虑从集控台或应急分电等二次电力系统供电。

对于海工项目,由于海工设备和船舶设备不同,海上移动平台入级规范还有以下的规定:

(1)若采取了适当措施使在所有情况下均能确保独立的应急操作,则应急配电盘可以向非应急电路供电,应急发电机可以例外地、短时间地向非应急电路供电。针对有些项目,还有应急配电盘向主配电盘供电的工况。

(2)直升机降落信号灯和直升机通信的设备应急供电 18 h。

(3)关闭防喷器和使平台脱开井口能力的装置应急供电 18 h。

(4)对为标示平台的任何信号灯和声响应急供电 96 h。

3　应急变压器的数量的确定

关于应急变压器的数量的确定,经过查阅相关规范及参照某些实船,总结如下:

在规范中对应急变压器并无明确的要求,但是对变压器有共性的要求,如 CCS 的要求。

"如变压器构成主电源供电系统的必要组成部分时,则其台数、容量和布置应满足下列要求:

(1) 应能在任何一台变压器停止工作时,其余变压器应足以保证正常推进和船舶安全所需设备安全运转,同时最低舒适居住条件也应得到保证。"

正常情况下,应急变压器也构成主电源供电系统,因此为了满足上述要求,应该配置两台变压器。从考虑成本的角度,可以将应急变压器的台数减为一台,但是为了满足上述规范的要求,有两种方法可以借鉴。

(1)如果仅有的一台应急变压器停止工作,还应保证正常推进和船舶安全所需设备安全运转,这就要求正常推进和船舶安全所需设备的供电尽量不依赖于应急电源,或者不仅仅依赖于应急电源,还由主电源、临时应急电源或者自带蓄电池供电。例如火警系统的电源可以不仅从应急电源供电,还由正常电源供电或由自带蓄电池供电,这样,如果应急变压器损坏,火警系统仍然可以工作。

(2)还有一种方式可以借鉴,即从主 AC 220 V 配电盘拉一路电源到 AC 220 V 应急配电盘,这样如果应急变压器损坏,还可以从主配电盘向应急配电盘 AC 220 V 供电。这样也可以用一台变压器来满足规范的要求。该做法已经在 JU2000 自升式钻井平台项目中使用过,ABS 和 CCS 已经接受该设计方式。

【参考文献】

[1]《海洋石油工程设计指南》编委会.海洋石油工程设计指南[M].北京:石油工业出版社,2011.

[2] 中国船级社.钢质海船入级规范[M].北京:人民交通出版社,2012.

[3] ABS.海上移动钻井平台建造与入级规范[S].2011.

谈船舶新型组合式吊架的特点与应用

刘 丹 姜 彭

（大连船舶工业工程公司）

摘 要：多重网格式组合吊架作为船舶建造中的一种新型应用方式，在深化船舶通风、管系、电气各专业设计及提高整体性能，推广"机、电"一体化集成式理念，减轻船舶重量，方便设计修改、现场修改与维护，保证涂装完整性，提高船舶品质等方面有着卓越的成效。多重网格式组合吊架在 COSCO 大连中远船务工程有限公司 SSV N450/451/452/453，南通中远船务工程有限公司 SD579-SEVAN DRILLER NO.3，上海中远船务工程有限公司中成功应用。本文将介绍这种组合吊架的设计构思、结构受力计算、应用及使用等方面的情况。

关键词：组合吊架；涂装完整性；现场修改；减重；整体性能

1 设计构思

船舶建造涵盖了船体、轮机、通风、管系、电气、舾装等专业。在船舶设计阶段，各专业设计人员要充分考虑本专业的系统原理及系统布置，也要考虑在有限的空间内，合理地实现各专业间的相互配合与协调平衡。而对于各个专业中的支撑件及固定装置则需要本专业设计人员自己考虑并布置。

普通船舶都会出现的支撑件、固定件，形式有：电缆托架支腿，管卡子，通风管支架，设备支架等。而组合式吊架的设计理念是：推广"机、电"一体化集成。系统考虑通风、管系、电气、舾装专业的支撑件、固定件布置，在同一路径上完成各系统的同步安装，促使各系统部件的安装有机结合。

合理布置组合式吊架（见图 1）的结构生根件，一次性焊接，涂装。之后同时考虑一个专业或几个专业的支撑件、固定件布置，全部采用螺栓式连接，方便各专业后期设计修改和现场修改，节省设计人员现场配合工时，避免各种修改给涂装带来的破坏。给各个专业提供了最大的修改缩放空间，同时也具备了一定的系统完整性。

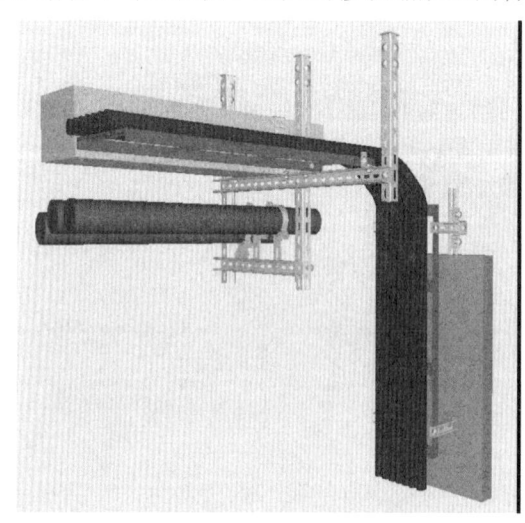

图 1　组合式吊架

2 结构受力计算

新型组合式吊架由多种样式的生根件、支撑件、连接件、附件（螺栓、螺母、垫片）组合而成。

大连中远船务工程有限公司 SSV(Subsea Support Vessel) 系列船上建区域,采用新型组合式吊架(见图2),完成通风、管系、电气专业的组合式支架的布置与施工。SSV 上建区域共分为 8 层,分别为主甲板,遮蔽甲板,艉楼甲板,救生艇甲板,高级船员甲板,船长甲板,船桥甲板,驾驶室顶部甲板。每层集设备布置和舱室居住于一体。

SSV 选用的组合式支架的结构生根件为 S-45-125-1-P、S-45-200-1-P(甲板面带绝缘)型。

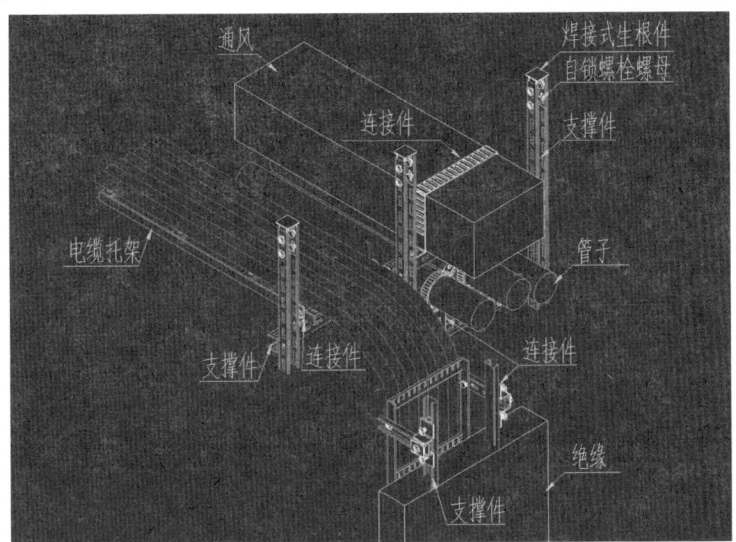

图2　新型组合式吊架组成

接下来将对 SSV 选用的通用组合式支架载荷能力进行强度校核。

(1)为组合式支架生根件,考虑其工作受力情况,将对直角角焊 a 处,材料 Q235 b 处进行强度计算。

a 处强度计算:焊角尺寸 h_f 为 4.5 mm,焊缝长度 l_w 为 180 mm,焊缝的强度减弱系数 f 为 0.75,母材 Q235 碳钢的许用应力 $[\sigma]$ 为 235 MPa。

$$[\sigma_f] = [\sigma] \times f = 235 \times 0.75 = 176.25 \text{ MPa}$$

$$F = [\sigma_f] \times h_f \times l_w = 176.25 \times 10^6 \times 4.5 \times 10^{-3} \times 180 \times 10^{-3} = 142762.5 \text{ N}$$

$$m = \frac{F}{g} = \frac{14762.5 \text{ N}}{9.8 \text{ m/s}^2} \approx 14.6 \text{ t}$$

因此 a 处的焊接强度可以承载约 14.6 t 重量的载荷,完全可以满足各专业的载荷要求。

b 处强度计算:Q235 碳钢的许用应力 $[\sigma]$ 为 235 MPa,截面积 A 为 $0.9 \times 0.6 \times 90 \text{ mm}^2$。

$$[\sigma] = \frac{F}{A}$$

$$F = [\sigma] \times A = 235 \times 10^6 \times 0.9 \times 0.6 \times 90 \times 10^{-6} = 11421 \text{ N}$$

$$m = \frac{F}{g} = \frac{11421 \text{ N}}{9.8 \text{ m/s}^2} \approx 1.2 \text{ t}$$

因此 b 处的焊接强度可以承载约 1.2 t 重量的载荷,完全可以满足各专业的载荷要求。

(2)组合式支架支撑件载荷能力计算,为 SSV 设计选用标准。这里将通过计算,对表格中的设计载荷值进行校核。

①当主支撑 2 高度 $H < 800$ mm 时,主支撑 2 采用 S-UNO-40-1($T = 2$ mm)。对 S-UNO-40-1 型支撑件进行载荷校核计算。

a. 强度计算:$H = 800$ mm,$W = 750$ mm(最大载荷点,$P_y = 2.5$ kN,$P_x = 0.58$ kN)。

b. 实例载荷演算 S-UNO-40-1 型。

c. S-UNO-40-1 型组合式支架最大载荷见表1。

表1　S-UNO-40-1 型组合式支架最大载荷表

H（mm）	W（mm）	Max P_y（kN）	Max P_x（kN）
500	650	2.9 kN	0.7 kN
500	1200	1.5 kN	0.2 kN

d. 对于宽度 500 mm 的电缆托架支撑载荷能力($H = 500$ mm,$W = 650$ mm,最大载荷为 2.9 kN),见表2。

表2 宽度为500 mm 的电缆托架支撑载荷能力

最大载荷能力	Z形托架自重 （10 kg/m）	电缆重量 （3×2.5~280 kg/km）	实际载荷能力（kg）	载荷率
296 kg（2.9 kN）	10×1.3*=13 kg	280×1.3×100=36.4 kg（100 根）	13+36.4=49.4 kg	49.4/296=16.7%
1.3*——支撑间距为1.3 m				

结论：满足要求。

e. 对于宽度为500 mm 的电缆托架支撑载荷能力（$H=500$ mm，$W=1200$ mm，最大载荷为1.5 kN），见表3。

表3 宽度为500 mm 的电缆托架支撑载荷能力

最大载荷能力	Z形托架自重 （10 kg/m）	电缆重量 （3×2.5~280 kg/km）	实际载荷能力（kg）	载荷率
153 kg（1.5 kN）	10×1.3*=13 kg	280×1.3×100=36.4 kg（100 根）	13+36.4=49.4 kg	49.4/153=32%
1.3*——支撑间距为1.3 m				

结论：满足要求。

②当主支撑2 高度 $H>800$ mm 时，主支撑2 采用 CH40-2T（$T=5$ mm）。对 CH40-2T 型支撑件进行载荷校核计算。

③强度计算：$H=1000$ mm，$W=1000$ mm（最大载荷点，$P_y=2.4$ kN，$P_x=0.59$ kN）。

3 优势

经历了2015 年的市场低迷后，2016 年国内造船业淘汰落后产能的任务依旧严峻，大宗货物市场低迷，减少低附加值的散货船的比例，提升高附加值船型的比重，势必可以降低国内造船企业面临的前所未有的压力，提高生存能力。

目前我国已是世界造船大国，在一些大型特殊船舶、海洋工程项目及高附加值的高端船型上，国外已经开始追求新的设计理念，从降低船舶自身重量、节省空间、降低制造成本等方面着手。

绝大部分造船企业对通风、管系、电气、小型设备等系统的安装固定，仍然采用一个系统一套支吊架的安装方法，各走各的路径，相互交叉，遇有障碍就要更改设计路径（见图3）。这种安装方法使传统舾装件自身过重、功能化不强。一种设备，一种规格设计一个固定支架，焊接在预先设计好的位置上，如遇修改，就要火工切割下，更换新的再焊接上去。诸如此类问题，给现场施工带来极大不便，既浪费工时，又加大了建造成本。

设计者如果使用组合式吊架，通过前期设计，综合考虑通风、管系、电气、舾装各专业的支撑件布置，设置生根件（见图4）。通过安装附件和螺栓将同一路径上的相关专业支撑，集成布置、安装，将周围的有效空间为各个专业同时服务。这种方法既解决了空间问题，又解决了焊接问题；省时省力，方便现场施工安装，亦便于更换；提高效率，降低成本；实现"机、电"一体化集成式理念；进而减轻船舶重量，保证涂装完整性，提高船舶质量品质。

图3 传统分专业吊架

图4 新型组合式吊架

4 应用

例如：南通中远船务工程有限公司，应用新型组合式吊架（见图5）进行各专业支架系统设计：在船体分段建造阶段焊接、涂装。

根据设计需要,综合考虑支撑件布置(见图6),为管系、电气、通风各专业提供一个安全、减重、容易安装、方便维护的系统支撑。

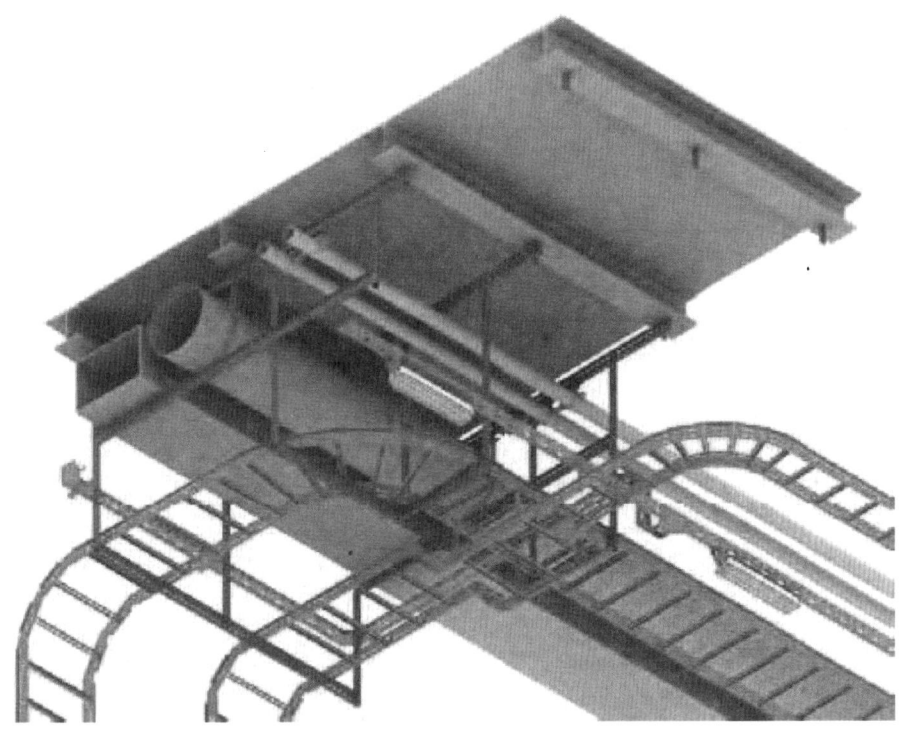

图5 组合式吊架

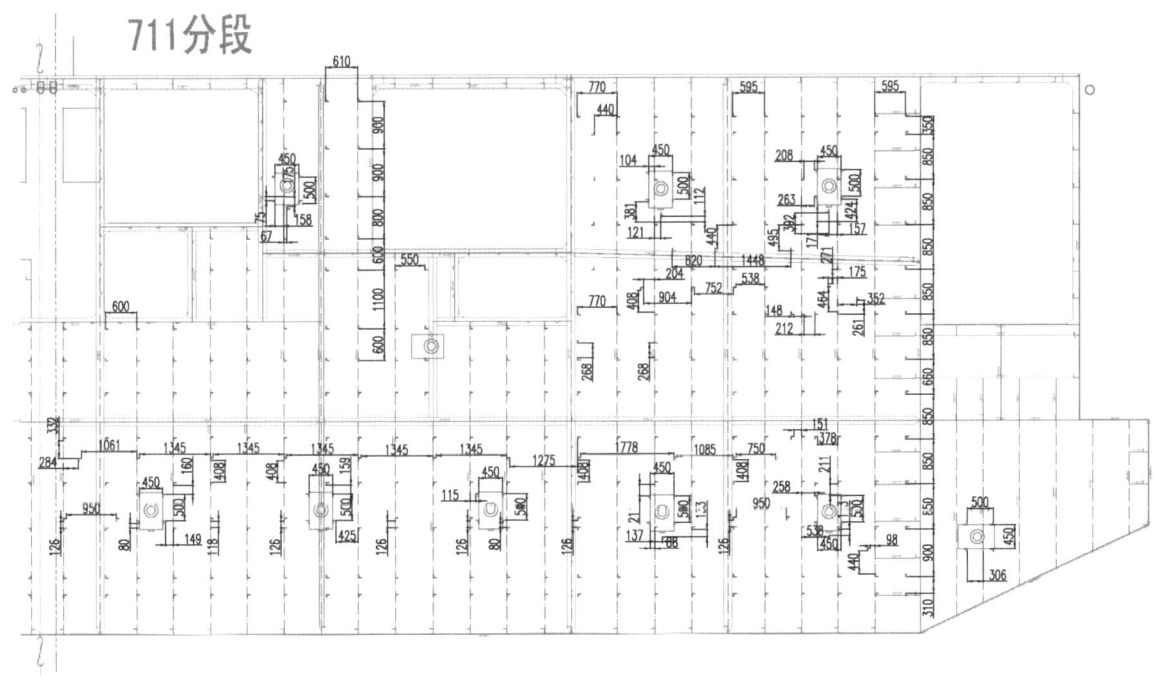

图6 支撑件布置图

5 结束语

笔者通过参与船舶电气部分的系统设计,粗浅地了解了一些组合式吊架的相关信息,通过学习与实践总结了这篇文章,这也是自己的学习记录。本文意在推荐新的设计理念,给大家参考、借鉴。

通信总线技术在半潜式钻井支持平台上的应用研究

邹成业 任宏艳 佟 振 马学娜

（大连船舶重工集团设计研究所有限公司）

摘 要：本文以大连船舶重工集团有限公司建造的半潜式钻井支持平台为例，系统阐述了西门子 PLC 控制系统针对不同通信接口、不同通信协议、不同通信介质、不同网络结构的通信总线技术在半潜式钻井支持平台上设计应用的方法，并对设计重点、难点进行了详细分析。

关键词：通信总线；半潜式钻井支持平台；西门子 PLC

1 项目概况

1.1 半潜式钻井支持平台简介

20 世纪末，随着浅海石油资源减少，深海石油开发成为各石油公司的发展方向，半潜式钻井支持平台以其优良的经济性和广泛的适用性获得各大石油公司认可，逐渐成为深海石油钻探开发的主力装备。半潜式钻井支持平台由平台 TSV（Tender Support Vessel）和模块式钻井包 MEP（Mast Equipment Package）两部分组成，其主要功能是为其他深海石油生产平台（例如：SPAR 平台、张力腿平台）提供钻井模块的装卸和储运，以及钻井作业所需的油、水、电、散料和泥浆等供应服务。钻井支持作业时，MEP 模块安装在石油生产平台上，TSV 通过与 MEP 连接的软管和脐带电缆为 MEP 提供基油、钻井水、电力、散料或水泥、泥浆等支持服务。当钻井作业结束后，MEP 模块由 TSV 进行拆卸和转运。

1.2 半潜式钻井支持平台主要控制系统介绍

为实现半潜式钻井支持平台自动化控制，提高系统可靠性，减轻操作人员工作强度，平台由多个基于西门子 PLC 的主要控制系统进行监控，它们功能上相互独立，但又通过通信总线进行相互联系，从而实现信息共享（见图 1）。其主要控制系统包括：

（1）综合自动化系统 IAS（Integrated Automation System）。

（2）散灰及钻井流体控制系统 BCS（Bulk & Drilling Fluid Control System）。

（3）马达控制中心 MCC（Motor Control Center）。

（4）应急切断系统 ESD（Emergency Shutdown System）。

（5）钻井控制系统 DCS（Drilling Control System）。

IAS 作为这些控制系统的核心，负责平台全面监控和数据存储。由于主要控制系统之间的交换数据量大、响应速度要求高，IAS 与其他主要控制系统之间均采用通信总线进行数据交换和信息传递。但受各控制系统厂家不同的设计方案限制，各系统通信接口所采用的接口标准、通信协议、通信介质和网络结构均有所不同，从而给平台整体控制系统通信接口设计带来困难。

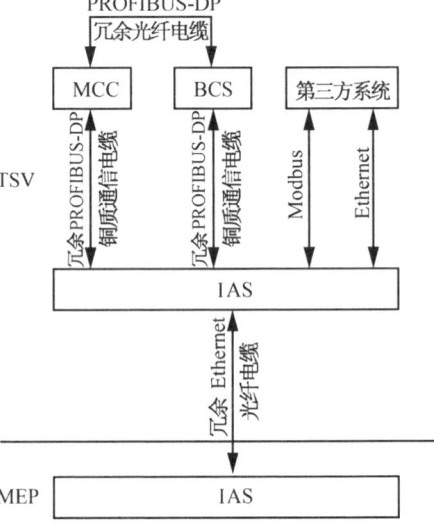

图 1 主要控制系统通信框图

此外，为实现 TSV 与 MEP 的同步监控，IAS 分为 TSV 和 MEP 两部分，通过冗余工业以太网连接。当 TSV 与 MEP 连接在一起作业时，两部分 IAS 可以形成一个系统工作；当 TSV 与 MEP 分开时，各部分 IAS 可以继续独立工作。

2　通信总线的选型及应用

在现代工业通信技术繁荣发展的过程中,产生了种类多样的通信总线。合理、正确地选择通信接口和通信协议,对自动控制系统的设计非常重要。通过对各类型通信总线的通信速率、通用性、系统网络架构等主要指标的综合考虑,半潜式钻井支持平台控制系统主要采用了以下几种通信总线技术。

2.1　串行通信

串行通信,也可称为点对点通信,是指使用一条数据线,将数据依次传输,每一位数据占据一个固定的时间长度。其只需要少数几条线就可以在系统间交换信息,特别适用于计算机与计算机、计算机与外围设备之间的远距离通信。

2.1.1　Modbus 通信总线

Modbus 是由 Modicon 公司(现为施耐德电气公司的一个子品牌)在 1979 年发明的,使用主—从技术,是全球第一个真正用于工业现场的总线协议。Modbus 有两种传输模式:ASCII 和 RTU。RTU 模式在消息中每个 8 bit 字节包含两个 4 bit 的十六进制字符,在同样波特率下,可以比 ASCII 模式传送更多的数据。Modbus 支持 RS-232、RS-422、RS-485 等通信接口,其中 RS-485 是两线制,半双工通信模式,最大通信距离为 1200 m,Modbus 主站最多可以同时连接 32 个设备。

因为 Modbus 通信协议应用最为广泛,故选择其作为 IAS 与第三方控制系统之间的通信协议;RTU 模式的性能更好,因而选择 RTU 传输模式;RS-485 通信接口使用最便利,因此采用 RS-485 通信接口。综上,IAS 与第三方控制系统之间的通信总线确定为 Modbus RTU RS-485。这种约定好的通信总线为控制系统之间的接口协调带来极大便利,也提高了设计效率和准确率。IAS 采用西门子 CP341 通信处理器进行 Modbus RTU RS-485 与第三方控制系统的通信,其接线方式如图 2 所示。

当通信电缆长度超过 50 m 时,需要并联一个 330 Ω 的电阻来减低信号干扰,从而让数据传输更加稳定。另外,西门子 CP341 通信处理器需要购买专门软件来加载 Modbus RTU 通信协议。软件中含有协议转换器 Dongle,主站 Dongle 和从站 Dongle 订货号不同。使用时先将 Dongle 插入 CP341 后面插槽中,正确接线后,还需使用西门子 STEP 7 软件为 CP341 安装 Modbus 主站(RTU)驱动程序,并进行组态和通信参数设置后,才可以与第三方设备进行数据通信。

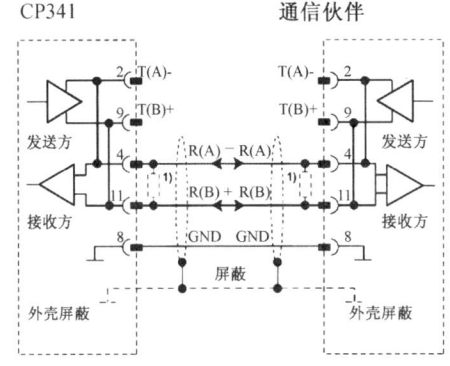

图 2　CP341 通信处理器 RS-485 的接线方式

2.1.2　PROFIBUS-DP 通信总线

PROFIBUS 技术是 1987 年西门子公司等 13 家企业和 5 家研究机构联合开发的,1989 年被批准为德国工业标准 DIN 19245,1996 年被批准为欧洲标准 EN 50170,1999 年 PROFIBUS 成为国际标准 IEC 61158 的组成部分(Type Ⅲ)。根据总线结构域实现任务的不同,PROFIBUS 系列分为 PROFIBUS-DP、PROFIBUS-PA、PROFIBUS-FMS 三个兼容部分,它们构成了 PROFIBUS 家族。PROFIBUS-DP 是一种高速且成本较低的设备层现场总线,主要适用于控制器与现场控制设备或分散的设备级 I/O 之间的通信。在本文中 IAS 控制器与远程 I/O 之间、IAS 与 MCC 之间、IAS 与 BCS 之间、BCS 与 MCC 之间均采用 PROFIBUS-DP 通信总线。

PROFIBUS 总线符合 EIA RS-485 标准,PROFIBUS RS-485 也是两线制,半双工通信模式,传输介质可以是光缆或屏蔽双绞线。电气传输每一个 RS-485 传输段为 32 个站点和有源网络元件,总线的两端为终端电阻。PROFIBUS RS-485 数据传输速度最大可达 12 Mbit/s,实际使用中西门子建议使用 1.5 Mbit/s 的传输速度,因为 1.5 Mbit/s 传输速度信号的抗干扰性和稳定性较强,可以支持的最大传输距离为 200 m,能满足大部分应用。

（1）ET200 过程控制模块应用

ET200 系列是远程 I/O 站。为减少信号电缆的敷设,可以在设备附近根据不同的要求放置不同类型的 I/O 站。在本文中,IAS 控制器为 S7-400H 冗余 CPU,作为 PROFIBUS-DP 通信主站,每个远程 I/O 站都配置两个 ET200M 模块作为通信从站,从而实现控制器与远程 I/O 之间的冗余通信,极大地提高了系统可靠性,具体网

络结构如图 3 所示。

（2）Y-Link 应用

MCC 采用西门子 SIMOCODE 智能马达控制器,每个 SIMOCODE 上配备一个 PROFIBUS-DP 通信端口,IAS 可以通过 PROFIBUS-DP 总线对所有马达进行远程监控,极大地提高了平台的自动化程度。但是 SI-MOCODE 只有一个通信端口,无法与 IAS 的冗余 PROFIBUS-DP 网络直接连接,为此需要采用 Y-Link 设备,以使 S7-400H 的冗余 DP 主站系统到非冗余 DP 主站系统之间形成网络转换。

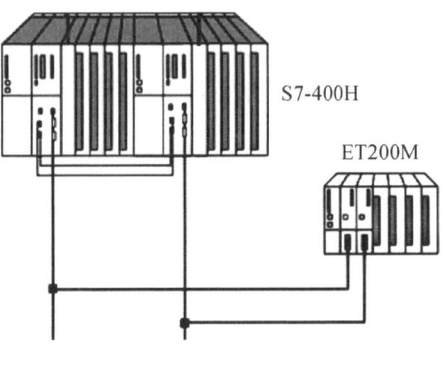

图 3　ET200M 网络结构

Y-Link 包含通过总线模块相互连接的两个 IM 153-2 接口模块和一个 Y 形耦合器。对于较高级别的系统,Y-Link 是 DP 从站;而对于较低级别的系统,Y-Link 是 DP 主站。图 4 显示了在系统中 Y-Link 的集成方式。

（3）DP/DP 耦合器应用

BCS 采用西门子 S7-400 CPU414,其与 IAS 之间有大量数据需要通信交换,但是 S7-400H 作为冗余 DP 主站,S7-400 CPU414 作为非冗余 DP 主站,它们之间无法直接交换数据,所以组建一个多主站 PROFIBUS-DP 系统需要以一个 DP 从站设备作为中间环节来实现主站—主站间的通信连接。DP/DP 耦合器正是一种可以连接两个速率不同的 DP 网络的网关设备。

DP/DP 耦合器配有两个独立的 DP 端口,用于连接两个物理上独立的 PROFIBUS-DP 网络。DP/DP 耦合器在两侧 DP 网络中都作为从站工作,以从站的方式将一侧主站的数据传送给另外一侧网络上的主站,数据通信区最高可以达 244 字节输入和 244 字节的输出。

BCS 使用 CP342-5 通信处理器,将 S7-400 CPU414 连接到两个独立的 DP/DP 耦合器上,作为 PROFIBUS-DP 网络的一个主站;IAS 的 PROFIBUS-DP 回路 A 和回路 B 分别接到两个 DP/DP 耦合器上,作为另一对主站,实现冗余通信。

（4）OLM 模块应用

所有低压泥浆驳运和混合系统的马达需要 BCS 控制,BCS S7-400 CPU414 需与这些马达的 SIMOCODE 进行 PROFIBUS-DP 通信。但由于 BCS 控制机柜与 MCC 距离较远,为保证通信质量,BCS 与 MCC 之间采用光缆连接,为此在 BCS 和 MCC 各设置一个 OLM/G12 模块。OLM（Optical Link Module）模块的功能就是将 PROFI-BUS 电信号接口转换为光信号接口。OLM 是一个有源的网络元件,在网段里也是一个站点。OLM/G12 模块连接多模玻璃光纤,发送波长为 860 nm,最远传输距离 3000 m。它具有双通道光缆接口,可实现冗余环网拓扑结构,从而提高通信的可靠性。光缆冗余环网如图 5 所示。

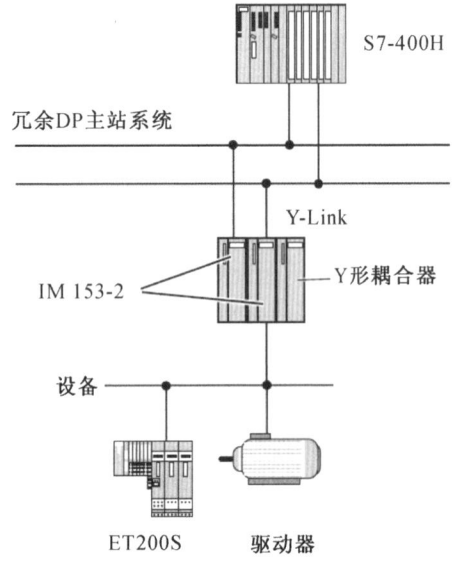

图 4　Y-Link 集成方式

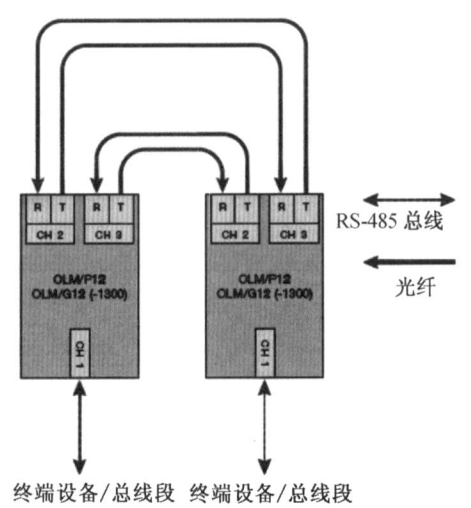

图 5　光缆冗余环网

2.2　以太网通信

以太网是指遵循 IEEE 802.3 标准,可以在光缆和双绞线上传输数据的网络。以太网也是当前主要应用的一种局域网类型。

2.2.1　工业以太网

基于 IEEE 802.3 标准,工业以太网提供了针对制造业控制网络的数据传输的以太网标准。与传统办公室网络比较,工业以太网具有抗干扰能力强、允许故障时间短(小于 300 ms)、网络模块可以被 HMI 软件监控等特点。

IAS 的 TSV 与 MEP 两部分便是通过冗余工业以太网进行通信的,同时 IAS 与 ESD 系统和 DCS 之间也是采用工业以太网通信。IAS 控制器 S7-400H 的冗余 CPU 的固件版本为 6.0,支持"通过工业以太网的开放式通信",为每个 H-CPU 上的 RJ45 端口连接一台以太网交换机,组成冗余以太网结构。IAS 上位机采用西门子 WinCC 软件作为客户端,可以通过冗余以太网分别读取 TSV 和 MEP 上服务器的数据,进行实时监控。

2.2.2　PROFINET 通信

PROFINET 由 PROFIBUS 国际组织推出,是新一代基于工业以太网技术的自动化总线标准。其囊括了诸如实时以太网、运动控制、分布式自动化、故障安全以及网络安全等特点,可以完全兼容工业以太网和 PROFIBUS 现场总线。本文中的 BCS 系统采用了 PROFINET I/O 技术。S7-400 CPU414 与远程 I/O 站采用 PROFINET 通信,组成环网结构,通信速率可以达到 100 Mbit/s。

3　技术要点分析

3.1　NMEA0183 通信

NMEA0183 是美国国家船用电子协会为船用电子设备制定的标准通信协议,广泛应用于船用通信导航设备。在本文中,直升机甲板监测系统和相对位置系统与 IAS 通信均采用 NMEA0183 通信协议。对于这种通信协议,很多自动控制系统厂家比较陌生,不知该如何处理通信接口,实际上 NMEA0183 采用 ASCII 码通信模式,其串行通信默认参数为:波特率 = 4800 bit/s,数据位 = 8 bit,开始位 = 1 bit,停止位 = 1 bit,无奇偶校验。西门子 CP341 通信处理器支持 ASCII 码通信,不需要安装任何驱动程序,按照数据帧格式直接读取数据即可。

3.2　PROFIBUS-DP 总线电缆长度限制

PROFIBUS-DP 总线的传输速率从 9.6 kbit/s ~ 12 Mbit/s。对于铜质电缆,总线电缆长度与传输速率相关,总的规律是传输速率越高,总线长度越短,越容易受到电磁干扰,基于传输速率的最大段长度参见表 1。

表 1　传输速率的最大段长度

传输速率(kbit/s)	9.6 ~ 187.5	500	1500	3000 ~ 12000
总线长度(m)	1000	400	200	100

当传输速率不变,但需增加总线长度时,可在总线中设置中继器,或者将通信介质改为光缆。使用中继器时需注意:每个 DP 总线上,最大连接从站数量为 122,最多有 10 个网段(串联使用 9 个中继器以及通信电源)。

4　结束语

众所周知,要保持一个钻井平台的稳定运行就必须保证"油""水""电""气"的畅通运转。在平台自动化程度越来越高的今天,保持监控"信息流"的畅通、稳定也同样至关重要。随着工业通信技术和自动控制技术日新月异的发展,通信总线技术已经深深融入钻井平台的各种控制系统。作为一名海工电气设计人员,必须紧跟技术潮流,深入学习研究每个厂家的产品,以便设计出性能好、成本低、满足船东和规范要求的控制系统。

【参考文献】

[1]崔坚.西门子工业网络通信指南[M].北京:机械工业出版社,2004.

[2]吴惕华.工业通信技术原理与应用[M].北京:中国电力出版社,2008.

[3]王慧锋.现场总线控制系统原理及应用[M].北京:化学工业出版社,2005.

[4]西门子自动化与驱动集团.CP341 点到点通讯、安装和参数分配设备手册[S].2011.

[5]西门子自动化与驱动集团.总线连接 DP/PA 耦合器、DP/PA 连接器和 Y 形连接器操作说明[S].2006.

[6]西门子自动化与驱动集团.DP/DP 耦合器设备手册[S].2006.

[7]西门子自动化与驱动集团.容错系统 S7-400H 系统手册[S].2013.

钛合金微弧氧化技术进展及应用

范肇红　张丽妮

（大连船舶重工集团有限公司）

摘　要：钛合金具有优良的综合性能，应用较广。本文在文献综述基础上认为微弧氧化技术具有处理效率高、操作简单、膜层易于控制、环保等特点，提出改变微弧氧化工艺来提高氧化陶瓷膜中硬质相含量与降低表面粗糙度将是今后船用钛合金微弧氧化研究中的热点。微弧氧化处理后的钛合金部件在修造船领域具有广阔的应用前景。

关键词：微弧氧化；钛合金；氧化工艺

0　前言

钛合金具有重量轻、比强度大、热稳定性好等优良的综合性能，广泛应用于航空、航天以及国防技术工业中。但钛合金的表面硬度较低、耐磨性及耐腐蚀性较差，特别是钛合金与其他金属接触时很容易发生接触腐蚀，严重制约了其进一步的应用，为此国内外先后对钛合金表面进行了改性研究，以提高其表面性能。

传统的表面改性技术有阳极氧化、PVD/CVD、离子注入、热喷涂及热氧化法等。钛合金阳极氧化膜厚度一般小于 1 μm，达到 2～3 μm 已属不易，而且硬度低，目前仅在装饰涂层方面有所应用。PVD/CVD、离子注入及热氧化法在涂层制备过程中需要保持高温，在一定程度上改变了基体与涂层的结构，使基体的力学性能明显变坏（塑性恶化）；PVD/CVD 及离子注入法需要昂贵的真空或气体保护条件，制备成本明显提高；而热氧化法能耗大、时间长且劳动强度大，得到的涂层不均匀。因此有必要发展新的低成本、高性能的涂层制备技术。

微弧氧化这一高新技术综合地解决了上述难题，在实践中取得了很好的效果。微弧氧化是指把有色金属放在电解液中，利用微弧放电在金属表面原位生长氧化膜的技术。该氧化膜具有优良的性质，主要应用于机械等关键零部件的表面处理，解决表面的高温烧蚀、磨损和腐蚀等问题。

1　国内研究现状

国内从 20 世纪 90 年代开始关注此项技术，主要研究单位有哈尔滨工业大学、北京师范大学、西安理工大学、哈尔滨环亚微弧技术有限公司和北京航空材料研究院等。其中，北京师范大学低能核物理研究所对铝合金微弧氧化膜的制备过程、能量交换、膜的形貌结构以及应用等开展研究。此外，湖南大学化工学院、北京矿冶研究总院、燕山大学材料与化工学院、青岛化工学院等离子体表面技术研究所等也对该技术进行了一定的研究。

哈尔滨工业大学机电工程学院的李利群教授和哈尔滨工业大学海洋学院的屠振密教授即是专业从事微弧氧化技术研究工作的学者，均有该领域技术研究成果。

哈尔滨环亚微弧技术有限公司等研究单位已经由试验阶段转向小批量试生产。总体来讲，国内研究主要集中在理论研究和小批量试生产阶段。

2　国外研究现状

2.1　苏联的研究及应用

1969 年，苏联科学家 G. A. Markov 对铝及铝合金材料施加高于火花区电压时，获得具有很好的耐磨性和耐腐蚀性的氧化膜，G. A. Markov 称此氧化过程为微弧氧化。此后，G. A. Markov 课题组进行了大量的基础性研究和应用研究。

俄罗斯在制造洲际弹道导弹子母弹的生产过程中应用了微弧氧化技术,水上快艇高速发动机缸体下套与活塞经过微弧氧化处理后,耐磨性提高了几十倍。与其他表面处理技术相比,该技术性能优异。

2.2　德国

早在20世纪30年代初,德国科学家A. Gunterschulze和H. Betz第一次报道了在高电场下浸在液体里的金属表面出现火花放电现象,火花对氧化膜具有破坏作用,在没有发现产生硬质层的条件下,做出了"为了得到高质量的涂层,就不应该用高于出现火花时的电压"的结论,但他们为火花阳极氧化奠定了初步的理论基础。这一观点一直延续到20世纪70年代,尽管少数学者对这一现象持保留观点,但始终没能彻底改变这个结论。

2.3　各个国家研究及交流情况

从文献中看,美国、德国、苏联三国基本上各自独立地发展这项技术,相互之间文献引用很少。这一技术在20世纪80年代开始在世界范围内进行广泛交流。进入20世纪90年代后,美国、德国、俄罗斯、日本等国都加快了该项技术的研究开发工作。从文献中看,所用电源模式各异,但研究结果表明,使用交流电源,在铝、镁、钛等合金表面生长的氧化膜的性能好于直流电源,因此交流模式是当今微弧氧化技术的重要发展方向。

从苏联到今天的俄罗斯,其在该项技术上的研究与开发应用一直处于世界领先地位,在机理上提出了自己的理论,并且已成功应用于许多工业领域,其他国家如美国、德国等在该项技术上的研究及应用也有较高的水平。

另外,美国、欧洲和以色列都有他们自己的知识产权微弧氧化技术;中国、日本和澳大利亚也加大力量研究、开发微弧氧化技术;在北美已经有商业化的镁合金微弧氧化工艺。最近微弧氧化技术已扩展到锆和钛的阳极化,作为一项实用的高新技术,微弧氧化在科研院所和很多工业领域受到极大的关注。

3　船用钛合金微弧氧化膜的性能

3.1　微弧氧化膜的耐磨性

钛合金在船舶上主要应用于螺旋桨、管系、声呐、喷水推进装置等部位,而这些部位的材料通常需要较高的硬度,以有效地应对复杂的海洋环境。另外,钛合金构件与海水以及海水中的泥沙接触,在一定程度上还存在磨损问题,因此硬度与耐磨性是制约钛合金在舰船上应用的重要因素。而国内外的研究表明通过改变微弧氧化电源参数可以获得高硬度表面膜层与良好的耐磨层,有望成为解决这一问题的有效途径。

氧化膜陶瓷中硬质相含量越高,表面粗糙度越低,氧化陶瓷膜硬度与耐磨性就越好。因此,通过改变微弧氧化工艺来提高氧化陶瓷膜中硬质相含量与降低表面粗糙度将是今后船用钛合金微弧氧化研究中的热点。

3.2　微弧氧化膜耐腐蚀性

虽然钛合金有比其他常用金属高得多的耐腐蚀性,但长期使用也会被腐蚀;而且更重要的是,在使用中钛合金易造成与其接触的其他船舶零件如铝、钢、铜及铜基合金工件在海水中产生电偶腐蚀。通过微弧氧化方法处理钛合金形成的陶瓷膜层具有腐蚀电位高、腐蚀电流小等特点,已经成为钛合金耐蚀性的研究热点。

当舰船长期于海上航行,海水中大量的浮游生物会吸附在舰船表面生长,从而腐蚀舰船表面。因而仅以3.5% NaCl溶液来代替海水对船用钛合金耐蚀性研究并不能完全说明问题。由于生理盐水与海洋浮游生物表面液体成分接近,因此,也有研究者在生理盐水中研究微弧氧化膜层与基体的耐腐蚀能力。

由此可知,所有样品均有很好的抗点腐蚀性能,并且复合膜层与单独的微弧氧化膜层相比,有更好的抗腐蚀性能。

综上可知,通过微弧氧化技术,可有效地提高钛合金在3.5% NaCl溶液或在生理盐水中的耐蚀性能。相信随着微弧氧化提高船用钛合金耐蚀性研究的不断深入,该技术在不远的将来会越来越多地应用在船体结构材料中。

3.3　微弧氧化膜层结合强度

钛合金表面氧化膜的存在,使得在钛合金表面进行直接电镀、化学镀时,很难获得结合力良好的膜层。而钛合金微弧氧化制备的膜层为表面原位生长,厚度均匀,与金属基体结合强度高,增加了该技术在船用钛合金领域的应用前景。近几年,也有不少通过微弧氧化技术提高钛合金膜层与基体结合力的研究报道。

通过划擦实验进行研究发现,划擦实验虽有操作简便、实用等优点,同样也有缺点,如划擦法在定量确定结合强度时要求膜层表面必须十分光滑,但通过微弧氧化制备的氧化陶瓷粗糙多孔,即使打磨掉最外层的疏松多

孔层,致密层上的少量空洞还是会影响氧化陶瓷膜层与结合强度的确定。抗拉伸实验测试结合强度由于具有定量性、客观性好的特点,近几年广泛应用在微弧氧化陶瓷膜层与基体结合强度的研究中。

由以上研究可以看出,通过微弧氧化技术在钛合金表面形成的氧化陶瓷膜层与钛合金基体具有很高的结合强度。

4 钛合金微弧氧化技术在修造船中的应用

通过微弧氧化技术提高钛合金抗高温氧化性研究最早以钛铝合金与工业纯钛为主。在船舶具体实际应用的区域,如某型船修理期间,其柴油机排烟管系、废气管,集水阀箱,换热器,声呐导流罩,上层建筑内部大量的管子马脚,卡箍、法兰连接紧固件等多处选用了微弧氧化处理的紧固件。因此,通过微弧氧化处理后的钛合金部件在修造船领域具有广阔的应用前景。

船用钛合金紧固件和法兰微弧氧化处理后,膜层连续均匀,没有裂纹、起泡、局部脱落、损伤、松散附着等缺陷,膜层致密性优良。经过一年多的实船应用发现,该膜层具有优良的绝缘性、耐磨性和耐蚀性,大大提高了钛合金结构件的使用寿命;同时又避免了在使用中与其接触的铜、铜合金、钢制管道、管系附件及其他船舶制造零件在海水中接触引起的电偶腐蚀。

5 存在的问题及研究方向

微弧氧化技术的研究已经历了数十年的发展历程,取得了飞跃式的发展,并向实用化迈进了一大步。对钛合金进行微弧氧化表面陶瓷化处理才刚刚起步不久,因此存在许多技术问题:

(1)研制高效节能电源。微弧氧化工艺在加工过程中单位面积耗能较大,这就限制了加工工件的面积。

(2)对电解液的组分在氧化膜形成过程中的作用机理研究不足。目前的研究多集中在对氧化膜中氧化物及化学元素含量的分析及膜特性的研究,对膜层中氧化物的形成机理及化学元素在膜层形成过程中的作用研究的较少。电解液体系配方基本是通过多次试验得出的,还不能根据膜层的使用性能自由设计电解液配方。

(3)缺乏对大比例生成致密层的机理及工艺的研究。在氧化膜三层结构中只有致密层才是主要的工作层,达到无疏松层的氧化膜,将是微弧氧化工艺的一个重要研究方向。

6 结语

微弧氧化技术由于具有处理效率高、操作简单、膜层易于控制、环保等特点,已经广泛应用在船用钛合金表面处理研究中。但由于舰船特殊的使用环境,该技术还未在舰船领域进入大规模实际应用阶段。因此,深入了解该技术,扩大该技术在舰船领域的应用还有许多工作要做。在文献综述基础上并结合研究经验,笔者认为今后可以主要从以下两个方面重点研究:(1)完善膜层性能研究方法,使研究方法能更客观、真实地反应海洋复杂环境对膜层性能的影响;(2)将微弧氧化工艺与其他处理相结合,进一步提高膜层性能,扩大使用范围。

【参考文献】

[1]白清友,刘海萍,毕四富,等.船用钛合金微弧氧化膜的性能及其研究进展[J].中国表面工程,2013,26(1):1-5.

[2]杨青松,董作敬,李平.钛合金微弧氧化技术在修造船中的应用[J].中国修船,2010,23(4):22-25.

[3]李利群,裘建军,姚英学.钛合金微弧氧化技术的研究[J].焊接,2008(5):15-18.

[4]Aladjem A. Anodic oxidation of titanium and its alloys[J]. Journal of Materials Science,1973,8(5):688-704.

[5]Man H C,Zhang S,Cheng F T,et al. Microstructure and formation mechanism of in situ synthesized TiC/Ti surface MMC on Ti6Al4V by laser cladding[J]. Scripta Materialia,2001,44(12):2801-2807.

[6]屠振密,朱永明,李宁,等.钛及钛合金表面金属电沉积预处理问题[J].中国表面工程,2010,23(1):24-29.

主机遥控监控系统维修与调试

冯铁楼[1]　　侯占峰[2]

（1.海军大连地区装备修理监修室；2.大连辽南船厂）

摘　要：本文介绍了1000 t水船主机遥控监控系统维修与调试的方法，主要解决机电一体化遥控监控装置的工艺不完善、修理质量不稳定和控制与监测报警原理不清晰的问题，采取使用新型器件、分析工作原理、模拟试验、机电联合调试等方法，达到完全自主维修且使修理质量稳定的目的，并使其工艺趋于完善，为后续修理同类型船舶打下良好基础。

关键词：主机遥控监控系统；可编程控制器；微机程序控制；原理分析及调试

0　前言

　　1000 t水船主动力装置的遥控系统采用的是德国西门子公司的可编程控制器S5-95U，监测报警系统采用微机组成。由于该系统的核心部件都属于20世纪90年代产品，现已停产，可靠性变差致使故障频发。由于该系统拥有大量的传感器、执行器和众多的中小规模集成电路，并采用了微机程序控制、测量，导致检修困难。及时、迅速、全面地排除该装置的各种故障，保障该型船的在航率和性能成为我们迫切需要解决的问题。

1　设备用途

　　1000 t水船主机遥控及监测报警装置采用PLC与微机共同控制，控制对象为一台8L20/27型船用柴油机。主机遥控及监测报警装置从结构上分为两部分：遥控系统和监测报警系统。

2　系统的组成

2.1　硬件组成

　　主机遥控及监测报警系统从硬件上分为驾驶室驾控台、集控室集控台、机旁三大部分。驾驶室驾控台上布置有手柄车钟、工作状态和故障报警显示板、紧急停车按钮等；集控室集控台布置有PLC、微机装置等；机旁主要由主机接线盒、电磁阀箱等组成。

2.2　控制方式

　　该系统具有驾驶室、机旁二级控制功能，在驾驶室设有复合操纵器，机旁利用主机及齿轮箱操纵手柄实现手动控制，机旁控制优于驾驶室控制。

3　主机遥控装置

3.1　主要设计功能

　　（1）当柴油机在机旁进行启动后，可将机旁控制/遥控转换开关转换至驾控室遥控，此时可在驾控室遥控主柴油机。停车需在机旁进行。

　　（2）控制部位的转换在机旁进行。

　　（3）在两操纵部位设有操纵部位指示信号。

　　（4）驾控室装有一个调速、车钟合一的手柄复合操纵器，当遥控时，遥控装置具有程序调速功能。当扳动手柄位置时，主机具有自动升、降速，脱排、合排等功能。

（5）本装置复合操纵器（车钟）具有每挡调速气压均可独立调整及微调转装置,故根据舰船具体要求可随意调整航速。

（6）转换为机旁控制时,复合操纵器仅作为车钟发讯器使用,并同时接收机旁控制箱的回令。

（7）在驾控室设有"紧急停车"按钮,按下此按钮柴油机立即停机。

（8）设有驾驶室与机旁控制箱联络的主推进装置的"备车、运转、完车"信号,在驾驶室进行发令,机旁控制箱进行回令。驾驶台设有调光旋钮,在驾驶室、机旁控制箱设有试灯按钮。

（9）驾驶室、机旁控制箱均设有"自动停车""紧急停车""失气""失电""错向""主机综合报警"的报警及消声功能。

（10）调速功能

该装置车钟分为8挡,各挡对应的主机转速见表1。

表1　主机遥控装置各挡对应的主机转速

进一	450 r/min	退一	450 r/min
进二	600 r/min	退二	600 r/min
进三	800 r/min	退三	750 r/min
进四	900 r/min		
进五	950 r/min		

3.2　工作原理

3.2.1　主机遥控系统原理图（见图1）

图1中车钟安装于驾驶台上,它是一种带有操纵及发信的复合操纵器,由操纵手柄、精密调压阀、高精度长寿命精密电位器或长寿命多挡转换开关、行程开关等组成。它既能直接操纵柴油机,进行程序换向及调速,又能作为传令车钟对机舱发信号。

复合操纵器发出以下两种信号:一是向监控台控制部件输出前进、后退、空车等各挡信号,这些信号显示在驾控台及机旁控制箱上,并与机舱操纵人员进行联络。二是向电磁阀气动元件箱发出各种转速的气压信号,然后逻辑控制部件对车钟信号及控制柴油机的气压信号进行综合判断后,向电磁阀气动元件箱发出信号,由电磁阀气动元件箱据此向柴油机输出各挡转速气压及齿轮箱的正、倒车气压信号。

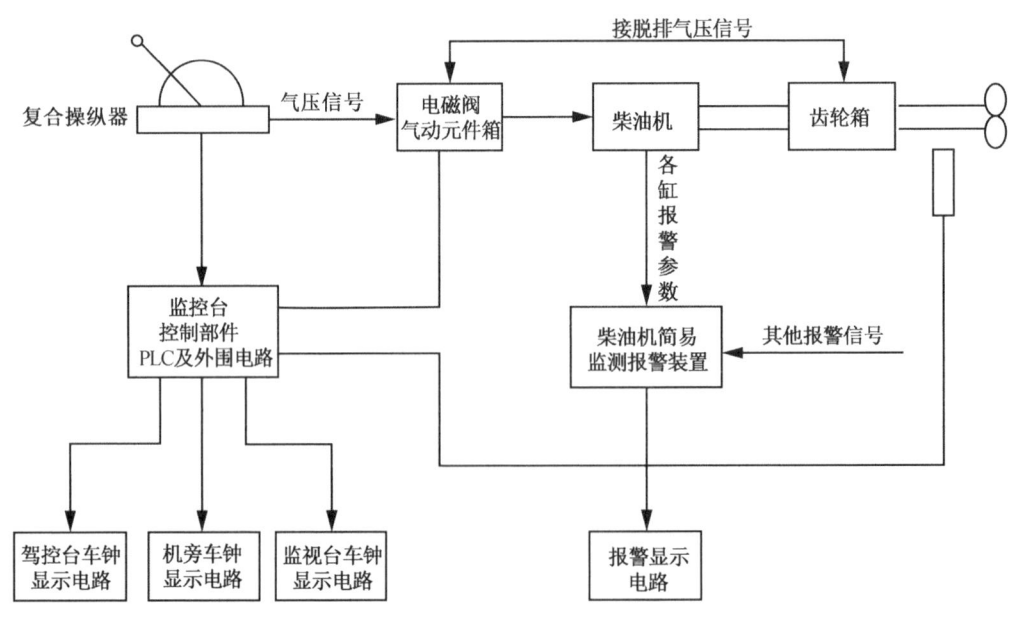

图1　主机遥控系统原理图

3.2.2　主机遥控原理方框图（见图2）

本遥控装置的核心部件是一只可编程控制器（PLC）,是德国西门子的产品,型号为S5-95U,它的基本功能如下:

（1）做车钟、辅车钟、控制部位选择逻辑控制信号处理。

（2）实现主机遥控功能。

（3）遥控报警信号处理及报警。

（4）艉轴转速信号处理及输出。

PLC 的输出信号，一部分直接输出到继电器外围板去（J3、J4、J5、J6、J7、J9），另一部分输到光耦外围板中，然后再输出到驾控台机旁控制箱的电路板上。独特的一点输出 0~10 V 到艉轴转速表。外围板的作用主要是输入、输出信号通过外围板时，利用外围板上的光耦和 PLC 相隔离，通过外围板的继电器去带动电磁阀以保护 PLC。

图 2 中，输入 A 有 4 个输入点，是驾控台车钟输入信号；输入 C 也有 4 个输入点，是机旁控制箱车钟回令信号输入；输入 B 有 2 个输入点，是驾控台辅车钟的输入信号；输入 D 也有 2 个输入点，是机旁控制箱辅车钟回令信号输入。E、F 输入点分别是驾控台和机旁箱的操作部位的输入信号。输出点 a、b、c 是车钟部件控制的闪光信号输出。A、B、C、D 及 a、b、c 输入及输出点是第一功能。

G、H、I、J、K、L、T、V 输入点均是遥控控制输入，f、g、h、i、l 是遥控控制输出，用于上述第二种功能。

N、M、O、P、Q、R、S、T 输入点是遥控报警输入，e 点处有 5 点输出，是遥控报警输出；j、k 是报警喇叭输出，这些点用于上述第三种功能。

U 是艉轴转速脉冲输入点，经过 PLC 处理后，由 n 输出 0~10 V 的电压到艉轴转速表，用于第四种功能。

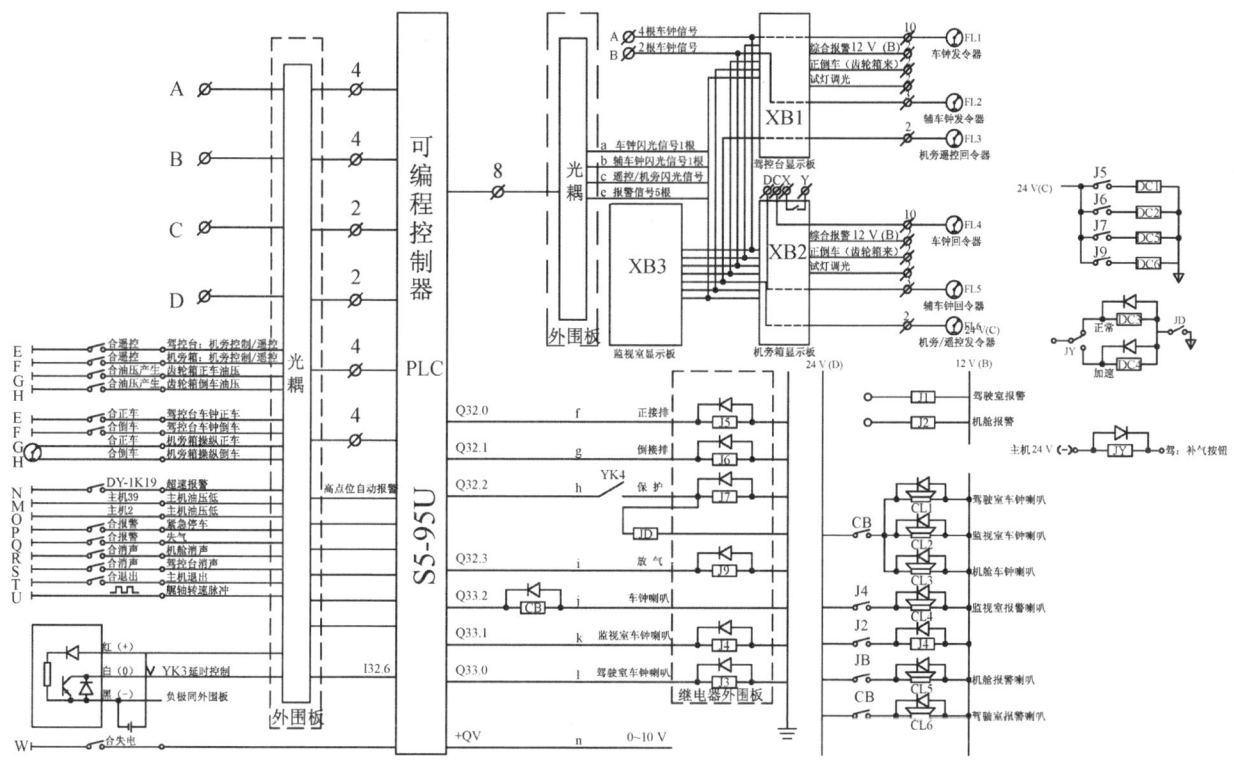

图 2　主机遥控原理方框图

3.2.3　主机气动程序遥控管系图（见图 3）

图 3 中，当复合操纵器被工作人员操作时（如由空车推向进五），精密调压阀输出相应气压在 A 点，气体由 A 点经单向节流阀 JL1、JL2、DC3 及 DC5 到达 B 点，B 点的气压决定柴油机的转速，A 点的气压可以在 0.1~0.52 MPa 迅速增长，而 B 点的气压只能逐渐增大。而当由进五拉回进一时，A 点气压很快减小，而 B 点气压却逐渐减小，因而柴油机均匀地加减速，起到了控制柴油机的功能。应急操作时电磁阀 DC4 打开，A 点气压经 JL3、JL4、DC4、DC5 到达 B 点，由于 JL3、JL4 调节得大些，故 B 点气压增大、减小的时间相应缩小，柴油机的加、减速时间缩短。

YK3 是可调精密压力开关，在复合操纵器从进二或以上工况向下拉到进一或以下工况过程中，一旦 YK3 运作，DC5 即放气，使得 B 点气压迅速降低，以适合应急减速的要求。

QW 是稳压气瓶，起稳定气压作用，也是为了延长加、减速时间。

YK4 是空气压力继电器，当空气压力低于设定值时发出信号，使电磁阀 DC3、DC4 及 DC5 失电，起到失气

自保的作用。

DC1 和 DC2 是二位三通电磁阀、控制齿轮箱换向。

SF 是手控换向阀,当其拉时时到齿轮箱的空车接头内的空气连通大气,使其机旁手动操作正、倒车时可直接摇动齿轮箱上的正车、空车、倒车手柄。

YK1 和 YK2 是正、倒车气压输出信号压力开关,起到指示正、倒车气压是否已输到齿轮箱的信息。另外,可利用其输出信号(即输到指示灯的信号),按电磁阀箱外接线图中说明的接上两只光耦后,在不开主机的情况下,可调试本遥控系统(见图4)。

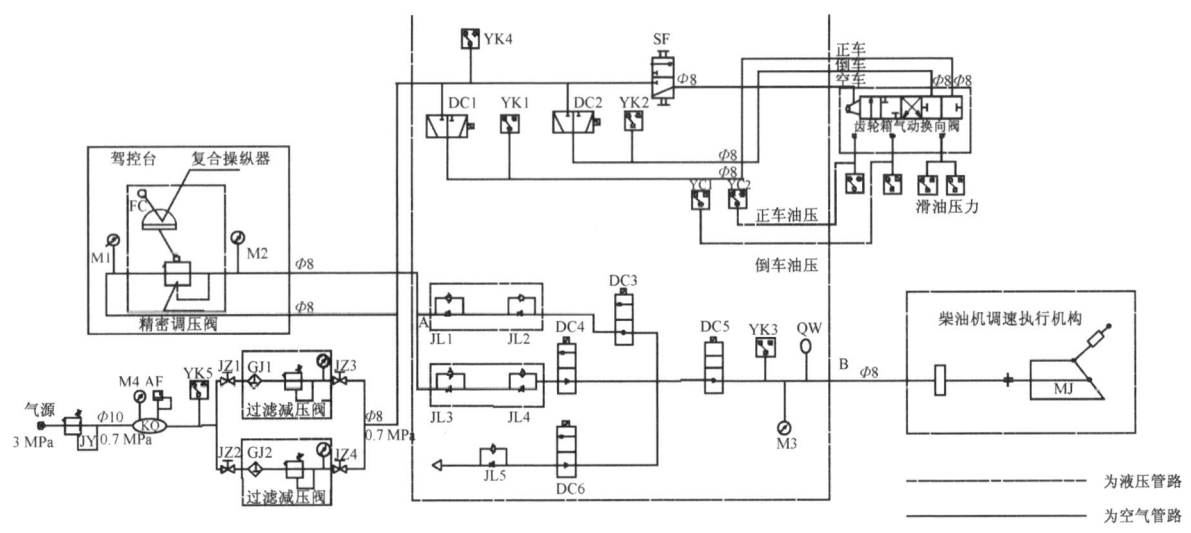

图 3   主机气动程序遥控管系原理图

4   监测报警装置

4.1   监测报警功能

(1)监视台上采用集中分点报警,驾驶室、机旁控制箱设主机综合报警。

(2)主装置设有开机自检功能。开机时微机扫描各报警点,面板上各指示灯轮流闪光,并发出声响,表明微机各部分正常,已进入工作状态。

(3)本系统电源为 AC 220 V,备用电源为 DC 24 V,AC 220 V 失电时 DC 24 V 自动转换上去,并发出声光报警信号。

4.2   监测报警系统工作原理

(1)监测报警系统由光耦板,AJ 板,DJ 板,继电器板,压力、温度继电器,压力、温度传感器,接线箱等组成。光耦板、AJ 板、DJ 板、继电器板放在集控室中;接线箱、温度传感器等安放在机舱及与主机相关的位置上。

(2)监测报警信号的输入主要来自开关量信号,开关量信号来自压力、温度等继电器。继电器动作设定值是可调的,一般把设定值调整到希望报警的参数值,当参数达到这一数值时,就会报警。

5   安全保护功能

5.1   飞车保护功能

当主机转速 ≥1150 r/min 时发出停车信号,使主机停车。

5.2   故障停车功能

出现下列情况之一时,产生故障停车信号:
(1) 主机滑油压强过低时:$n > 600$ r/min,滑油压强 ≤0.2 MPa;$n < 600$ r/min,滑油压强 ≤0.1 MPa。
(2) 齿轮箱滑油压强:$P < 0.2$ MPa。
(3) 主机超速运行时:$n \geq 1150$ r/min。

5.3   紧急停车

驾驶台设有"紧急停车"按钮,按下此按钮,紧急停车电磁阀运作,主机停机并报警。

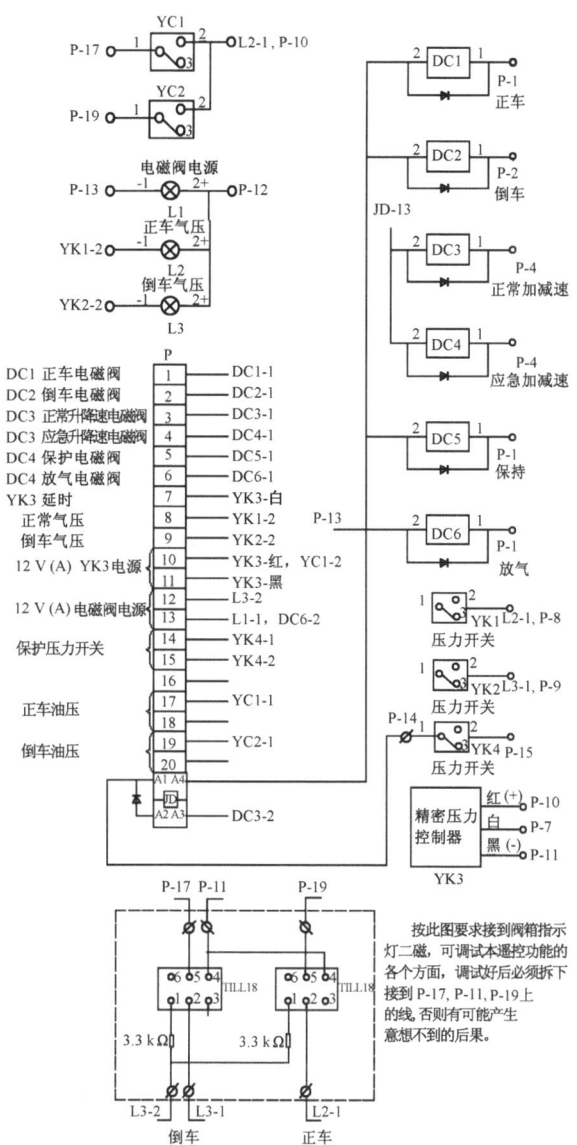

图 4　调试图

5.4　安全保护功能调试

5.4.1　飞车保护功能试验

在不启动柴油机的情况下,利用过程校准仪在转速传感器的输入端加入频率信号。当转速 $n \geqslant 1150$ r/min 时,柴油机紧急停车电磁阀运作,并发出紧急停车声光报警。

5.4.2　主机滑油压力过低保护功能试验

(1) 在不启动柴油机的情况下,首先将手持压力钳连接到滑油压力继电器的进油口($n < 600$ r/min),将压强打到 0.2 MPa 以上,使滑油压力继电器运作;再利用过程校准仪在转速传感器的输入端加入频率信号,使稳定启动转速 $< n < 600$ r/min,此时泄放手持压力钳的压力使其缓慢下降,当滑油压强 $\leqslant 0.2$ MPa 时,滑油压力继电器报警,柴油机紧急停车电磁阀运作,并发出紧急停车声光报警。

(2) 在不启动柴油机的情况下,首先将手持压力钳连接到滑油压力继电器的进油口($n > 600$ r/min),将压强打到 0.1 MPa 以上,使滑油压力继电器运作;再利用过程校准仪在转速传感器的输入端加入频率信号,使转速 $n > 600$ r/min,此时泄放手持压力钳的压力使其缓慢下降,当滑油压强 $\leqslant 0.1$ MPa 时,滑油压力继电器报警,柴油机紧急停车电磁阀运作,并发出紧急停车声光报警。

5.4.3　齿轮箱滑油压力低保护功能试验

在不启动柴油机的情况下,首先将手持压力钳连接到齿轮箱滑油压力继电器的进油口,将压强打到

0.2 MPa以上,使滑油压力继电器动作;通过短接方式模拟齿轮箱已接排,此时泄放手持压力钳的压力使其缓慢下降,当滑油压强≤0.2 MPa时,齿轮箱滑油压力继电器报警,柴油机紧急停车电磁阀动作,并发出紧急停车声光报警。

6 常见故障分析

该船常见故障分析及排除方法见表2。

表2 常见故障分析及排除方法

序号	故障现象	故障原因及排除方法
1	控制面板指示灯都不亮	(1)首先旋动调光按钮至最大,若灯亮说明调光没调好。 (2)检查空气开关是否关闭或跳闸。 (3)检查保险丝是否已烧毁。
2	温度显示不准	使用过程校验仪重新校正温度变送器,如有损坏应换新。
3	压力显示不准	(1)检查24 V电源,重新校对线路。 (2)将压力变送器拆卸送校。
4	某车钟显示板上某指示灯熄灭	(1)按试灯按钮,若亮说明印刷线路板或线路接头处有故障。 (2)关掉电源,用12 V电源串联一个1 kΩ电阻连在指示灯两端,看发光二极管是否亮,不亮说明管子损坏。
5	空车时,到柴油机的调速空气建立不起来,阀箱中相应压力表无气压指示	(1)检查气源板上送出的气压是否在0.7 MPa左右,低于0.58 MPa时,YK4触点断开,DC4失电,故空气管路不通。 (2)检查JL1、JL2是否被堵,或者调得太小,特别是JL1。
6	复合操纵器到进一位置而不接排	(1)检查一下电磁阀箱的接排指示灯是否亮。若亮,说明遥控装置正常,是齿轮箱的故障。 (2)若灯不亮,首先检查气压是否正常。 (3)检查可编程控制器的接排输入、输出灯是否亮。 正车接排输入灯号为PLC上的I32.0。 正车接排输出灯号为PLC上的Q32.0。 若PLC上的I32.0输入信号灯亮,而PLC上的Q32.0输出灯不亮,则PLC故障;若PLC上的I32.0输入信号灯不亮,则检查外围线路板。 倒车接排输入灯号灯为PLC上的I32.1。 倒车接排输出灯号灯为PLC上的Q32.1。

7 结束语

此次修理1000 t水船主机遥控监控系统,解决了原厂家的设计遗留问题。同时为了更直观地观察报警数据,此次将电脑温度巡回监测控制仪与内燃机电脑检测报警仪数据进行连接,解决了两个仪表上相同报警点不能同时报警的问题。本文编写了该系统的调试方法并画了调试原理图,整理绘制多份图纸资料,为其他人员对该系统的修理提供技术指导;并使参与人员对单片机与PLC为共同控制核心部件的系统有了进一步的认识,为后续其他舰船的修理提供了帮助。

【参考文献】

[1]王永华.现代电气控制及PLC应用技术[M].北京:北京航空航天大学出版社,2008.

基于独立式主机二阶力矩平衡器的减振研究

刘永歆　杨述闯　唐传安　王　旭

（大连船舶重工集团有限公司）

摘　要：本文结合 WÄRTSILÄ 主机及平衡器生产厂家的要求，通过对主机二阶不平衡力矩的起因，平衡器设备的选型、安装和调试等展开研究与设计，完成了某型矿砂船独立式主机二阶力矩平衡器的实船应用。

关键词：主机二阶力矩；平衡器；舵机室；单位功率不平衡力矩

0　前言

某型矿砂船所选用的 WÄRTSILÄ 主机，资料显示其单位功率不平衡力矩（Power Related Unbalance，简称 PRU）已超过 WÄRTSILÄ 认定的需要进行二阶不平衡力矩补偿的上限值 120（N·m）/kW，极易造成工作区域振动超标，继而影响设备正常工作和船体结构安全，需要采取防范措施。然而 WÄRTSILÄ 于 2005 年发布技术通函，声明"将不在主机上安装任何形式的二阶力矩平衡器"，船厂需要自行寻求解决方案。

此外，少气缸数（缸数少于 7 个）主机二阶不平衡力矩引发的问题比较突出，而目前对这种设计方法的研究较少，故有必要进行深入的探讨。

本文研究的矿砂船所选主机型号为 WÄRTSILÄ 6RT-flex82T，其最大持续输出功率为 27120 kW（80 r/min）。

1　主机二阶不平衡力矩的定义、起因与影响

1.1　定义

主机二阶不平衡力矩为主机各缸二阶往复惯性力（在曲轴转一圈的时间内周期性地迫使柴油机向下和向上各振动两次，其振动圆频率为的主机转速两倍）对柴油机重心构成的合成力矩。

1.2　起因

一方面，主机为了获得更好的动力性和经济性，新一代的船舶柴油机具有更大的行程缸径比，不断向超长或长行程、更低转速和更高燃烧压力的方向发展。另一方面，船厂从经济性考虑，选用少气缸数（缸数少于 7 个）的主机越来越多。主机单缸功率大、缸数少，且活塞行程较长，单缸往复质量大，使得二阶往复惯性力矩之和难以平衡，故产生周期性的垂向振动。现以 WÄRTSILÄ RTA 84T-D 和 MAN B&W S70ME-C7 这两型主机为例，浅析 PRU 随气缸数增加而产生的变化，具体见表 1。

表 1　PRU 与气缸数对照表

WÄRTSILÄ RTA 84T-D			
气缸数（个）	5	6	7	8
PRU［（N·m）/kW］	227	132	33	0
MAN B&W S70ME-C7			
气缸数（个）	5	6	7	8
PRU［（N·m）/kW］	194	112.6	28	0

从上面的表格可以看出，随着气缸数的增加 PRU 值降低较为明显，这是由于二阶往复惯性力相对主机重

心的力矩分布更趋于均衡,以致 PRU 值趋于零。

1.3 影响

主机二阶不平衡力矩过大将会引起船体振动加剧,导致振动加速度超过 ISO 6954—2000(E)要求的范围,可能会影响交船。振动过大还会造成机械设备部件的疲劳破坏,影响机器和仪器的正常工作,以致影响整个船舶的正常使用,并可能造成威胁船舶安全的后果。此外,大量高技术精密仪器、设备的使用和不断提高的居住舒适性需求,都对船舶振动的要求越来越高,而高强度钢的使用以及为减轻重量而采取的结构优化措施,又使得船舶更加"柔软",更易于振动。为了控制主机二阶不平衡力矩引起的振动,必须采取应对措施以获得可接受的减振效果。

2 独立式主机二阶力矩平衡器的选型、安装设计和调试

2.1 原理

由于二阶力矩为二阶往复惯性力矩,故只有垂直分量。在柴油机的正常运转范围内 4、5、6 缸柴油机的二阶力矩会引起船体的 4~5 节垂直振动,为了控制振动的产生,必须安装二阶力矩平衡器。与传统式安装于主机本体的平衡器原理相似,独立式平衡器以两倍于主机曲轴角速度运行,并产生周期性垂向反作用力于船体,此反作用力与主机二阶力矩产生的不平衡力相抵消,从而达到减振的作用,其原理见图 1。

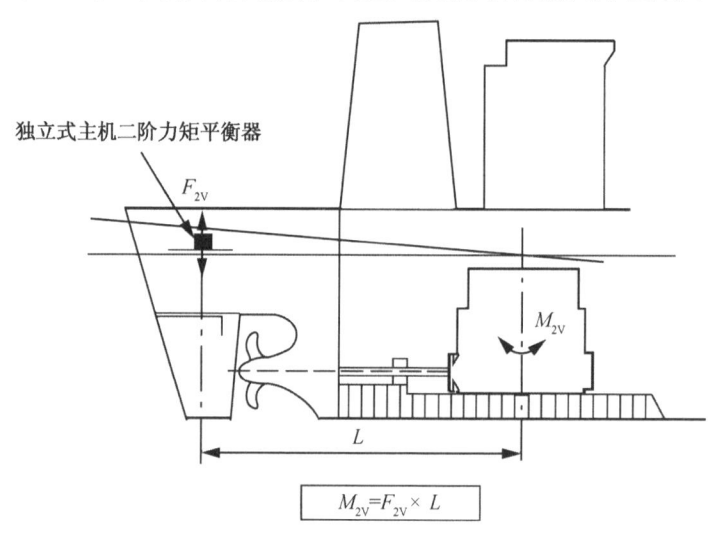

图 1　平衡器减振示意图

此种独立式平衡器一般布置于舵机室,它对于振动节点的位置不敏感,而且此处的振幅最大,可以起到最明显的平衡效果。

2.2 评估

由于主机二阶不平衡力矩的影响表现在船体结构的响应,主要有船体梁垂向振动响应,以及围壁烟囱和上层建筑纵向振动响应。故在订购平衡器之前,务必请总体设计专业对二阶不平衡力矩的影响进行评估。如果评估结果显示工作区域和上层建筑的振动加速度都超过 ISO 6954—2000(E)界定的范围,而改变船体梁剖面属性结构重量付出代价过大且效果不佳的情况下,则可以订购平衡器进行力矩补偿。

2.3 选型

从平衡器的原理可以看出,选型需要提供主机转速 n、二阶力矩值 M_{2v} 和主机重心至平衡器中心的纵向长度 L。

本型矿砂船所用主机,其二阶力矩值无法从主机安装手册直接查出,需根据式(1)计算得出:

$$M_{2v} = M_{2v1} \times (n/n_1)^2 \tag{1}$$

式(1)中 M_{2v1} 可由主机安装手册直接查得。

纵向长度 L 的确定:如图 1 所示,只要在舵机室船体中心线上找到合适的安装位置,然后确定平衡器中心与主机中心的纵向距离 L,就可以确定平衡器所需的平衡力。由于不平衡力矩值是一定的,故 L 的值越大,所需的平衡力就越小,故建议平衡器尽可能地远离主机。本船根据实际布置,L 值选为 25.6 m,平衡器选型所需

参数见表2。

表2　平衡器选型所需参数表

平衡器选型参数表	
主机型号	WÄRTSILÄ 6RT-flex82T
最大持续输出功率	27120 kW（80 r/min）
合同约定最大持续输出功率	23940 kW（74.7 r/min）
二阶力矩值	3772 kN·m
纵向长度 L	25.6 m

厂家 Gertsen & Olufsen AS 根据表2参数，推荐平衡器的型号为 C-600A2，其外形见图2。

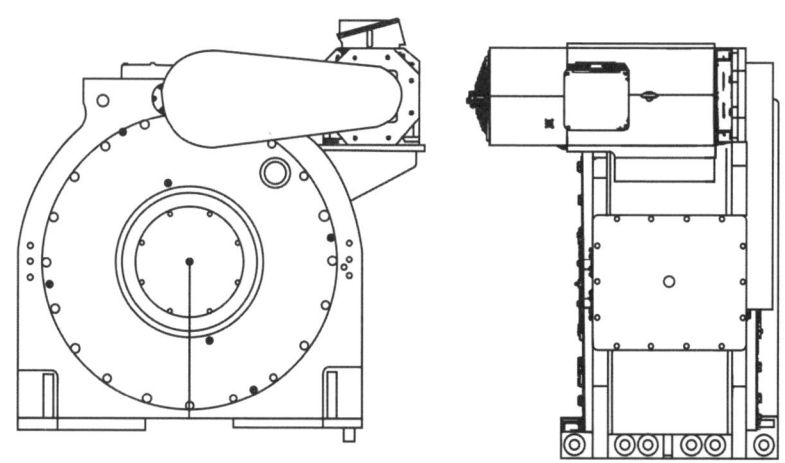

图2　平衡器外形图

2.4　基座及加强

基座的设计：由于平衡器产生周期性的较大力矩，故其基座需要严格按照平衡器厂家的推荐进行设计。设计的一般原则为：基座的筋板按船体肋位分割布置在船体强结构上，典型图见图3。

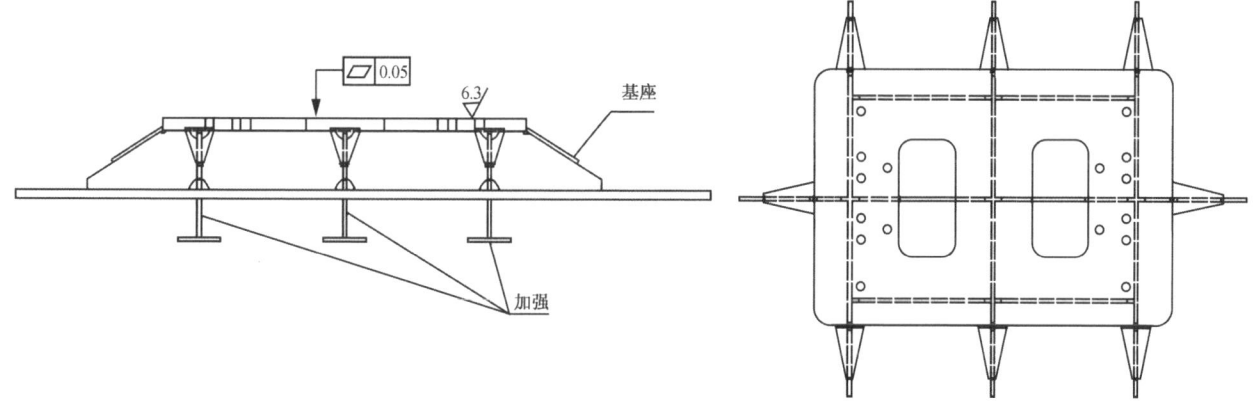

图3　平衡器基座及加强典型图

2.5　调试

（1）试验方法

在主机磨合试验完成之后，主机和力矩平衡器以 60 r/min 的转速启动，并以每步2转的速度从 60 r/min 增加到76 r/min。

（2）测量位置

在舵机室艉横梁垂直方向和在桥楼水平纵向。

（3）测量条件

确保可靠测量的重要参数是在平静的海面、深水，是船舶在一个不变的载荷条件、主机转速稳定的状态下进行测量的。

2.6　验证

在舵机室和驾驶室设置振动测量点，分别对平衡器运行和关闭两个状态的振动情况进行测量，测得数据，

见图 4 和图 5。

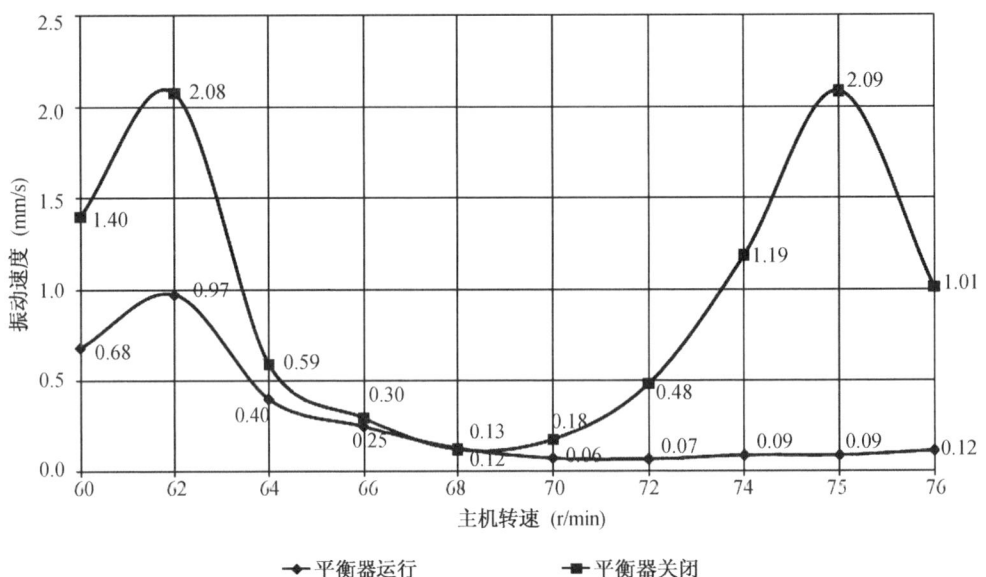

图 4　舵机室振动效果对比图

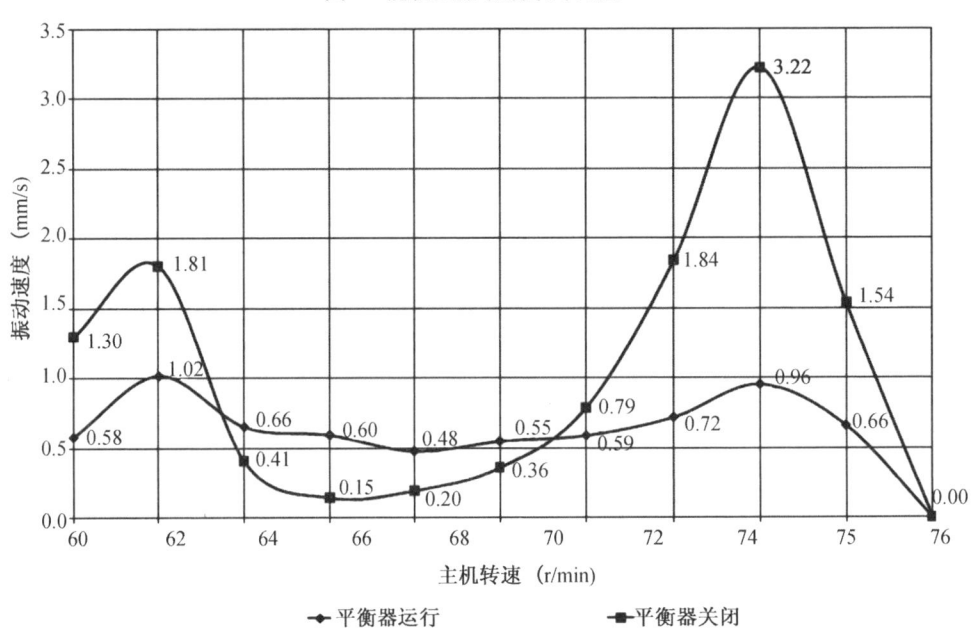

图 5　驾驶室振动效果对比图

从以上测量数据对比来看,平衡器减振效果较为明显。

3　结语

为消除主机二阶不平衡力矩带来的不良影响,在修改船体结构代价过大的前提下,选用独立式主机二阶力矩平衡器不失为一种简便、高效的解决方案。如选型得当,主机二阶不平衡力矩引起的船体振动完全可以做到"可防可控"。

【参考文献】

[1] 孙培廷.船舶柴油机[M].大连:大连海事大学出版社,2002.

[2] 李斌,孙培廷,黄连中.船舶柴油机的振动与平衡[J].世界海运,2001,24(2):55-56.

[3] WÄRTSILÄ RT-flex82T Marine Installation Manual[S].2009.

浅析多用途海工船危险区域用电气设备选型

刁凤磊[1]　李春鹏[2]　司忠良[3]

（1. 大连船舶工业工程公司；2. 青岛海德威科技有限公司；3. 大连中远船务工程有限公司）

摘　要：本文简要分析了多用途海工船在载运不同货物时，危险区域划分、防爆电气设备选型以及非防爆电气设备在危险区域中的选用等问题。

关键词：多用途海工船；危险区域；防爆电气设备；选型

0　前言

本文以多用途海工船（AHTS/Supply/Oil Recovery Vessel）为例，根据不同的作业情况，着重对危险区域划分、防爆电气设备在不同危险区域中的选型以及非防爆电气设备在 1 类气体危险区域中的应用进行分析和探讨。

1　危险区域划分

1.1　目的：通过对危险区域进行准确的识别和分类，以便有区别地、合理地对防爆电气设备进行选型。

1.2　定义：根据爆炸性环境存在的可能性和持续的时间把危险场所划分为不同的区域。

1.2.1　气体危险区域：系指可燃气体、爆炸性气体或蒸气易聚集至危险浓度的区域。气体危险区域可划分为 0 类、1 类和 2 类：

0 类：爆炸性环境中爆炸性混合物以气体、蒸气或薄雾形式连续出现或长时间存在的场所。

1 类：在正常运行时，爆炸性环境中可能会出现气体、蒸气或薄雾形式的爆炸性混合物的场所。

2 类：在正常运行时，爆炸性环境中不太可能出现气体、蒸气或薄雾形式的爆炸性混合物，如果出现也只是偶尔发生并且短时间存在的场所。

通常情况下，"短时间"是指持续时间不多于 2 个小时。

1.2.2　粉尘场所划分为 20 区、21 区和 22 区。

1.3　多用途海工船（AHTS/Supply/Oil Recovery Vessel）危险区域和安全区域划分：

1.3.1　在进行 ORO 作业时，根据中国船级社《钢质海船入级规范》要求，下列区域属于气体危险区域：

（1）0 类危险区域

① 回收油贮存舱（见图 1）。

② 属于回收油围护系统的管路和容器的内部。

（2）1 类危险区域

① 与回收油贮存舱相邻接的隔离舱或其他处所（见图 2）。

② 属于回收油输送系统的管路法兰、阀、软管、泵和其他设备所在的围蔽或半围蔽处所。

③ 距分离器、回收油输送系统的软管和阀、回收油贮存舱开口和泵舱或隔离舱等 1 类危险处所的开孔 3 m 以内的开敞甲板处所，包括半围蔽处所（见图 2）。

④ 回收油贮存舱上的开敞甲板区域及其前后各加 3 m，高度为 2.4 m 的空间（见图 3）。

（3）2 类危险区域

① 储存已排放或排空回收油泵、软管和其他设备的围蔽或半围蔽处所。

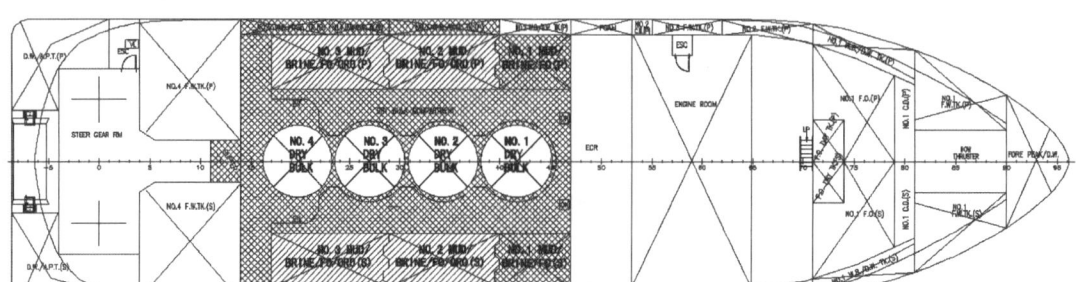

图 1　AHTS/Supply/Oil Recovery Vessel 危险区域划分控制平台平面俯视图 1

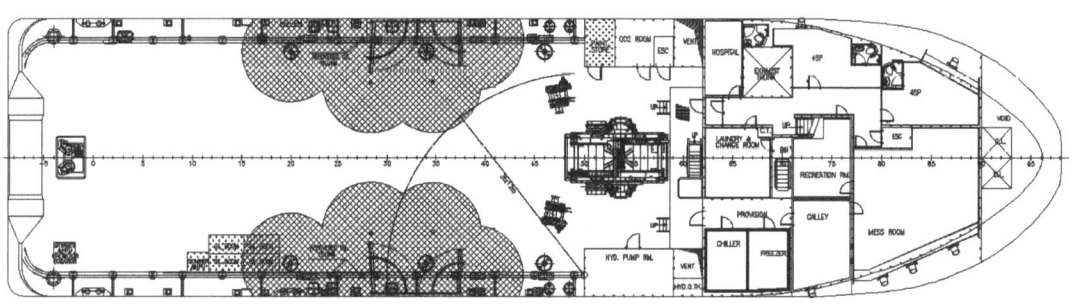

图 2　AHTS/Supply/Oil Recovery Vessel 危险区域划分主甲板平面俯视图

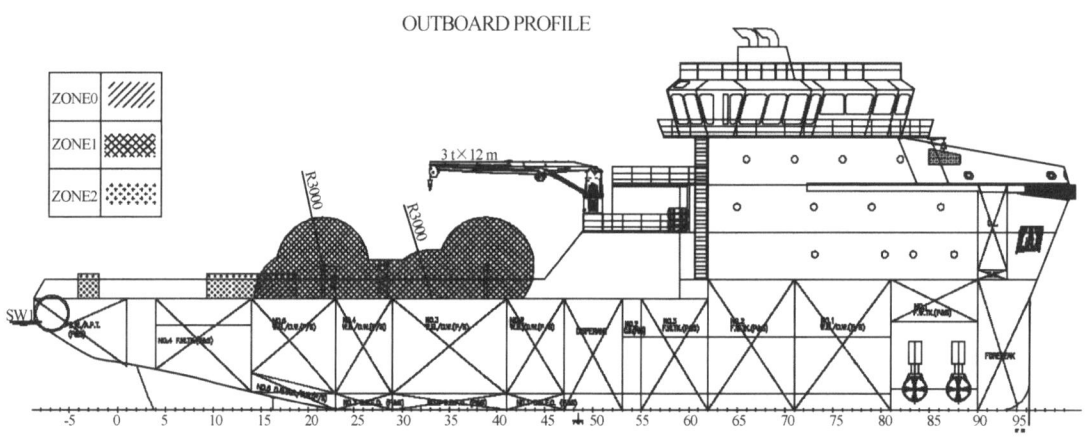

图 3　AHTS/Supply/Oil Recovery Vessel 危险区域划分侧视图

1.3.2　在进行 LHNS 作业时，仅 MUD/BRINE/FO/ORO 舱为 2 类危险区域（见图 4）。

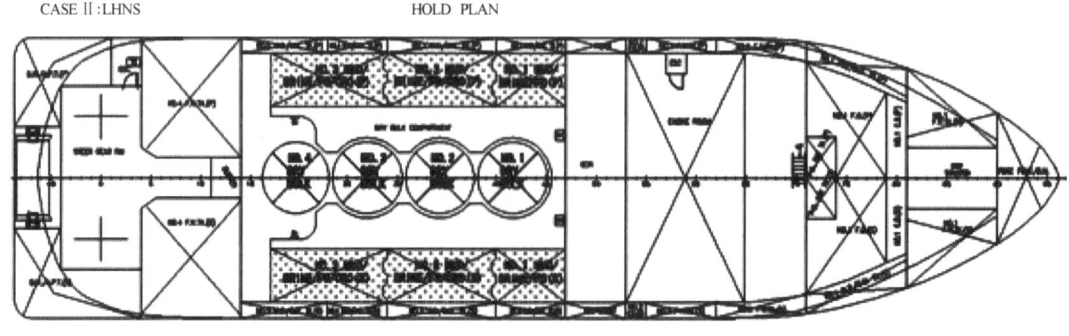

图 4　AHTS/Supply/Oil Recovery Vessel 危险区域划分控制平台平面俯视图 2

1.3.3　上述气体危险区域以外的区域为安全区域。

2　危险区域防爆电气设备选型

2.1　根据区域类别选型

防爆类型选型如表 1 所示。

表 1　防爆类型选型表

危险区域	电气设备类型	符号	典型区域
0 类	1. 本质安全型（ia 级）	ia	液货舱
	2. 其他特别为 0 类设计的电气设备（特殊型）	s	
1 类	1. 适用于 0 类危险区域的设备		液货泵舱、隔离空舱
	2. 隔爆型	d	
	3. 增安型	e	
	4. 本质安全型	ib	
	5. 充油型	o	
	6. 正压型	p	
	7. 充砂型	q	
	8. 浇封型	m	
2 类	1. 适用于 0 类或 1 类危险区域的设备		在装卸货时爆炸性气体可能扩散的区域
	2. 无火花型	n	
	3. 表面温度不超过 200 ℃，且在使用中无引燃源的设备		
	4. 有外壳防护等级为 IP55 及以上，且表面温度不超过 200 ℃ 的设备		

2.2　根据设备、气体、温度组别选型

爆炸性气体的分类、分级、分组见表 2。设备温度组别见表 3。

表 2　爆炸性气体的分类、分级、分组表

类和级	最大试验安全间隙 $MESG$（mm）	最小点燃电流比 $MICR$	引燃温度（℃）与组别					
			T_1	T_2	T_3	T_4	T_5	T_6
			$T>450$	$450 \geqslant T>300$	$300 \geqslant T>200$	$200 \geqslant T>135$	$135 \geqslant T>100$	$100 \geqslant T>85$
I	$MESG=1.14$	$MICR=1.0$	甲烷					
II A	$0.9<MESG<1.14$	$0.8<MICR<1.0$	乙烷、丙烷、丙酮、苯乙烯、氯乙烯、氨苯、甲苯、苯、氨、甲醇、一氧化碳、乙酸乙酯、乙酸、丙烯腈	丁烷、乙醇、丙烯、丁醇、乙酸丁酯、乙酸戊酯、乙酸酐	戊烷、己烷、庚烷、癸烷、辛烷、汽油、硫化氢、环己烷	乙醚、乙醛		亚硝酸乙酯
II B	$0.5<MESG \leqslant 0.9$	$0.45<MICR \leqslant 0.8$	二甲醚、民用煤气、环丙烷	环氧乙烷、环氧丙烷、丁二烯、乙烯	异戊二烯			
II C	$MESG \leqslant 0.5$	$MICR \leqslant 0.45$	水煤气、氢、焦炉煤气	乙炔			二硫化碳	硝酸乙酯

表3　设备温度组别表

温度组别	电气设备的最高表面温度(℃)	典型气体/蒸气及其引燃温度(℃)
T1	450	甲烷(537)、氨(630)、氢(560)
T2	300	丁烷(365)、乙炔(305)
T3	200	汽油(混合气体,220~280)
T4	135	乙醚(160)、乙醛(140)
T5	100	二硫化碳(102)
T6	85	硝酸乙酯(88)

通过分析船舶运载危险货物或可能出现的爆炸性混合物类型,有针对性地选用防爆设备。

2.3　多用途海工船(AHTS/Supply/Oil Recovery Vessel)货舱区域设备选型举例

(1)在进行 ORO 作业时,以下系统或设备需要使用或工作,根据中国船级社《钢质海船入级规范》要求,防爆电气设备选择型号至少具有温度组别 T3、设备类别ⅡA(见表4)。

表4　防爆电气设备选用表

系统名称	典型设备	防爆型号
液位监测报警系统	液位开关	Ex ia / Ⅱ C T5
	液位传感器	Ex ia / Ⅱ C T5
照明系统	灯具	Ex de / Ⅱ C T4
	开关	Ex d / Ⅱ C T6
火灾探测系统	探头	Ex ia / Ⅱ C T5
	手动报警按钮(MCP)	Ex ia / Ⅱ C T5
通风系统	风机	Ex d / Ⅱ B T4
水密门控制系统	遥控按钮	Ex d / Ⅱ B T6
	限位开关	Ex d / Ⅱ A T3
	报警灯铃组	Ex d / Ⅱ B T6

(2)在进行 LHNS 作业时,仅液位监测报警系统在 2 类危险区域环境下工作,此时,仅液位开关(Level Switch)和液位传感器(Level Sensor)选用防爆型号。

(3)在进行 AHTS/运输消耗品(淡水、柴油、液体泥浆、盐水等)作业时,货舱属于非危险区域,与之相关的系统或设备可以选用非防爆型号(见表5)。

表5　非防爆电气设备选用表

系统名称	典型设备	备注
电力二次系统	货舱动力分电板	ORO 作业时,严禁使用
干散货处理系统	干散货压缩机	ORO 作业时,严禁使用
	空气干燥器	ORO 作业时,严禁使用
	应急切断按钮	ORO 作业时,严禁使用
泥浆货运系统	泥浆搅拌器	ORO 作业时,严禁使用
	启动器	ORO 作业时,严禁使用
货油输送系统	燃油输送泵	ORO 作业时,严禁使用
	启动器	ORO 作业时,严禁使用
货物盐水系统	盐水输送泵	ORO 作业时,严禁使用
	启动器	ORO 作业时,严禁使用
货物淡水系统	淡水输送泵	ORO 作业时,严禁使用
	启动器	ORO 作业时,严禁使用

3　危险区域选用非防爆电气设备优缺点及其他选用方案

(1)优点:利用船舶多用途的功能,根据不同作业时的特点,在同一货舱区域内部,防爆电气设备和非防爆电气设备混合选用,降低全部选用防爆电气设备的成本,使设备的安全性和经济性达到统一;从成本上提高该船型的市场竞争力。

(2)缺点:危险区域(ORO 作业时)中安装非防爆电气设备,存在因非专职人员误操作造成的安全隐患。

(3)改进方案:在 ORO 作业时,设置警示标志,防止非专职人员使用货舱内非防爆电气设备或者接通电源。

(4)其他方案:目前船舶辅助机械设备大部分是依靠电动机驱动的,如果需要布置在危险区域时,设备的型号又需要选择防爆类型(虽然可以根据上述分析,依照船舶不同的作业特点,将非防爆设备布置在危险环境中,但是前提条件必须是这些设备在 ORO 作业时不需要工作和供电)则这种选型方法无法满足在 ORO 作业时正常使用或工作的设备。

如果这些辅助机械设备不使用电动机驱动,而使用液压驱动,即电液式,液压设备由电动设备进行遥控操作;那么这些辅助机械设备(泥浆搅拌器、燃油输送泵、盐水输送泵、淡水输送泵以及回收油泵等)的工作将不再受危险区域的限制。例如:在主甲板或其他安全区域布置液压动力装置,通过液压管路将电磁阀箱与各个泵连接起来,利用高低压油的转换而做功来驱动泵工作(见图5)。

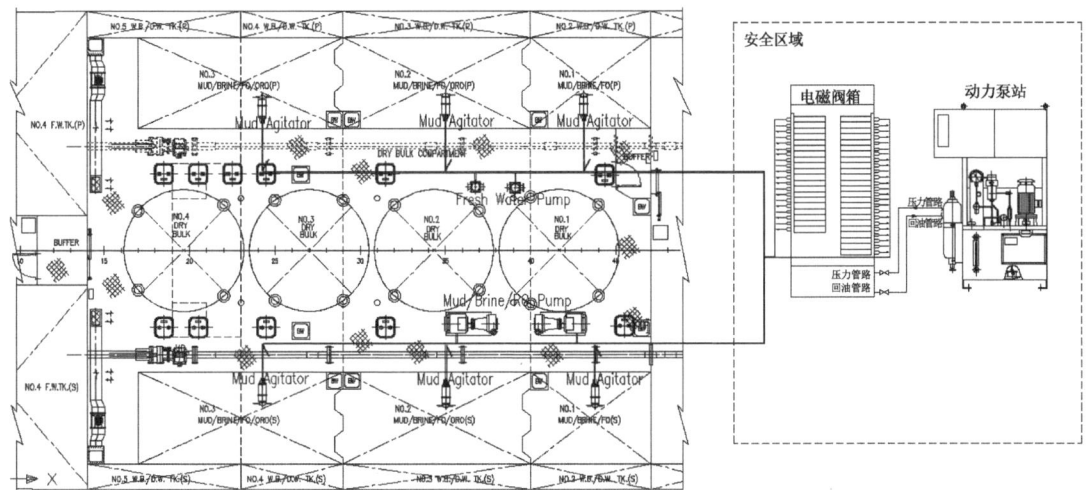

图 5　液压遥控系统图

4　结束语

上述的研究方案已经在实船设计中得到了应用,并且获得了船东和船级社的认可和认证。希望依托具体实船的设计研究和建造,打破常规的设计思路,寻求改进方案,提高我国在海洋工程辅助船方面的研发设计和建造技术水平,实现"兴船报国,超越创新"的目标。

【参考文献】

[1]中国船级社.钢质海船入级规范[M].北京:人民交通出版社,2012.
[2]IEC 60079—0:2007 爆炸性环境.

基于 ANSYS Workbench 的两种船用柴油机基础座模态分析

孙 斌 聂恩伟 李 华

（大连船用柴油机有限公司）

摘 要：基础座是船用柴油机生产过程中的重要设备，基础座的选用是否合适，对主机交机台架试验过程中的振动有很大影响。本文通过 UG 三维建模软件建立两种柴油机基础座的三维模型，在 ANSYS Workbench 仿真平台中完成两种基础座的固有特性分析，得到两种基础座前六阶非零固有频率及振型，为基础座的选型以及进一步的结构优化提供依据。

关键词：船用柴油机；基础座；固有频率；模态分析；ANSYS Workbench

0 前言

主机基础座是船用柴油机生产过程中一个重要的设备，我公司在生产过程中主要有两种基础座。由于我公司生产的柴油机型号较多，在主机交机台架试验过程中，往往存在某些型号的柴油机与基础座的匹配不良，引起试验台的系统共振的情况。如果交机台架试验过程中出现共振问题，船东往往会认为是柴油机本身的质量问题而拒绝接受。由于普通静力学设计和常规经验设计不能完成对动应力的振型分析，因此对基础座进行动力学下的动态特性分析和动态响应分析是基础座设计和工作可靠性分析中非常重要的过程。本文采用有限元方法对公司现有的两种基础座进行约束模态分析，以得到其固有频率，为基础座的优化设计以及柴油机基础座现场选型装配提供理论依据。

1 ANSYS Workbench 仿真平台简介

ANSYS Workbench 是一个突破 CAD 软件和 CAE 软件局限性的集成研发平台。它已经不仅仅局限于为使用者提供一个用于分析计算的工具，更多的是应用于研发领域，为企业综合应用各种 CAD 和 CAE 软件提供了全新的平台，称为协同仿真环境。在此环境下，可以很好地实现对产品的设计、分析、优化和试验的协同管理，使设计人员、分析人员、试验人员和管理人员在一个平台上实现对各软硬件及数据等资源的共享与交流，极大地提高了设计研发的效率。

协同仿真环境主要包括三个模块，其中 Design Modeler 模块采用基于 CAD 思想的建模方式；Design Simulaion 模块集成了经典 ANSYS 的大部分计算功能，而且计算更加方便；Design Xplorer 模块应用变分技术进行优化设计。协同仿真环境的仿真流程如图 1 所示。

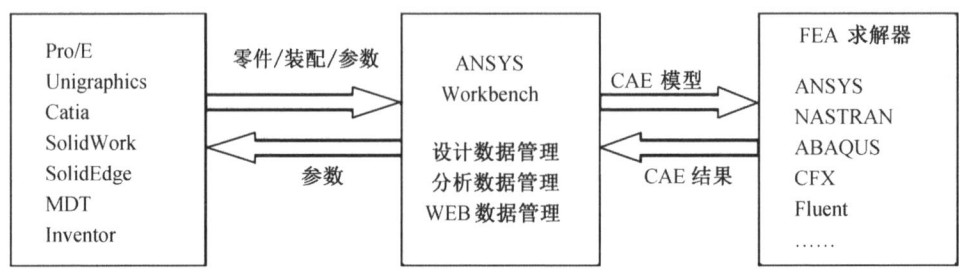

图 1 ANSYS 协同仿真流程

在 ANSYS 协同仿真流程中，CAD 与 CAE 实现参数互动：

（1）CAD 与 CAE 实现模型数据链接与共享。

（2）继承和使用设计参数。

（3）CAD 中修改设计参数则立即刷新 CAE。

（4）CAE 中修改设计参数则立即刷新 CAD。

2　模态分析相关介绍

模态分析技术是机械产品结构设计、优化分析的基础，是近些年来迅速发展起来的一种用来确定结构的振动特性的一种技术。对于一个结构件而言，通过模态分析可以确定其结构的固有频率和主要振型，这样就可以使产品在设计之初避免共振或以特定的频率进行振动。对于已经生产的产品进行模态分析，可以看出其固有频率大小是否合理，主要的振型都有哪些，为以后的新产品生产设计以及结构优化提供了一定的参考和依据。由于一个结构的振动特性会影响到结构对各种动力载荷的响应情况，所以在对基础座进行瞬态动力响应分析之前首先要对其进行模态分析。

根据模态分析的方法和手段不同，可以分为试验模态分析和计算模态分析。试验模态分析通常用橡皮绳悬挂法将机械结构物吊起来以模拟无约束状态，通过对选取的若干测试点施加激励，附在结构上的若干传感器将收集到的信息反馈给数据采集系统，再通过处理设备的分析和曲线拟合得出结构的模态参数（如固有频率、阻尼比、振型等）。计算模态分析是在有限元方法的基础上发展起来的，其优点在于可以在没有生产出实体样机之前，根据设计图纸预知产品的模态参数，并通过改变结构形状抑制或消除这些不好的响应。

3　基础座模态分析

3.1　几何模型创建

本文采用三维建模软件 UG 建立基础座的三维几何模型，通过 UG 与 ANSYS Workbench 的无缝连接，将几何模型导入到 ANSYS Workbench 中进行有限元分析，可以很方便地解决复杂模型导入过程中几何丢失的问题。两种基础座几何模型分别如图 2 和图 3 所示。

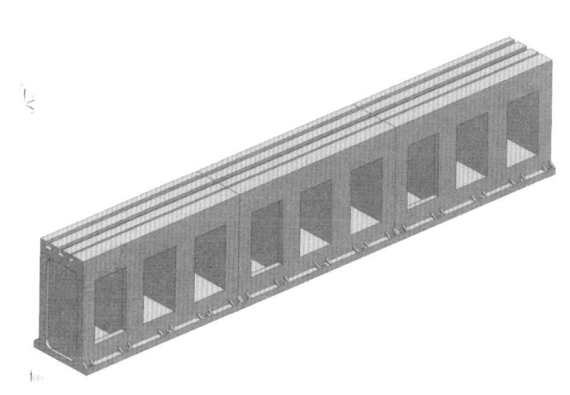
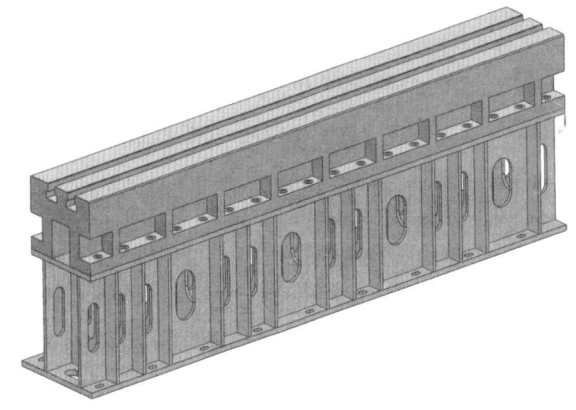

图 2　铸铁基础座 UG 模型　　　　　图 3　焊接基础座 UG 模型

3.2　有限元模型建立

一般在 ANSYS 中进行模态分析时，为了节省计算资源需要对复杂计算模型进行简化，所以考虑到 ANSYS Workbench 能与三维设计进行无缝连接，也为了提高计算精度，故在不影响基础座的动力学特性的前提下，仅对基础座结构中尺寸较小的圆倒角、凸台、螺栓孔等进行了简化处理，然后将简化后的模型导入有限元分析软件中进行分析计算。首先将 UG 中建好的基础座 UG 模型导入 ANSYS Workbench 的 Geometry 模块中进行几何简化处理。然后进行模态分析前基础座的材料参数设置，铸铁基础座材料为 HT400，弹性模量为（1.45E + 11）N/m²，泊松比为 0.27，密度为 7300 kg/m³，焊接基础座上部材料为 HT400，下部结构材料为船用 B 级板，弹性模量为（2.10E + 11）N/m²，泊松比为 0.274，密度为 7830 kg/m³。最后进入 Modal 模块进行网格划分，铸铁基础座网格划分采用四面体网格，网格大小合适，单元尺寸设置为 30 mm，共有 427884 个节点、244119 个网格单元；焊接基础座采用自由网格划分，基础座上部为四面体单元，下部结构为六面体单元。两种基础座的网格模型分别如图 4 和图 5 所示。

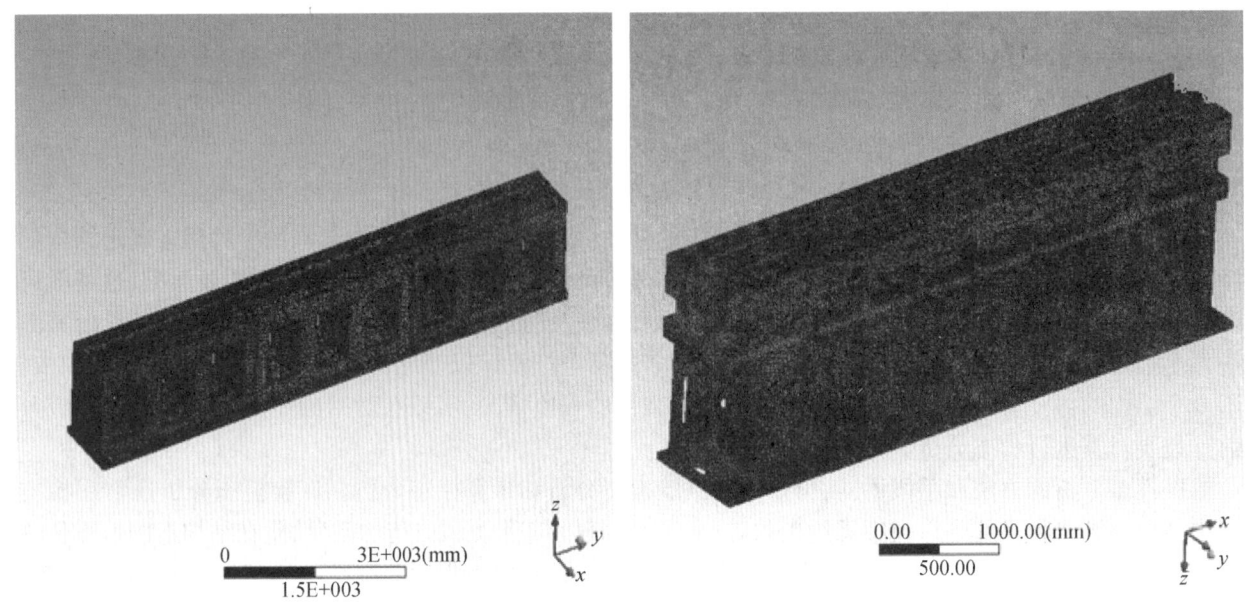

图4 铸铁基础座网格模型　　　　　　　图5 焊接基础座网格模型

3.3 定义边界条件

我们知道,结构的固有频率是由结构本身的质量和刚度决定的。对基础座施加模拟实际条件的约束,必然会影响其结构刚度,所以说边界条件的施加对模态分析中的固有频率和振型起着重要的作用。基础座实际工作时通过底部螺栓与地轨连接固定,为了解基础座在约束状态下的固有频率值,对两种基础座在螺栓的相应位置施加底部固定约束来计算基础座的约束模态。两种基础座分别加固定约束如图6和图7所示。

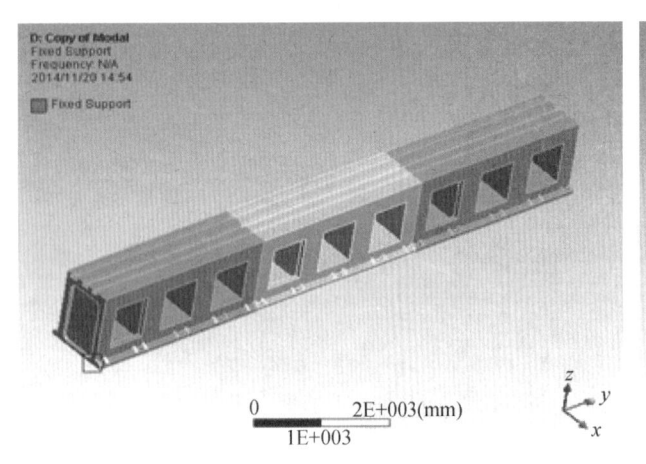

图6 铸铁基础座施加固定约束　　　　　图7 焊接基础座施加固定约束

3.4 模态分析结果

对于机械结构的共振问题,我们一般关心机械结构的较低阶次的频率,因此,我们提取了两种基础座的前6阶模态频率及振型,铸铁基础座前6阶约束模态频率列于表1。

表1 铸铁基础座模态频率

阶数	1	2	3	4	5	6
频率(Hz)	143.61	148.36	156.68	168.1	216.41	242.9

铸铁基础座前6阶约束模态分别如图8至图13所示。铸铁基础座的基频为143.61 Hz。

从第1、3阶约束模态可以看出,主要表现为基础座上部位置绕z轴整体弯曲振动。从第2、4、5阶约束模态可以看出,主要表现为基础座上部位置绕y轴整体扭转振动。第6阶约束模态主要表现为基础座侧面的弯曲振动。

焊接基础座前6阶约束模态频率列于表2,焊接基础座基频为58.02 Hz。焊接基础座前6阶约束模态分别如图14至19所示。

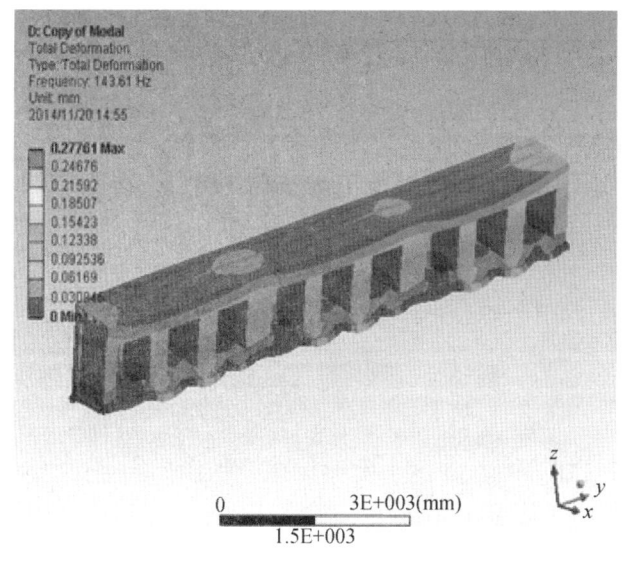

图8　第1阶约束模态

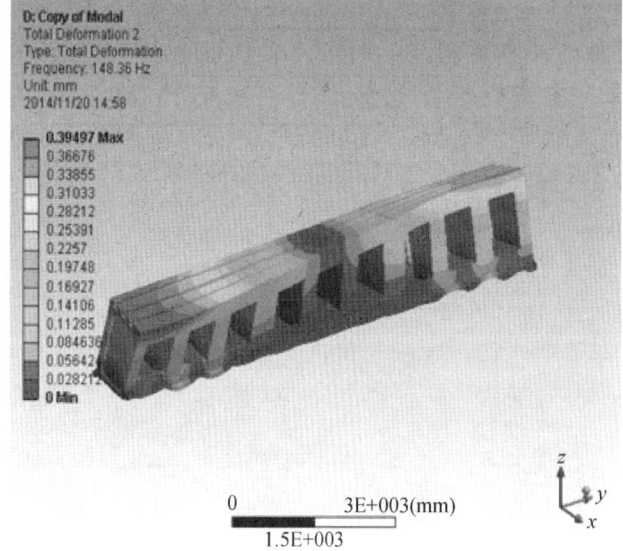

图9　第2阶约束模态

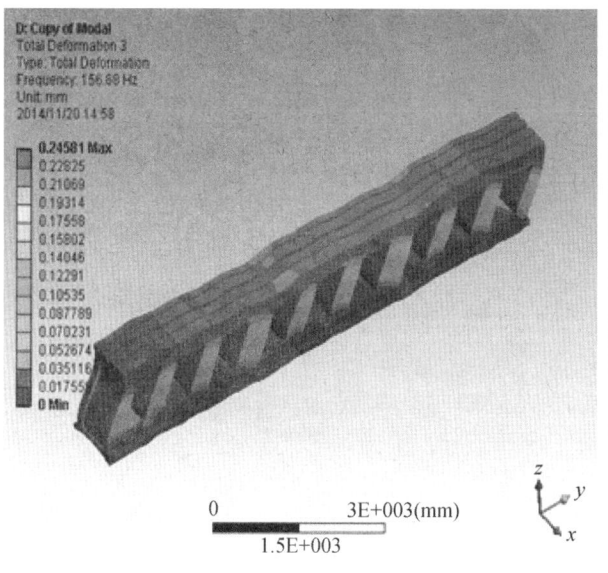

图10　第3阶约束模态

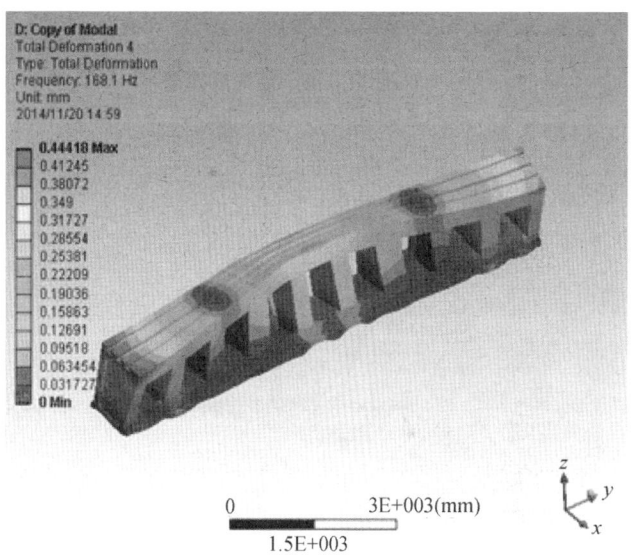

图11　第4阶约束模态

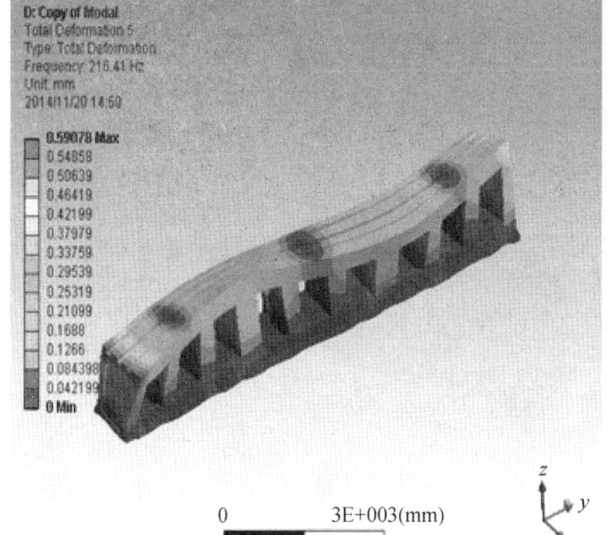

图12　第5阶约束模态

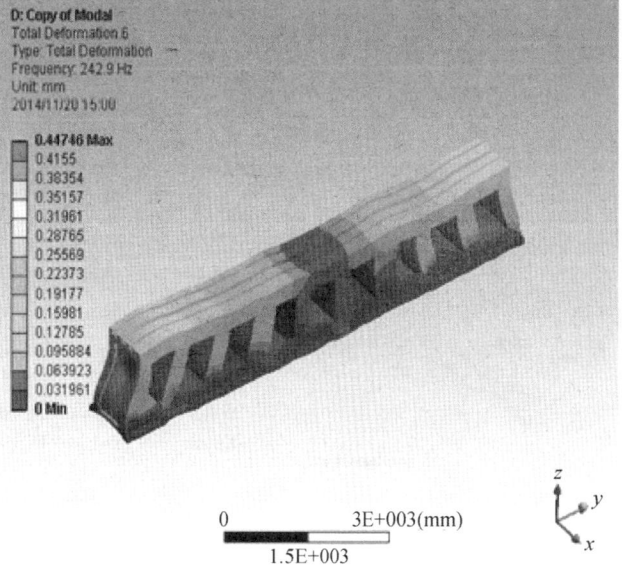

图13　第6阶约束模态

表2　焊接基础座非零模态频率

阶数	1	2	3	4	5	6
频率（Hz）	58.02	69.923	108.41	142.36	198.16	217.78

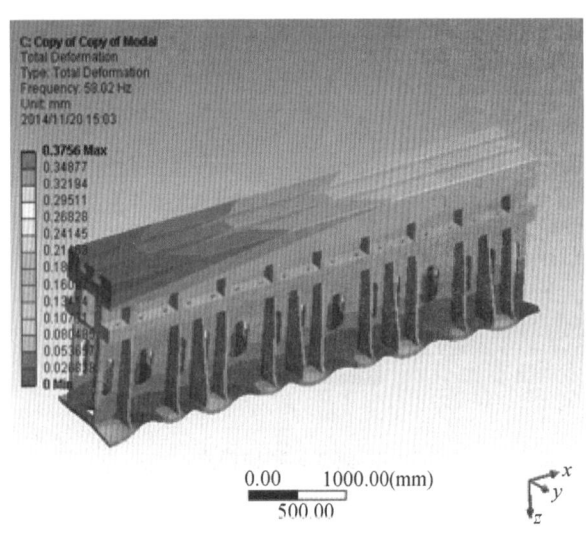

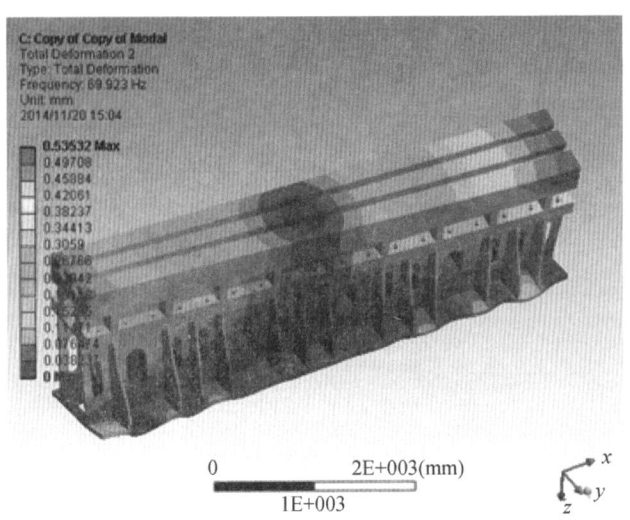

图14　第1阶约束模态　　　　　　　　图15　第2阶约束模态

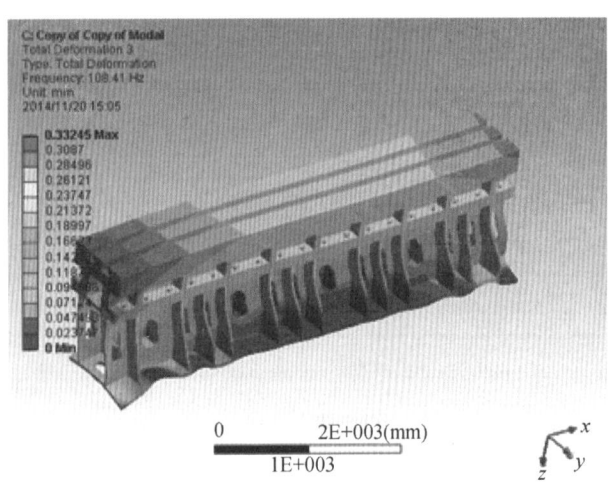

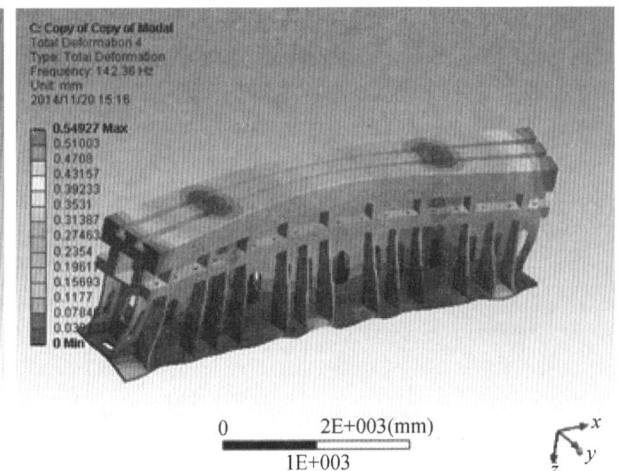

图16　第3阶约束模态　　　　　　　　图17　第4阶约束模态

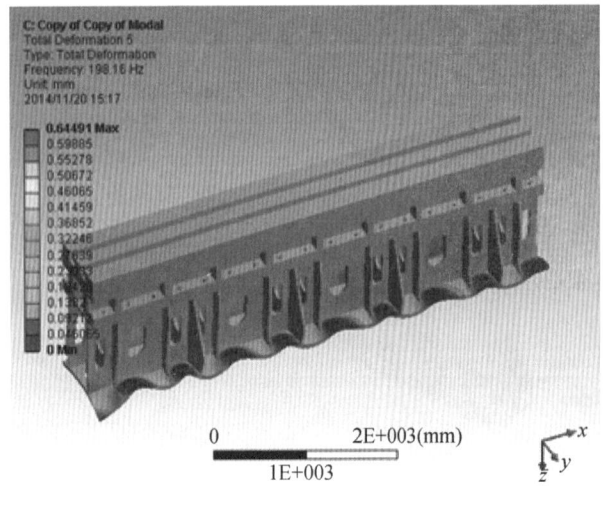

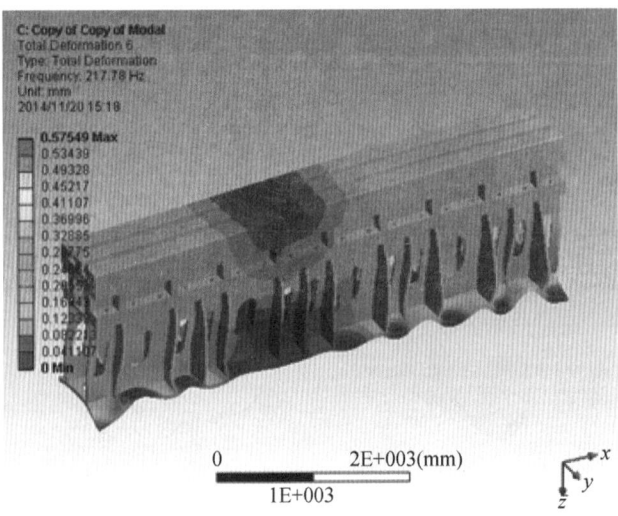

图18　第5阶约束模态　　　　　　　　图19　第6阶约束模态

　　从第1阶约束模态可以看出,主要表现为基础座上部位置绕z轴整体弯曲振动。从第2、4阶约束模态可以看出,主要表现为基础座整体绕x轴整体扭转振动。在第3阶约束模态中,基础座表现为绕z轴的一阶弯曲振动,同时伴随着基础座上端扭转振动。第5、6 阶约束模态主要表现为基础座底部的弯曲振动。

4　结论

（1）利用 UG 和 ANSYS Workbench 软件相结合,对两种基础座进行了三维建模和有限元建模。采用 UG 软件建立基础座的三维实体模型,大大减少了建模的工作量。模型导入 ANSYS Workbench 平台后利用 Geometry 模块简化了三维模型的细小特征,有效提高了网格质量,减少了求解时间,对基础座的模态分析取得了良好的效果。

（2）用 ANSYS Workbench 有限元法对基础座进行模态分析,并运用迭代法计算曲轴的前6阶非零固有频率和模态。从模态变形振型图可以看出,该基础座在低阶频率下,大多数是以扭转变形为主,并且扭转变形最大的部位出现在基础座上端。

（3）由表1频率值可知,铸造基础座最低固有频率值为 143.61 Hz,随着阶次上升,其频率也相应增加。从发动机干扰的可能性考虑,基础座选型时应避开这个频率,发动机的最低固有频率应高于基础座基频,避开共振频率。基础座模态分析是基础座的重要参数之一,所获得的基础座固有频率能够预测与船舶柴油机之间相互干扰的可能性。

（4）对基础座的模态分析便于设计人员很直观地了解基础座各阶固有特性,为基础座后续设计提供依据,在模态分析的基础上通过合理的结构设计优化可以避开共振。同时基础座的模态分析是动力学分析的基础,为后续动态分析提供了依据。

【参考文献】

[1]徐中华,张茜,程伟.基于 UG 和 ANSYS 的四缸曲轴有限元模态分析[J].机械工程与自动化,2009(4):18-19.

[2]高云全,宋涛.曲轴 APDL 三维实体建模与模态分析[J].内燃机与配件,2010(2):101-103.

[3]周海超,左言言,鲍林晓.四缸柴油机曲轴的自由模态分析[J].噪声与振动控制,2010(6):63-64.

[4]鱼春燕.曲轴性能分析及其优化设计[D].镇江:江苏大学,2005.

[5]范校尉,樊文欣.基于 ANSYS 的 R6105 柴油机曲轴的模态分析[J].机械设计与制造,2010(11):37-38.

[6]胡军伟,林运,付先龙.发动机机体自由模态分析及试验验证[J].柴油机设计与制造,2006,14(2):23-26.

[7]孙连科,等.柴油机曲轴有限元分析及结构优化设计[J].拖拉机与农用运输车,2007,34(3):54-57.

浅谈舰船通用管系的防腐与防漏

张科学

（大连辽南船厂）

摘　要：船舶的综合防腐、防漏能力是衡量其可用性、在航率和全寿命期经济效益的重要指标，因此如何最大限度地降低和控制腐蚀及泄漏程度便成为船舶建造水准的重要考核标准之一。本文结合理论，联系实际，对管系防腐选材、表面处理涂装工艺、防腐防漏设计布置、管系电绝缘防腐等进行了简单的介绍，为从事管系设计技术人员提供技术参考。

关键词：管系；防腐防漏；选材；涂装；设计布置；电绝缘

0　前言

管系的腐蚀和传送介质的泄漏为船舶常见问题，问题反复性较强，间接或直接地影响到船舶使用的可靠性。本文将从常见管系管材选取、电绝缘防腐工艺、防腐防漏设计三个方面进行阐述。

1　管材和垫片的基本选用原则

1.1　管材的级别参数划分与选材应用

针对管系内介质的不同属性，正确地选取管系材料是防腐防漏的决定性因素。

1.1.1　管材级别参数划分及选用

我们根据管材所能承受的压强范围值和耐温程度将管材分为三个等级，详见表 1。

表 1　管材的三个等级

管系	Ⅰ 级		Ⅱ 级		Ⅲ 级	
	设计压强（MPa）	设计温度（℃）	设计压强（MPa）	设计温度（℃）	设计压强（MPa）	设计温度（℃）
蒸汽	>1.6	或 >300	≤1.6	和 ≤300	≤0.7	和 ≤170
热油	>1.6	或 >300	≤1.6	和 ≤300	≤0.7	和 ≤150
燃油	>1.6	或 >150	≤1.6	和 ≤150	≤0.7	和 ≤60
其他介质	>4.0	或 >300	≤4.0	和 ≤300	≤1.6	和 ≤200

注：其他介质指空气、水、滑油和液压油等；热油指热油系统的循环油。当管系设计压强和设计温度中任一个参数达到 Ⅰ 级规定值时，即可定为 Ⅰ 级管系；两个参数均达到 Ⅱ 级或 Ⅲ 级规定值时，即定为 Ⅱ 级或 Ⅲ 级管系。

管材级别选材应遵循以下原则：

（1）有毒和腐蚀介质、加热温度超过其闪点的可燃介质和闪点低于 60 ℃ 的介质，以及液化气体等一般为 Ⅰ 级管系。

（2）如设有安全保护措施以防泄漏和泄漏后产生的后果，也可为 Ⅱ 级管系，但有毒介质除外。

（3）货油管系、不受压的开式管系，如泄水管、溢流管、透气管和锅炉放气管等为 Ⅲ 级管系。

（4）满足管内流通的工作介质在压强、温度、流量、抗腐蚀等方面的要求，还应考虑是否受水击、振动等外界环境条件。

1.1.2　常用管材材质的选用

（1）钢管的特性及应用

钢管作为军民船舶建造中最常用的选材，因其价格优廉、易于取材和修复、调质钢材性质覆盖范围较广等诸多优点而被广泛采用。常见的钢管的分类、牌号见表2。

表2　常见钢管的分类、牌号

分类	标准号	材料		
		名称	牌号	标准号
无缝钢管	GB/T 5312—2009 GB/T 14976—2002	普通碳素钢	Q195、Q215、Q235 等	GB/T 700—2006
		优质碳素钢	10、20、30 等	GB/T 699—1999
		合金钢	10Mn2、09Mn2V、16Mn、15MnV、12Mnov 等	GB/T 3077—1999
		不锈钢	0Crl8Ni9、1Crl8Ni9、0Crl8Ni10Ti 等	GB/T 20878—2007
焊接钢管	GB/T 3091—2008	镀锌钢管	Q195、Q215、Q235 等	GB/T 700—2006
		普通钢管	Q195、Q215、Q235 等	GB/T 700—2006

　　无缝钢管是圆坯加热后,经穿管机穿孔轧制(热轧)而成,或者经过冷拔成为外径较小的管子,无缝钢管具有足够的强度、良好的延伸率和工艺性,广泛应用在蒸汽管、燃油管等相对压力较高的管系;焊接钢管由钢板卷曲后经焊接而成,焊接钢管机械性能相对较差,用于输送低压的工作介质。

　　(2)铜管的特性及应用

　　铜管具有较强的耐蚀性,具有很高的塑性;黄铜管路韧性较好;铁白铜管具有最好的耐腐能力、壁薄、质轻,但相对来说造价较高。

　　常用铜管及铜合金管的分类、牌号见表3。

表3　常用铜管及铜合金管的分类、牌号

分类	标准号	材料		
		名称	牌号	标准号
紫铜管	GB/T 1527—2006	紫铜	T1、T2、T3、T4、TP1、TP2、TU1、TU2 等	GB/T 5231—2001
黄铜管		黄铜	H62、H68 等	
		锡黄铜	HSn70-1、HSn62-1 等	
		铅黄铜	HPb59-1 等	
		铁黄铜	HFe59-1-1 等	
铁白铜管		铁白铜	BFe10-1-1、BFe30-1-1 等	

　　紫铜管由纯铜拉制和挤制而成;黄铜管由铜基合金制成,两者相比较紫铜管的韧性稍高一些,黄铜管的强度稍高一些。紫铜管一般用于淡海水、气控制管路;黄铜管一般用于热交换器的管束及通话管;铁白铜管壁薄、质轻,有很高的耐蚀性,一般用于海水冷却管路、水灭火管路、海水冲洗类管路。

1.2　管路垫片的参数选择

　　根据管系的功能用途及管内介质的物化性质,合理地选择管路垫片对管路系统的防漏起到关键性作用。常用管系垫片性质、用途见表4。

表4　常用管系垫片性质、用途

常用垫片参数表			
垫片材料	适用介质	压强(MPa)	使用温度(℃)
芳纶耐油橡胶	燃油、滑油、海水、淡水、压缩空气、空气、烟气和惰性气体	≤4.0	≤200
无毒硅橡胶	淡水、饮用水	0.26~1.6	-50~120
石棉橡胶	压缩空气、空气、惰性气体	0.25~6.0	≤300
丁腈橡胶	耐油性和非溶解性介质	0.26~1.6	0~80
石墨增强复合	燃油、滑油、饱和蒸汽	0.25~4.0	-200~1200
金属缠绕	主要用于排烟、蒸汽	≤32.0	≤200
聚四氟乙烯	空气、海水等高清洁度介质	≤5.0	-150~250

2　管路各系统的表面处理及涂装防腐工艺

　　管材表面处理工艺与涂装工艺相结合能够有效地保护管材,减缓其腐蚀速度。涂料可将金属本体与大气及其他腐蚀介质隔离,起到防止腐蚀、延长金属使用寿命的作用。

2.1　管路系统涂装前环境准备

　　(1)相对湿度应在85%以下,钢板温度应高于露点3℃。

（2）不准在雨天、雪天、雾天时进行露天涂装作业。

（3）所有被涂表面应无油污，无水分，无溶盐。

2.2 常规管路系统的涂装防腐工艺参数

常规管路系统的涂装防腐工艺参数见表5。

表5 常规管路系统的涂装防腐工艺参数

序号	名 称	材质		表面处理	干膜(μm)	备注
1	燃、滑油系统	20	内表面	清洗 + 涂防锈油	20	
			外表面	清洗 + 涂灰色 HJ120 改性环氧通用底漆	125	
2	主机淡水冷却系统	20	内表面	磷化		
			外表面	磷化 + 涂灰色 HJ120 改性环氧通用底漆	125	
3	海水冷却系统	B10	内表面			
			外表面	涂 HJ126 环氧锌黄厚涂底漆	50	
				灰色 HJ120 改性环氧通用底漆	10	
4	液压系统	1Cr18Ni9Ti	内表面	清洗 + 涂防锈油	20	
			外表面	清洗 + 涂 HJ126 环氧锌黄厚涂底漆	50	
				灰色 HJ120 改性环氧通用底漆	100	
5	气控管路压缩空气系统	TP2	内表面	清洗		
			外表面	清洗 + 涂 HJ126 环氧锌黄厚涂底漆	50	
				灰色 HJ120 改性环氧通用底漆	100	
		1Cr18Ni9Ti	内表面	清洗 + 涂防锈油	20	
			外表面	清洗 + 涂 HJ126 环氧锌黄厚涂底漆	50	
				灰色 HJ120 改性环氧通用底漆	100	
6	舱底油污水系统	20	内表面	热镀锌		
			外表面	热镀锌 + 涂灰色 HJ120 改性环氧通用底漆	125	
		B10	内表面			
			外表面	清洗 + 涂 HJ126 环氧锌黄厚涂底漆	50	
				灰色 HJ120 改性环氧通用底漆	100	
7	饮用水、洗涤水管路系统	AISI316L	内表面	清洗		
			外表面	清洗 + 涂 HJ126 环氧锌黄厚涂底漆	50	
				灰色 HJ120 改性环氧通用底漆	100	
		1Cr18Ni9Ti	内表面	清洗		
			外表面	清洗 + 涂 HJ126 环氧锌黄厚涂底漆	50	
				灰色 HJ120 改性环氧通用底漆	100	
8	生活污水系统	20	内表面	热镀锌		
			外表面	热镀锌 + 涂灰色 HJ120 改性环氧通用底漆	125	
		1Cr18Ni9Ti	内表面	清洗		
			外表面	清洗 + 涂 HJ126 环氧锌黄厚涂底漆	50	
				灰色 HJ120 改性环氧通用底漆	100	
		HDR	内表面			
			外表面	清洗 + 涂 HJ126 环氧锌黄厚涂底漆	50	
				灰色 HJ120 改性环氧通用底漆	100	
9	锅炉及排烟系统	20	内表面	热镀锌		
			外表面	热镀锌 + 涂灰色 HJ120 改性环氧通用底漆	125	
		1Cr18Ni9Ti	内表面	清洗		
			外表面	清洗 + 铝粉耐热漆		
		TP2	内表面			
			外表面	涂 HJ126 环氧锌黄厚涂底漆	50	
				灰色 HJ120 改性环氧通用底漆	100	
10	船舶系统通气管和测量管	20	内表面	清洗 + 涂防锈油		碳钢舱外油管
			外表面	热镀锌 + 涂灰色 HJ120 改性环氧通用底漆	125	

3　管系防腐、防漏的设计布置要素

在管系防腐、防漏中,设计布置的合理、实用性对管系的防腐、防漏起到决定性作用,下面就管系的防腐、防漏设计与布局重点做出介绍。

3.1　管系设计布置的一般要求

(1)管系设计应结构合理,根据使用条件及工况选取相应性质的管材并做防腐措施。

(2)普通钢质管材内涂层可采用金属或非金属涂层,外表面采用重防腐涂层。

(3)海水管路应根据材质设计锌塞或其他牺牲阳极防腐元件进行阴极保护,位置应便于更换并标注更换周期。

3.2　管系设计布置中易腐蚀和泄漏部位的设计原则

管系布置在容易腐蚀和泄漏的部位应遵照以下要求:

(1)管系布置应避免铜质管路和阀件处于液流上游,而钢质管路和阀件处于液流下游的结构方式。

(2)海水、淡水、蒸汽和燃油管路如果必须通过电子设备、机械设备和生活舱室等此类舱室,应采取良好的封闭措施。

(3)盥洗室、厕所、浴室等潮湿房间污水排出管应设置在该舱地板的最低处,其管径应适当加大,防止管路积垢堵塞造成积水腐蚀船体机构。

(4)泵的进出口应进行减振设计,泵基座加装减振器,进出口管路装挠性接头并就近布置管子吊架,吊架需内衬橡胶绝缘减振材料。

(5)应避免管子和接头管径的突变、小曲率半径弯曲、垂直支管连接等易产生涡流的连接形式。当不可避免时,则应采取直径渐变过渡、后掠式三通管,使管路内紊流减至最小。对所有能产生紊流的附件,下游处应设置一定长度的直管段。

(6)露天管段包覆绝缘以防冻裂。空调住舱内穿过的水管包覆绝缘以防表面结露。

(7)应根据使用条件,选用合适的密封件与紧固件。

(8)海水和蒸汽管的阀件应选用腐蚀性能优良的材料制作,高温阀注意填料的选用。

(9)蒸汽管路、热水管路应在合理处设置弯管,使管路系统的连接接头减至最少,并尽量减小管段因热胀冷缩产生的附加应力。

(10)在海水系统吸入口处设防腐防污电极。

(11)异种金属的连接应采取电绝缘隔离保护措施,见3.3异种金属接触防腐绝缘设计。

3.3　异种金属接触防腐绝缘设计

异种金属的连接易产生电化学腐蚀。电化学腐蚀是金属表面与离子导电性介质发生化学作用引起的,在作用过程中有阴极区和阳极区,其特点是腐蚀速度快、腐蚀强度大,对船舶管系的使用寿命构成严重危害。破坏其形成腐蚀的条件便可有效地减缓、杜绝此类腐蚀,管系的电化学腐蚀主要是由异种金属管系材料的电位差造成,我们在管系设计中采用最有效的物理隔离方式,将异种金属相互隔离,破坏其腐蚀形成条件,从而达到防腐的效果。目前管系异种金属接触的防腐主要由电绝缘组件及绝缘吊架两部分组成。

3.3.1　电绝缘组件

(1)电绝缘组件的适用范围

电绝缘组件将异种金属电位隔开,可以有效地防止因异种金属接触而产生的电腐蚀。电绝缘组件可以使用在阀门与船体,阀门与管路、设备及仪表与管路之间的连接。

(2)电绝缘组件的安装方法

电绝缘组件的组成形式如图1和图2所示。绝缘套管和绝缘垫圈可做成一体式(见图1)。对松套法兰的钢法兰与异种材质的管子间还应垫绝缘衬套(见图2),绝缘衬套为整体形式。图1和图2中均采用半长螺栓绝缘套管,也可采用全长螺栓绝缘套管。法兰附件安装连接方式如图1和图2所示;海底门、舷侧短管及阀门连接方式见图3。

①将绝缘套筒加入测量片,螺栓绝缘嵌入各法兰螺栓孔中,安装后的螺栓绝缘套筒受力端,应与测量片和法兰外平面靠紧。

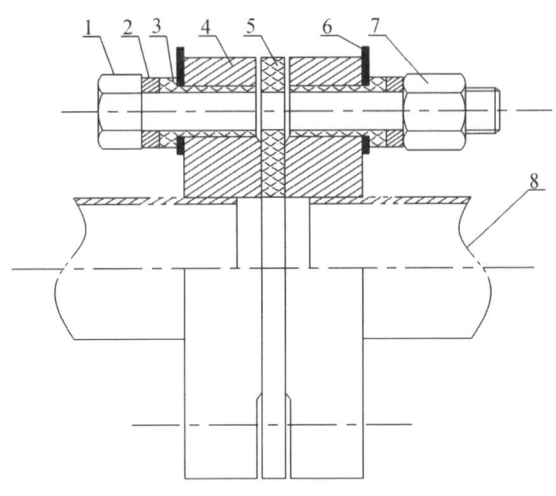

图1　电绝缘组件的组成形式1

1—螺栓;2—钢垫圈;3—绝缘套;4—法兰;5—绝缘垫片;6—测量片;7—螺母;8—管子或阀门(附件)

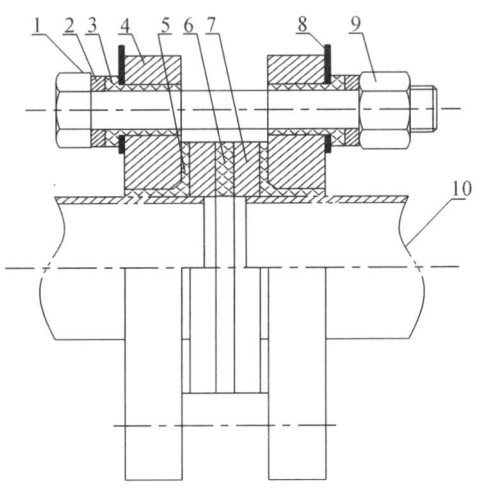

图2　电绝缘组件的组成形式2

1—螺栓;2—钢垫圈;3—绝缘套;4—法兰;5—绝缘衬套;6—绝缘垫片;7—凸缘;8—测量片;9—螺母;10—管子或阀门(附件)

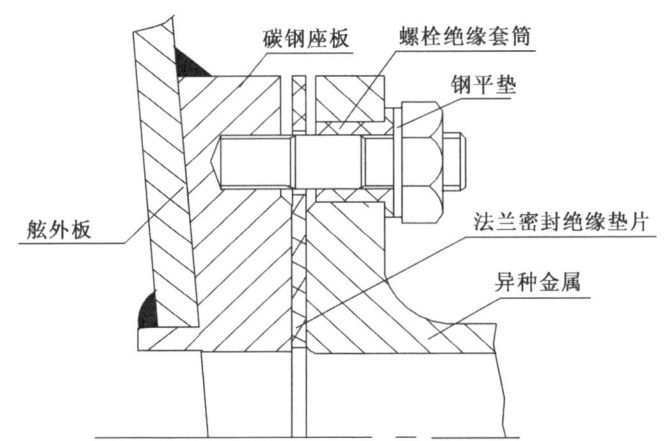

图3　海底门、舷侧短管及阀门连接方式

②将管子连接的两法兰螺栓孔对正,加入法兰密封绝缘垫片。螺栓与绝缘套筒之间应装钢平垫。管路连接,不允许强行安装。

③舷侧座板、海底焊接管、海底座板与异种金属连接,应进行电绝缘隔离。

④舷侧座板安装防腐电绝缘隔离,使用的螺柱应为8.8级。

⑤安装绝缘垫片时,应清洁密封面和垫片,不能有异物和金属粉尘。

⑥所有电绝缘装置安装后必须要保证异种金属之间不能存在接触点或面。

⑦测量片应对正安装,安装角度便于绝缘阻值的测量。

绝缘组件的标准使用方式见图4现场效果图。

图4　绝缘组件使用方式的现场效果图

（3）管路螺纹等异种金属连接的防电腐处理方法

除了法兰连接外,海水冷却水管系或与设备接口部位采用了螺纹的连接方式,若其材质不同也必须采取绝缘处理方式。

绝缘螺纹接头主要由平肩接头、中间螺纹接头和一个外套螺母组成。其中平肩接头、中间螺纹接头的端部凸缘外侧配有外螺纹,外套螺母完成定位连接。通过绝缘密封胶和绝缘密封垫实现接头的绝缘和密封。绝缘密封胶,采用厌氧密封胶涂敷螺纹处,绝缘密封垫采用四氟乙烯,见图5。

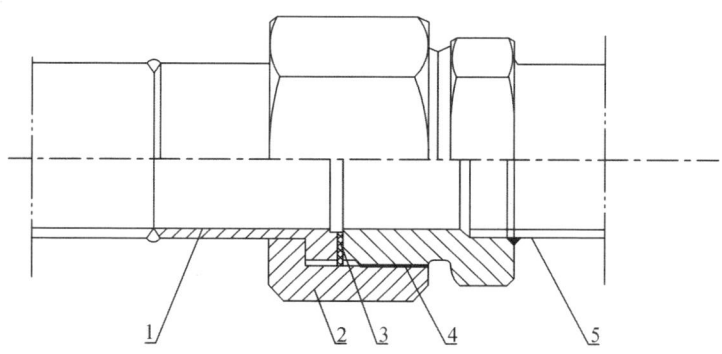

图5 管路螺纹

1—非保护管或附件;2—螺母;3—绝缘密封垫;4—密封绝缘胶;5—保护管

3.3.2 电绝缘吊架

管子与支架间若是异种金属接触也要进行绝缘处理。在支架上采用衬垫和绝缘垫板进行电绝缘处理(见图6)。衬垫和垫板的材料可以是塑料、丁腈橡胶、聚四氟乙烯、玻璃纤维增强塑料等,应根据管路的介质和环境条件选择最适合的材料。如管内介质温度较高或温度变化较大的蒸汽系统、空调冷媒水系统或管材为有色金属的管子要选用聚四氟乙烯。

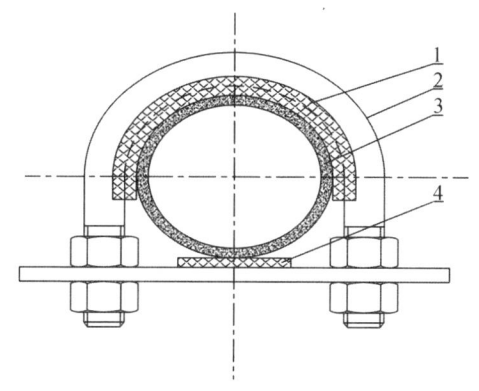

图6 电绝缘吊架

1—U形衬垫;2—U形螺栓;3—管子;4—绝缘衬板

3.3.3 管路绝缘的检验

（1）管路电绝缘应做完全隔离,电绝缘组件应安装完整正确。

（2）法兰绝缘组件安装后,如发现零件有破损应及时更换。

（3）法兰防腐绝缘安装后,用500 V兆欧表测量各绝缘法兰的两法兰间电阻值,防腐绝缘法兰应处于干燥状态。

（4）测量应无短路并电阻值大于1 kΩ。

4 结束语

船舶管系的防腐、防漏是一门休系科学。各种腐蚀原理不同,同时船舶腐蚀程度的快慢也受到建造方的建造工艺,建造精度及航行河域、海域的自然环境,使用人员的操作习惯等众多因素影响。船舶防腐、防漏的研究有益于船舶行业建造质量的进步与提高。本文结合相关实际经验对船舶管系的防腐、防漏从选材到验收一系列流程及关键事项进行了总结,但这也是船舶防腐体系科学中的冰山一角,日后将逐步地填充、改善和优化。

【参考文献】

[1] GJB 1720—93 异种金属的腐蚀与防护.
[2] GJB 4000—2000 舰船通用规范.

降低船舶舱室噪声的研究

崔　莉　熊炳旭　穆建树

（大连船舶重工集团有限公司）

摘　要：钢质海船的居住舱室噪声不仅会降低居住人员的舒适度，还会损害居住人员的身体健康。本文通过分析舱室噪声的来源，从船舶舱室噪声的传递途径入手，找到影响船舶舱室噪声的主导因素，通过对实船结构进行三维声学建模，形成舱室噪声综合分析报告。在此基础上，提出详尽、具体的减振降噪措施，通过对降低舱室振动噪声的优化设计，提高整个舱室的隔声效果，从而达到美化舱室居住环境的目的。

关键词：舱室；噪声；振动；降噪

0　前言

舱室噪声大小是衡量船舶舒适性高低的一个重要指标，也是衡量造船水平高低的标准。在我国，随着经济建设不断发展，生活质量不断提高，主管机关对舒适性要求越来越重视，对舱室的噪声标准要求也越来越高。由于船舶噪声的来源遍布全船，振动和噪声沿着全船的设备、船体结构、管路系统、结构开口等直接或间接地辐射到舱室中，导致舱室噪声是一个综合叠加的效果。因此要控制船舶舱室的噪声，必须从总体的高度进行总体声学优化设计，依据全船所有舱室的声源振动和噪声分析报告，并结合控制噪声传递途径，通过各种有效的控制方案对居住舱室噪声加以控制，达到最优的控制效果。

1　船舶舱室噪声的来源及其传播途径

船舶噪声是由其自身设备工作时以及外界风浪等拍击船体时发出的不同频率和不同强度的声音无规律地组合而成。噪声按照其起源的不同可分为空气动力噪声、机械性噪声以及电磁性噪声。空气动力噪声主要是由气体振动而产生的噪声，如船用主辅机的排气系统、通风机、空压机系统产生的噪声。机械性噪声是由固体振动而产生的噪声，如主辅机的气阀机构、活塞杆等在摩擦、冲击等交变应力的作用下产生的噪声。电磁性噪声是由于交变磁场的相互作用，产生周期性的交变力所引起的电磁振动而产生的噪声，如船上的发电机组、变压器、配电板等产生的噪声。

排除水噪声的传播因素，噪声的传播主要包括结构噪声传播和空气噪声传播。

（1）结构噪声传播

结构噪声传播主要是螺旋桨、波浪冲击在水中产生的振动和机舱内、设备舱、艉舱内以及空调通风系统振动噪声源运行引起的振动通过其基座、连接管路等途径直接传播到船体结构上，由船体结构再传播到舱室的舱壁、底板和顶板上，向舱室内辐射振动和噪声。

（2）空气噪声传播

空气噪声传播主要是噪声通过自由场传播或通过结构上未封闭的自由开孔进行传播。如机舱、设备舱、艉舱内设备以及空调通风系统声源的噪声沿着船体结构、进排气口、门窗、盖、通风格栅传播到其他舱室，并向这些舱室辐射噪声。

无论噪声是以何种方式进行传播，我们都需要对其进行测量然后加以控制。

2　噪声控制标准

随着人们生活质量的不断提高，人们对船舶舒适度的要求也越来越高，船舶噪声的标准也越来越严格。下表罗列出了1981年国际海事组织(IMO)发布的A.468(Ⅻ)《船上噪声等级规则》,2010年IMO DE53次会议对船上噪声的限制修订(2010年)以及2012年第MSC.337(91)号决议通过的《船上噪声等级规则》的噪声等级限值,对比发现,船舶噪声等级限值的要求在不断增高(见表1)。

表1　噪声等级限值对比

舱室与空间名称	A.468(Ⅻ)	DE53/10(欧盟)	MSC.337(91)	
			1.6～10	≥10
工作空间				
机舱	110	105	110	110
集控间	75	70	75	75
机修间	85	80	85	85
其他工作区	90	85	85	85
驾驶区				
驾驶室与海图室	65	65	65	65
监听站	70	70	70	
无线电室	60	65	60	60
雷达室	65	65	65	
起居区				
住舱和医院	60	50/60	60	55
餐厅	65	60	65	60
娱乐和健身房	65	65	65	60
露天娱乐健身区	75	70	75	75
办公室	65	65	65	60
服务区				
厨房	75	70	75	75
备餐室及食品储藏室	75	—	75	75
无人区				
未指定空间	90	—	90	90

要达到标准要求的噪声等级限值,我们就要从各个方面入手,研究并控制船舶噪声。起居处所之间的隔声量以 RW 表示,RW 为墙壁的计权隔声量,本质上是声源室与受声室之间的噪声等级之差,RW 在实验室条件下根据 ISO 717 进行测量,RW′为船上起居处所间的实际隔声量。目前相关标准要求的舱室隔声指数如表2所示。

表2　舱室隔声指数

序号	壁板与甲板位置	A.468(Ⅻ)	MSC.337(91)	备注
1	居室之间	30	35	强制实验室测量,但船厂测量为非强制
2	娱乐区、餐厅与居室、医务室之间	45	45	
3	过道与居室之间	—	30	
4	带通信门的居室之间	—	30	

由表2可以看出,对于居住舱室间的隔声指数要求在逐步升高,所以我们必须采取措施对舱室的噪声加以控制。

3　舱室设计中噪声的常规控制手段

要达到规范要求的噪声水平,将舱室的噪声标准控制在满足规范要求的限定值范围之内,需要有一个对整条船的整体噪声水平的全局把握。目前较为先进的做法是,在船舶建造前的初始设计阶段,按照这条船的总布置图对船体结构以及能够产生振动和噪声的主要设备进行实船三维声学建模,利用三维声学建模软件,输入整条船的船体结构,住舱位置,螺旋桨、发动机、通风系统等主要引起船舶振动和噪声的设备的技术参数。该三维模型软件将会给出整条船的各个舱室的噪声数据,依据对三维声学模型分析出的噪声分析报告结果,我们就会对整条船每个房间的舱室噪声都有一个相对准确的把握,就可以对噪声超标的舱室重新进行设计,采取相应的降噪措施,使其达到规范要求的噪声限定值。这样,通过对每个噪声超标舱室的降噪设计,整条船的噪声水平都达到了标准。

舱室减振降噪主要的措施包括以下几点:

3.1 吸声设计

吸声板的功能主要是吸声降噪,其吸声材料主要以吸收中高频噪声为主,而吸声结构在中低频段吸声性能较好。舱室中常用的吸声材料主要有两种形式。一种是 25～50 mm 厚的带孔吸声板,与普通岩棉内装板不同的是,它采用的是多孔吸声材料,声波沿着吸声材料上的这些孔洞可以深入吸声材料内部,与洞孔边缘发生摩擦将声能转化为热能。根据能量守恒定律,热能多了,声能就减少了,以此来达到降噪的目的。另一种是带孔的薄钢板,这种薄的带孔吸声板通常厚度只有 0.5～0.7 mm,主要用于房间设备,不适宜安装内装板的处所。在薄的吸声板的背面设计适当的空气层,这样就能够更合理、更有效地控制声传递。

3.2 隔声设计

隔声是将噪声源与需要安静的区域隔离开来的方法。隔声技术因其效果明显、取材方便、使用灵活,而广泛应用于船舶舱室空气噪声控制。隔声处理既可以在声源处控制噪声,又可以在需要安静的场所控制外来噪声而不受干扰。通常船上用于隔声的设计方式很多,为了起到更好的隔声效果,我们通常将房间与房间之间设置双层内装板,中间夹一个空层,如果一层 25 mm 厚的内装板的隔声值在 30 dB(A),经实验室噪声测试,25 mm + 25 mm(gap) + 25 mm 的设计其隔声值将达到 42 dB(A),这种设计方式见图1。为了达到更好的隔声效果,我们不仅考虑到来自室内结构振动或空气自由场传播的噪声,也要考虑来自室外的噪声,比如我们目前使用的隔声门窗,详见以下节点图(见图2)。通常情况下,舱室隔声大都选择由内装材料以及隔热绝缘等材料来兼顾。

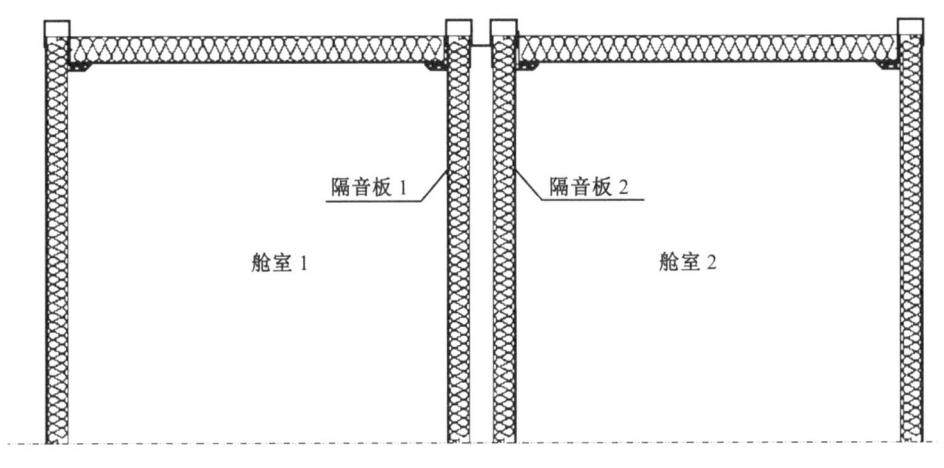

图 1　舱室间隔设计

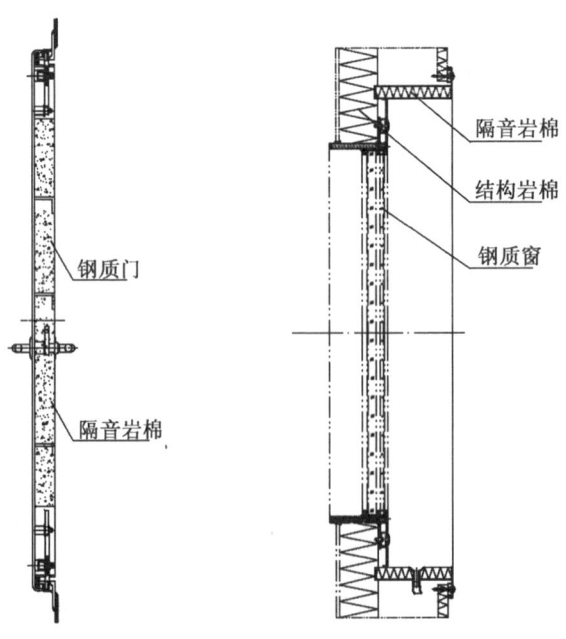

图 2　隔声的设计方式

3.3 弹性连接及浮动设计

弹性连接是指围壁板与天花板在同船体结构固定时,采用弹性连接的形式固定,这样当主机等设备的振动向船体结构传递时引起房间内的振动会大大减小,从而降低噪声,详见图3。

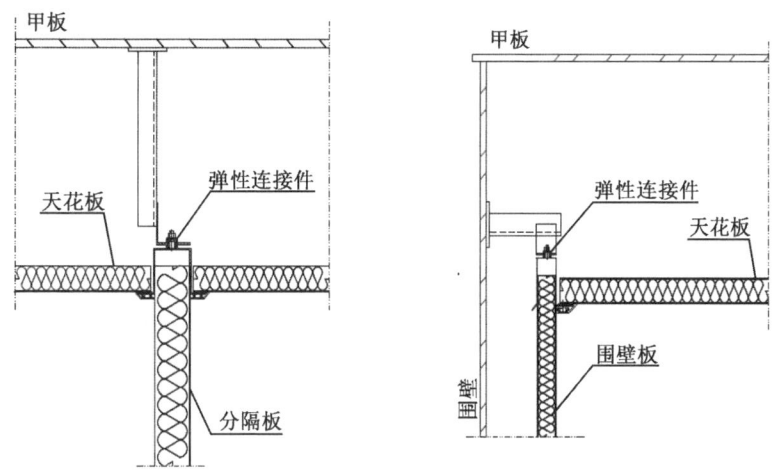

图3 弹性连接

浮动地板是将舱室的地板通过弹性元件与船体结构连接,使地板相对于船体结构弹性浮动,从而将来自船体结构的振动与房间隔离开来,其基本原理类似于隔振,详见图4。浮动地板通常采用多层材料组成复合结构,具有一定的隔声性能,特别是对于减小地板的踏步声具有明显效果。弹性连接与浮动地板联合使用,使整个房间与船体结构脱离了硬性连接,从而减少了来自结构振动引发的噪声。主机和柴油发电机组可以采取隔声箱,其他机电设备可有选择性地采用隔声罩。穿过生活和工作舱室的空调通风管路外部应有管路包覆。

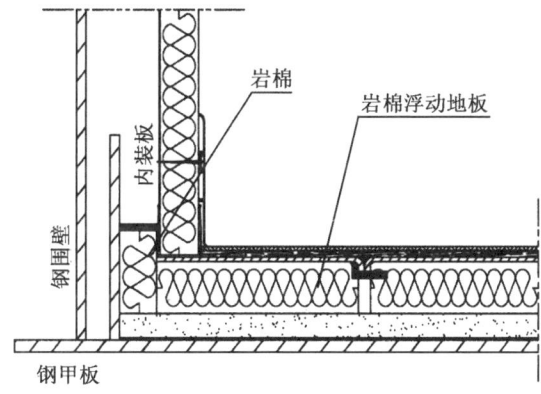

图4 浮动地板

3.4 阻尼的使用

阻尼敷层通常是控制结构共振和结构噪声的综合方法。如果把阻尼和隔振结合使用,往往能取得更好的效果。

阻尼敷层有两种方式:自由黏弹性阻尼层和约束黏弹性阻尼层。自由黏弹性阻尼层就是将黏弹性材料直接敷设在需要减振的结构件上,对较薄而轻的板很有效,工艺简单,但对刚度较大的结构件效果较差。约束黏弹性阻尼层就是在振动的构件上粘贴一层黏弹性材料薄层,再在外面覆盖一层金属片约束层。共振时阻尼层一面受到约束层约束,另一面随结构振动,使阻尼发生较大的剪切变形,从而有效地损耗振动能量,控制共振幅度,降低了噪声辐射。在舵舱、舵储藏舱、集控室、机舱等适当部位敷设阻尼涂料,可以有效地衰减振动和噪声。例如目前广泛采用的阻尼涂料等,舱室内敷设后可降噪 3 ~ 5 dB,减振 25% ~ 60%。

3.5 隔振设计

除了采用阻尼减振技术降低基座处的声源 结构噪声传递外,对振动机器,安装单层或双层弹性支承的减振器进行隔振是唯一能减少振动传递和结构噪声的一个有效措施。主机、柴油发电机组等采用隔振弹性安装,有效地降低振动向船体结构的传递;电动滑油泵、空气压缩机、轴流风机、离心风机及其他机电设备可根据振动量级、经济性以及船舱室特点等,选择性地采取隔振处理措施。主机、柴油发电机组进排气管路,其他机电设备进出口管路等配有膨胀接头,降低设备振动的传递。此外,对全船的隔振装置,结合其布置和周围舱室的影响,提出明确的隔振指标要求。

3.6 其他控制措施

为了防止噪声的传递,除采用以上方法进行控制外,我们还可以考虑使用消声器来降低主、辅机的进、排气系统包括增压器和通风空调设备的空气动力性噪声;也可以通过对舱壁或其他结构开孔的密封处理,来减少噪声的传递。总之,减振及降噪的控制方法很多,只要我们灵活地加以运用,就能够将噪声控制在规范要求的标准范围之内。

4 船舶舱室噪声的综合控制分析

通过以上对舱室空气噪声源以及传递途径的分析,我们知道舱室空气噪声是所有声源和传递途径的综合作用效果,纵然我们有以上种种的控制措施来控制噪声,但从总体角度出发,我们应在其需要进行控制之前就从初始设计进行考虑,提出舱室噪声的最优控制方案。比如居住区优先布置在相对安静甲板,并且居住区与噪声级最强的机舱、轴系区域分开,由于空间等不可避免因素,导致居住区靠近声源舱室的,可以在声源舱室与住舱之间设置隔离间、储物间、通道等。经过对布局的精细考虑之后,我们再依据三维声学模型的分析结果,对每个超标舱室的噪声加以控制,这样局部达到了标准的要求,整体才能达到要求。在充分了解本船的控制目标以及声学状态的基础上,考虑经济以及总体资源等限制条件,合理选用总体设计控制技术以及常规控制手段,提出船舶舱室噪声的总体综合控制技术。

5 结论

本文通过对船舶噪声源以及传递途径的分析,总结了船舶舱室噪声的来源和特点。在此基础上,提出了总体设计控制技术以及常规控制手段,并对每种常规控制手段进行了详细阐述,结合总体资源以及经济性条件,围绕控制目标形成了船舶舱室噪声控制的总体综合控制技术方案。该方案可指导船舶舱室噪声的设计,从而提高船舶的居住性条件以及工作效率。

【参考文献】

[1]Resolution MSC337(91) Adoption of the code on noise levels on board ships.

[2]Resolution A.468(XII) Code of noise level on board ships.

[3]张子豪. 舰船舱室空气噪声控制技术研究[D]. 湖北:华中科技大学,2008.

[4]黄迎春. 船艇振动与噪声[M]. 哈尔滨:哈尔滨工程大学出版社,2015.

简述船舶照度测量工艺

司忠良[1]　刁凤磊[2]　李春鹏[3]

(1. 大连中远船务工程有限公司;2. 大连船舶工业工程公司;3.青岛海德威科技有限公司)

摘　要:本文参照我国船舶行业标准 CB/T 3485—1993《船舶舱室照度计算与测量方法》、CB/T 3806—1997《海洋平台照度要求和测量方法》,并参照有关船厂相关资料,结合船厂生产实际经验总结成文。可在船舶电气设计时,为灯的布置提供参考依据。

关键词:照度;光照度计;光源

1　测量范围

本文明确了船舶照度测量前的准备、人员、照度要求、照度测量方法,适用于各类船舶照度测量。

2　照度概念

照度是指主要视觉工作面上的水平平均照度。如果不特别指定视觉工作面,则对室内是指离地板 800 mm 处的水平面照度;对室内外通道及露天甲板是指地板上的照度;对工作部位是指工作台面或操纵部位的照度,不包括辅助的局部照明增加的照度。

3　照度测量前的准备

3.1　技术资料

照度测量前,首先仔细阅读全船照明系统图、照明布置图、造船说明书及相应规范中的有关照度要求的章节。

3.2　测量仪器

(1)测量照度通常应使用硒或硅光电池式照度计。

(2)照度计应按 JJG 245—1991 规定进行定期检定,准确度应不低于二级。

(3)照度应由品质质检部检验人员进行测量。

4　照度要求

一般情况,船东与船厂签订造船合同时会明确照度要求。照度要求应符合该船舶建造技术规格书中的有关照度规定。

5　照度测量方法

5.1　测量条件

(1)照度测量应在无自然光源的情况下进行,并排除其他无关光源的影响,点亮测量场所所有的光源。

(2)测量区域的灯具及光源应完整无损,清洁、明亮。

(3)测量时光源电压和频率应力求稳定,并保持在规定值范围内。

(4)照度测量时,应防止测试者所处的位置、所穿服装和其他各种因素引起测量误差。

(5)照度测量应在光源的光通量输出稳定时进行。白炽灯光源的点燃时间应在 5 min 以上,荧光灯光源的

点燃时间应在 15 min 以上,而气体放电灯光源的点燃时间应在 30 min 以上。

5.2 测量方法

5.2.1 一般规定

(1)为保证测量正确性,每个测量点读数应不少于两次,然后取其算术平均值。

(2)照度计指示应为稳定后的读数。

(3)高度为 1500 mm 及以上的家具、电气设备或机器控制板等均可视作舱壁。

(4)测量点应为舱壁与灯具之间的中心部位。

(5)测量平面一般为距地板 800 mm 的水平面;对露天甲板、室内外通道和梯道而言,则为实际通行的地板;对工作部位而言,则为工作台面或操纵部位视觉工作面。若技术规格书中另有规定,则以技术规格书的规定为准。

(6)存在光源的直射光被遮挡的空间时,其被遮挡的空间中心部位再追加一个测量点。

(7)一般照明的照度测量值,原则上用被测处所内各测量值的算术平均值表示。

5.2.2 一般照明照度测量点的选取

(1)距离与测量点

以 L 表示舱壁与灯具之间的距离;以 E 表示测量点。

(2)独立舱室

①一盏灯的照度测量点的选取见图1。

②两盏灯的照度测量点的选取见图2。

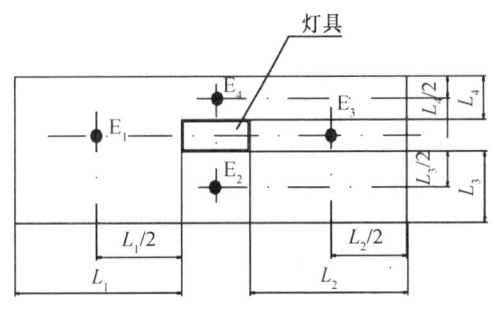

图1 一盏灯的照度测量点　　　　　图2 两盏灯的照度测量点

③不规则舱室照度测量点的选取见图3。

④多盏灯的照度测量按以下方法进行:

对设有多盏灯的舱室,照度变化往往比较小,此时测量点的选取如图4所示,图中 E_A 为照度测量范围的四个角点。首先以四个 E_A 点为界,将测定范围沿纵横方向分别等分,即将 L、B 分成若干等分,每个等分的长度 b 和 r 在 1.0~2.0 m,每个交点设为测量点 E_B,然后测量出 E_A、E_B 点照度,求得平均照度。

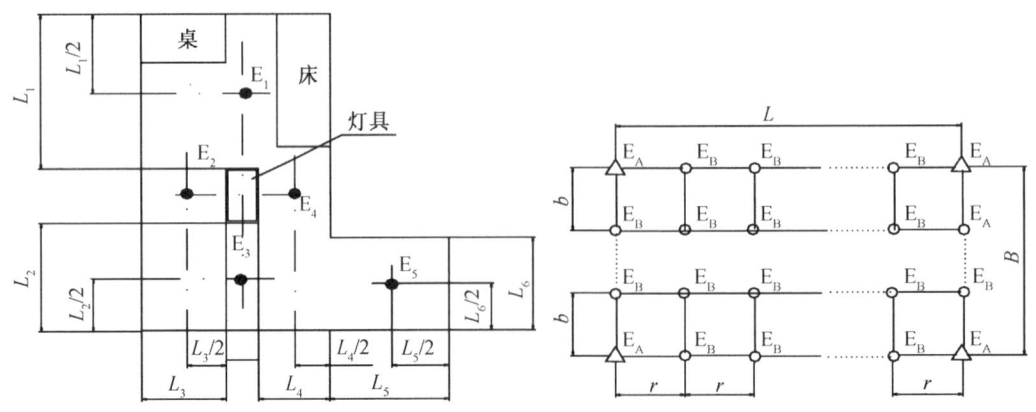

图3 不规则舱室照度测量点　　　　　图4 多盏灯的舱室照度测量点

(3)通道、梯道等处所

①通道照度测量点的选取见图5。

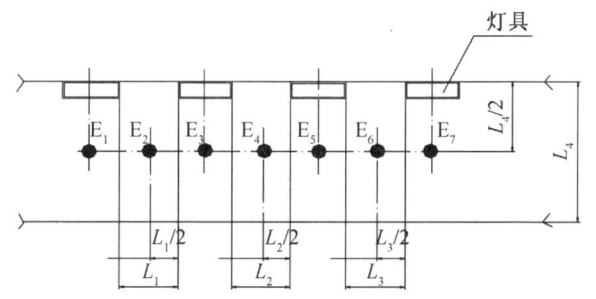

图5　通道照度测量点

②梯道照度测量点的选取见图6。

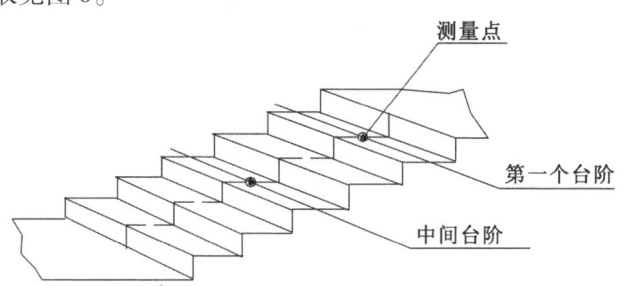

图6　梯道照度测量点

5.2.3　局部照明照度测量

（1）卧铺枕边照度测量

卧铺枕边照度测量点的选取见图7。

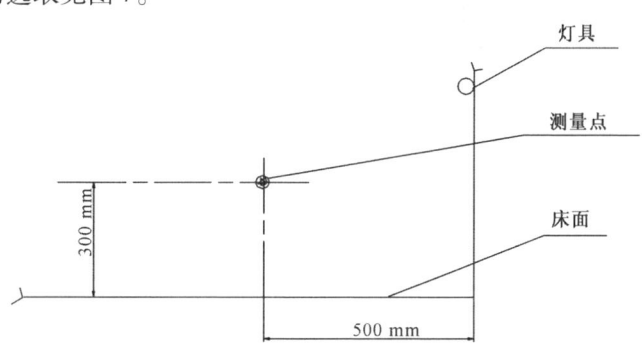

图7　卧铺枕边照度测量点

（2）镜前照度测量

镜前照度测量点的选取见图8。

（3）桌上照度测量

桌上照度测量点的选取见图9。

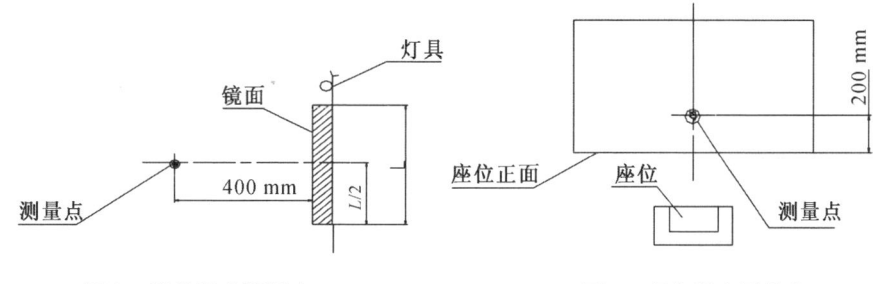

图8　镜前照度测量点　　　　图9　桌上照度测量点

【参考文献】

［1］JJG 245—1991 光照度计.

［2］CB/T 3485—1993 船舶舱室照度计算与测量方法.

［3］CB/T 3806—1997 海洋平台照度要求和测量方法.

IMO 对船舶舱室噪声新要求的应对措施

赵丕东　张丽妮　方永顺

（大连船舶重工集团有限公司）

摘　要：为应对《船上噪声等级规则》修订草案的生效，本文以某型船舶为例着重介绍了在舱室设计方面采取的措施，为满足噪声限定要求提供了借鉴。

关键词：噪声；舱室设计；空调通风

0　前言

为了给船员提供一个舒适安静的工作生活环境，让船员远离噪声之扰，保护船员的身心健康，国际海事组织海上安全委员会（MSC）第91次会议批准了《船上噪声等级规则》修订草案，以下简称《规则》。该规则对适用的船型、船舶不同区域的噪声限值、舱壁和甲板隔声指数、噪声的测量仪器和测量方法等进行了修订，对不小于 10000 GT 的船舶的降噪性能提出了更高的要求。为了更确切地理解该修正案的特殊要求，本文提出相应的舱室设计的解决方案，为今后船舶设计提供借鉴。

1　新旧规则对噪声的要求对比

新旧规则对噪声的要求对比见表1。

表1　新旧规则对比表

处所	旧规则对噪声的要求（dB）	新规则对噪声的要求（dB）
工作区域		
机器处所	110	110
机器控制室	75	75
机修间	85	85
驾驶区域		
驾驶室（包括海图室）	65	65
瞭望区域（包括驾驶室两翼和窗）	70	70
报务区域（设有工作着的但不产生声响信号的无线电设备）	60	60
雷达室	65	65
起居处所		
居住舱室和病房	60	55
餐厅	65	60
室内娱乐室	65	60
露天娱乐室	75	75
办公室	65	60
服务处所		
厨房（厨房设备不工作）	75	75
配餐间	75	75
无人处所		
未规定的处所	90	90

通过此表可以看出：起居处所的噪声要求降低了 5 dB，虽然看上去只减少了 5 dB，但由于分贝的概念比较

特别,它的运算不是成线性比例的,而是成对数比例的。例如两个音箱分别发出 60 dB 的声音,合在一起并不是 120 dB,而是 63 dB。因此,经换算,要满足《规则》修订草案要求的"起居处所降低 5 dB",声音能量差不多要减少 4 倍,操作起来具有非常大的难度。

2　噪声控制方法

降低居住区噪声要从以下两方面入手:

(1)控制噪声源。降低声源噪声,这是最根本、最直接的方法。众所周知,起居处所噪声源头除了最主要的因素:主机、发电机等大型设备以外,就是舱室空调和通风系统的影响。对于主机、发电机可采取改进安装进、排气消声器,扩大排气管截面;在机组表面粘贴约束阻尼材料;改进运动部件的动平衡破坏共振;改进润滑等方式来消除工作时的噪声。对于机舱内较小的设备可采用弹性支承,采用橡胶或特殊塑料等,将机器与船体隔开,通过减振支承来减噪。空调系统中的主要噪声源为风机,风机的噪声与许多因素有关,如叶片形式、片数、风量、风压等参数。而且风机在低功率下工作时,所产生的噪声远比风机在额定功率下工作时的噪声大。风管内气流压力的变化也会产生噪声,当气流遇到障碍物时,产生的噪声较大,尤其是在高速风管中,这种噪声不能忽视。此外,出口风速过高也会产生噪声。

(2)阻断噪声传播途径。尽可能将低噪声区与高噪声区分开,而且高噪声设备应布置在单独的房间里。传输途径中的控制是最常用的办法,因为一旦机器制造和安装完毕,再从源头上控制噪声就受到限制,而控制噪声的传播,改变传输途径却容易实现,例如隔声、隔振、吸声等都是有效措施,可以起到事后补救的作用。对于船舶机舱,设置隔声罩可显著降低噪声向其他空间的传播;在机舱的内部粘贴吸声材料,可大大降低内部的混响噪声。居住舱室可采用新型浮动地板敷料,以切断与高噪声源舱室结构体的联系,达到降噪的目的。

2.1　空调通风方面噪声控制方法

控制噪声的方法包括选用低噪声的设备,在设备安装时应注意设置软接头以及减振垫;合理选择风管的尺寸和外形,合理布置风管,合理阻止气流,尽量使气流均匀流动,避免急剧转弯产生涡流,尤其是在主管道与支管连接处应特别注意;增设消声设施,采用吸声装饰材料等。尽可能将低噪声与高噪声区分开,而且高噪声设备应布置在单独的房间里。

下面具体介绍消声器的设计:

在空调系统中消声器要设置在可以控制噪声侵入和渗出的地方。典型的位置在空调设备间墙壁上风管离开该房间之前,以及在风管进入控制室和其他有低噪声要求的区域之前。

首先,从空调房间的要求,查得房间允许噪声值。然后,按管道系统分别计算风机噪声、管道各部件的气流噪声、自然衰减量。

系统管道各部件的气流噪声,经管道各部件自然衰减后,得到系统管道各部件的剩余气流噪声。考虑到气流噪声对其影响,使房间原来规定的允许噪声值相应下降些,变成房间计算允许噪声值。

风机噪声经系统管道各部件的自然衰减后,得到风机的剩余噪声,减去上述房间计算允许噪声值,即为系统必需的衰减量。据此选用和设计消声器。

如果系统管道各部件的剩余气流噪声高于房间允许噪声值时,必须调整系统管道的流速,降低其气流噪声。否则系统设置的消声器性能再好,也不能达到消声设计的目的。另外,当选用消声器的气流噪声太大时,其消声器本身性能不能充分地发挥出来,即消声量降低,此时也必须更换消声器,另选衰减量相同而气流噪声低的消声器。

如果在空调系统消声设计时,只将风机噪声减去系统管道各部件的自然衰减量,并据此选择消声器。这样,由于没有考虑到气流噪声的影响,且对管道流速和各部件选用等是否合理无法检验,致使系统消声设计达不到预期的效果。

2.2　舱室设计方面噪声控制方法

(1)《规则》中第六章对起居处所的舱壁和甲板的空气隔声指数(R_W)有新要求,即至少满足 ISO 标准 717 - 1 的要求,如表 2 所示。

表2　ISO标准717-1对起居处所的舱壁和甲板的空气隔声指数要求

居住舱室和居住舱室之间	R_W 至少 35 dB
餐厅、娱乐室、公共处所和居住舱室及病房之间	R_W 至少 45 dB
走廊和居住舱室之间	R_W 至少 30 dB
带格栅门的居住舱室之间	R_W 至少 30 dB

由表2要求,我们采取:一般起居处所的衬板 R_W 至少35 dB,天棚板 R_W 至少40 dB,卧室之间的间隔板 R_W 至少45 dB,走廊和住室之间 R_W 至少35 dB。

(2)对于振动和噪声超标的房间,比如空调机室和机舱风机室,安装隔声绝缘材料以降低噪声传播,隔声材料通常为岩棉或玻璃棉等纤维制品,岩棉和玻璃棉的吸声性能详见图1和图2。根据岩棉和玻璃棉的隔声绝热性能及价值,建议选用岩棉作为吸声、隔声材料。根据其安装处所和作用不同,所选岩棉的密度和厚度各不相同:吸收低频声,材料的厚度通常为70～100 mm;吸收高频声,则它的厚度为25～50 mm。

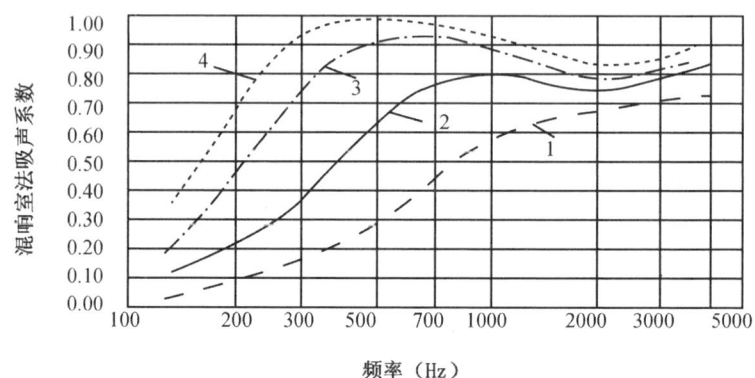

图1　岩棉的吸声性能（和钢壁密接）

1—厚13 mm；2—厚25 mm；3—厚50 mm；4—厚75 mm

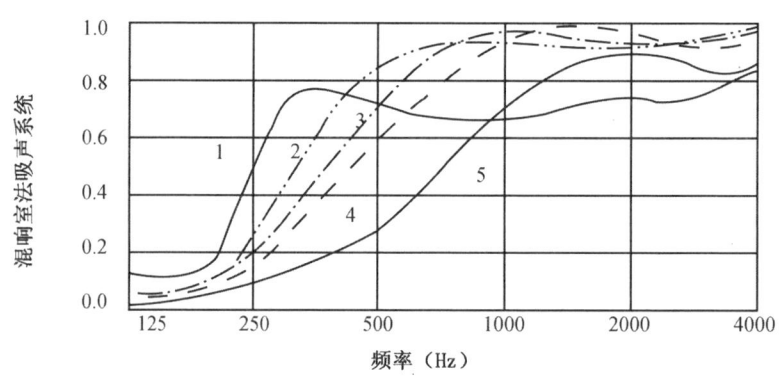

图2　玻璃棉的吸声性能（和钢壁密接）

1—密度40 kg/m³；2—密度20 kg/m³；3—密度15 kg/m³；4—密度10 kg/m³；5—密度5 kg/m³

(3)对于振动和噪声要求较高的房间,在敷设甲板敷料前先敷设一层阻尼材料。

(4)对于振动和噪声要求较高的房间,地面敷设浮动地板,在与围壁相连接的部位,采用橡胶垫以达到更好的减振效果。浮动地板的安装如图3所示,浮动地板的隔声性能如图4所示。

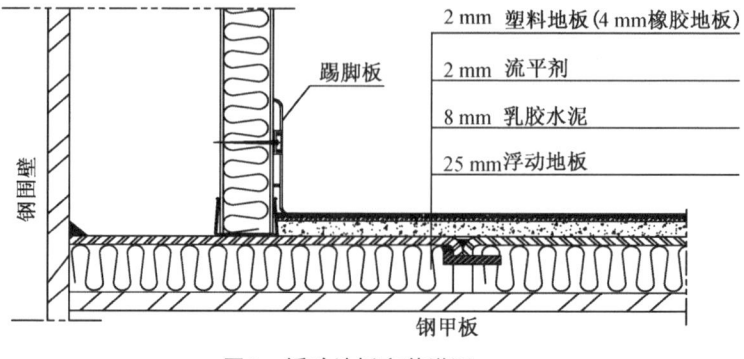

图3　浮动地板安装详图

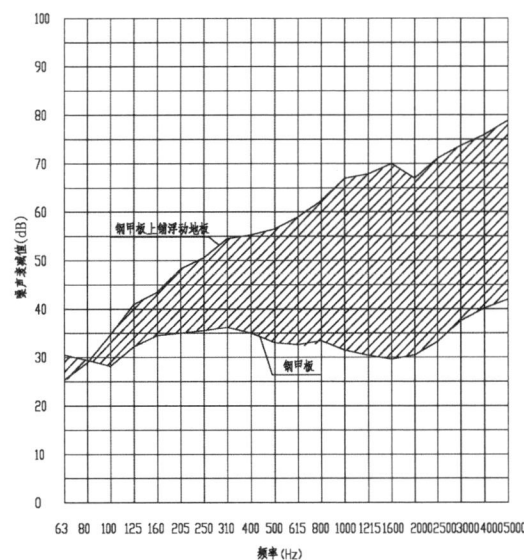

频率(Hz)	钢甲板噪声衰减值(dB)	浮动地板噪声衰减值(dB)
63	30.5	25.4
80	29.4	28.9
100	28.2	34.7
125	32.2	41.0
160	34.4	43.5
205	35.0	48.3
250	35.5	50.6
310	36.2	54.2
400	35.1	55.0
500	33.0	56.2
615	32.6	58.7
800	33.4	62.0
1000	31.5	66.7
1250	30.4	67.6
1600	29.6	69.7
2000	30.5	66.7
2500	33.2	70.8
3000	37.6	73.4
4000	40.2	75.7
5000	42.0	78.6

图4　浮动地板的隔声性能

（5）天棚板安装使用弹性吊挂件。利用弹性吊挂件将天棚同结构连接,可以减小天棚板的振动,降低结构振动的传播。

（6）家具设计时注意大型家具要避免同天棚接触,留出间隙以免天棚板振动时同家具顶端发生碰撞。同时,要选用优良的五金件来降低家具活动部件的振动和噪声。

3　某型船舶的舱室噪声计算

在本文中,噪声源贡献量分析与噪声控制指标分解方法主要通过母型船分配方法来实现。利用已建成的某型船舶的舱室噪声测试数据,依据目标船舶技术状态的变化,综合比较分析,确定舱室噪声设计指标的量化分配。

这里根据实船噪声测试报告,针对该船不满足新规则的舱室,确定如下指标(见表3)。

表3　不满足新规则的舱室的噪声指标

位置	实测值	MSC.337(91) dB(A)/是否合格	分配指标 dB(A)
船舶办公室/上甲板	60	55/否	55
普通船员娱乐室/C甲板	61	60/否	60

舱室噪声预报分析采用的是统计能量分析方法(SEA),所应用的程序是VA One。SEA方法被认为是分析船舶结构噪声比较有效的方法。

在噪声预报分析过程中,需要确定机械设备噪声源的空气噪声和结构噪声的声功率级和加速度级,本义中噪声预报分析所考虑的声源设备包括主机、舵机、发电机、风机、空压机、泵和螺旋桨等,其声源的声功率和加速度等级数据部分由设备制造商提供,部分根据经验公式进行估算。

舱室噪声预报分析的分析模型包括艉端点至机舱前壁的所有上层建筑和主船体中的舱室。利用SEA中的板单元和声腔单元进行模拟。建模过程中,SEA的子系统大小满足每个子系统在倍频程中至少有5个共振模态的要求。

3.1　模型中板子系统的划分与建立

板子系统是模型中应用最多的子系统,它的划分直接影响结果的精度。根据结构图纸与居装图纸将板在强构件处和舱壁处断开,以便使板与梁、板与板能够很好地耦合。模型中用到的板子系统主要有三种类型:用来模拟普通钢板的Uniforn板,用来模拟复合岩棉舱壁的Sandwich板和用来模拟单向加筋板的Ribbed板,如图5所示。

3.2　声腔子系统的划分与建立

舱室内的空间声场用VA One中的cavity子系统来模拟,以此预测舱室的声压级水平,如图6所示。

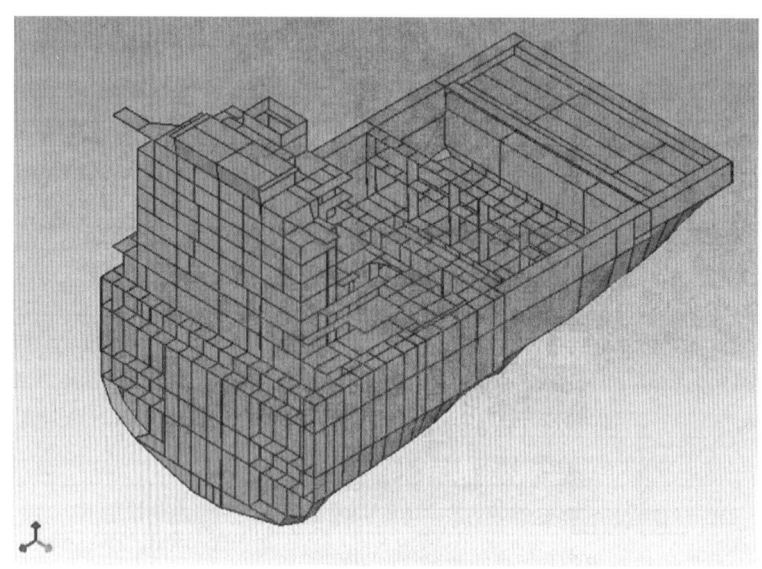

图5 舱室统计能量分析模型板子系统图

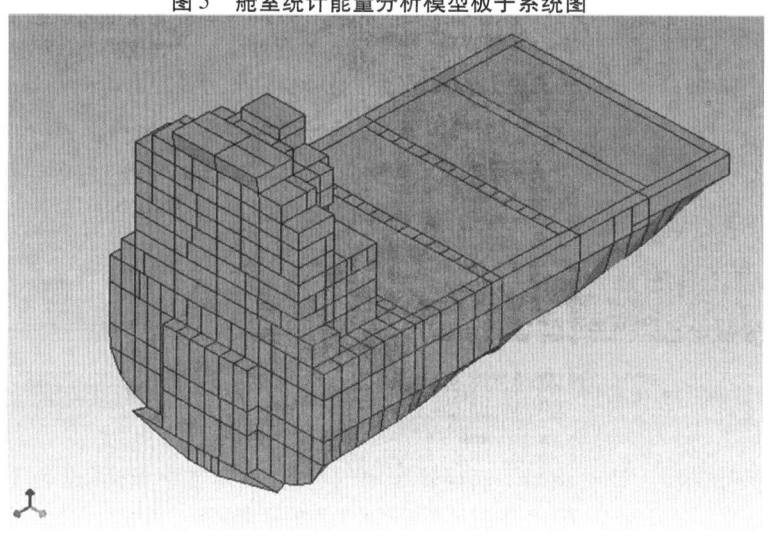

图6 舱室统计能量分析模型声腔子系统图

3.3 连接

不同子系统之间的相互连通在 VA One 中有明确的对象与之对应,被称为 Junction。连接表示两相邻子系统之间的物理连接关系,如图7所示。

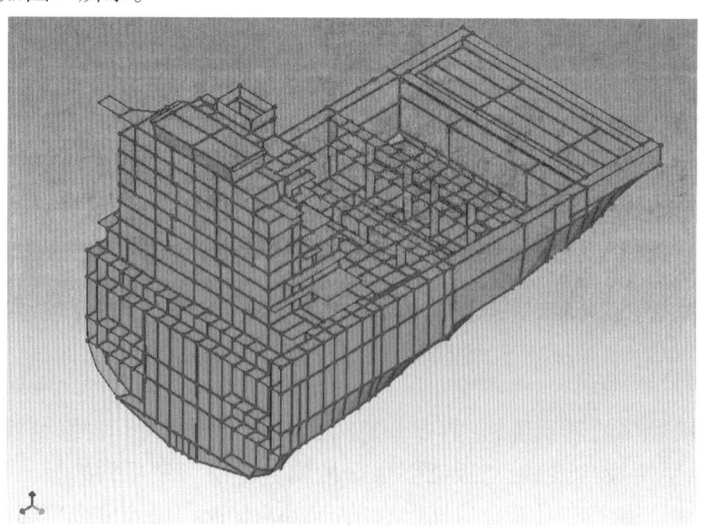

图7 点与线连接示意图

3.4 结果

根据前述预报分析模型,完成舱室噪声预报分析,各舱室倍频程下的噪声预报结果。这里给出舱室预报63 Hz、250 Hz、1000 Hz 以及 4000 Hz 能量云图,如图8至图11所示。同时给出各个甲板典型舱室的噪声预报结果,如表4所示。

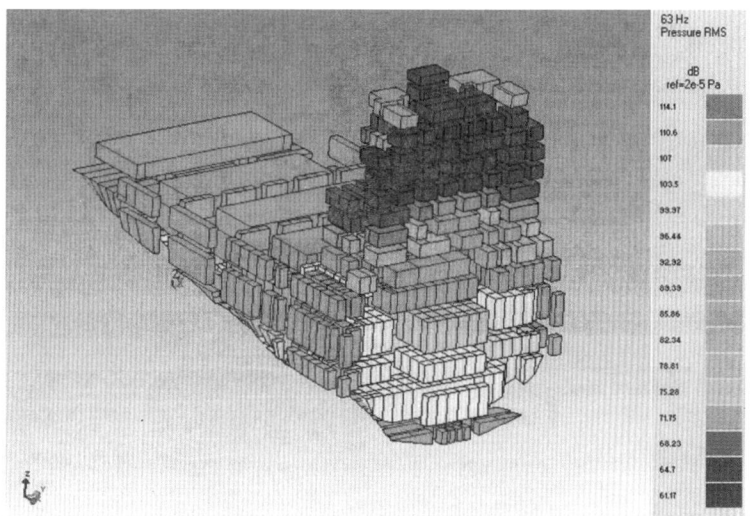

图8　63 Hz 频带内的能量云图

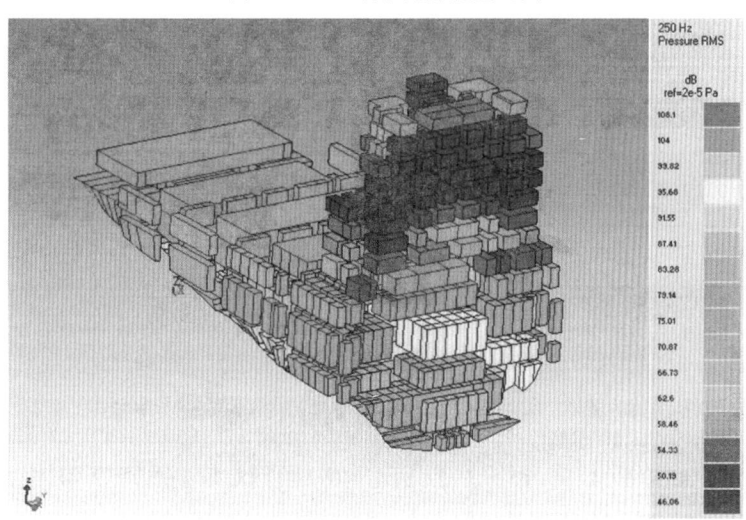

图9　250 Hz 频带内的能量云图

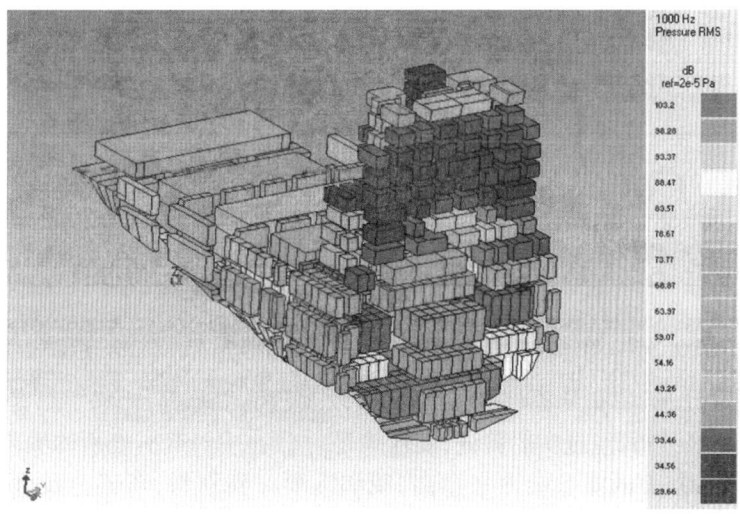

图10　1000 Hz 频带内的能量云图

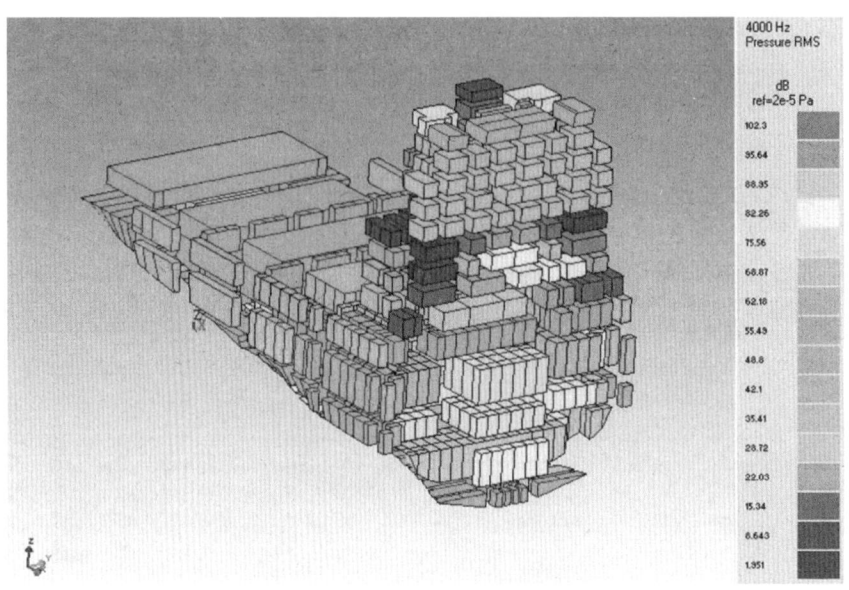

图 11　4000 Hz 频带内的能量云图

表 4　部分典型舱室噪声预报结果

噪声(dB)		频率(Hz)									合成总声压[dB(A)]
		31.5	63	125	250	500	1000	2000	4000	8000	
位置	报务区 (驾驶甲板)	63.9	60.7	55.4	43.5	23.9	26.6	4.9	-13.6	0	41.8
	船长卧室 (G甲板)	63.1	60.1	55.2	43	28.7	30.5	13.8	-8.1	0	41.8
	大副卧室 (F甲板)	68.3	64.7	59.5	47.6	33.3	35.9	19.9	-1.9	0	46.3
	高级船员备用 (E甲板)	70.7	67.2	62.4	50.8	37.5	44.7	24.5	4.1	0	50.2
	甲板部船员 (D甲板)	73	69.4	65	53.9	40.7	48.3	29.3	8.5	0	53.2
	普通船员娱乐室 (C甲板)	83.9	80	73.6	61.2	44.4	48.7	33.7	17.5	2.3	59.5
	应急发电机室 (B甲板)	86.4	82.8	77.8	73.1	69.9	66.9	65.9	66.9	64.9	74.5
	船舶办公室 (上甲板)	85.6	80	74.5	62.9	50.7	49.9	36.3	20	0	61.5

3.5　小结

噪声预报结果与实际虽然会有一定差别,但通过实船验证,噪声可以控制在要求的范围内,比如实船通过在船舶办公室与机舱之间的甲板增设隔离舱,使该舱室噪声达到了指标要求。

4　结束语

船舶降噪涉及船舶设计、舱室和设备布置、隔声材料以及建造工艺等各个领域,是一项系统工程。通过采取各种措施,结合噪声预报分析,经过实船验证,能够满足《规则》中对起居处所的噪声限定要求。但随着社会的发展,船东在船舶舒适性方面的要求会愈来愈高,我们需要在新材料、新工艺及噪声预报方面做进一步的研究。

【参考文献】

[1]马大猷.噪声与振动控制工程手册[M].北京:机械工业出版社,2002.

基于计算机模拟的通风系统特性分析

金祥臣

(渤船重工船舶设计研究院机装科)

摘　要:本文应用规范规定的力学模型、牛顿多项式理论、插值的数值方法,对风机性能曲线、通风系统特性曲线进行函数模拟,完善了风机选型和通风系统阻力损失计算的理论方法。通过对力学模型的计算结果、两种曲线计算机模拟结果的比较,验证了模拟理论的可靠性,为其他类似问题计算提供参考。

关键词:多项式;设计工况;机舱通风;管路特性;风机性能

0　前言

　　通风系统阻力计算是通风系统布置图的校核性技术文件,计算结果是作为布置图最终认可的依据。通风系统阻力分析,应使通风管系的选型、布置与风机相匹配。目前,船舶通风系统管路阻力计算的理论研究方法大都采用静态法,即直接指定风机选型时的理论工况点作为研究对象,而忽视了理论工况点与实际工况点之间的偏差带来的影响。通常分析出来的结果与实船测量结果偏差很大,严重时会烧毁电机。而本文以某型船的机舱通风管路的阻力计算为例,基于实际,采用动态法分析系统特性与风机性能匹配问题,并借助计算机处理大量演算,模拟出系统特性与风机性能之间的匹配状态。

1　技术准备

　　(1)风机性能($Q-H$)曲线或至少3组的风机性能参数列表。

　　(2)通风系统的管路布置图。图中应包含管路中的直管、弯头、三通、变径、风筒、风闸、风栅、送风头等部件的三维信息。

2　流体力学模型

　　(1)通风系统特性的力学模型,在规范和设计手册中已有明确规定,是基于稳定流体的能量守恒公式:

$$H_{sys} = \sum H_f + \sum H_j$$

式中:H_{sys}——通风系统总阻力损失(mmAq);

　　$\sum H_f$——通风系统沿程摩擦阻力损失总和(mmAq);

　　$\sum H_j$——通风系统风管部件局部阻力损失总和(mmAq)。

$$1\ mmAq = 10\ Pa$$

　　(2)通风系统沿程摩擦阻力损失总和采用如下公式:

$$\sum H_f = 0.0055\left[1 + \sqrt[3]{\left(\frac{20000\varepsilon}{D_h} + \frac{10^6}{Re}\right)}\right]\left(1000\frac{L}{D_h}\right)\frac{\rho}{2gS^2}Q^2$$

式中:$\sum H_f$——通风系统沿程摩擦阻力损失总和(mmAq);

　　ρ——空气密度(标准空气,取1.2 kg/m³);

　　ε——风管内壁绝对粗糙度(镀锌板取0.15 mm,钢板取0.1 mm);

　　g——重力加速度(取9.81 m/s²);

L—— 风管长度(m);

S—— 风管横截面积(mm^2);

Re—— 雷诺数(无因次量)。

$$D_h = 4\frac{S}{P}$$

D_h—— 水力直径(mm);

S—— 风管横截面积(mm^2);

P—— 风管横截面周长(mm)。

$$Re = \frac{vD_h}{1000\nu}$$

Re—— 雷诺数(无因次量);

v—— 风管内空气流速(m/s);

ν—— 空气的运动黏度(标准空气,取 $15.7 \times 10^6 \, m^2/S$)。

D_h—— 水力直径(mm)。

(3)通风系统中风管部件局部阻力是空气流经部件时速度发生变化造成的,由于速度是矢量,所以这个变化包括了速度大小和方向两个因素。风管部件局部阻力损失总和 $\sum H_j$ 采用如下公式:

$$\sum H_j = \zeta \cdot \frac{\rho}{2gS^2}Q^2$$

式中:$\sum H_j$—— 通风系统风管部件局部阻力损失总和(mmAq);

ρ—— 空气密度(标准空气,取 $1.2 \, kg/m^3$);

ζ—— 风管部件局部阻力系数(无因次量,与雷诺数和表面粗糙度无关,仅与部件形状和尺寸有关,要特别注意风速。相应数值选取查看工具手册);

S—— 风管横截面积(mm^2);

Q—— 风管内空气流量(m^3/s)。

(4)由于通风系统与环境的进口/出口有1个突然的空间缓冲,导致进口/出口通风附件比风管中段通风附件局部阻力系数要大。数值选取要满足下面数值,但具体还要考虑部件形状和尺寸。

$$\zeta_{inlet} \geqslant 0.5; \zeta_{outlet} \geqslant 1$$

(5)风机性能的力学模型,直接采用风机厂提供的风机性能曲线或性能参数列表。

$$H_{fan} = f(Q)$$

3 模拟函数

(1)风机性能曲线和通风系统特性曲线,由上面的数学模型可以看出 H 是 Q 的二次函数,故采用牛顿二次多项式、均分内插值法进行模拟。

(2)通过上面的数学模型,采用 Excel 的表格计算工具分别得到 2 种性能曲线上的 3 个工况点,见表1。

表1 2种性能曲线上的3个工况点

风机性能 3个工况点		通风系统特性 3个工况点	
压头	流量	背压	流量
H_1	Q_1	H_4	Q_1
H_2	Q_2	H_5	Q_2
H_3	Q_3	H_6	Q_3

技巧1:第2点设置在风机选型工况点的左侧。第1、3点设置在风机工作范围边界,见图1。

技巧2:通风系统特性3个工况点的计算,设置风管流量为 $Q_{fan} \times factor$,见图2。

(3)采用牛顿二次多项式原理,风机性能曲线的模拟函数如下:

系数 A:
$$A = \frac{\left(\frac{H_3 - H_2}{Q_3 - Q_2}\right) - \left(\frac{H_2 - H_1}{Q_2 - Q_1}\right)}{(Q_3 - Q_2)}$$

系数 B：
$$B = \left(\frac{H_2 - H_1}{Q_2 - Q_1}\right) - A(Q_1 + Q_2)$$

系数 C：
$$C = H_1 - \left(\frac{H_2 - H_1}{Q_2 - Q_1}\right)Q_1 + AQ_1Q_2$$

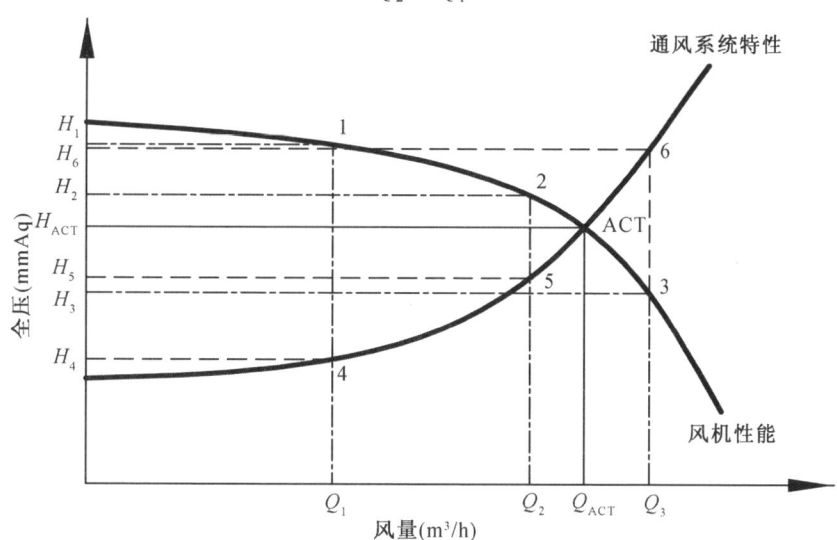

图1　风机性能与通风系统特性匹配曲线

通风组件序号	流量系数比	通风管截面		风管长度(m)	局部压力损失系数	实际压力损失(mmAq)		
		宽(mm)	高(mm)			Q_1	Q_2	Q_3
进口侧								
1	1	1000	1000		1	12.24	15.49	19.13
压力侧								
1	1	1800	810		0.6	4.71	5.97	7.37
2	0.715512	1100	800		1.1	9.36	11.85	14.63
3	0.715512	1100	800		0.35	2.98	3.77	4.65
4	0.628967	1100	800		0.3	1.97	2.50	3.08
5	0.573875	1100	800		0.4	2.19	2.77	3.42
6	0.573875	1100	800		0.2	1.10	1.39	1.71
7	0.430201	900	800		1.3	5.72	7.24	8.94
8	0.059338	700	460		0.4	0.18	0.23	0.28
9	0.059338	460	290		0.15	0.40	0.51	0.63
10	0.027576	460	290		0.3	0.17	0.22	0.27
11	0.027576	460	290		0.41	0.24	0.30	0.37
12	0.027576	460	290		1.8	1.05	1.32	1.63
14	1	1800	810	8.6		0.81	1.02	1.25
15	0.715512	1100	800	11		1.41	1.77	2.16
16	0.414135	900	700	4.8		0.49	0.61	0.75
17	0.057122	460	290	2.3		0.29	0.37	0.45
18	0.026546	460	290	9.8		0.30	0.38	0.46
					总计	45.63	57.70	71.19

图2　通风系统特性参数计算结果列表

（4）通风系统特性曲线的模拟函数如下，系数 D,E,F 的算法，同 A,B,C。
$$H_{sys} = D \cdot Q^2 + E \cdot Q + F$$

（5）通过3个工况点采用均分内插法，再分别插值出6个工况点，利用 Excel 中的图表功能，分别将2个曲线的9个工况点做在同一个函数坐标中，见图3。

（6）而风机的实际运行工况点就是风机性能曲线与通风系统特性曲线的交点，在此点上风机提供的压头与系统背压相匹配。通过对（3）（4）中的模拟函数解析，可得：

风机实际工况流量 Q_{ACT}，
$$Q_{ACT} = \frac{E - B - \sqrt{(B - E)^2 - 4(A - D)(C - F)}}{2(A - D)}$$

风机实际工况压头 H_{ACT}，

$$H_{\mathrm{ACT}} = A \cdot Q_{\mathrm{ACT}}^2 + B \cdot Q_{\mathrm{ACT}} + C$$

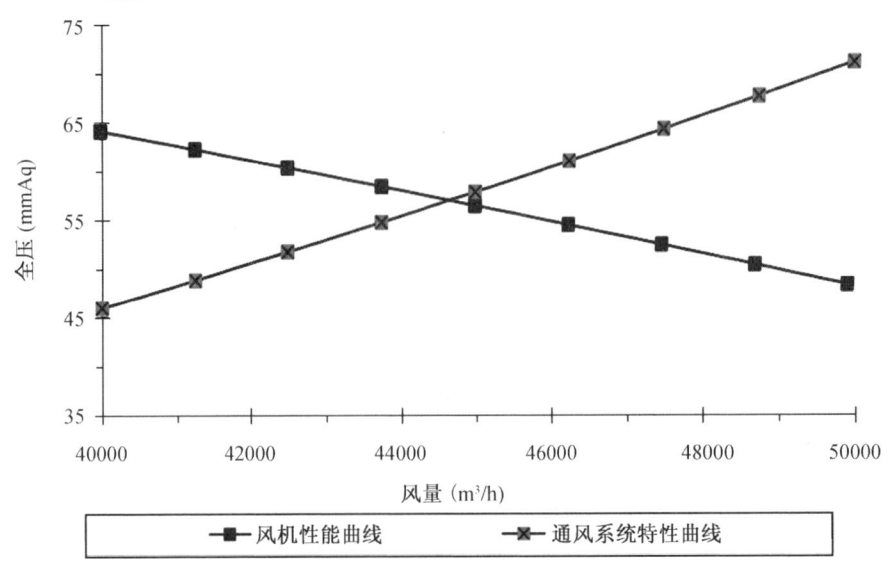

图3　风机性能与通风系统特性匹配曲线

4　理论应用案例

案例是某型船机舱4#风机服务的通风管路系统。

（1）风机型号：JCZ－100 A，风机参数：380 V，50 Hz，45000 m³/h，560 Pa，性能曲线见图4。

（2）通风系统特性，计算见图2。

（3）风机性能与通风系统特性匹配曲线，见图3。

（4）通过解析得风机实际工况点：流量 $Q_{\mathrm{ACT}}=44660.9$ m³/h，压头 $H_{\mathrm{ACT}}=56.8$ mmAq。

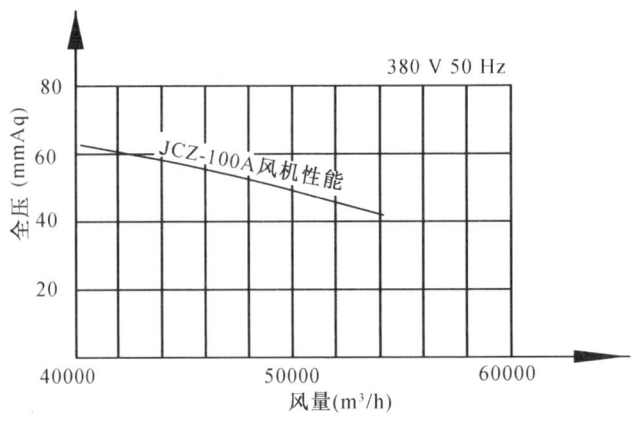

图4　风机性能曲线

5　阻力分析

在设计通风系统时，风机排出管路要有相当长的直管段便于回收静压，要有合适的部件提供系统背压，使风机能在高效率的风机曲线范围内工作，见图5。

（1）通过案例可以看出本文所采用的算法可以模拟出风机性能与系统特性相匹配的情况，比原先算法的准确度提高很多。风机的实际运行工况点就是系统特性曲线与风机性能曲线的交点。在此点上，风机提供的压头与系统阻力相匹配，系统的风量等于风机的风量。

（2）当风机性能曲线与通风系统特性曲线有交点，但工况点不理想，说明风机选型没问题，而是系统支管背压不平衡。当 Q_{ACT} 比风机选型的理论值大，H_{ACT} 比理论值小，应增大系统背压，如：加节流风闸。反之，应减小背压，如：加大管径，光顺风管，减少弯头，加大弯模，更换通风附件。

（3）当两种曲线无交点，说明风机选型中的压头有问题或系统管路设计有问题，如果通风系统特性曲线在风机性能曲线下方，那么需要风机重新选压头小的，或增大系统背压。反之在上方时，风机选压头大的或减小

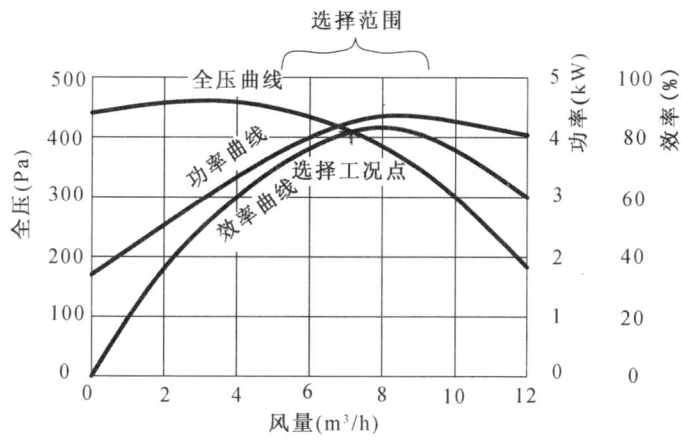

图5 风机运行工况点选择范围

系统背压。

6 结论

将动态分析方法应用到通风系统阻力计算中,建立了更加完善的模型,并结合了牛顿多项式理论与内插值的数值方法,结果表明风管阻力计算的精度得到提高,缩短了设计人员时间,仅通过简单地输入几组风机性能数据,查看通风布置及相关设计手册中部件的局部阻力系数,就可以得到风机与系统相匹配的实际工况点。

此模拟理论,简单明了、方法可靠、适用广泛,可为其他项目相关流体计算提供参考,对相关设计具有借鉴意义。

【参考文献】

[1]中国造船工程学会.船舶设计实用手册(轮机分册)[M].北京:国防工业出版社,2013.

[2]Calculation of Over-Pressure in Ballast Tanks[S].1994.

[3]Internal Flow System[S].1936.

[4]北京市设备安装工程公司,等.全国通用通风管道计算表[M].北京:中国建筑工业出版社,1978.

[5]上海市工业设备安装公司.全国通用通风管道配件图表[M].北京:中国建筑工业出版社,1978.

[6]CB/T 3772—1996 柴油机船舶机舱通风设计条件和计算基准.

[7]Q/CB.SL 280—1998 机舱风管阻力计算书编制要求.

[8]中国船级社.钢质海船入级规范[M].北京:人民交通出版社,2012.

浅谈 MC 与 ME 型船用柴油机燃油系统

刘宏伟　毕铁满　韩兆利

（大连船舶重工集团有限公司）

摘　要：本文主要对 MAN B&W 公司所生产的传统 MC 型与新型电喷 ME 型船用柴油机的燃油系统进行分析和比较，来论述现代船用柴油机的结构演变和发展趋势，以供设计、安装及调试人员参考。

关键词：燃油系统；MC 型；ME 型

0　前言

船用柴油机又称为船舶"主机"，被看作是船舶动力系统的"心脏"，对船舶的安全行驶起着决定性的作用。柴油机又是一种热机，通过对内部的燃油进行燃烧，把燃油所具有的化学能转变为热能来驱动船舶行驶，所以说内部燃油燃烧质量对柴油机的性能起着决定性的作用。

柴油机内部的燃油系统是控制其燃烧质量的主要系统，它的主要作用是通过高压油泵、高压油管和喷油器等部件把燃油准确、准时地喷入气缸内与压缩空气混合进行完全燃烧，从而做功。对柴油机燃烧的要求可大致概括为及时、完全、平稳和空气利用率高。丹麦的柴油机制造厂商 MAN B&W 公司一直以"柱塞泵式喷射系统"，也就是 MC 型柴油机作为主要的燃油喷射装置。这是一种纯机械控制的喷射形式，它以机构简单坚固、喷射稳定及管理方便著称。然而随着当今各个港口国对临海环保的重视及 MARPOL 公约的不断更新，MC 型柴油机的纯机械式控制已经不能满足需要，"电控式喷射系统"随即诞生，它主要通过电动—液压系统来控制燃油的喷射，弥补了纯机械控制中所具有的燃烧不够充分、油耗高和存在机械延时等缺陷。

1　传统的 MC 型柴油机燃油系统

柱塞泵式喷射系统主要由燃油凸轮、高压油泵、高压油管和喷油嘴等构成（见图 1）。燃油凸轮和对应的排气凸轮连接在柴油机的凸轮轴上，通过链条由连接在曲轴上的齿轮带动，柴油机出厂时调试人员通过各缸的发火顺序调整每个燃油凸轮的位置来完成喷油定时。高压油泵是一种柱塞泵，其油泵的柱塞和套筒是一对偶合件，柱塞由凸轮的转动驱动使其上行运动瞬时产生 60~150 MPa 的高压燃油，通过高压油管由喷油器雾化喷入气缸与压缩空气混合进行燃烧，柱塞再通过油泵弹簧的拉力回复到原先的位置为下次喷油做准备。

燃油系统完成不同负荷间喷油量的多少是通过燃油齿条来驱使柱塞轴向转动，柱塞顶端特殊设计的线型能在不同的位置改变进油的始点和终点，从而完成喷油量的改变。而一些机型为了充分燃烧还增加了 V.I.T. 结构（Variable Injection Timing Unit）（见图 2），称为喷油延时自动调节机构。它是通过 V.I.T. 齿条使喷油泵套筒上下移动来改变喷油泵供油的始点，从而控制燃油喷入气缸的时间。燃油齿条和 V.I.T. 齿条均由调速器所控制。

MC 型机燃油系统设计得中规中矩，从进油到喷射以及定时均为机械动作，零件简单，日常的维护也方便。但在大型船用柴油机飞速发展的今天，以及世界对船舶防污染要求的日益严格，纯机械的 MC 型机已经暴露出了很多缺点。由于机械传动产生的机械延时以及长时间运行后零件接触端的磨损等原因，MC 型机已经不能满足现代船舶对柴油机提出的油耗低、维修费用少、无烟排放、运行直观等要求。近些年来出现的 ME 型电喷主机应运而生，逐渐成为当今船舶主机的杰出代表。

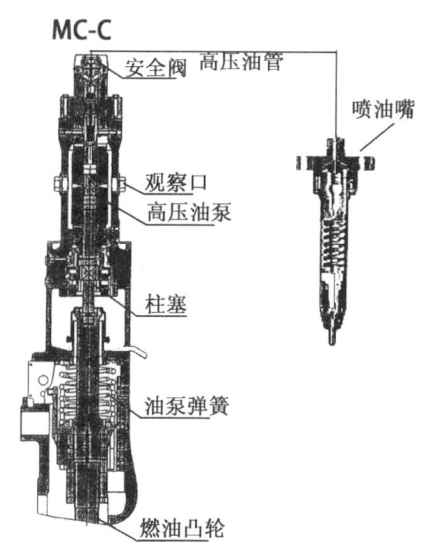

图 1 MC 型柴油机柱塞泵

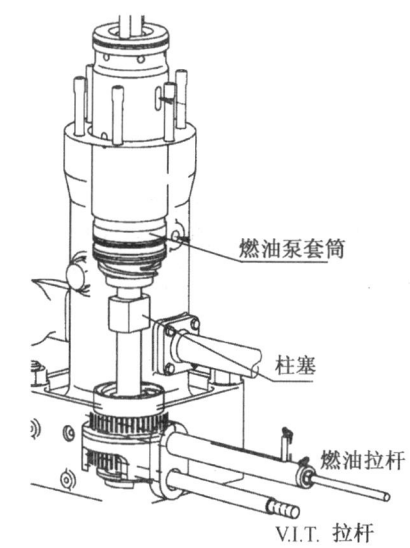

图 2 带 V.I.T. 的 MC 型柴油机柱塞泵

2 现代化 ME 型主机燃油系统

ME 型柴油机相对于传统的 MC 型柴油机的燃油系统省去了燃油凸轮、凸轮轴、油门拉杆和 V.I.T. 等装置。这种设计颠覆了传统意义中纯机械的喷油方式，取而代之的是加入了电控元件和液压装置，利用电子控制的精确性、液压控制的稳定性和瞬时性来精确地控制柴油机各缸的喷油，极大地弥补了 MC 型柴油机纯机械控制的缺陷。

ME 型电喷柴油机燃油系统主要由液压系统（HPS）、燃油泵、高压油管和喷油嘴等组成（见图 3）。喷油的基本原理和柱塞泵式喷射系统类似，燃油泵也是由柱塞和套筒组成，只不过柱塞分为了液压柱塞和燃油柱塞，液压油驱动液压柱塞和燃油柱塞上行，给套筒内部的燃油加压，通过高压油管和喷油嘴向气缸内喷油。所不同的在于液压系统代替了凸轮装置来完成柱塞的驱动压力和时间控制，而液压系统由电控装置来控制。

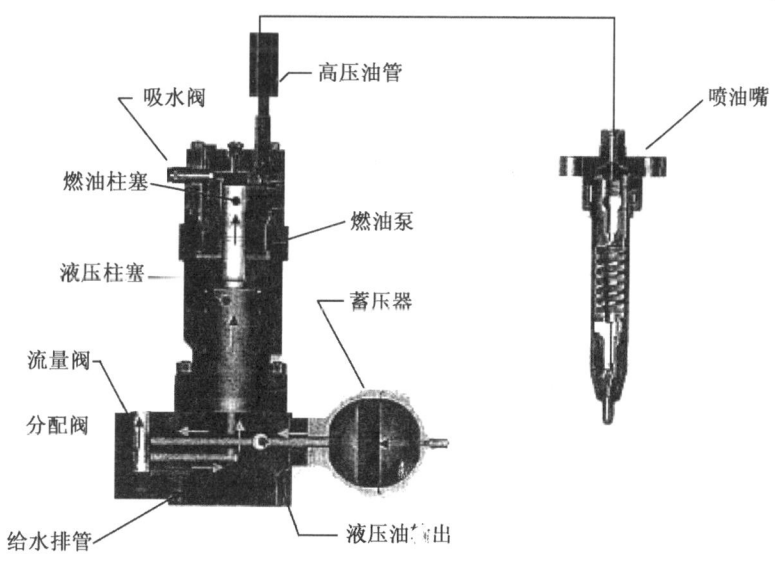

图 3 ME 型柴油机柱塞泵

ME 型柴油机的液压系统（HPS）是它区别于 MC 型的核心之一（见图 4），主要组成为：机带高压泵（Engine drive pumps）、蓄压器模块（Accumulator block）、电动泵（Electrically driven pumps）和液压气缸单元（HCU）等。液压系统所使用的液压油由柴油机滑油系统提供，当主机运转的时候，由与曲轴同轴的齿轮带动链条来驱动 3 台机带高压泵。由于机带高压泵是一种可逆转的变量泵，它可通过主机控制系统（ECS）可以调节泵的排量，可在不同的转速和方向上获得大约 20 MPa 的压强（如果主机刚启动，由电动泵先进行加压），蓄压器模块利用氮气的方式来存储一定的压力油以保证足够的压力送到液压气缸单元。

液压气缸单元是控制燃油喷射的主要机构,当气缸不发火的时候,该单元的 FIVA(Fuel Injection-Valve Actuation)中的 EFI(Electronic Fuel Injection)机构使燃油泵中的液压柱塞驱动油泄放,自带的蓄压器保持着驱动油的压力。当气缸处于发火状态时,EFI 动作,关闭泄放口,使高压驱动油通过 EFI 流入液压柱塞下的液压腔驱动液压柱塞和燃油柱塞上行后喷油。

FIVA 是一个比例型液压阀,它的内部包含了控制燃油喷射的 EFI 和控制排气阀开闭时间的 ELVA(本文不予论述),EFI 通过曲轴角度传感器、燃油柱塞位置传感器以及转速传感器并通过计算机的计算来控制它的位置,从而可以调节发火时间、油门、V. I. T. 以及各缸的最大爆发压力、压缩压力和负荷等,各项参数均可通过位于集控室的主控制面板(MOP)更改。

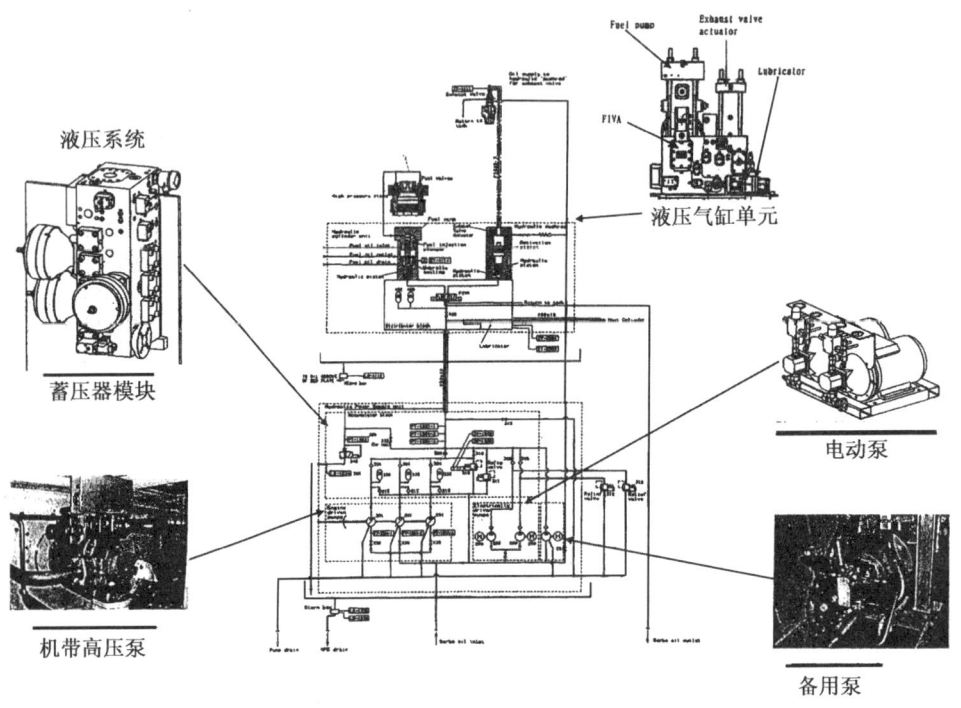

图 4　液压系统(HPS)

3　发展趋势

电喷 ME 型柴油机的燃油系统设计相比较传统的 MC 型有很多优点,这也是现代船用柴油机发展的趋势:

(1)燃油油耗低,经济性好。因为电喷 ME 型柴油机根据电子调节喷油压力,其压力柔性可调,可对不同工况以及低速时确定最佳喷射压力,优化柴油机的综合性能。

(2)通过控制燃烧,能够同时满足排放和经济性对燃油的要求。电喷机可以弥补纯机械喷油的大部分不足,从而大幅度地降低 NO_x 的排放。随着 MARPOL 公约的不断更新,电喷柴油机也在提升其自身的性能,比如在排烟管增加烟雾清洗装置等来满足最新公约的相关要求。

(3)柴油机燃油系统的各项调节均采用集中监控式,便于轮机管理人员的调节和监控,极大地缩减了工作量。

(4)电喷 ME 型柴油机燃油系统相对于 MC 型柴油机,省去了不少机械装置,使柴油机的机构大大简化、运动部件减少,从而增加了柴油机的可靠性。

4　结论

当然,高智能化的电喷柴油机也存在缺点,即运用的电磁阀和液压元件较多,如果损坏,对船舶建造、调试和轮机管理人员来说是一项难题,所以配备该型主机的船舶需要其人员具备机电专业的复合性技能。虽然科技的发展给我们技术人员带来极大的挑战,但只有不断地更新和充实自己,才能适应现代化的造船业发展。

【参考文献】

[1] 徐立华.船舶柴油机 [M].哈尔滨:哈尔滨工程大学出版社,2006.

基于虚拟样机技术的新型储油罐抛放装置动力学研究

李文鹤[1] 吴其俊[2] 代 亮[1]

(1. 海军驻大连某厂军事代表室;2. 中国舰船研究设计中心)

摘 要:为了提高储油罐抛放装置的快速性,本文在设计中采用了一套新型曲柄滑块式气动解锁机构,并采用 ProE 和 ADAMS 软件建立了储油罐抛放装置的虚拟样机,对其解锁过程和抛放过程进行动力学仿真。仿真结果表明:该抛放装置解锁快速,通过解锁方式原理性改进,实际抛放运动用时不超过 3 s,抛放时间缩短了十余倍。通过将模型数值计算结果与实验结果进行比较,仿真误差仅为 4.4%,验证了虚拟样机模型、设计参数和仿真结果的正确性,为今后该装置的进一步优化设计提供了依据。

关键词:储油罐抛放装置;曲柄滑块机构;虚拟样机;动力学仿真

0 前言

随着我国对海洋权益的日益重视,公务船承担了越来越多的海上巡视、救援任务,因此,具备搭载和保障直升机的能力是新型公务船的发展趋势。直升机喷气燃料闪点较低,在发生火灾时存在安全隐患,采用抛放装置将其快速抛离船体,能够减小灾情的扩大和蔓延,提高船舶的安全性。

文献[3]介绍了一种以油罐/滑车自身重力 + 辅助弹簧力为抛投动力的弹簧储能式油罐应急抛放装置。但是该装置从操作开始到油罐抛离需要时间约 45 s,时间较长,不利于紧急情况下的快速抛放。

为了提高储油罐抛放装置的快速性,本文在设计中采用了一套新型曲柄滑块式气动解锁机构,以缩短其抛放时间,在原理样机加工前,对其动力学进行了分析。

目前应用于多刚体动力学的方法主要有:牛顿—欧拉法、拉格朗日方程法、图论法、凯恩法、变分法、旋量法等。机械系统动力学仿真分析软件 ADAMS(Automatic Dynamic Analysis of Mechanical System),采用刚体质心笛卡尔坐标和反映刚体方位的欧拉角作为广义坐标,采用拉格朗日乘子法建立系统运动方程,能对虚拟机械系统进行静力学、运动学和动力学分析。利用虚拟样机技术,在设计阶段可以实现优化设计;在工程应用阶段,针对实际工作中出现的问题,可以找出问题产生的原因,进行改进。

本文利用 ProE 和 ADAMS 构建储油罐抛放装置的虚拟样机,对其进行动力学仿真分析,并采用实验方法对仿真结果进行了验证。结果显示该装置解锁速度很快,通过解锁机构原理的改进,抛放时间缩短了十余倍,整个抛放过程小于 3 s;虚拟样机模型合理,仿真结果准确,为今后该装置的优化设计奠定了基础。

1 储油罐抛放装置改进设计

1.1 概述

储油罐抛放装置由基座、解锁机构、弹簧蓄能器、滑车等部分组成。其工作原理为:平时弹簧蓄能器处于压缩蓄能状态,储油罐固定在滑车上,通过锁销将滑车锁定在基座上。抛放装置抛放时,通过高压气体能量推动曲柄滑块机构运动以高速拉开锁销解锁。解锁瞬间,弹簧蓄能器释放,推动滑车并带动储油罐抛出船外。本文将锁销作为曲柄滑块机构中的滑块,采用气缸—活塞推动曲柄转动实现快速解锁。

1.2 曲柄滑块机构设计

曲柄滑块机构可以完成旋转运动与直线运动的变换,并可实现急回特性,在机械设备中应用广泛。传动角

愈大对机构的传动愈有利。要使机构具有较好的传动性能,就必须尽可能地增大机构的最小传动角。从按行程速比系数 K 设计偏置曲柄滑块机构的基本原理出发,在保证机构运动要求的前提下,获得最佳传动性能。

在曲柄滑块机构中,当曲柄为主动件时,作用在从动件滑块 C 点的力与该点速度方向所夹的锐角称为压力角,以 α 表示。传动角以 γ 表示,γ 与 α 的关系为 $\gamma = 90° - \alpha$,传动角 γ 越大,机构的传动性能越好,对传动越有利。如图1所示,在传动过程中,当曲柄由 AB_1 位置沿逆时针转到 AD_1 时,传动角逐渐增大,达到最大值 $90°$ 时随之又逐渐变小,达到 AB_2 位置时为较小值;当曲柄转到 AD_2 位置,传动角逐渐增大到最大值 $90°$;随之又逐渐变小,达到 AB_1 位置时为较小值。比较 AB_1 与 AB_2^* 两位置可知,$\alpha_1 > \alpha_2$,所以 $\gamma_1 < \gamma_2$,最小传动角发生在 AB_1 位置。

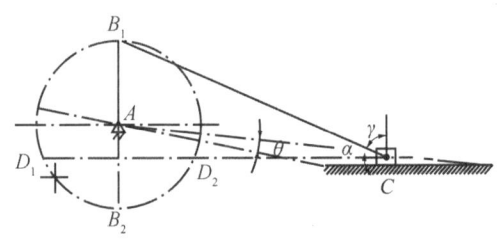

图1 最小传动角 γ_{min} 发生的位置

如图2所示,该机构曲柄长度为 a,连杆长度为 b,偏心距为 e。AC_1 是曲柄和连杆处于重叠共线时的位置,所以,$AC_1 = b - a$,AC_2 是曲柄和连杆处拉直共线时的位置,所以 $AC_2 = a + b$。C_1C_2 是导路的方向线,AD 为偏心距 e。设 $\angle AC_2C_1 = \beta$(由 β 可确定 A 点位置),由曲柄滑块机构固定铰链点 A 选择在弧 C_1E 或 C_2F 上可知,$\beta > 0°$,$\theta + \beta < 90°$,辅助角的取值范围为 $0° < \beta < 90°$。

在 $\triangle AC_1C_2$ 中,根据正弦定理可推导得:

$$a = H \frac{\sin(\beta + \theta)}{2\sin i}$$

$$b = H \frac{\sin(\beta + \theta)}{2\sin i}$$

$$e = H \frac{\sin(\beta + \theta)}{2\sin i}$$

$$\gamma_{min} = \arccos \frac{\sin(\beta + \theta) - \sin\beta - \cos(2\beta + \theta) - \cos\theta}{\sin(\beta + \theta) + \sin\beta}$$

图2 γ_{min} 与 θ 之间的关系图

在机构的运转过程中,为保证机构传动良好,一般要求 $\gamma_{min} \geq 40°$。

1.3 本文解锁结构设计

为保证曲柄滑块机构的传力性能,K 通常取 $1.1 \sim 1.3$。K 越大,机构急回特性越好;K 越小,机构传动性能越好。本文要求机构传动特性较好。因此本文 K 取较小的 1.1,已知 H 为 88.5 mm。

根据文献可知,此时,θ 取 $8.57°$,γ_{min} 最大为 $58.85°$,$\beta = 11.29°$。代入公式,可求得,$a = 43.9$ mm;$b = 160.4$ mm;$e = 10$ mm。

2 建立虚拟样机模型

2.1 模型的建立

在 ProE 环境下,对储油罐抛放装置各部件进行合理简化,建立三维实体模型,并将各部件组装成装配体。本文仅分析机构动力学特性,因此暂不考虑气瓶和管路的布置。

2.2 模型转换

首先将 ProE 建好的模型输出为 parasolid 格式,然后导入到 ADAMS 中,给零部件逐一赋予材料。由于储油罐在 ProE 中简化成了一个立方体,若在 ADAMS 中直接赋予材料,其质量特性变动较大,因此需根据实际参数,进入 user input 模式手动输入质量和转动惯量,并修改重心位置。

3 动力学仿真分析

以抛放装置装在船舶右舷为例,储油罐需向右抛放,则船体左倾时,需要的抛放力最大。

典型航行状态下,某船船体左倾最大角为 $8°$。为模拟船体的倾斜角,在 ADAMS 软件中,选中模型的所有零件,建立"group",然后以基座底端边缘的一条边线为旋转轴,将此"group"整体旋转 $8°$。旋转后的模型侧视图如图3(a)所示,弹簧蓄能器沿抛放方向安装在基座内部,俯视图如图3(b)所示,俯视图中未显示油罐。

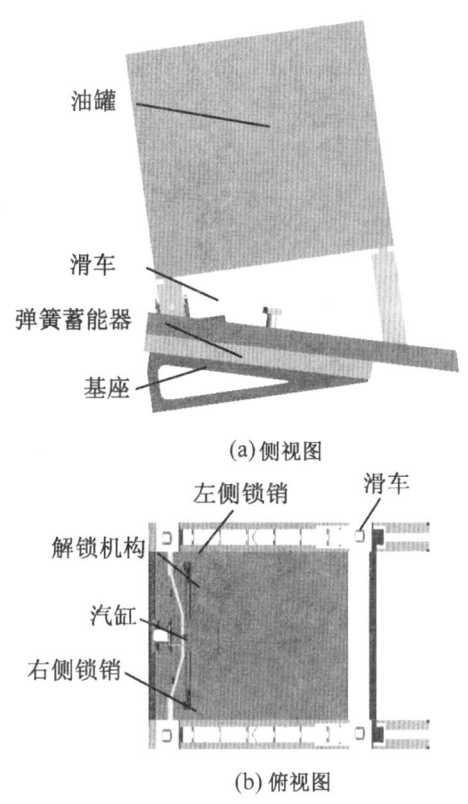

（a）侧视图

（b）俯视图

图3　抛放装置模型

3.1　添加约束及接触

在 ProE 建立装配体时创建的约束，转化到 ADAMS 后已经失效，需要重新添加约束，修改约束属性，并在运动的零部件之间设置接触。由于滑车上的滚轮多达几十个，若全部施加滚动直线导轨副并设置与导轨的摩擦，计算量将非常大。本文假设滑车上的滚轮与滑车固定，同时将滚轮与导轨间的摩擦系数设置为 0.02，以模拟滚动摩擦。

3.2　施加外力与载荷

（1）首先在模型中添加重力加速度 g，大小为 9.8 m/s²。

（2）施加解锁力和抛放力。假设气体在管路中运动时间为 t_1，实际中根据管路布置确定该时间，根据实际解锁气压，在活塞杆上施加解锁力，解锁力函数设定为：if(time − t_1:0,10000)。根据蓄能器的实际预压力和刚度，设置抛放力，单根弹簧的预压力为 20 kN。本文暂不考虑气体在管路中运行的时间，因此设 t_1 为 0 s。

3.3　计算结果与分析

图4为两根锁销在解锁方向上的位移—时间曲线。可见，高压气体作用至活塞杆后 0.1 s 内，左右两边的解锁销向内运动 0.088 m，完成解锁动作，并保持稳定。可见，采用高压气体驱动曲柄滑块的解锁方式快速、高效。

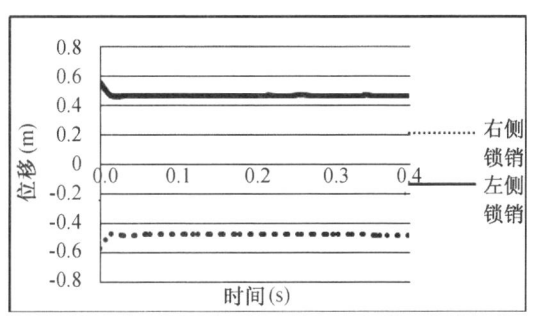

图4　锁销的位移—时间曲线

图5为油罐在水平抛放方向上的运动曲线。可见，0～0.14 s，油罐受到弹簧启动时的冲击，启动加速较快；0.14～2 s，油罐在基座上平稳加速；2 s 后，油罐脱离基座，失去弹簧作用力，在水平方向基本呈匀速运动。

图 6 为油罐在垂向方向上的运动曲线。可见,0~2 s,油罐受基体限制,垂向位移和速度都比较小;2 s 后,油罐脱离基座,做类似自由落体运动。假设抛放装置距离水面高度为 1 m,2.39 s 时落水,根据图 6 可知,落水时油罐已抛出船体外 0.77 m。

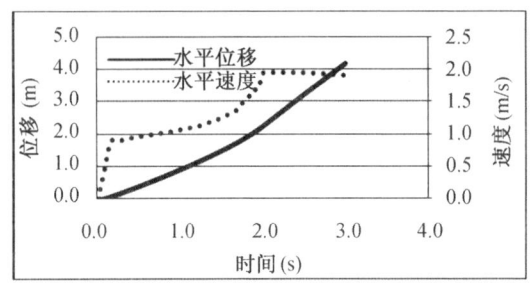

图 5　油罐水平运动曲线

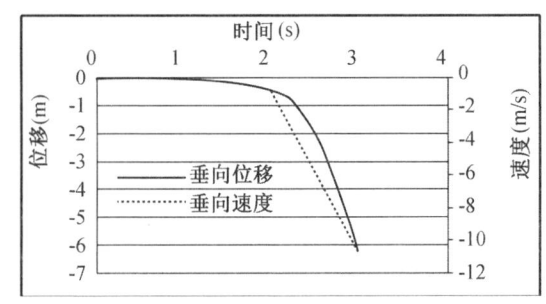

图 6　油罐垂向运动曲线

由图 5 和图 6 可以看出,油罐在水平运动和垂向运动方向上的位移曲线较为光滑,其运动平稳性较高。

4　实验验证

为验证了虚拟样机模型和计算参数的正确性,制作了 1∶1 的实物样机进行抛放实验,安装时考虑了倾角的影响,在设备基座下方增加一块 8°的底座。使用摄像机捕捉油罐抛放轨迹。图 7 为抛放作业前,抛放装置的实物样机和虚拟样机安装状态对比图。图 8 为落水瞬间,实物样机和虚拟样机运动状态对比图。根据实验视频判断,油罐从开始运动到落水时间约为 2.5 s。仿真结果与实验结果的误差仅为 4.4%,可以认为虚拟样机模型较为准确。

图 7　抛放前对比图

5　结论

(1)本文中设计的新型油罐抛放装置解锁快速可靠,抛放运动平稳,能够将油罐抛出船体至安全距离,油罐从启动到落水用时小于 3s,比原抛放装置的抛放时间缩短了十余倍。

(2)采用 ProE 和 ADAMS 联合建立抛放装置虚拟样机,可以很好地验证其动力学特性,实现在设计阶段模拟抛放作业,节约了时间,降低了成本,提高了设计的可靠性,并为设备优化设计打下了基础。

(3)本文未考虑气体在管路中的运动时间,后续将继续就此内容进行探讨;实验结果分析时,由人员根据视频判断油罐落水时间,存在一定误差,后续可以考虑采用高速摄影技术确定准确的落水时间。

图 8　落水瞬间,运动状态对比图

【参考文献】

[1] 周建侯,唐立毅. 我国救捞船舶的现状与发展[J]. 中国舰船研究,2006,1(3):76-80.

[2] 徐国梁. 喷气燃料闪点计算法的研究[J]. 标准化通讯,1982,11:14-16.

[3] 郭太清,韩美香. 一种弹簧储能式油罐应急抛放装置[J]. 新技术新工艺,2012,9:15-17.

船舶用高铝钢 45CrAlMo 中 Al₂O₃ 夹杂的控制

赵智刚　冯桂萍　刘金鑫　李　刚

（抚顺特殊钢股份有限公司技术中心）

摘　要：针对45CrAlMo钢氧化铝夹杂问题，通过优化冶炼工艺，包括电炉出钢喷碳粉、LF精炼脱氧合金化、VD过程控制及确定浇注温度为1570～1580 ℃，钢液纯净度有所改善，有效地降低了钢中氧化铝类型非金属夹杂物级别。结果表明，优化冶炼工艺后45CrAlMo钢的超声波探伤合格率和成材率有了很大提升。

关键词：45CrAlMo钢；脱氧；夹杂物；高铝钢

0　前言

普通高铝钢的铝质量分数达到0.5%以上，其经过热处理后具有很高的表面硬度、耐磨性和良好的耐腐蚀性，主要应用于机械制造、航空工业及军工等行业，市场需求较大。本文研究的45CrAlMo钢作为一种普通高铝钢经过调质、氮化处理能获得较高的强度、硬度及耐磨性，制成船用零部件阀体而广泛应用于造船行业。

高铝钢的冶炼过程中铝作为主要的脱氧剂，其脱氧产物氧化铝（Al_2O_3）是影响钢纯净度的主要因素。脱氧产物（Al_2O_3）形成的链状夹杂对钢材的性能，特别是冷加工和疲劳性能影响较大。抚顺特殊钢股份有限公司（以下简称抚顺特钢）生产高铝钢的工艺流程有：UHP + LF + VD + 模注 + 锻造。钢水经超高功率电弧炉初炼，后经LF精炼炉冶炼，VD真空脱气处理，模铸钢锭后锻造成材。冶炼工艺未改进前，因氧化铝夹杂导致45CrAlMo钢探伤合格率和成材率偏低，仅为67%和55%。本文通过对45CrAlMo钢冶炼工艺进行优化来提高钢的纯净度，控制氧化铝夹杂，从而改善钢材探伤质量，提高钢材成材率。

1　氧化铝夹杂产生机制

氧化物主要是由钢中的氧和脱氧剂作用产生的，它们由于来不及排出而留于钢中形成氧化物夹杂，因此高铝钢钢液中较高的氧含量是产生氧化铝夹杂的必要条件。氧化铝熔点2050 ℃，密度3.96 g/cm³，其熔点很高，不易熔化，作为氧化铝夹杂物颗粒存在，大量的夹杂物颗粒聚集进而形成链状夹杂。

真空下的氧化铝夹杂物表面张力$\sigma_{夹-气}$约为0.9 N/m，钢液的表面张力$\sigma_{钢-气}$约为1.72 N/m，在同样条件下钢液与氧化铝夹杂物的界面张力$\sigma_{钢-夹}$约为2.3 N/m。氧化铝夹杂物与钢液间的润湿角计算公式为：

$$\cos \theta = \frac{\sigma_{钢-气} - \sigma_{钢-夹}}{\sigma_{夹-气}} \tag{1}$$

根据公式（1）可以推算出润湿角$\theta = 130.1° > 90°$，说明钢液不能润湿氧化铝夹杂物。根据公式（1）也可以推断出润湿角θ越大，钢液对非金属夹杂物的润湿越差，有利于钢中细小的非金属夹杂物的聚合、长大与上浮。但是实际钢材中却往往有大量的氧化铝夹杂存在，结合目前炼钢生产分析，主要是由于炼钢过程后期加铝调整合金成分，产生的氧化铝夹杂物没有来得及从钢液中分离出来，聚集成链状夹杂。按以上理论推断：对高铝钢而言，在保证成品化学成分中铝含量合格的前提下，冶炼过程前期脱氧效果和后期夹杂物上浮去除及防止钢液二次氧化显得极为重要。

2　冶炼工艺优化控制

抚顺特钢生产的45CrAlMo钢属典型的高铝钢类，其成分含有质量分数约为1%铝的（成分见表1），非金属夹杂物要求见表2。抚顺特钢根据理论基础，结合实际炼钢情况，通过优化冶炼工艺来控制氧化铝夹杂，具

体方案有：冶炼初期过程脱氧控制，LF 精炼过程脱氧控制，VD 精炼过程控制，浇注过程控制。

表 1　45CrAlMo 钢的化学成分（%）

C	Mn	Si	Cr	Mo	Al
0.40 ~ 0.50	≤0.60	0.15 ~ 0.45	1.30 ~ 1.70	0.15 ~ 0.30	0.85 ~ 1.20

表 2　45CrAlMo 钢的非金属夹杂物要求/级

项目	A 细 A 粗	B 细 B 粗	C 细 C 粗	D 细 D 粗
级别	≤2.0≤2.0	≤2.0≤2.0	≤2.0≤2.0	≤2.0≤2.0

2.1　电弧炉冶炼过程脱氧控制

电弧炉冶炼时需向熔池吹入氧气，以加速废钢的熔化。炉内料将近全部熔化而被炉渣覆盖时，炉内是氧化性气氛。从定氧仪的数据统计可知：电弧炉钢液中的溶解氧含量通常在 $(800 ~ 1300) \times 10^{-6}$ kg/L。

根据钢液中碳与氧的平衡关系和钢液温度与氧的平衡关系可知：在一定的温度下，钢液中碳含量越低，与之平衡的氧含量越高；在一定的碳含量下，钢中氧的平衡浓度和钢液温度成正比。45CrAlMo 钢冶炼时钢液温度较高，一般电弧炉出钢温度 $T \geq 1650$ ℃，此时钢中溶解氧达到峰值。因此可采用控制钢水温度和电弧炉终点碳含量等方式来控制氧含量。综合比较后采用适当提高终点碳含量的工艺更为合理。所以，电弧炉冶炼过程控制要点为：在出钢前 2 ~ 3 min，向熔池中喷吹碳粉，使终点碳含量≥0.010%，控制炉渣中的氧化亚铁（FeO），达到最大程度去除钢液中溶解氧含量的目的。

2.2　LF 精炼过程脱氧控制

LF 精炼脱氧反映的机理就是用与氧亲和力比铁大的元素把铁从 FeO 中还原出来。铝是目前炼钢比较经济适用的脱氧剂。电弧炉无渣出钢后，经脱氧合金化，钢液中的溶解氧含量大幅度下降，同时氧化铝夹杂物大量增加。所以，LF 精炼过程脱氧控制要点有：炉内加入一定量铝线，进行不断地沉淀脱氧，把钢中溶解氧迅速降下来。在部分元素如锰、钼合金化期间加入一定量的铝粒进行扩散脱氧，快速将渣中的 FeO、MnO 等氧化物还原，提高精炼渣的还原性。

针对 45CrAlMo 高铝钢而言，铝元素也是主要合金成分之一。通过实践证明，由于铝的含量较高，通过 LF 精炼之后 VD 过程喂线的方式调铝元素成分，其喂线过程降低钢液温度，且在液面反应剧烈，液面渣料极易卷入钢液中导致夹杂。所以铝的合金化控制要点为：LF 精炼采用铝锭合金化，同时选用优质萤石造渣。待铝锭全熔后补加渣料精白灰。这样在 LF 精炼过程实现铝的合金化后，为后期 VD 处理做好充分准备，避免了 VD 过程铝合金化后二次生成的夹杂物不能充分排除而产生夹杂现象。

2.3　VD 精炼过程控制

高铝钢在 VD 过程能进一步去除钢液中的气体，同时真空处理中长时间的搅拌，使钢中夹杂物有充分聚集、长大、上浮的机会，也能进一步提高钢的纯净度。目前 45CrAlMo 钢在 VD 过程控制要点为：采用在真空度≤100 Pa（极限真空度≤67 Pa）的条件下保持 15 min 的方式处理。另外，在真空状态下氩气流量的大小对钢液中气体质量分数也是有影响的。通过试验数据分析，得出图 1 所示的趋势对应关系。从图 1 中可以看出随着氩气流量的增大，钢液中氧的质量分数不断降低，但是达到 300 NL/min 以上时氧的质量分数降低缓慢，同时氩气流量过大会造成炉渣喷溅，因此将氩气流量控制在 200 ~ 300 NL/min 为宜。

在浇注含铝钢时为防止氧化铝夹杂物堵塞水口，通常在浇注前的 VD 过程都采用钢水钙处理工艺，要求钙铝比控制在 0.09 ~ 0.14，目的是形成 $12CaO \cdot 7Al_2O_3$ 或成分与其接近的低熔点钙铝酸盐。如文献[6]中建议生产高铝钢（铝质量分数：0.32% ~ 0.39%）时，钢中钙含量应该控制在 0.004% ~ 0.0085%，但是钢中如此高的钙含量很难达到。而 45CrAlMo 钢中铝的含量远远高于传统的含铝钢，要将钙铝比控制在 0.09 ~ 0.14 就更难，同时合金化后喂钙线会造成钢液剧烈翻腾，增加了钢水的二次氧化。因此，45CrAlMo 钢在实际冶炼 VD 过程中不喂钙线。

2.4　浇注过程控制

随着钢液中氧化铝夹杂物含量的增加，与钢液触面积越大，内摩擦力也就越大，致使钢液流动性变差，增加了钢液的黏度。另外，温度对钢液的黏度也有一定的影响，文献[7]表明随着温度的升高，钢液黏度降低，即流动性变好，黏度 η 与温度 T 的关系式为：

$$\eta = Ae^{\frac{E}{RT}} \tag{2}$$

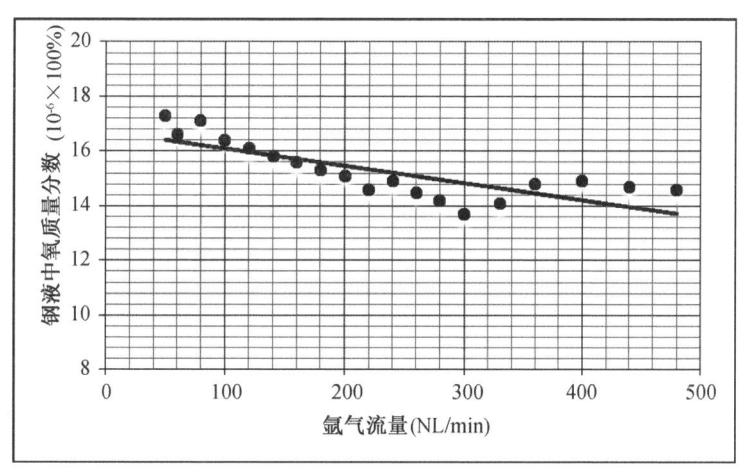

图1　VD过程中氩气流量与钢液中氧质量分数的关系

式中:A—— 常数;

E—— 液体黏性流动活化能;

R—— 气体常数,R = 8.314J/(mol·K);

T—— 热力学温度,K。

由关系式(2)中可知,温度 T 越高,黏度 η 越小。但是在实际冶炼过程中,如果钢液温度过高,则吸气就越严重,导致钢液中气体含量大大地增加,并且对耐火材料的侵蚀也越严重,进而污染钢液。所以,不能全靠升温来改善钢液的流动性,而只能适当地提高温度。根据以上理论,适当地提高钢液温度有利于钢锭的浇注。浇注温度可以根据公式(3)来确定。

$$T_C = T_1 + \Delta T \tag{3}$$

式中:T_C—— 浇注温度;

T_1—— 钢种的液相线温度;

ΔT—— 钢水的过热度。

通过生产试验可以得出 ΔT 控制在 70~90 ℃ 为宜,其中已包含了从出钢到浇注台的钢水温度损失。因此从实际操作来看,T_C 严格意义上应为最终出钢温度。

在通常浇注条件下,浇注的全过程也是一个二次氧化的过程,二次氧化会产生铁尖晶石($FeO·Al_2O_3$)夹杂物以致污染钢液及造成浇注絮流。因此在浇注前往钢锭模及中注管中充入氩气排出空气,同时在浇注的钢包底部水口处也安装氩气保护罩,氩气保护浇注能有效防止钢液的二次氧化。45CrAlMo 钢的液相线温度理论计算约为 1490 ℃。因此浇注过程控制要点有:实际控制浇注温度在 1570~1580 ℃,全程氩气保护浇注,防止钢液二次氧化产生铁尖晶石夹杂物。

3　冶炼过程优化控制效果

通过上述炼钢工艺的优化、过程控制要点的实施,对 45CrAlMo 钢锭锻造成材后进行检验分析如下:

(1)低倍检验。冶炼工艺优化后 45CrAlMo 锻制扁钢低倍评级水平和低倍检验照片分别表3 和如图2 所示。由图2 可以看出钢锭经锻制成材后低倍组织致密,一般疏松为 0.5~1.0 级,未发现氧化铝夹杂现象。

表3　工艺优化后 45CrAlMo 钢的低倍评级水平

项目	一般疏松	中心疏松	锭型偏析
级别	0.5~1.0	0	0

(2)非金属夹杂物检验。工艺优化后生产的钢材非金属夹杂物检验情况有所改善。非金属夹杂物照片见图3 和图4,其中 B 类条状氧化物和 D 类球状氧化物的级别明显降低,优化控制后未发现大颗粒的氧化铝夹杂物。优化控制前后 45CrAlMo 钢的非金属夹杂物水平对比见表4。

图2 工艺优化后45CrAlMo钢低倍照片

(a)改进前B类夹杂物1.5级   (b)改进后B类夹杂物0.5级

图3 工艺优化前后B类夹杂物级别对比图

(a)改进前D类夹杂物1.5级   (b)改进后D类夹杂物0.5级

图4 工艺优化前后D类夹杂物级别对比图

表4 工艺优化前后非金属夹杂物水平对比

项目	A细 A粗	B细 B粗	C细 C粗	D细 D粗
级别要求	≤2.0 ≤2.0	≤2.0 ≤2.0	≤2.0 ≤2.0	≤2.0 ≤2.0
优化前	1.5 0	1.5 0	0 0	1.5 0
优化后	1.0 0	0.5 0	0 0	0.5 0

（3）探伤检验。优化冶炼工艺后,钢材的探伤合格率和成材率有很大提高。通过大量的生产试验,冶炼工艺优化前后钢材的实际探伤合格率由67%提高到98%（包含其他一些探伤不合因素）,没有发现夹杂现象。同时,钢材的成材率也提高了13个百分点,创造了可观的效益。图5列出了工艺优化前后钢材探伤合格率和

钢材成材率的对比图。

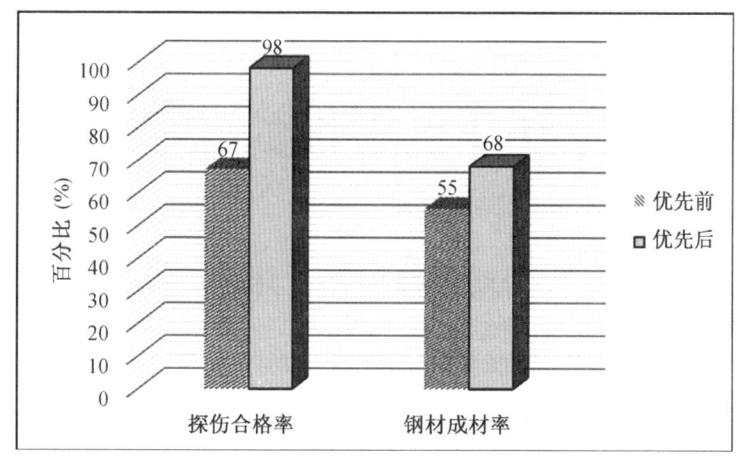

图5　工艺优化前后钢材探伤合格率和成材率的对比图

4　结论

(1)45CrAlMo 钢电弧炉冶炼出钢前 2～3 min 向熔池中喷吹碳粉,控制终点碳含量≥0.010%。

(2)LF 精炼采用铝线和铝粒进行沉淀脱氧和扩散脱氧。在 LF 精炼过程进行铝锭合金化,而非后期 VD 过程喂铝线合金化。

(3)VD 过程不喂钙线。真空脱气时氩气流量控制在 200～300 NL/min 为宜。

(4)45CrAlMo 钢浇注温度控制在 1570～1580 ℃,全程氩气保护浇注,防止二次氧化。

(5)通过本文冶炼工艺优化控制,氧化铝夹杂物的级别由工艺优化前的 1.5 级降低至 0.5 级。同时 45CrAlMo 钢材探伤合格率由 67% 提高到 98%,钢材成材率由 55% 提高到 68%,效果显著。

【参考文献】

[1]刘侠.国内 38CrMoAl 高铝钢现况及开发建议[J].冶金管理,2008,21(9):22-24.

[2]韩乃川,杨素波,文永才.炼钢脱氧工艺现状及改进攀钢脱氧工艺的建议[J].钢铁钒钛,2000,21(4):34-39.

[3]王舒黎.炼钢技术[M].北京:冶金工业出版社,1980.

[4]赵沛.炉外精炼及铁水预处理实用技术手册[M].北京:冶金工业出版社,2004.

[5]姜祖赓,陈再枝.模具钢[M].北京:冶金工业出版社,1988.

[6]孙彦辉,王小松,许中波.高铝钢钙处理工艺热力学研究[J].北京科技大学学报,2011,33(1):121-125.

[7]邱绍岐,祝桂华.电炉炼钢原理及工艺[M].北京:化学工业出版社,2015:21-23.

海洋平台直升机甲板的涂装与防滑

刘晓晶   郑   炜

（大连船舶重工设计研究所有限公司）

摘   要： 本文介绍了相关规范对海洋平台直升机甲板在涂装和防滑方面的要求，以及实际建造的平台项目上的碳钢直升机甲板和铝制甲板的涂装和防滑工艺，可为以后平台项目直升机甲板的施工提供参考，具有一定的指导意义。

关键词： 直升机甲板；涂装；防滑

0   前言

近年来，国内建造的海洋平台项目均带有直升机甲板，直升机在海洋平台上的着陆存在一定的风险。因此，对直升机甲板的涂装及防滑都有严格的要求。通常直升机平台的着陆表面要涂装成与周围环境形成鲜明对比的颜色，且油漆不反光。为保证直升机能在有限的范围内起落，直升机甲板要具有一定的摩擦系数，下面我们就来介绍一下相关规范的要求和我们积累的一些实船建造经验。

1   相关规范规则对海洋平台直升机甲板涂装和防滑方面的要求

1.1   CAP437 对直升机甲板涂装及防滑的要求

对于海洋平台的直升机甲板通常要求满足 CAP437（Standards for Offshore Helicopter Landing Areas）。该标准规定直升机甲板应该是深绿色的 [色号为 BS 381C:267（深铬绿）；BS 4800：14.C.39（冬青绿色）]，对于铝制的直升机甲板，如果在设计初期经过取证机关同意，铝制甲板本身的颜色可以被接受，则可不再涂装绿色油漆。该标准还要求直升机甲板着陆表面的摩擦系数应不低于 0.65，如果低于 0.65，防滑网必须保留。表 1 为防滑网移开时着陆表面摩擦力与测试间隔期的要求。

表 1   防滑网移开时着陆表面摩擦力与测试间隔期要求

表面摩擦系数平均值	测试最大间隔期
0.85 及以上	36 个月
0.7 ~ 0.84	12 个月
0.65 ~ 0.69	6 个月
低于 0.65	防滑网应保留

1.2   NORMOM-27 对直升机甲板涂装及防滑的要求

近年来在国内船厂建造的一些海洋平台项目，直升机甲板除了要满足 CAP437，还要求满足巴西规范 NOR-MOM-27/DPC/2011（Offshore Helidecks）。该标准规定直升机甲板应涂装绿色或灰色的防滑涂料，铝制的甲板可不必涂漆。对于着陆表面而言，不论涂漆与否，在任意方向上的摩擦系数应不低于 0.65。由此可见，巴西规范对于摩擦系数的要求要高于 CAP437 的要求。

2   实际建造的海洋平台直升机甲板的涂装和防滑工艺

2.1   碳钢直升机甲板的涂装与防滑

在国内船厂建造的某半潜式支持平台的直升机甲板为碳钢的，需要满足巴西规范及 CAP437，且规格书要求涂装 2 度环氧底漆及 1 度聚氨酯面漆,总膜厚为 250 μm。考虑到普通的环氧底漆和聚氨酯面漆无法满足摩擦系数不低于 0.65 的要求,在施工聚氨酯面漆的过程中撒播了石英砂进行防滑处理。具体施工工艺如图 1 所示。

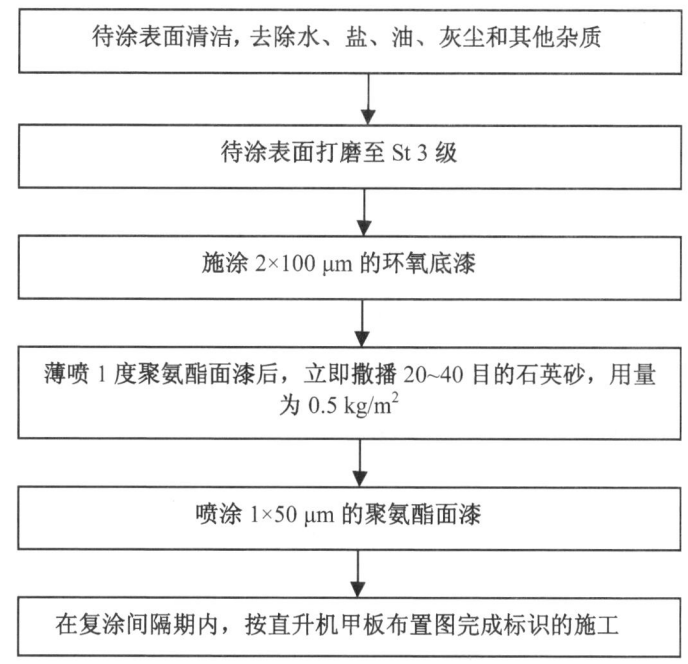

图 1　碳钢直升机甲板涂装的具体施工工艺

对该型后续平台的直升机甲板,为获取更好的防滑性能,对施工工艺进行了改进。首先将通用环氧底漆升级为 450 μm 的玻璃鳞片超强环氧漆。该油漆漆膜坚硬,具有耐冲击、耐磨等优良的性能。其次用氧化铝防滑砂替代了石英砂。石英砂的硬度为 7,我们通常采用的石英砂粒度为 20 ～ 40 目,现场施工时发现石英砂粒度不均匀,撒播在最后一度面漆中时一些小的颗粒被油漆完全覆盖,根本起不到防滑的作用,一些大的颗粒附着力较差,短期内就会从油漆中脱落下来。而氧化铝防滑砂的硬度为 9,我们选择的粒度为 1 mm,其粒度较均匀且有很好的韧性,以 0.5 kg/m² 的用量撒播在最后一度面漆中附着力较好,起到了很好的防滑作用。

2.2　铝制直升机甲板的涂装与防滑

近年来,对海洋平台的钢材重量要求越来越苛刻,国内建造的一些平台为了降低钢材重量,直升机甲板首选铝制的,铝制甲板不仅重量仅为碳钢甲板的三分之一,且更耐环境腐蚀。

国内某船厂建造的直升机甲板为铝制的,该甲板同样要满足 CAP437 和巴西规范 NORMOM-27,且 NOR-MOM-27 为第一规范。按照规范的要求,铝制的直升机甲板可不涂装油漆。鉴于此,船厂在订购直升机甲板时向厂家提出要满足巴西规范的要求,尤其是甲板的摩擦系数不能低于 0.65。因为所采用的铝材完全可以满足该平台作业环境下的防腐蚀要求,厂家建议除标识油漆外,可不再涂装其他油漆,且着陆表面的几何形状可保证摩擦系数不低于 0.65,不需要撒播防滑砂进行防滑处理。但是厂家提供给船东的摩擦系数证书是基于同种几何形状的直升机平台,表面涂装 1 度环氧底漆、1 度聚氨酯面漆,在聚氨酯面漆中撒播了 1 mm 的防滑砂,用量为 0.9 kg/m²,油漆及防滑砂总膜厚为 420 μm 的表面状态下进行测试的。鉴于此,船东要求船厂完全按照试验报告中提到的条件进行涂装和防滑施工。因该平台甲板没有最后施工,我们会进一步跟踪并论证铝制直升机甲板不再涂装油漆的可行性。

3　结束语

结合以上平台的建造经验,我们认为,海洋平台的直升机甲板优选铝制的。但无论是碳钢甲板,还是铝制甲板,在涂装油漆和防滑处理方面,尽管规范有明确要求,但在制定工艺文件和施工前有必要同船东及发证机关提前沟通。这样既可避免不必要的麻烦,也可为直升机平台的顺利取证保驾护航。

40CrNiMo 钢调质与等温淬火的比较

考尚顺　刘　征　于英男

（大连船用柴油机有限公司）

摘　要:40CrNiMo 钢是船用柴油机上常用的中碳合金钢,普遍应用于轴类、螺栓等耐磨、抗拉伸和抵抗冲击的零部件上。但在零部件的服役过程中,经常会发生拉伸变形或者冲击断裂等现象,严重影响产品质量,而且容易造成较大的安全问题。如何通过改变工艺来获得最佳的综合力学性能成了亟待解决的关键问题。目前大连船用柴油机有限公司采用的常规调质工艺虽然比较简单,施工起来比较方便,但是成品后的综合力学性能总是不能达到很好的配合,经常发生硬度、强度达标而韧性不足或者韧性够而强度不足的情况。这对其使用造成很大的障碍,经常会发生拉长或者断裂的现象,具有一定安全隐患。而等温淬火后获得的下贝氏体组织可以有效地避免此类现象的发生,所以对于 40CrNiMo 钢调质的轴类和螺栓零件而言,等温淬火是一个能够满足使用要求,且将材料的性能发挥到最优的热处理工艺。

关键词:调质;力学性能;等温淬火

0　前言

随着船舶行业运输能力的不断提高,船用低速柴油机也不断更新换代,船用柴油机向着高负荷、高转速和高效能方向急速发展,更大马力的船用柴油机投入使用,其内部零件也必定向着大型、高精度和长寿命等方向发展。随之而来的是船东、船检对零部件的各种机械性能都提出了更高、更严苛的要求,对一些零部件的强度和韧性等指标都较之以前有了更高的要求。零件的质量主要取决于材料的合金成分,冶金质量,加工精度和热处理工艺等。如何充分发挥现有的钢铁材料本身的潜能,满足材料在服役环境中的强度和韧性的要求,另外通过改变热处理工艺来提高韧性而不改变强度也就成了研究的关键问题之一。

大连船用柴油机有限公司生产的船用柴油机有几万个零部件组成,其中绝大多数的连接是由螺栓完成的。由于强度和韧度的不足而导致的螺栓拉长或者断裂的现象时有发生,轻则造成零件的损失,重则会出现爆机的危险,极大地威胁员工的生命安全与公司的名誉与利益。近年来,船东、船检对船用主机的要求日渐严格,我公司应专利公司的要求,对各机型的多种 40CrNiMo 螺栓的机械性能提出了更高的要求。通过对 40CrNiMo 钢的螺栓工件的正常调质处理和等温淬火处理后回火索氏体和下贝氏体组织的观察研究,机械性能的比对,总结回火索氏体、下贝氏体优点与缺点,通过讨论来比较调质和等温淬火的综合机械性能。

1　试验用钢及方法

1.1　试验材料

本试验所用的 40CrNiMo 钢材料均由大连船用柴油机有限公司提供,表 1 为材料手册标准 40CrNiMo 钢的化学成分和所用试样化学成分的比较。通过比较可以看出我们所用试样的化学成分均在标准要求的范围之内,且材料的碳含量、镍含量和铬含量都趋近上限,这样的材料更有利于我们试验的进行,而且硫含量为0.02%,磷含量只有0.015%,在合金钢中基本可以属于高级优质钢。

表 1　标准 40CrNiMo 钢的化学成分和所用试样化学成分的比较(%)

化学成分	C	Si	Mn	Cr	Ni	Mo	S	P
标准	0.37~0.44	0.17~0.37	0.5~0.8	0.6~0.9	1.25~1.65	0.15~0.25	≤0.035	≤0.035
试样	0.4	0.2	0.6	0.8	1.4	0.2	0.02	0.015

1.2　试验方法及步骤

首先确定调质工艺,根据工厂的正常生产需要,结合40CrNiMo钢的具体化学成分和力学性能要求,参考材料手册,确定40CrNiMo钢试样1的调质(淬火+回火)工艺为:860 ℃×25 min→油淬→570 ℃×60 min回火→空冷。

40CrNiMo调质工艺曲线见图1。

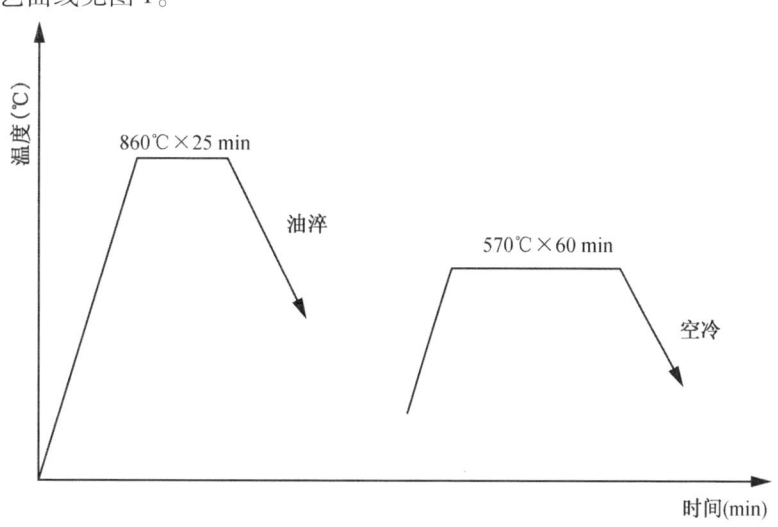

图1　40CrNiMo调质工艺曲线

然后确定等温淬火工艺,等温淬火工艺需要确定奥氏体化的淬火温度、等温淬火温度和等温淬火保温时间。等温淬火的加热温度比普通淬火提高30~50 ℃。参照调质工艺我们对40CrNiMo钢的淬火温度在实际情况下采用860 ℃,但是考虑到等温淬火时所用的硝盐淬火介质温度较高且冷却能力不足,为了防止冷却过程中发生珠光体二次转变,通常会提高淬火温度。但是提高温度有可能导致奥氏体晶粒长大,所以必须通过几个不同淬火温度的选择,来确定最终、最合理的淬火温度。我们首先将淬火温度初步选择在900~1000 ℃。但是为了进一步确定合理的淬火温度,也就是为了既获得适当的冷却速度,又获得不会使奥氏体晶粒过度长大的淬火温度,我们通过比较900 ℃、925 ℃、950 ℃、975 ℃、1000 ℃五个温度试样奥氏体化的晶粒度来获得最为适合的淬火温度,然后结合该钢种的TTT曲线(见图2)来确定等温淬火温度和时间,具体如表2所示。

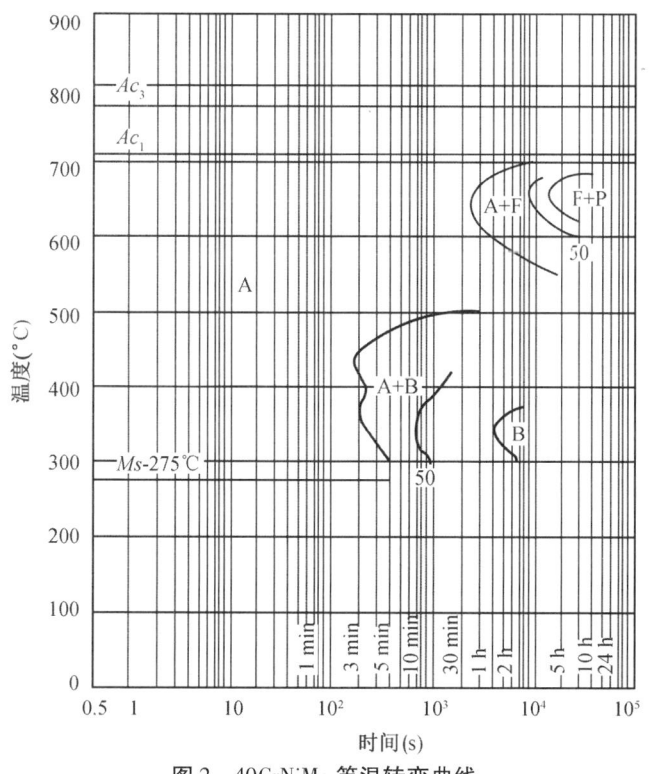

图2　40CrNiMo等温转变曲线

表2 等温淬火工艺

试样编号	等温淬火工艺
试样2	950 ℃保温 20 min,300 ℃等温淬火 10 min
试样3	950 ℃保温 20 min,350 ℃等温淬火 10 min
试样4	950 ℃保温 20 min,400 ℃等温淬火 10 min

2 试验结果及讨论

2.1 金相组织的比较

实验用 40CrNiMo 钢试样调质后的微观组织主要由回火索氏体和少量铁素体组成。由于淬火加热温度是 860 ℃,得到的奥氏体组织细小,淬火后获得的马氏体组织也不大,经过 570 ℃的回火后,获得的铁素体也较为细小,残余奥氏体经回火后转变成了碳化物,这些渗碳体颗粒分布在铁素体上,由于温度达到 570 ℃,这些粒状渗碳体和铁素体就可以称为回火索氏体,如图 3 所示。

(a) 500×　　　　　　　　　　　　　　　　(b) 1000×

图3 40CrNiMo 钢回火索氏体显微组织

我们通过图 4(a)和(b)可以看到试样在 300 ℃等温淬火时,贝氏体呈现出了细针状,而这些细针状的下贝氏体取向随意,各个方向都有,很少有平行排列的。但是贝氏体铁素体里的碳化物比较均匀地平行排列在贝氏体铁素体内。当等温温度升高到 350 ℃时,通过图 4(c)和(d)可以看见,获得的组织仍然是下贝氏体,与 300 ℃获得的细针状下贝氏体相比较,由于等温温度提高,出现了少量的先共析铁素体,会导致下贝氏体针变长、变粗,与 300 ℃时得到的下贝氏体一样也是随意取向的,生成下贝氏体的机制是相同的;也是在晶界处形核并成一定角度生长,碳化物同样也沿着铁素体核形成、长大,并向内部生长和扩散。但是随着等温温度的提高,等温转变贝氏体的孕育期会缩短,转变也加快,碳原子也更加活跃,碳原子的扩散能力也随之变强,铁素体中碳含量会降低,而奥氏体中碳含量则会升高;随着贝氏体转变的进行,会有更多的碳原子固溶到奥氏体当中,也使得奥氏体更加稳定,转变完成后残余奥氏体的量也要多于较低温度的等温淬火。当等温温度进一步升高到 400 ℃时,基本上达到了"鼻尖"的温度,通常情况下在"鼻温"可以得到上贝氏体、下贝氏体的整合组织。但是通过图 4(e)和(f)我们没有发现羽毛状的上贝氏体,只是可以看出 400 ℃等温淬火获得了比 300 ℃和 350 ℃等温淬火更加粗大的下贝氏体组织,而且先共析铁素体的量也较 350 ℃等温淬火有所增加,但是大概也不足 10%。

等温淬火温度越高越有利于贝氏体转变的进行。由于等温淬火温度的升高,贝氏体转变孕育期就会缩短,转变更加完全,得到的贝氏体铁素体量也会增多,所以观察得到贝氏体铁素体片变短、变粗,即贝氏体铁素体板条的厚度随等温温度的升高而增加。同时,更低的等温淬火温度具有更大的过冷度,更加有利于贝氏体铁素体形核,得到了更细小的贝氏体铁素体板条。

2.2 力学性能的比较

试验采用洛氏硬度计测定试样硬度,在每个试样表面测 5 个点的洛氏硬度值,出现超差的异常点则剔除,然后取 5 个点的数据求出洛氏硬度平均值,汇总见表3。

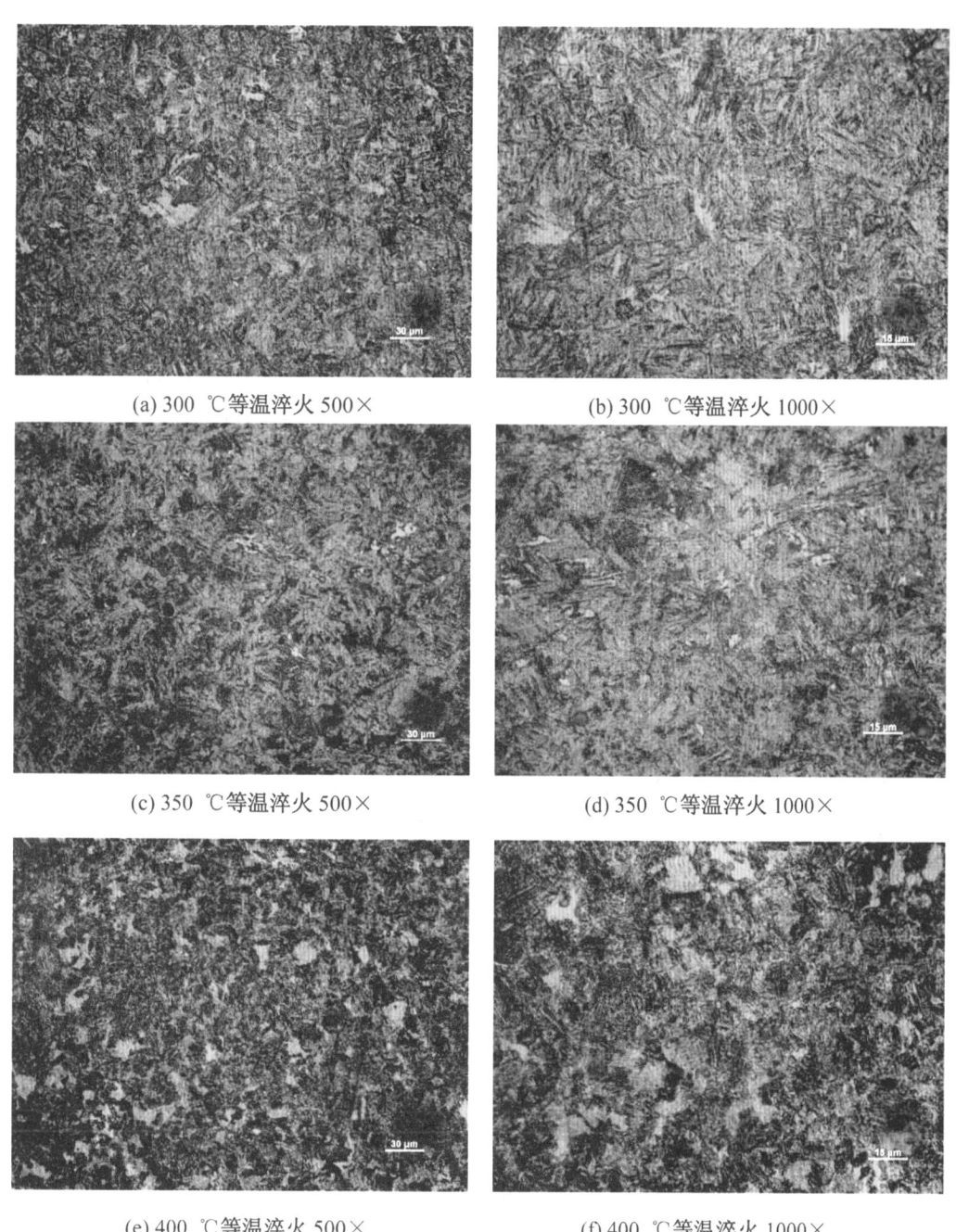

(a) 300 ℃等温淬火 500×

(b) 300 ℃等温淬火 1000×

(c) 350 ℃等温淬火 500×

(d) 350 ℃等温淬火 1000×

(e) 400 ℃等温淬火 500×

(f) 400 ℃等温淬火 1000×

图4　40CrNiMo 钢等温淬火后的显微组织

表3　试样表面硬度(HRC)

处理工艺	硬度1	硬度2	硬度3	硬度4	硬度5	平均硬度
860 ℃ +570 ℃	40.28	39.06	38.42	42.04	39.76	39.91
950 ℃ +300 ℃	38.36	37.68	39.86	36.34	38.80	38.20
950 ℃ +350 ℃	37.22	35.34	35.88	36.36	36.96	36.35
950 ℃ +400 ℃	35.28	34.16	33.22	33.84	34.04	34.11

　　从表3可以看出,40CrNiMo 钢经过调质和不同温度的等温淬火热处理后,其获得的表面硬度略有不同。获得不同硬度是因为等温淬火后生成的组织是下贝氏体,调质后生成的是回火索氏体。在等温转变刚开始进行或者进行了一段时间而没有完全结束的时候,由于贝氏体和残余奥氏体的存在,硬度会略微有一点低;当等温淬火完成后,残余奥氏体中多余的碳会进行扩散,在贝氏体和残余奥氏体之间形成较为稳定的碳化物,由于组织稳定,所以硬度也有所提高,但是还是没法提高到与调质后相同的硬度。

　　从表4我们可以清楚地看到,经过调质的40CrNiMo 钢在屈服强度和抗拉强度上都要高于经过等温淬火后

获得的数值,但是延伸率、断面收缩率和冲击功的数值要低于等温淬火。通过比较不同等温淬火温度下的抗拉强度和屈服强度,我们发现经过等温淬火后的强度和调质后的强度略有降低,但都符合要求,这主要是由于调质后获得的回火索氏体中含有很多细小的碳化物,产生了弥散强化,所以回火索氏体硬度和强度较高,而等温淬火过程碳饱和在铁素体内部,析出的数量和尺寸都较小,所以下贝氏体硬度和强度较回火索氏体低。我们还发现它们都随着等温淬火温度的升高而降低。这可能是因为等温淬火温度较低的时候,下贝氏体是细小的片针状,由于下贝氏体比较细小,其强度也越高。随着等温淬火温度提高,下贝氏体板条厚度逐渐变粗,细小的片针状变成了针状或者板条状,其强度也随之下降。40CrNiMo 钢通过等温淬火获得下贝氏体组织所获得的塑性要高于经过调质获得回火索氏体的组织。回火索氏体塑性较低是由于碳化物起到了分隔基体的作用,容易引起裂纹的产生,而下贝氏体碳是溶在铁素体内部的,碳与基体共格,不容易造成开裂,所以等温淬火后获得的塑性也较好。40CrNiMo 钢通过等温淬火获得下贝氏体组织所得到的韧性要高于经过调质获得回火索氏体的组织的韧性。钢中残余奥氏体会对材料的韧性有一定的影响,40CrNiMo 钢经过淬火后获得了马氏体和残余奥氏体,但是经过回火后,残余奥氏体转变成了铁素体,所以基本上没有残余奥氏体来提高材料的韧性,因此40CrNiMo 钢调质后韧性往往不足。下贝氏体中的残余奥氏体存在于下贝氏体边缘处,而且等温淬火不经过回火工艺,残余奥氏体不能够消除,所以下贝氏体的韧性要好于回火索氏体。下贝氏体铁素体是细针状的,外围是大量的碳化物,铁素体本身含碳量也高、过饱和度也大,所以本身的韧性好,下贝氏体铁素体将奥氏体分成了很多细小的晶粒,相当于细化晶粒,这样也会影响韧性。

表4　试样各力学性能指标

处理工艺	屈服强度(MPa)	抗拉强度(MPa)	延伸率 δ(%)	断面收缩率 A(%)	冲击功(J)
860 ℃ + 570 ℃	1153	1266	13.5	54	64
950 ℃ + 300 ℃	1088	1197	13.5	54	78
950 ℃ + 350 ℃	1050	1150	16.0	57	96
950 ℃ + 400 ℃	933	1101	15.5	58	124

3　结论

(1)40CrNiMo 钢经过等温淬火后较之调质后,其表面硬度、抗拉强度和屈服强度虽然有一定程度的降低,但是仍可以满足实际使用需要,而塑性和冲击韧性有了很大的提高,可以提高零件的使用寿命。

(2)40CrNiMo 钢调质后组织为铁素体和残余奥氏体组成的回火索氏体,等温淬火后获得下贝氏体组织呈细针状,细长的铁素体为主干,碳化物由主干向四周随意取向。

(3)经过等温淬火的 40CrNiMo 钢的强度略有下降,但是仍能够满足材料的力学性能要求,塑性也满足生产要求。其韧性较之调质后有了极大的提高,可以延长材料的使用寿命,提高了使用的安全系数,且等温淬火较调质而言省略了回火的部分,在保证质量的同时省略了步骤,降低了能源的损耗,做到了节能降耗的要求。

【参考文献】

[1] 邱俊,闫晓伟.船用柴油机的现状和发展趋势[J].船电技术,2011,31(6):49-50.

[2] 田保红,郑世安.马氏体—下贝氏体复相组织强韧化机理研究及实际应用[J].河南科技大学学报自然科学版,1993,14(4):29-33.

[3] 方鸿生,郑燕康,周欣.中碳贝氏体/马氏体复相组织强韧性的研究[J].材料热处理学报,1986,7(1):10-14.

[4] Luo Haiwen, Zhao Lie, Suzelotte O, et al. Effect of intercritical deformation on bainite formation in low-alloy triple-phases steels [J]. ISIJ International, 2003,43(8):1219-1227.

[5] 江海涛,唐荻,刘强,等.TRIP 钢中残余奥氏体及其稳定性的研究[J].上海金属,2007,29(5):155-159.

[6] 徐祖耀.固态相变中的扩散长大[J].上海有色金属,1981(4):5-23.

[7] 杨静.低合金高碳钢低温等温淬火组织和力学性能的研究[D].秦皇岛:燕山大学,2007.

[8] 刘宗昌.钢中相变的自组织[J].金属热处理,2003,28(2):13-17.

[9] 徐银,刘国权.贝氏体等温处理对 0.22C – 1.63Mn – 1.15Al 冷轧 TRIP 钢组织性能的影响[J].材料热处理学报,2009,30(5):68-73.

[10] 俞德刚.钢的强韧化理论与设计[M].上海:上海交通大学出版社,1990.

OG200CS 型船用焚烧炉的优化调试及改进

姜 辉 王 轶 毕铁满

（大连船舶重工集团有限公司）

摘 要：随着人们环保意识的增强，船舶焚烧炉的重要性不言而喻。在系列船中，采用的这种 OG200CS 型船用焚烧炉，经过我们长期在调试与交验中不断地改进及优化，已经成为该系列船最为稳定的系统之一，为轮机管理人员及后续人员的调试提供的参考。本文简单介绍 OG200CS 船用焚烧炉系统的用途和工作原理，并在系列船中常规调试的基础上，对本船焚烧炉系统的调试及交验进行优化，对轮机管理人员及后续人员的调试具有一定的参考和指导意义。

关键词：焚烧炉系统；交验；优化调试

0 前言

船舶运输周期性长，尤其是远洋运输船，导致大量废料难以处理。如果这些废物处理不当，或者将其投入海中，不仅会对海水水质造成污染，而且对海洋中的动植物也会产生危害。随着人们环保意识的增强，如何在航行过程中处理废料但尽量减轻对生态破坏的问题越来越引起各个国家的重视，因此各个国家对水运航行中的船舶处理废料都是有严格规定的。随着防止船舶污染的国际公约、国内法律法规的不断修订和完善，各港口国检查力度的加强，船舶防污染设备在安全检查中已是必查项目之一，所以对船舶焚烧炉的管理显得更加重要。

船舶焚烧炉既可处理固体废料，也可以处理污油水混合物和污油，经过焚烧炉处理的废料对环境污染较小。

在系列船中，船东选择了船用型焚烧炉，以确保完全燃烧。该炉是新型智能化控制的焚烧炉，能使排出的废气达到当今国际环保标准。为了使这种智能化的焚烧炉达到更好的燃烧效果和经济适用性，我们在不断地调试过程中做了更大的优化设计。

1 船用焚烧炉系统

OG200C 型船用焚烧炉采用智能化控制。感应元件连续探测炉膛温度、排烟温度、炉膛内负压等，经过微处理器分析处理，适时调整烟道风门开度和计量泵转速以改变废油的注入量，使焚烧炉自动调节在最佳工况下运行。若工况不佳，控制单元就会发出警报和限制废油注入量指令，甚至中断焚烧炉运行。此系统主要应用于船上固态生活废弃物和液态污油、污泥的焚烧。

焚烧炉主要由以下四个部分组成：配备柴油燃烧器、污泥燃烧器、燃油加热器和电控装置的燃烧室，带循环泵和加热器的污油泥柜，烟气风机，烟气风门。

1.1 燃烧室

燃烧室是用来燃烧固体废料和液体废料的装置，是焚烧污油泥和固体垃圾的主体设备。它由辅助柴油燃烧器、电气控制器、二次风门、污油泥计量泵、两个柴油喷嘴、一个污油喷嘴、垃圾门和出灰门等组成。

废料被燃烧火焰点燃，烟气从燃烧室流向顶部的出口，烟气中残留物质颗粒被充分燃烧以保证安全。这个过程中，通过热敏电阻测量膛内的温度，温度由控制系统自动控制调节，同时控制安装在排烟管上的二次风门开闭来调节气体流量，调整膛内负压。加料门处配有一观察窗，操作者可由此观看燃烧室中垃圾总量和系统运行。在装烧炉工作期间以及在室内温度冷却到设定温度 170 ℃前，控制系统始终保持垃圾门和出灰门闭合状态。

柴油燃烧器分两级，由 PLC 自动调节。此外，污泥燃烧的第三级采用蒸汽或压缩空气雾化。污泥燃烧器

允许最大 4 mm 颗粒物通过。燃烧器主要由燃烧器风门和柴油泵组成,运行过程由 PLC 监控。

电控箱安装在焚烧炉上,主要包括保险丝、启动按钮、PLC 和操作面板。电控箱根据船舶设备国际标准生产。安装在控制箱右侧的操作面板上有一 LCD 显示屏和选择燃烧模式的键。

1.2 污油泥柜

污油泥柜具有存放和输送焚烧炉污油泥的功能。它包括温度控制器、循环泵、排放阀,液位开关等。温度控制器用来控制加热器,确保污油泥温度在设定范围内(60～90 ℃)。液位开关装于污油泥柜上用来检测污油泥柜中污油泥液面高度。位置在下面的一个阀门负责放污油泥中多余的水。

污油泥柜使用时,启动输送泵,将全船的渣油包括:从燃油分油机的排渣,滑油分油机的排渣等这些含水量特别多并且与水混合成乳状,靠重力分离效果甚微,黏度很大,根本不能雾化燃烧的废料送到污油泥柜中。循环泵将一部分污油泥输送到焚烧炉中,另一部分通过回流管返回到柜中,确保污油泥和水充分混合。输送泵和高液面"high level"开关相连。当污油泥液位达到高液位开关时,输送泵自动停止,当液面达到设定的最低液面时,污油泥柜上的低液面开关将关闭循环泵,当温度达到设置最低点 80 ℃时,进行自动加热。

1.3 烟气风机

烟气风机用于抽送燃烧室的烟气,产生炉膛负压,同时外部空气由焚烧炉燃烧器风机进入。燃烧室中产生的高温烟气与冷却产生的气体混合,将排出的气体温度降到 375 ℃以下。当焚烧炉燃烧结束时,在炉膛温度没有降到 170 ℃之前,风机仍要保持运行,以确保炉膛温度降低。

1.4 烟气风门

烟气风门在焚烧炉的燃烧过程中起着重要的作用,受控制器控制。自动调节烟气管中的烟气流量,船员可以直接从显示屏上读取炉膛负压,调节压力到设定点。一般来说在燃烧的七个等级中,每一个等级都有相应的炉膛负压值。

2 某船焚烧炉系统的常规调试

在功能试验前,应先检查下述转动和显示设备。

(1)启动风机,检查转动方向。

(2)启动柴油燃烧器,检查转动方向和油压。

(3)检查电控箱及显示功能。

(4)确定污油泥柜是否加污油泥到低液位开关以上。启动污油泥循环泵,检查转动方向和压力显示。

2.1 控制功能

在上述各项检查完后,可进行功能试验。

加料:在燃烧室低温时检查。打开垃圾门,按下"SLAGGING"按钮,烟气风门关闭 30 s,风机启动,显示:LOADING SLAGGING。

炉门未关:打开垃圾门,启动燃烧器程序,如果垃圾门未关,燃烧器不会启动,显示:CLOSE THE DOOR。

固体垃圾:将固体垃圾加载到炉膛,关闭炉门。按下"SOLID WASTE"按钮。①燃烧器启动前,燃油加热器工作 2～5 min,显示:WTG FOR F OIL TEMP。②烟气风机和柴油燃烧器启动,LED 指示灯亮,通过观察孔玻璃检查火焰,显示:PRESSURE -28 mmWC BURNER STAGE NO 1。③程序根据炉膛温度自动控制燃烧等级。三级燃烧以后,二次风门自动关闭。炉膛负压控制在 -10 mmWC,显示:PRESSURE -10 mmWC BURNER STAGE NO 3。

污油泥循环泵:检查污油泥柜液位,按下"SLUDGE PUMP"按钮,污油泥循环泵启动。污油压力表读数约 0.2 bar,如果污油泥液位低,则显示:LOW LEVEL SL TANK。

污油泥柜加热器:检查污油泥液位在低液位开关以上。按下"SLUDGE HEATER"按钮启动污油泥加热器。污油泥柜上控制箱的指示灯亮。温度控制开关打开,启动加热器。如果污油柜液位低,则显示:LOW LEVEL SL TANK。

污油:检查污油柜液位,确保污油液位高于最低液位,按下"SLUDGE"按钮。如果需要,可以改变污油启动温度(SLTN)。

(1)如果自动启动,污油循环泵和污油加热器启动,污油压力表的读数约 0.2 bar,污油动温度为 80 ℃

（SLTN）。温度上升,显示:WTG FOR SLUDGE TEMP。

（2）燃油加热器工作 2～5 min,直到柴油温度达到正常工作温度,显示:WTG FOR F OIL TEMP。

（3）烟气风机、二次风门和燃烧器启动。LED 指示灯亮,显示:PRESSURE －12 mmWC BURNER STAGE NO 3。

（4）燃烧室温度高于 650 ℃［CCTSS］,污油计量泵启动转速为 320 r/min［RPMST］,柴油喷嘴 2 和污油将燃烧,显示:BURNER STAGE NO 5。

（5）30 s 以后,燃烧登记将再逐渐降到 4 级燃烧,柴油喷嘴 1 和污油燃烧,显示:BURNER STAGE NO 4。

（6）逻辑控制器开始监控温度的升高或降低,并且控制燃烧器和污油泵的速度。

（7）如果污油有充分的可燃性,当燃烧室温度超过 850 ℃［CCTSO］,可以单独燃烧污油,显示:BURNER STAGE NO 7。

停止:按下"STOP"按钮。如果需要,停止风机时所需的燃烧室温度［CCTFS］可以改变。

（1）停止任何选定的程序,燃烧室温度 >170 ℃时,所有功能将停止。但烟气风机一直运转以便降低炉膛温度,显示:PRESSURE －20 mmWC COOLING。

（2）燃烧室温度小于 170 ℃时,烟气风机停止运行。垃圾门可以打开,显示:READY。

2.2 报警和安全功能

烟气温度高:调整［FGTA］设置点到工作温度以下。烟气温度高于设置的报警温度,焚烧炉报警,燃烧器停止。

燃烧室温度高:调整［CCTA］设置点到工作温度以下。燃烧室温度高于设置的报警温度,焚烧炉将报警,燃烧器将停止。

燃烧室温度低:调整［HCTTA］设置点到 0。调整［CCTSO］设置点到工作温度以下,再调整［CCTSO］设置点到工作温度以上。燃烧室温度低于设置点(［CCTSO］－［HCCTLA］)焚烧炉报警,燃烧器停止。

电机过载:按下马达断路器前面的测试按钮。电机停止,报警启动,燃烧器停止。

炉门未关闭:用钥匙打开垃圾门,保持门锁开启状态。报警启动,燃烧器停止。

抽风故障:(风机停止) 当风机运转时启动燃烧器程序,拆下真空控制器上的传感管。当压强下降到 －5 mmWC 以下,10 s 后报警启动,燃烧器停止。

火焰故障:拔出光敏电阻,并且与光隔离。报警启动,燃烧器停止。

低/高电压:调整继电器－K7 的设置点,直到 LED 光电管闪烁。当高电压或低电压到设定点时,延时(通常 5 s)后,继电器动作。当继电器无效时,黄光电管不闪烁,红光电管闪烁。

蒸汽/压缩空气压力低/高:启动污油程序,关断气源。报警启动,燃烧器停止。

污油压力低:启动污油程序,关断污油进给。报警启动,燃烧器停止。

变频器故障:启动污油程序,将变频器端点 SC 的线折下来。报警启动,燃烧器停止。

污油温度低:启动污油程序,调整设置点［SLTLA］到 0 ℃,［SLTN］调到工作温度以上。报警启动,燃烧器停止。

污油温度高:启动污油程序,调整设置点［SLTHA］到 0 ℃,［SLTN］调到工作温度以下。报警启动,燃烧器停止。

污油柜温度高:启动污油程序,温控开关调到工作温度以下,报警启动,燃烧器停止。安全温控开关需要手动复位。

污油液位低:如果安装了液位测试装置,启动测试装置。断开污油柜低液位接线端,焚烧炉停止运行。

3 某船焚烧炉系统的优化调试

针对以上基于船舶焚烧炉的常规调试,经过反复的调试和试验,我们从节能降耗,缩短校验时间,电路的改进等方面对此焚烧炉进行了优化调试,让 OG200CS 型焚烧炉运行在最佳工况。

3.1 校验中对焚烧炉渣油温度的智能控制及改进

实际的航海中,焚烧炉的作用主要是将渣油燃烧以防止船舶污染。在交验中,需要交验的一项重要功能试验即渣油温度低报警试验。在交验此功能时,并不是改变渣油温度来实现报警功能,通常是用选项中的渣油温度正常值(SLTN)减去渣油温度低的差值 30 ℃(SLTLA)得到的值与实际温度做对比,如果高于实际温度,则报

警可以实现。可是在实际的交验过程中,通常此项目会在交验的最后做,因为涉及焚烧炉的七级燃烧以及在前面的试验中,渣油的反复加热循环,其温度通常会高于70 ℃,这样一来 SLTLA 的 30 ℃ 与渣油的实际温度 70 ℃ 之和将会高于100 ℃。可在焚烧炉的功能选项中 SLTN 的数值最高只能改变到99 ℃,无法改变至3位数,所以必须要等到渣油的实际温度降到允许的范围内,才能实现对功能的试验。这既耽误了交验的宝贵时间,降低了工作效率,同时降低了交验的成功率,甚至有时此项功能也会由于船东的不信任而改为航海的交验项目。

通过配线的改动,将渣油的加热开关与电磁阀串联到同一电路中。这样,当渣油的温度低时,串联在同一电路的电磁阀控制电路导通,使渣油的温度得到蒸汽的及时加热。当渣油的温度高时,电磁阀动作,使蒸汽关闭,停止对渣油加热。无论渣油的温度高或者低,都可以通过开关与电磁阀的串联控制,来实现对其温度的控制。

在交验的过程中,当做到焚烧炉四级以上的交验项目时,将渣油的加热开关的最高温度设置到 68 ℃。这样,当做到渣油温度低报警试验时,SLTLA 的 30 ℃ 与渣油的实际温度(≤68 ℃)之和即渣油温度正常值(SLTN)将不会高于 99 ℃,便于对焚烧炉的功能选项中 SLTN 的参数的修改。不用像以往那样等到渣油的温度降到允许的范围内,才能实现对功能的试验。这样就节约了交验时间。

此项技术只需在控制箱内将新增电磁阀与开关串联即可。加热开关的修改范围在 40 ~ 80 ℃,实践中已检测过渣油在 68 ℃ 时完全可以实现焚烧炉 4 ~ 7 级的燃烧,从多种角度考虑都是可行的。实践也证明,此项技术比以往提前了 20 min 交验,提高了工作效率,同时提高了交验成功率。对渣油温度的合理控制,也降低了能耗,节约了能源,避免了不必要的浪费。

3.2 渣油燃烧器使用蒸汽作雾化介质

该型焚烧炉的废油燃烧器的雾化装置,可以用蒸汽作雾化介质,也可以用压缩空气作雾化介质。用蒸汽作雾化介质效果更好,因为:

(1)蒸汽的高温,使废油在通过燃烧器的过程中继续加温,有助于废油的雾化;

(2)蒸汽在炉膛内受热变成过热蒸汽是一个吸热过程,有助于降低炉膛内温度。

经过反复的比较实验证明,燃烧同样性质的废油,使用蒸汽作雾化介质时计量泵的转速比用压缩空气作雾化介质时计量泵的转速高得多。压缩空气需耗能,而蒸汽是利用航行中废热的产物,所以从运行成本的角度,蒸汽作雾化介质更经济。根据调试的一些经验,只要抓住上述要点,搭配好不同的废油就能维持计量泵转速在 800 ~ 1000 r/min,以确保焚烧炉运行工况良好。

3.3 调风门控制策略

船用焚烧炉炉体周围包括排烟出口处,一般都要设置空气冷却层。其主要功能:一是保证炉体外表面小于 60 ℃;二是在炉膛排烟出口的冷却空气通道处设置一调风门。打开风门,冷却层空气进入排烟管道与炉膛烟气混合,一方面降低排样温度,满足烟气排放的温度要求;另一方面稀释烟气,进一步降低进入大气的烟气的各项排放指标。由于抽风机排量一定,所以满足烟气的排放要求与炉膛内充分燃烧的有效组织存在很大矛盾,即满足了排放要求,可能会导致炉膛负压过大或过小。

负压过高,炉膛内进风口风速增加,造成热量损失严重,炉内温度降低,不利于废弃物的充分燃烧,甚至熄火;负压过低,风速降低,气量不足,也会造成燃烧不充分,排放污染增加。因此,无论何种情况,风门的控制优化直接影响到烟气排放。我们通过燃烧过程中不断地对风门的调整及安装,掌握了各燃烧阶段风门的调节规律,确定了风门的控制策略。

3.4 优化对柴油的消耗

按照某系列船焚烧炉的设计来说总共有 3 个油喷嘴:1 个渣油喷嘴,2 个柴油喷嘴。焚烧炉的燃烧等级分为 7 级,1 ~ 6 级燃烧时均需要燃烧柴油来达到 7 级的温度。当炉膛温度达到 7 级(850 ℃)时,大小两个柴油喷嘴均停止喷射,只有渣油喷嘴单独向炉膛喷入渣油。但此时炉膛本体温度仍在加热升温,停止了柴油燃烧,炉膛温度往往会下降,焚烧炉又自动转向 4 级或 5 级工况。这样来回反复,温度会在 650 ~ 850 ℃ 来回变化,会消耗较多的柴油。炉膛温度降得太快时,还会回到 3 级工况甚至熄火,如果熄火,还需等到炉膛温度下降后(此时仍消耗柴油),重新启动设备,这样消耗的柴油更多。

因此,我们在调试炉膛加热过程中,将程序"SLUDGE ONLY"设置在"NO"状态,使炉膛温度上升到 850 ℃ 时,仍然保持在 4 级工况运行,渣油及柴油继续燃烧,保持温度上升的趋势。待炉膛温度达到 950 ~ 1000 ℃,给炉膛温度一个下降的余量,再将程序"SLUDGE ONLY"设置到"YES"状态,停止柴油喷入,单独烧渣油。这样若炉膛温度下降,感应元件探测到炉膛温度下降的信号,有足够的时间使渣油供给泵转速升高来增加渣油的喷入量,即可使温度保持在850℃以上,使系统稳定在7级燃烧的温度上,也避免烧柴油的可能。实践也证明,这种方法提高了柴油到渣油转换的成功率,减少了因温度不稳定而导致反复燃烧柴油的可能性,极大地减少了对于柴油的消耗,节能降耗。

4　某船 OG200CS 型焚烧炉系统的主要参数

某船 OG200CS 型焚烧炉系统的主要参数如表1、表2、表3和表4所示。

表1　焚烧炉燃烧室

燃烧室	OG200CS	
处理量	400000 kcal/h(465 kW)	
炉膛温度	最高温度 1200 ℃ 工作温度 850～1150 ℃	
烟气温度	最高温度 350 ℃ 工作温度 250～340 ℃	
表面温度	不高于环境温度 15 ℃	
功率消耗	15 kW	船上供电
负压	10～35 mmWC	炉膛负压
总重量	3210 kg	
外形尺寸	1697 mm×1883 mm×1894 mm（长×宽×高）	

表2　焚烧炉燃烧器

燃烧器(固定于焚烧炉系统)	F－50－45－T	制造商：Fremo
柴油耗量	18～28 L/h	两种喷嘴:2.5 gal/h 60°＋4.5 gal/h 45°
油泵	J4－CCC－1002	工作压强:16 bar 最大压强:21 bar
电机	380/440 V，50/60 Hz，0.55/0.63 kW	2800/3400 r/min
点火变压器	230 V/10 V	
重量	30 kg	
外形尺寸	845 mm×539 mm×387 mm（长×宽×高）	

表3　烟气风机

烟气风机	DN 300 一级离心风机	设计承受最高温度 450 ℃
处理量	8000 m³/h（300 ℃）	总背压 150 mmWC
电机	380/440 V，50/60 Hz，7.5/8.7 kW	1450/1750 r/min
重量	326 kg	
外形尺寸	1020 mm×1040 mm×1030 mm（长×宽×高）	

表4　烟气风门

烟气风门	焊接钢质风门,带调节器	
尺寸	DN 400/300	
风门电机	GBB 131.1E 24 V 5VA	驱动力 200 N,转动 90° 所需时间为 150 s
重量	68 kg	
法兰间距	300 mm	

5　结语

随着人们环保意识的增强,船舶焚烧炉的重要性不言而喻。在系列船中,采用的这种 OG200CS 型船用焚烧炉,经过我们长期在调试与交验中不断地改进及优化,已经成为该系列船最为稳定的系统之一,对轮机管理人员及后续人员的调试具有参考价值。

降低整机发运主机在船厂复装中的时间

仇 林 周 会 丛东日 张印光

（大连船用柴油机有限公司）

摘 要：本文主要介绍船用柴油机发运后在主机厂的复装时间,通过分析、试验找出影响主机复装时间的关键因素,再针对关键进行对策实施,解决影响复装时间的关键因素,达到降低整机发运主机在船厂复装时间的目的。

关键词：船用柴油机;复装时间;复装指导文件

0 前言

大连船用柴油机有限公司发往船厂的主机有整机、二大段、三大段、四大段 4 种形式,即使是整机发运,根据吊点平衡和吊具的安装也需要拆除增压器、高压燃油管等机械部件和与吊具干涉的管系,而且易被碰坏的仪器、仪表也需要拆卸,其他发运形式需要拆卸的更多,并且所有的零部件拆卸后到船厂也需要我公司负责复装到位。但是我公司现在没有明确的指导文件与标准规范主机的出厂状态,即主机发运需要拆什么零件,拆卸多少,如何拆卸,拆卸后放置何处,以及到船后指导复装的工艺。现在同型号主机班组不同,拆卸的零部件也不同,对船厂复装也没有明确要求,容易产生丢件、漏件问题的发生,也易于和船厂产生误解,出现推诿现象。

1 现状调查

现在我公司整机发运的主机发到船厂正常开箱后,复装时间平均每台机需要 40 小时,现在航运业处于低谷,我公司提出降本增效、持续经营战略。为了响应单位号召,我们从主机在船厂的复装时间入手,希望减少整机发运主机在船厂的复装时间。我们调查主机复装时间见图 1,在统计过程中也发现有 2 ~ 3 台整机复装时间在 32 小时左右,而且完成质量不错,见图 2。

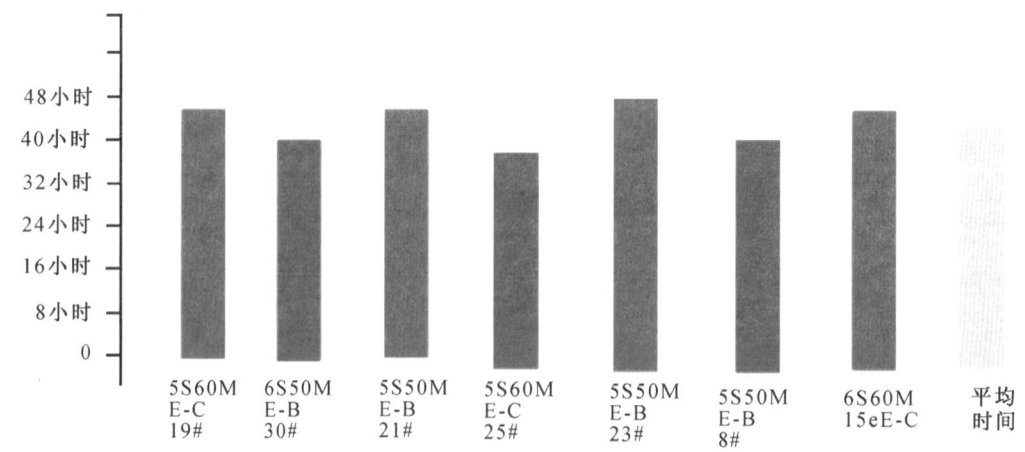

图 1 整机发运主机在船厂复装时间调查表 1

整机复装主机主要由三大块时间组成：

(1)主机复装前准备工作需要 8 小时,主要是寻找复装所需零部件。

(2)主机组装工作需要 24 小时 ,主要是复装在主机厂拆卸下的零部件。

(3)检查复装工作情况需要 8 小时,检查复装工作为在主机装配后确定主机部件连接到位,平衡重处于垂

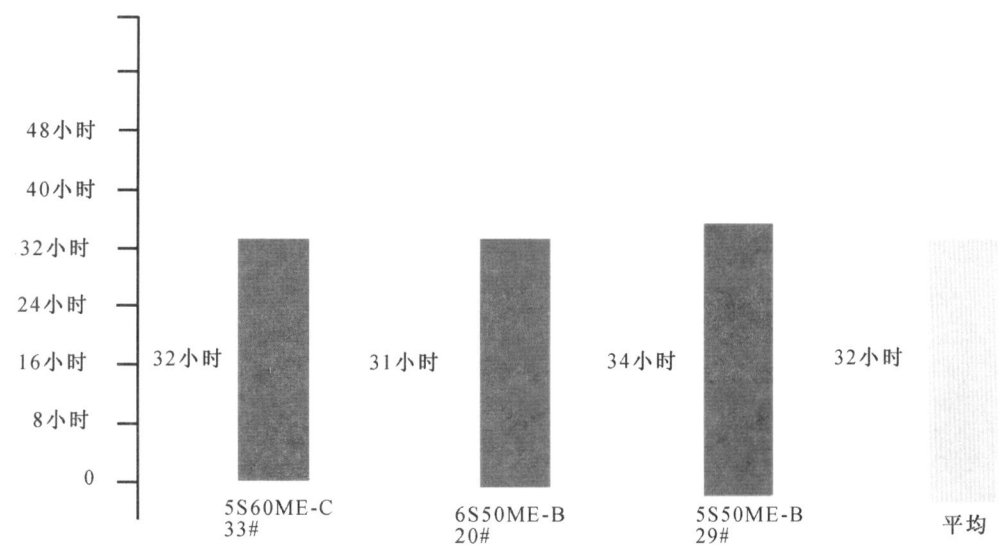

图2　整机发运主机在船厂复装时间调查表2

直状态等,测量曲轴拐当差等主要数据,确保主机装配后各项参数正确,以保证主机可以正常启动。

　　我公司整机发运主机到船厂后,主机从开始复装到复装完成需要40小时左右,用时较长主机详细复装图见图3,正常主机具体复装时间统计表见表1。

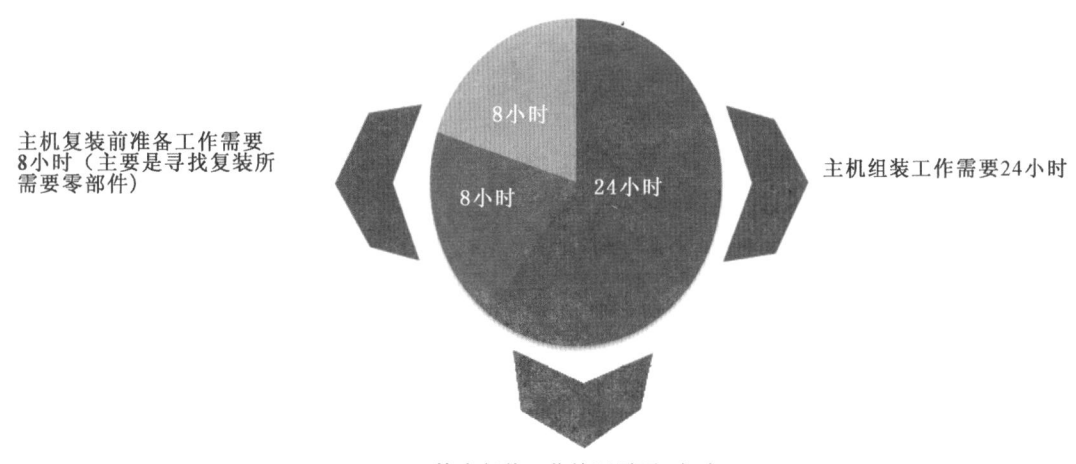

主机复装前准备工作需要8小时（主要是寻找复装所需要零部件）

主机组装工作需要24小时

检查复装工作情况需要8小时

图3　用时较长主机详细复装图

表1　正常主机具体复装时间统计表

机型	复装前准备工作（小时）	组装工作（小时）	检查复装工作（小时）
5S60ME-C19#	8	28	8
6S50ME-B30#	12	24	8
5S50ME-B21#	8	28	4
5S60ME-C25#	8	24	8
平均	9	26	7

用时较少主机具体复装时间统计表见表2,用时较短主机详细复装图见图4。

表2　用时较少主机具体复装时间统计表

机型	复装前准备工作（小时）	组装工作（小时）	检查复装工作（小时）
5S60ME-C33#	8	16	8
6S50ME-B20#	4	20	8
5S50ME-B29#	4	24	8
平均	5	20	8

我公司主机在船厂减少复装时间,不但节约了我公司主机复装时间,降低了服务费用,而且使船厂周期更

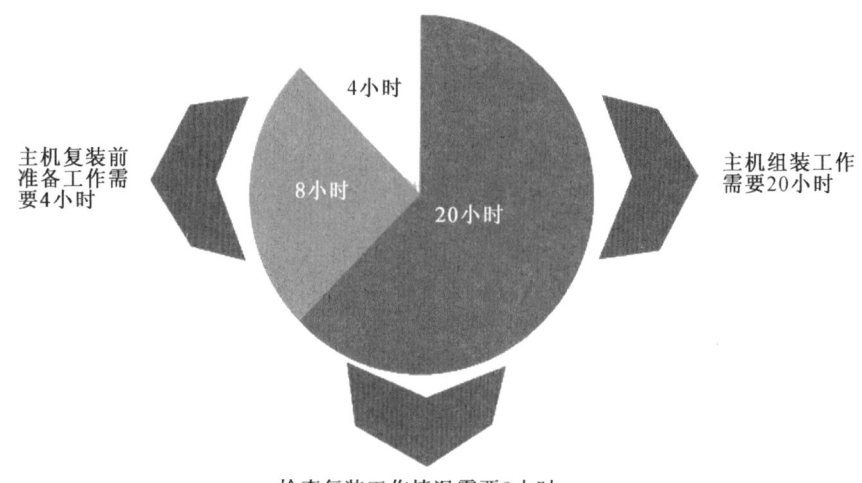

图4 用时较短主机详细复装图

加灵活。这样可使船厂减少预留龙门吊使用时间,船厂工作周期更易安排,可以避免因主机复装时间影响船厂整个造船周期。通过以上两表调查结论,我公司保证复装质量,检查工作不能缩短,但是复装准备工作和组装工作可以缩短,可以在保证复装质量的前提下减少复装时间。

2 要因确认

我们通过关联图(见图5)得出:复装人员未经培训,技能不达标;主机厂拆卸后没有明确规定放置地方;没要明确告知复装人员零件位置;复装指导文件无时效性;被船厂人员挪用到其他位置这5个末端因素。下面我们逐一对各末端因素进行分析,找出影响复装时间的要因。

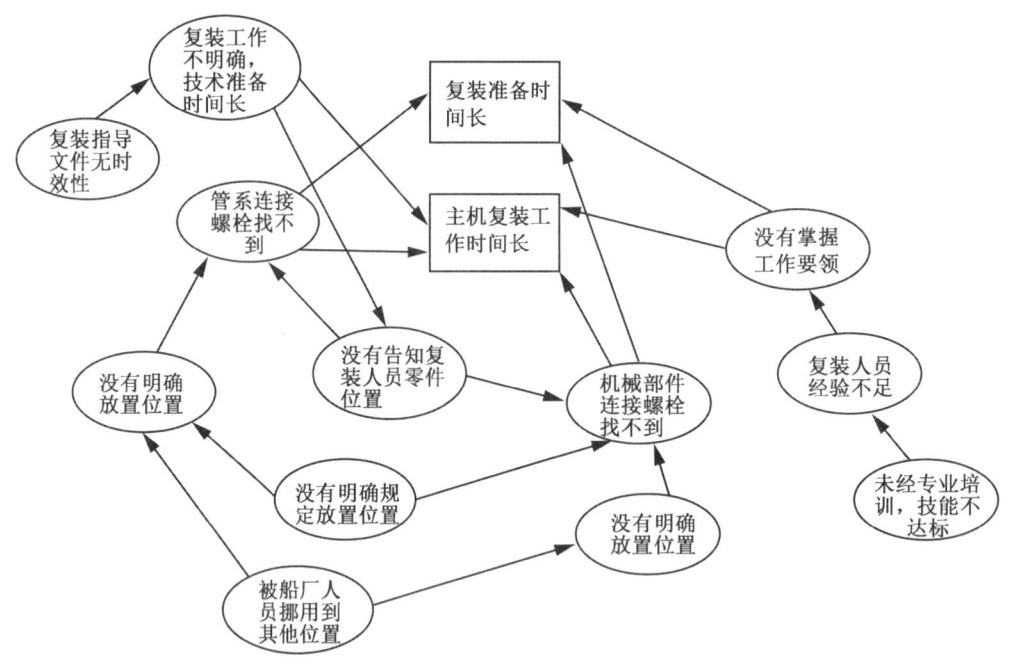

图5 复装影响因素关联图

2.1 复装人员未经培训,技能不达标

我公司开展技能评比活动,通过活动检验一线员工工作技能,并通过评比让员工找到差距,提升技能水平,表3为随机选取评比人员考核表,图6为考核现场图。

表3　评比人员考核表

序号	评比考核内容	被考核人员	考核时间	班组长评估得分	工艺人员质量员评估得分	总得分
1	装配基本操作	王楠	2015.10.11	97	96	97
2	连杆安装	周大为	2015.10.11	95	96	95
3	十字头安装	毛瑞	2015.10.11	95	93	94
4	排气阀安装	桑东旭	2015.10.11	93	96	94
5	HPS安装	艾纯东	2015.10.11	95	95	94

图6　技能评比考核现场

在5S50ME-B29#装机过程中检验售后服务人员的工作技能,检查高压燃油管安装、液压管安装等项目,装配人员按要求完成工作,无技能不达标。这说明复装人员未经培训,技能不达标为非要因。

2.2　主机厂拆卸后没有明确规定放置地方

现场拆机后零件随意放置,放置不合理,没有最优化放置位置,可能造成复装时增加寻找零部件时间,我们安排专人设计优化拆卸顺序和拆机后放置位置,指导拆机人员拆卸零部件,明确拆卸后放置位置。规定拆卸顺序和拆卸零部件放置,做到拆卸与放置最优化,便于复装时寻找零部件,见图7和图8。

图7　拆机会议　　　　　　　　　　　图8　零部件设置的地方

5S60ME-C19#、25#有专人指导拆机,优化拆卸顺序,确定拆机后零部件放置位置,复装前准备工作时间减少,该机船厂复装时间统计为36小时。这说明没有明确规定放置位置为要因。

2.3　没有明确告知复装人员零件位置

拆卸未装箱的零件较多,有些固定在拆卸后的位置,有些会放置在其他位置防止干涉,之前没有告知复装人员在主机上零件所在位置,会造成复装人员耗费一些时间寻找零部件,费时、费力。我们可以对拆机后零部件拍照存档,供复装人员参考,见图9和图10所示。

图 9　对拆机后零部件拍照　　　　　　图 10　照片文档

5S50ME-B9#、6S60ME-C23#明确告知复装人员零部件放置位置,组装工作时间减少,该机船厂复装时间为 36 小时。这说明没有明确告知复装人员零件位置为要因。

2.4　复装指导文件无时效性

之前我公司制造机型比较单一,复装人员对同一机型主机一直操作比较熟练,我公司编制的复装指导文件很久没有更新,文件编制不细化,后来随着机型的增多,复装指导文件起不到有效的指导作用。复装人员对新机型熟悉度不够,复装时需要查图纸和计算的过程相应增加,而复装指导文件没有及时更新并且细致程度不够。针对上述问题,小组人员决定重新编制了 6S50ME-B29#、6S60ME-C20# 指导文件,经过现场调查和分析,编制完成 6S50ME-B29#、6S60ME-C20#复装指导作业书(见图 11 和图 12)。

图 11　小组成员编制指导文件

6S50ME-B 整机复装工艺规范

一、柴油机复装前注意事项

任何部件装复前,均需对其进行清洁。

带有密封圈的部件,装复前还需要检查密封圈是否已损坏;若已损坏,请先进行更换。

大件起吊请参考该机发运方案;若需改变吊点,则新吊点必须分布于重心位置的两侧。

二、复装专用工具

工具名称	工具图号	数量	备注
缸体起吊工具		4 套	
M45＊4.5 液压拉伸器组件		1 套	用于套盖螺柱泵紧

三、复装步骤

1.缸盖螺栓复装

1.1　拆除缸盖上的整机起吊工具。

1.2　在 2#、3#、4#、5#缸安装拉伸器,对角泵紧缸盖连接螺母,泵紧压强 1500 bar。

图 12　复装指导作业书

新编制的 6S50ME-B29#、6S60ME-C20#复装作业指导书,指导复装人员,节省复装人员查图纸时间及复装过程需要计算过程,提高了复装效率,该机船厂复装时间为 36 小时。这说明复装指导文件无时效性为要因。

2.5　被船厂人员挪用到其他位置

我公司安排专人到船厂,与船厂沟通确定零部件专机专用,避免零部件被挪用,安排专人全程跟踪主机,与船厂沟通,确定未装箱件的交接。确保主机上的零部件未被挪用。6G50ME-B1#、5S50ME-B9#、6S60ME-C19#确认为装机零部件没有被挪用,上述主机船厂复装时间为 40 小时,根据船厂复装人员反馈,很少出现零部件被挪用情况。这说明被船厂人员挪用到其他位置为非要因。

3　对策实施

针对上述要因确认,我们确定主机厂拆卸后没有明确规定零部件放置地方,没有明确告知复装人员零件位置,复装指导文件无时效性为要因,我们对上述要因进行对策实施。

3.1 规定拆机未装箱零件拆卸后放置位置,放置零件规范化,编制成文件

（1）指导拆机人员如何拆零部件,确定拆卸后放置位置及拆卸顺序,确定拆卸后放置位置见图13。

（2）技术部编制主机发运状态文件,规定拆机管系和未装箱机械部件放置位置。

（3）将拆卸零部件细化,增加拆卸部件清单,清单上增加操作者、检查者,让拆下的零部件有据可查,加强了工作的监督、管理。

（4）编制完成 6G50ME-B、5S60ME-C、6S50ME-C、5S50ME-B 等机型拆机指导文件,明确零部件拆机后放置位置,见图14。

优化拆机顺序及拆卸后合理布局放置零件,实施前后对比图见图15。

图13 按照复装指导文件拆机

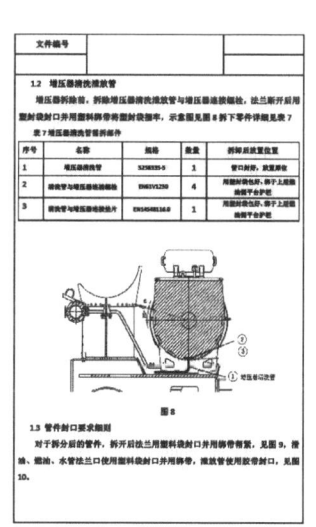
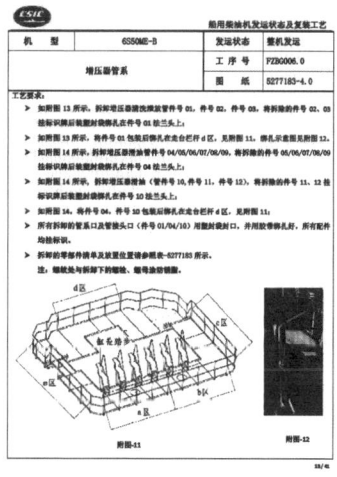

图14 拆机指导文件

3.2 编制文件,告知复装人员零部件所在位置

（1）编制工艺文件,告知复装人员零部件所在位置及放置位置,复装人员根据指导文件可寻找零部件。

（2）将车间实施后签字的工艺文件回收,扫描成电子版。将最终确认版工艺文件流转到该机复装人员手中,复装人员可根据此文件很快地找到复装的零部件。

（3）为拆卸的零部件制造标签,将相应名称的标签放置在拆卸零部件的位置,可更快速、更准确地找到复装零部件,见图16。

2016 年为我公司外观提升年,我公司提出了优化主机外观,提升主机外观质量的要求、制作标签、规范放置位置也契合了外观提升年的主题。

实施前   实施后

图 15   对策实施前后对比图

图 16   拆卸零部件的标签

3.3   编制复装指导文件

我公司编制完成 6G50ME-C、5S60ME-C、6S50ME-C、5S50ME-B 等机型复装指导文件,指导复装人员在船厂的复装工作,见图 17。

图 17   复装指导文件

4   效果检查

措施实施后,2016 年 2—4 月我公司整机发运主机到船厂,主机从开始复装到复装完成大约需要 32 小时

（5S60ME-C58#、5S50ME-B10#、6S50ME-C31#、6G50ME-B2#），统计图见图18，主机复装时间表见表4。

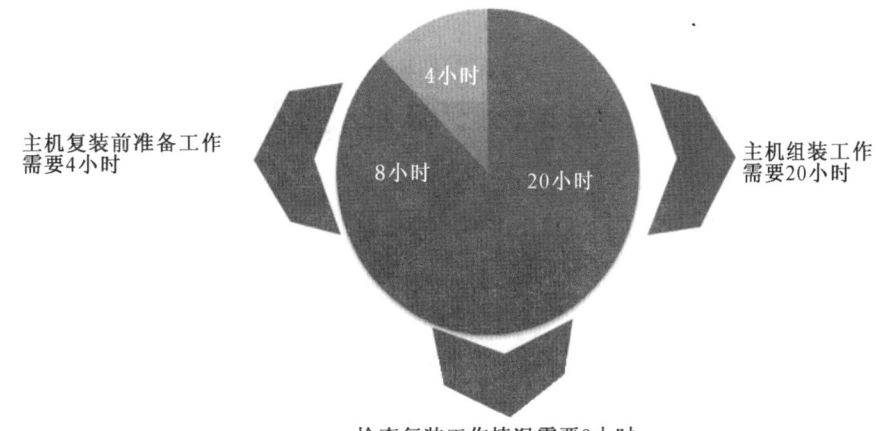

图18 主机复装时间统计图

表4 主机复装时间表

机型	复装前准备工作(小时)	组装工作(小时)	检查复装工作(小时)
5S60ME-C58#	4	20	8
5S50ME-B10#	3.5	19	8
6S50ME-C31#	4	20	8
6G50ME-B2#	4.5	20	8
平均	5	20	8

5 结论

我们通过努力实现了降低整机发运主机的复装时间，缩短了主机复装时间，节约了船厂的生产周期，同时减少丢件、漏件问题，提高了船厂对我公司的满意度。我公司不仅可以制造中小缸径主机，也有很多大缸径主机订单。最近我公司就承接了招商局的7G80ME-C主机，限于我公司和船厂的起吊能力有限，大缸径主机需要两段或者三大段发运，我们将编制两段、三大段"二次复装工艺"，将降低主机发运时间工作进行到底。

浅析防海盗安全舱室的设计

马学娜　邹成业　蒋文华　侯玉乙

（大连船舶重工集团设计研究所有限公司）

摘　要　本文简单介绍了防海盗安全舱室的结构、配置及相关的通信设施等，旨在保护船只及船员的安全，掌握关键技术，增加技术储备。

关键词：防海盗安全舱室

0　前言

在当今国际航运上，海盗还在严重威胁着海上船舶运行的安全，尤其是亚丁湾海域和索马里海域。防止海盗的袭击主要来自两个方面：一方面是来自有关国家政府的打击力度，国际社会的支持，相邻国家的互相协作；另一方面是来自船舶方面采取积极的防海盗措施，不给海盗作案机会。现在通常船舶都配置避难所作为防海盗安全舱室，并考虑船舶结构、船员数量及安全舱室的功能需求等因素，有效地保护船员人身安全，减少海盗劫持船舶的可能性，以争取更多的营救时间。

1　安全舱室的结构设置

1.1　安全舱室设置应至少满足以下基本原则

（1）隐秘性原则：安全舱室的设置及其相关设施的布置均应保证必要的隐秘性。

（2）安全性原则：安全舱室的结构、布置及设备配备等均应有效地保护船员人身安全。

（3）一致性原则：安全舱室的设置应充分考虑相关国际公约、规则和国内法律、法规的要求，并保证不与之冲突。

1.2　安全舱室的布置应至少满足以下基本原则

（1）安全舱室的布置应综合考虑船舶结构、船员数量及安全舱的功能需求等因素，进行合理布置。

（2）可以由其他舱室兼作安全舱室。

（3）安全舱室的布置应尽可能考虑方便船员对船舶关键设备进行适当控制，以避免或削弱其他人员对船舶进行控制或操纵的可能性。

1.3　安全舱室围壁

（1）围壁应当设置适当的防火分隔，尤其应充分考虑外部人员能够接近的部位。

（2）围壁应为钢质结构，并保证整个结构的完整性。

（3）围壁应保证安全舱室的密闭，穿过围壁的管隧、电缆等应采取密封措施。

（4）围壁应保证足够的强度。

（5）围壁应采取适当的隔声措施。

1.4　安全舱室开口

（1）安全舱室开口应满足适当的防火分隔要求。

（2）安全舱室开口应为钢质结构，强度应不小于围壁强度。

（3）安全舱室开口的关闭装置应有足够的强度。

（4）安全舱室开口的关闭措施应能有效地防止安全舱在外部开启。

（5）安全舱室的空气入口或开口、天窗等（不包括进出门）应避免人员的进入，并尽可能实现内部控制。

进入安全舱室的门应不易于打开，且门板有一定的强度以防止海盗用武器打开。面向室外的钢质门增加防海盗插销，门板的厚度最少应为 13 mm（这个厚度被证明可以防止海盗武器的攻击）。当面向内部其他区域的门如要满足该船防火的要求设置舱室门，又无法满足门的强度要求时，可设置双道门，即在安全舱室内防火门再增加一个门板厚度为 13 mm 的钢板门，并增加防海盗插销，确保该门不能轻易被海盗打开（见图 1 和图 2）。

图 1　加海盗插销的舱室门

图 2　增加一个钢板门的防火门

1.5　安全舱空通风

（1）安全舱室应保证足够的通风，并充分考虑通风系统损坏带来的风险。

（2）安全舱室通风系统应能在安全舱室内部进行操作。

（3）通风筒关闭装置应能保证密闭。

（4）通风筒关闭装置应满足足够的强度，以抵御外力的破坏。

（5）安全舱室通风系统的结构应能防止人员从通风导管进入安全舱。安全舱室通风导管应满足足够的强度并有适当的防火分隔。

（6）安全舱室的所有通风口都应能够手动关闭，在所有的对外风管安装气密风闸，手柄布置在易于达到的地方，船员可以通过手柄进行手动关闭，以防止海盗通过通风口放烟幕弹或毒气。同时在通风口甲板开口处焊接方钢，以防止海盗通过通风口进入安全舱室。

（7）在安全舱室设置隐蔽的自然通风，以备在所有通风口关闭后有新鲜的空气进入，为船员供给氧气。

该自然通风口可以隐身到机舱棚的某个甲板的外板；或者在某个仓库或居住区的某个房间的外板上，其外板的开口隐蔽在房间的衬板内或镀锌铁皮内，使海盗不能轻易发现。

1.6 安全舱室的各种舱盖锁紧

若安全舱室设有舱口盖或人孔盖,应在内部通过铁链焊接在甲板上,使舱盖不能打开。

1.7 安全舱室的选择

通常指定舵机室或舵机室的储藏室作为防海盗舱室,并在该储藏室门的外面用钢制柜加以掩盖,使其更加具有隐蔽性。有些船东将舵机室作为第一防海盗舱,机舱作为第二防护区,也有船东将生活区的干粮库作为安全舱室,但安全上相对较差,易被发现。

2 安全舱室的电器设备配备

2.1 照明

为应对海盗登船后的各种紧急情况,通常要求在防海盗安全舱室内提供应急照明系统或配备可移动的临时照明系统;也有船公司要求设置 24 V 照明设施及小型 UPS 电源。专船照明系统的确定可与船东协商确定。

2.2 通信系统

保持通信畅通是保证军舰或地面能够及时了解船舶和船员状况以及救援的关键。目前国际公约对这方面没有明确的要求,考虑到实际使用功能并参考各国船东的相关要求,我们确定在防海盗安全舱室内设置的通信设施如下:

（1）铱星电话系统

该系统用于船舶和岸上之间较远距离的通信,船员在避难所内可以打电话,使用方便。该系统天线可以伪装成灯,不易被发现,电话手柄放在安全舱室内（见图3）。

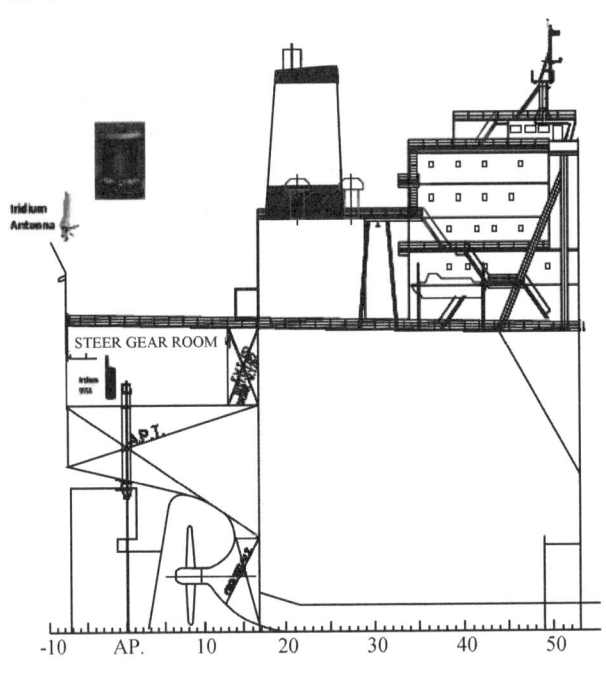

图3　铱星电话系统

（2）VHF 系统

船东在选择铱星电话的同时,也会选用一套单独 VHF 电话作为补充,电话可以是手提的也可以是固定式的,天线通常安装在艉部甲板（也要进行伪装）。该系统用于近距离通信,主要用于与外界船只的通信（见图4）。

（3）CCTV 系统

CCTV 系统作为一种时时监视船舶状态的设施,将会被越来越多的船只采用。该系统可以作为船员监视海盗的手段,也可以监视设备的状态,作为日常维护使用。地面工作站可以通过卫星通信系统登录、访问 CCTV 服务器来浏览监视器上的画面,这会让岸上更直接地了解船舶的最新动态,对于监视海盗的情况非常直观。该项技术的使用提高了船舶的安全性,使船舶公司更直观地了解船舶动态(见图5)。

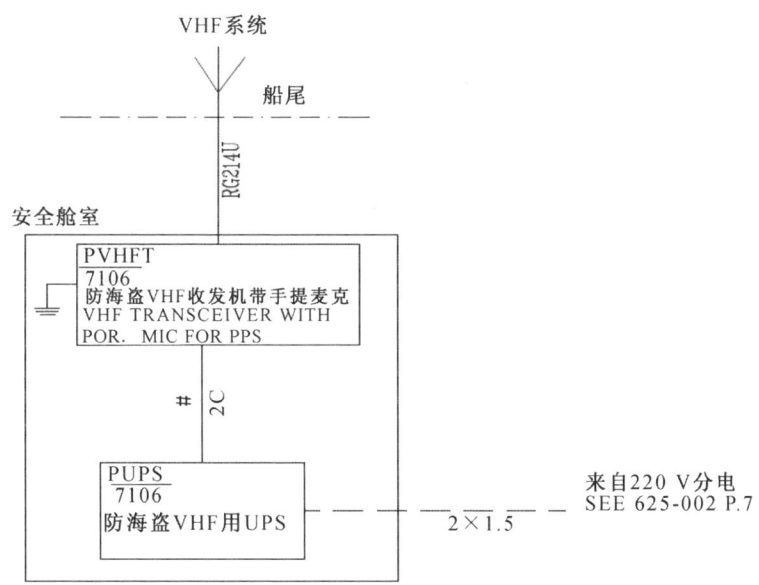

图4　VHF 系统

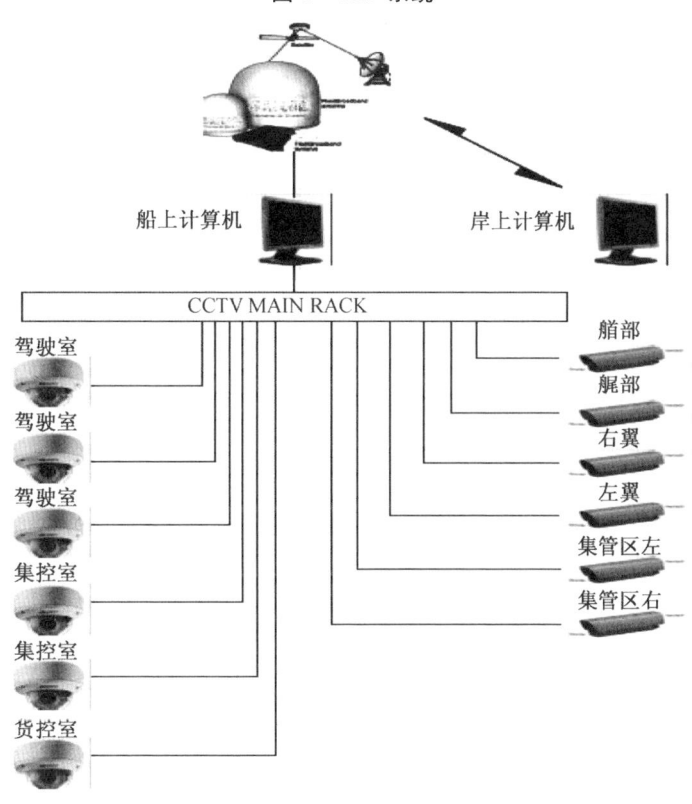

图5　CCTV 系统

（4）卫通 FBB 系统

卫通 FBB 系统主要用于船员和岸上通信,主装置装在驾驶室内,分支电话装在避难所内,作为对铱星电话的补充。

上述防海盗电气设备的安装,将会保证船员对外的基本通信,使外界能及时了解船舶的实际情况,以便采取合适的救援方法。

（5）海盗入侵监视系统

船舶在行驶过程中,所有对外门的开闭情况反馈到公共场所控制板上(见图6)。船员通过该控制板的显示及时发现海盗入侵情况。

上述通信系统可以任选几种组合,电力供应尽可能采用独立电源,并安装在避难所内,并且应保证各设施在开机状态下至少使用3天。

图6　公共场所的控制板

3　个人防护设施

（1）船员应配备必要的个人防护设施，以保护船员免受外力的伤害。

（2）个人防护设施应储存在安全舱室，或保证船员撤离时能随身携带。

4　船员健康

4.1　食品

（1）安全舱室应储存保证船员生命安全的基本食品供应，食品可以由本船的救生艇厂家提供，每人按照 10000 kJ 配置。

（2）船员撤离时，由专人负责携带足够的食品进入安全舱。

4.2　饮用水

（1）安全舱室应储存保证船员生命安全的饮用水；每人按照 3 L 的标准配置桶装水或罐装水，也可以通过管路延伸到安全舱室使用该船的供水系统。

（2）船员撤离时，由专人负责携带足够的饮用水进入安全舱。

4.3　卫生条件

（1）安全舱室应设置适当的设施以提供必要的卫生用水。

（2）厕所：①采用便携式冲水厕所，其便携式厕所可采用 20 L 的容量，按照每个厕所 5 个人每人 3 天的排泄量计算厕所数量；②使用便携式重力式坐便（带木质底座）。

（3）容器应当保证有效封闭。

（4）配备急救箱：内装止血药品、止血带、夹板、绷带、创伤药、抗感染药物等急救药品。

（5）其他设施：还应设置一定数量的灭火器，个人防护设施如消防员装备、充电手电筒、垃圾袋、卫生纸等，有些船东还要求增加床铺以供船员休息。

4.4　人均面积

（1）安全舱室应提供所有船员基本的生存空间。

（2）人均面积核算时应充分考虑受伤船员的需求。

4.5　药品

（1）安全舱室应储存必要药品。

（2）船员撤离时，由专人负责携带药品或医疗器材进入安全舱。

5　控制

（1）船员应在安全舱室内对安全舱室内设备、设施、出入口、通风等进行有效控制。

（2）船员应能在安全舱室内对船舶操纵设备、主推进装置或发电机等关键设备进行适当监控或能削弱、延缓外部的控制。

6　结束语

紧密跟踪各个挂旗国及海事当局对于防海盗安全舱室的相关要求，不断提供船舶的安全水平，努力为船员创造一个安全、舒适的工作生活环境。

满足溢流要求的空气头优化设计

李明鹏[1]　许环运[1]　毕铁满[2]　王荣涛[2]

（1.大连船舶重工集团设计研究所有限公司 ; 2.大连船舶重工集团有限公司）

摘　要：空气头是船舶设计中一种常用的透气装置,其设计需要满足船级社规范规则的要求。尤其需要注意的是,当液舱发生溢流时,空气头的参数需要满足液舱设计压力。本文对比介绍了两种空气头计算方法,对船舶设计具有一定的参考意义。

关键词：空气头;溢流;超压计算

0　前言

空气头的设计选型和溢流计算是空气系统设计的一项重要内容。油舱、水舱装设空气管的目的是在灌注或抽吸液体时避免舱柜内造成超压或者负压损坏舱柜。应注意在灌注液体时,由于泵入的压力可能很大,所以一旦液体来不及疏排,舱柜将承受很大的超压,而在抽吸液体时舱柜最多承受的是一个大气压的负压。

1　空气管的设计

《船舶设计实用手册》及 CCS、DNV、LR 等船级社对于空气管尺寸的设计都有具体而详细的要求。通常情况下,对于动力注入的所有舱柜,每一个舱柜的空气管的总横截面积,应至少为其注入管有效截面积的 1.25 倍。在任何情况下,上述舱柜空气管的内径应不小于 50 mm。空气管头设计规格 1 如表 1 所示。

表 1　空气管头设计规格 1

舱	空气管	吸入管	比值
1 压载舱（左）1 W. B. T.（P）	DN400 * 2　t = 12.7	DN400　t = 12.7	2
1 压载舱（右）1 W. B. T.（S）	DN400 * 2　t = 12.7	DN400　t = 12.7	2
2 压载舱（左）2 W. B. T.（P）	DN400 * 2　t = 12.7	DN400　t = 12.7	2
2 压载舱（右）2 W. B. T.（S）	DN400 * 2　t = 12.7	DN400　t = 12.7	2
3 压载舱（左）3 W. B. T.（P）	DN400 * 2　t = 12.7	DN400　t = 12.7	2
3 压载舱（右）3 W. B. T.（S）	DN400 * 2　t = 12.7	DN400　t = 12.7	2
4 压载舱（左）4 W. B. T.（P）	DN400 * 2　t = 12.7	DN400　t = 12.7	2
4 压载舱（右）4 W. B. T.（S）	DN400 * 2　t = 12.7	DN400　t = 12.7	2
5 压载舱（左）5 W. B. T.（P）	DN400 * 2　t = 12.7	DN400　t = 12.7	2
5 压载舱（右）5 W. B. T.（S）	DN400 * 2　t = 12.7	DN400　t = 12.7	2
6 压载舱（左）6 W. B. T.（P）	DN400 * 2　t = 12.7	DN400　t = 12.7	2
6 压载舱（右）6 W. B. T.（S）	DN400 * 2　t = 12.7	DN400　t = 12.7	2
艏尖舱 F. P. T.	DN400 * 2　t = 12.7	DN400　t = 12.7	2
蒸馏水舱 DIST. W. TK.	DN80　t = 7.5	DN65　t = 7.0	1.42
饮用水舱 DRINK. W. TK.	DN80　t = 7.5	DN65　t = 7.0	1.42
淡水舱 F. W. TK.	DN80　t = 7.5	DN65　t = 7.0	1.42
艉尖舱 A. P. T.	DN300　t = 13	DN200　t = 13.0	2.4
冷却水舱 COOLING W. T.	DN65　t = 7.0	DN40　t = 3.5	2.29

按照以上规则,进行空气系统空气管的设计,如表 1 中某项目中空气管的设计,空气管尺寸和数量的设计

通常存在较大余量。

2　压载舱溢流超压计算设计

DNV 的一款计算软件能够较为精确地计算出压载舱超压计算结果、空气管计算结果、空气头选择是否满足其要求。1993 年出版的《DSO - 235 压载舱超压计算指导文件》,详细讲述了压载舱超压计算的步骤和注意事项。

如图 1 所示,该计算采用拟合曲线的方法将系统曲线和泵的曲线进行组合,计算出工作点。

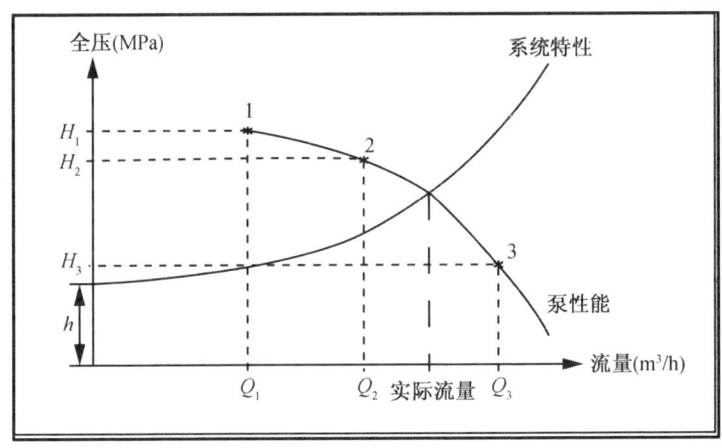

⚓ DNV	CALCULATION OF OVER-PRESSURE IN BALLAST TANKS	Version: Date: Time: Sign:

Vessel Id.　　　:
Tank Id.　　　　:　NO.3 W.B.T(s)
Comments　　　:　One (1)ballast pump runnning&one(1)ballast tank filling
Air Pipe Size　 :　400 A × 3 sets per tank

图 1　计算泵的实际工作点

该方法需要建立管道系统模型,因此计算的系统参数较为准确,但过程较为复杂(见图 2)。

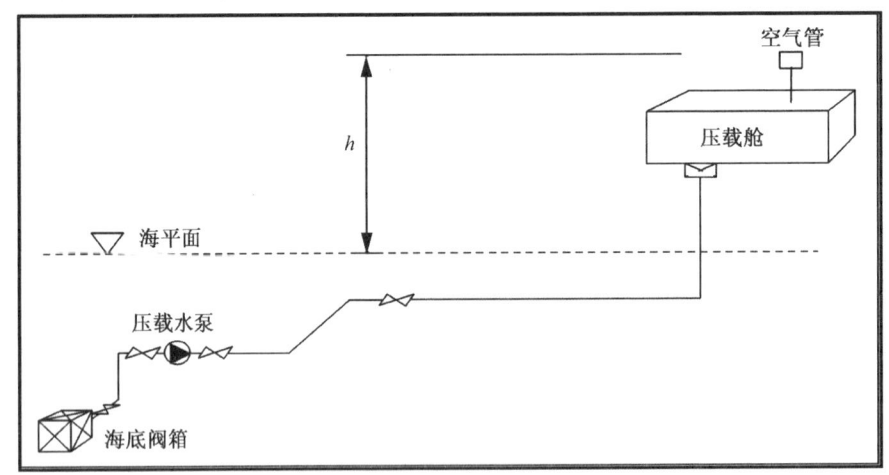

图 2　建立管道系统模型

可以看到,该方法的缺点是完成系统模型后的超压计算,如果不满足要求,往往需要进行颠覆式的修改。若增加空气管,修改空气头,重新送审图纸,可能会破坏甲板的整体布置或者整体油漆的涂装,潜在的风险很大。

3　满足溢流计算要求的空气头阻力设计

根据船舶设计手册中关于阻力计算章节中对于阻力的计算公式和动力注入泵的压头、排量参数,进行系统的溢流状态舱室压力校核,反推出空气管头的阻力参数。

下面以某项目中压载和消防系统的系统计算为例:

泵的数量和参数：

ABOUT OVERFLOWING CALCULATION：

　　Ballast pump：

　　Capacity × Quantity：1700 m^3/h × 0.35 MPa × 2

　　Bilge，ballast & G. S. pump：

　　Capacity × Quantity：215 m^3/h × 0.4 MPa × 2

计算公式：

CALCULATION FORMULA：

$H = (1 + \xi_1 + \xi_2 + \xi_3 + \xi_4 + 0.019L/D) V^2/2g$

WHERE：INLET LOSS COEFFICIENT：$\xi_1 = 0.5$

　　　　AIR PIPE HEAD LOSS COEFFICIENT：ξ_2

　　　　OUTLET LOSS COEFFICIENT：$\xi_3 = 1$

　　　　AIR PIPE LOCAL LOSS COEFFICIENT：$\xi_4 = 0$ or 1

计算结果如表 2 所示。

表 2　空气管头设计规格 2

舱柜名称	进入管		计算空气管	选用空气管				溢流压力损失计算				
	通径	面积（D1）	面积（D2=1.25×D1）	内径	数量	外径×壁厚×数量	面积	主甲板上空气管高度	流速	空气管头阻力系数	局部阻力系数	压力损失
	（mm）	（mm^2）	（mm^2）	（mm）	（个）	（mm×mm×个）	（mm^2）	（m）	（m/s）			（N）
F. P. T.	400	125664	157080	259	3	457 × 12.7 × 3	438909	7.2	1.076	12.7	15.2	0.915
NO. 1 W. B. T. (P/S)	400	125664	157080	317	2	457 × 12.7 × 2	292606	0.76	1.614	12.7	15.2	2.022
NO. 2 W. B. T. (P/S)	400	125664	157080	317	2	457 × 12.7 × 2	292606	0.76	1.614	12.7	15.2	2.022
NO. 3 W. B. T. (P/S)	400	125664	157080	317	2	457 × 12.7 × 2	292606	0.76	1.614	12.7	15.2	2.022
NO. 4 W. B. T. (P/S)	400	125664	157080	317	2	457 × 12.7 × 2	292606	0.76	1.614	12.7	15.2	2.022
NO. 5 W. B. T. (P/S)	400	125664	157080	317	2	457 × 12.7 × 2	292606	1.2	1.614	12.7	15.2	2.022
NO. 6 W. B. T. (P/S)	400	125664	157080	317	2	457 × 12.7 × 2	292606	0.76	1.614	12.7	15.2	2.022
A. P. T. (P/S)	$\Phi219 × 13$	29256	36570	153	2	219 × 13 × 2	58511	0.76	1.021	4.5	7	0.376

如表 2 计算结果所示，通过计算后选用的空气头，反推出满足溢流压力损失的空气头阻力系数。根据空气头的阻力系数，进行下一步空气头的订货。一方面，满足船级社关于溢流超压计算的要求；另一方面，增加订货的技术要求，避免设计的风险。

4　空气头的选型及参数

阻力系数是空气管头一项重要性能参数，其阻力实验是由权威部门出具的经过试验验证后的一组数据和经处理后的数据拟合的曲线。

图 3 是上海理工大学王海民教授出具的试验报告所采用的空气头阻力试验方法。

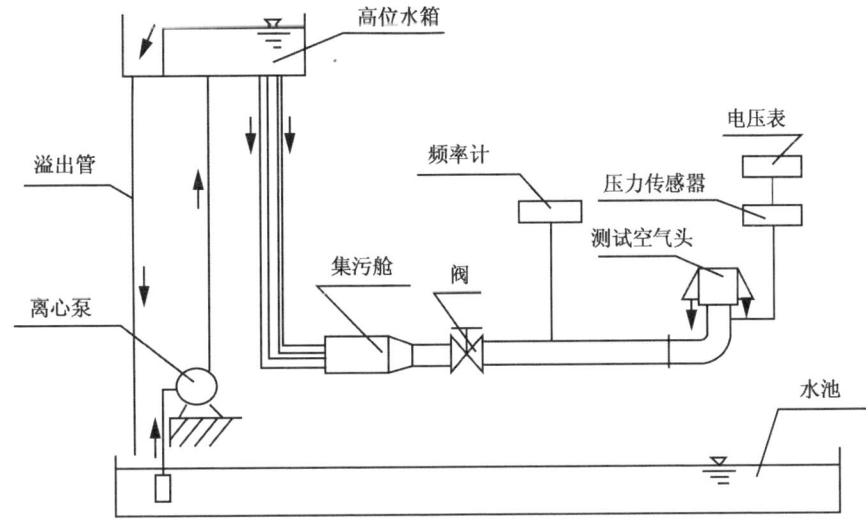

图 3　空气头阻力试验方法

空气头阻力试验数据见表3,拟合阻力曲线见图4。

表3 空气头阻力试验数据

形式试验 序号	FKM-DN250 No. KN019 $V_0 = 2.0715$		FKM-DN300 No. KN020 $V_0 = 2.1114$		FKM-DN350 No. KN021 $V_0 = 2.1302$		FKM-DN400 No. KN022 $V_0 = 2.2423$		FKM-DN450 No. KN023 $V_0 = 2.4160$	
	流速 Q (m³/h)	压强 drep ΔP (kPa)	流速 Q (m³/h)	压强 drep ΔP (kPa)	流速 Q (m³/h)	压强 drep ΔP (kPa)	流速 Q (m³/h)	压强 drep ΔP (kPa)	流速 Q (m³/h)	压强 drep ΔP (kPa)
1	370.40	14.510	460.10	7.703	473.75	5.076	475.16	3.094	483.29	1.746
2	335.08	11.598	422.94	6.575	430.09	4.231	434.54	2.532	451.54	1.393
3	307.78	9.599	379.07	5.257	392.93	3.605	393.37	2.086	411.68	1.057
4	278.75	7.591	342.45	4.236	346.02	2.853	353.39	1.680	364.88	0.786
5	252.86	5.997	299.87	3.240	309.19	2.372	312.55	1.358	319.70	0.580
6	227.61	4.778	262.39	2.467	273.33	1.971	270.51	1.175	278.31	0.560
7	192.40	3.638	230.76	1.922	231.08	1.789	230.32	1.045	237.36	0.519
8	165.97	2.524	189.70	1.355	191.75	1.485	192.08	0.962	196.95	0.403
9	134.88	1.503	147.66	0.987	148.53	1.374	150.59	0.883	151.45	0.259
10	107.25	0.888	106.17	0.799	105.74	1.255	107.14	0.745	110.18	0.072

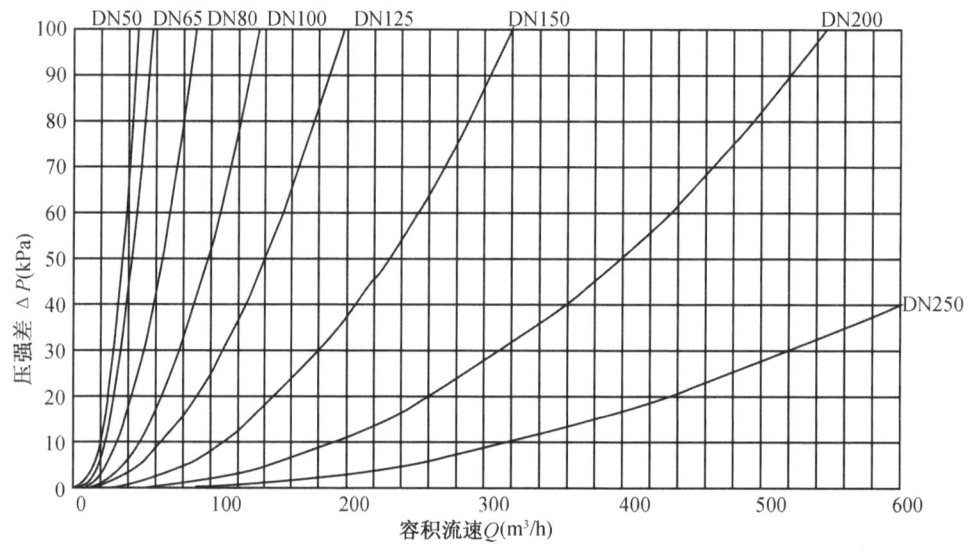

图4 空气头拟合阻力曲线

按照溢流计算的阻力要求,校核空气头阻力曲线是否满足订货要求。

5 小结

以上两种方法均可以满足空气头溢流计算的设计要求,后一种设计方法不仅能够保证设计满足船级社的计算要求,而且不会出现较大的设计修改和返工的情况,可以将设计工作前移,提高设计质量和水平。这种方法适用于其他船型的空气系统设计,具有一定的参考价值。

【参考文献】

[1] 王荣生,等.船舶设计实用手册(轮机分册)[M].北京:国防工业出版社,1999.
[2] 中国船级社.钢质海船入级规范[M].北京:人民交通出版社,2012.
[3] ABS. Rules for Building and Classing Steel Vessel Rules[S].2015.
[4] DNV. Rules for Classification of Ships[S].2015.

船舶气阀用 Superalloy80A 合金组织与性能的控制

潘彦丰　刘振天　齐　超　韩　涛

（抚顺特殊钢股份有限公司）

摘　要：本文就船用高负荷排气阀新材料 Superalloy80A 合金棒材进行成分优化及多种热处理工艺实验，对其组织和强化程度实验数据进行分析，得出了化学成分及固溶温度、冷却方式对该合金组织及强化程度的影响规律。结果表明：采用 1020 ℃固溶，出炉迅速水冷的固溶工艺处理，可获得气阀用 Superalloy80A 的细晶组织要求，Al + Ti 成分控制不低于 4.2%，可以使合金硬度达到 360HB 以上。

关键词：Superalloy80A；固溶；再结晶；硬度

0　前言

随着现代船舶工业的迅速发展，国际上高负荷柴油机的排气阀已大量采用 Superalloy80A 合金制作。Superalloy80A 是在航空叶片用 GH80A 基础上发展而来的，然而航空叶片用 GH80A 主要关注的是高温持久均匀性，成分选择中线控制，热处理采用 1080 ℃，保温 8 h 固溶处理，可使析出相全部回溶，并获得均匀、较粗大的晶粒形貌，保证均匀的高温持久性能。但作柴油机气阀材料使用，对中高温下的强度、硬度、耐磨、耐冲击、组织稳定性要求很高。Superalloy80A 合金是将 Al、Ti 强化元素提高到标准上限，增加 γ′强化析出相，并将晶粒度控制在细于 5 级，从而达到综合强化的一种改型镍基合金。实践证明，在工业生产条件下，制定一套适合于控制 Superalloy80A 合金细晶组织，并达到高硬度、高强度要求的工艺是很困难的。

1　试验条件及结果

1.1　试验材料

Superalloy80A 合金热轧棒材的化学成分如表 1 所示。

表 1　Superalloy80A 合金化学成分（wt%）

试样编号	试样状态	C	Mn	Si	S	P	Cr	Al	Ti	B	Al + Ti	Fe	Co	Ni
1#	中 Al、中 Ti	0.06	0.07	0.11	0.001	0.004	19.9	1.42	2.25	0.004	3.67	0.23	0.01	基体
2#	中 Al、高 Ti	0.06	0.08	0.12	0.001	0.004	19.8	1.41	2.63	0.005	4.04	0.3	0.02	基体
3#	高 Al、中 Ti	0.06	0.07	0.09	0.001	0.004	19.8	1.71	2.32	0.005	4.03	0.3	0.02	基体
4#	高 Al、高 Ti	0.06	0.08	0.10	0.001	0.004	19.9	1.62	2.58	0.005	4.20	0.3	0.02	基体
5#	高 Al、高 Ti	0.06	0.08	0.11	0.001	0.004	19.7	1.72	2.65	0.005	4.37	0.3	0.02	基体

1.2　分析方法

采用碳硫分析仪对合金的 C、S 含量进行分析；采用 ICP 等离子体发射光谱仪对其他合金元素的含量进行分析；采用蔡司光学显微镜放大 100 倍观察晶粒度；采用压痕直径 10 mm 的布氏硬度计检测硬度值。

1.3　试验结果

采用 1020 ℃，保温 8 h 固溶热处理，可达到气阀所用材料的细晶组织要求。选用高 Al、高 Ti 化学成分控制，材料硬度可以达到 360HB。

2　分析与讨论

2.1　固溶工艺对晶粒度的影响

选取表1中4#样,钢锭经锻造开坯、轧制成 $\Phi 80$ mm 棒材后取样,下图1a、图1b 显示了 Superalloy80A 合金轧制状态下的晶粒形貌,可以看出棒材芯部晶粒均匀细小,达8级,但棒材表面存在拉长晶组织,较粗大。其原因是在轧制过程中,棒材表面降温快,变形过程中棒材表面未完成动态再结晶。这样,就需要通过固溶热处理来改善晶粒形貌。一般说来,在高温合金的热处理过程中,影响晶粒度的主要因素是固溶温度和固溶时间。在本试验中,轧制状态试样经不同热处理工艺处理,21组热处理制度中选用了不同的固溶温度,并采取水冷和空冷两种冷却方式,热处理过程及对应组织情况见表2,晶粒形貌见图1。

表2　固溶温度对晶粒组织的影响

图序号	试样代号	取样位置	热处理状态	晶粒度级别及组织情况
1a	0#-1#	心部	轧态(原始态)	组织均匀8级
1b	0#-2#	边缘	轧态(原始态)	基体8级,存在0级拉长晶
1c	4#	边缘	1000 ℃,保温8 h 水冷	基体8级,存在拉长晶
1d	6#	边缘	1020 ℃,保温8 h 水冷	完全再结晶,均匀8级
1e	8#	边缘	1040 ℃,保温8 h 水冷	80% 7级,20% 0级,个别晶粒开始长大至0级
1f	10#	边缘	1060 ℃,保温8 h 水冷	30% 7级,70% 0级,大部分晶粒不规则长大至0级
1g	13#	边缘	1080 ℃,保温8 h 水冷	完全均匀长大至2~5级

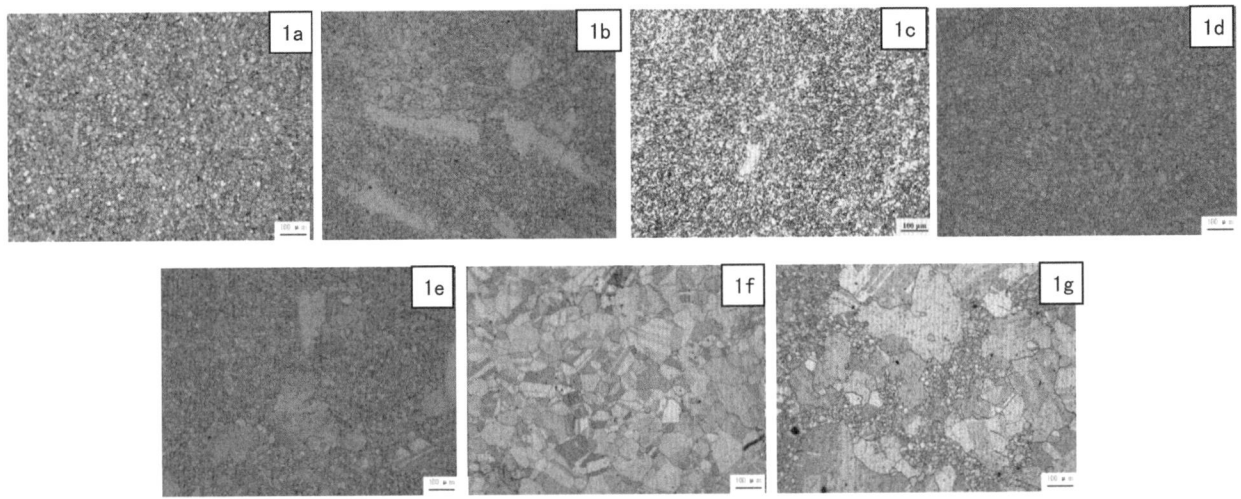

图1　Superalloy80A 不同固溶温度的晶粒形貌

由图1晶粒度变化规律可以看出:采用1020 ℃,保温8 h 固溶热处理,可使 Superalloy80A 合金棒材边缘拉长晶组织完成回复、再结晶过程,且芯部晶粒未开始长大,因此该固溶工艺可获得均匀的细晶组织。

由 Superalloy80A 合金衡态下相图可以看出,合金析出相有 γ' 相、MC、M7C3 和 M23C6 碳化物相。当固溶温度达到1020 ℃时,M7C3 型部分回熔,MC 型碳化物仍存在,γ' 相、M23C6 和大部分的 M7C3 相全部回溶进基体。这也说明了,材料经1020 ℃较长时间保温后,材料强化相 γ' 回熔,而部分碳化物仍存在,起到阻碍晶粒长大的作用,可以保证组织细小、均匀、稳定。如果继续提高材料固溶温度,没有析出相和碳化物的阻碍作用,晶粒将快速长大。

2.2　材料化学成分对硬度的影响

硬度是反映材料性能的重要指标,间接反映材料耐磨性和抗变形能力。为满足气阀零件复杂的使用要求,标准要求材料硬度必须达到340HB 以上。对采用真空感应和真空自耗冶炼的 Superalloy80A,试验不同 Al、Ti 含量的 $\Phi 80$ mm 棒材,经固溶(1020 ℃,保温8 h,水冷)和时效(700 ℃,保温16 h,空冷)热处理后进行硬度测试,不同 Al、Ti 含量下硬度的变化规律如图2所示。

由实验结果可知:镍基时效强化型合金 Superalloy80A,Al、Ti 是形成 $\gamma'[Ni_3(Al,Ti)]$ 强化相的主要组成元

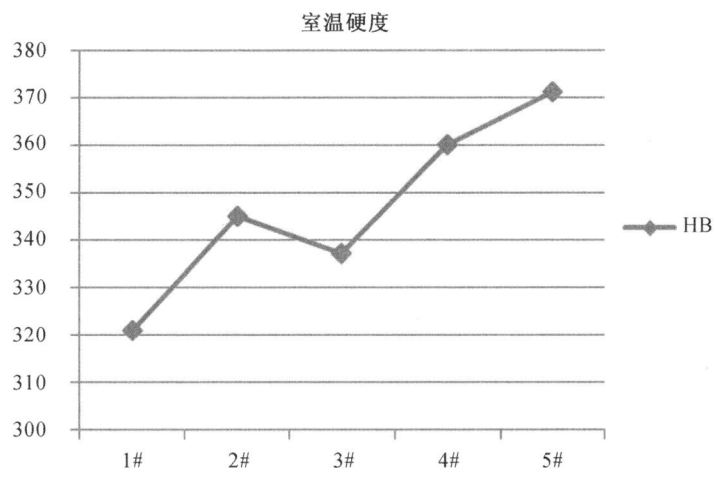

图2 固溶和时效热处理后,不同Al、Ti含量下硬度的变化规律

素,室温硬度随着Al、Ti含量的提高而增加,存在线性关系,控制较高的Al、Ti含量有利于提高室温硬度。同时由2#、3#(中Al、高Ti或高Al、中Ti控制)实验数据可以看出,在室温下相同的Al+Ti含量时,Ti的强化作用要比Al的强化作用更为显著。Superalloy80A合金平衡相图见图3。

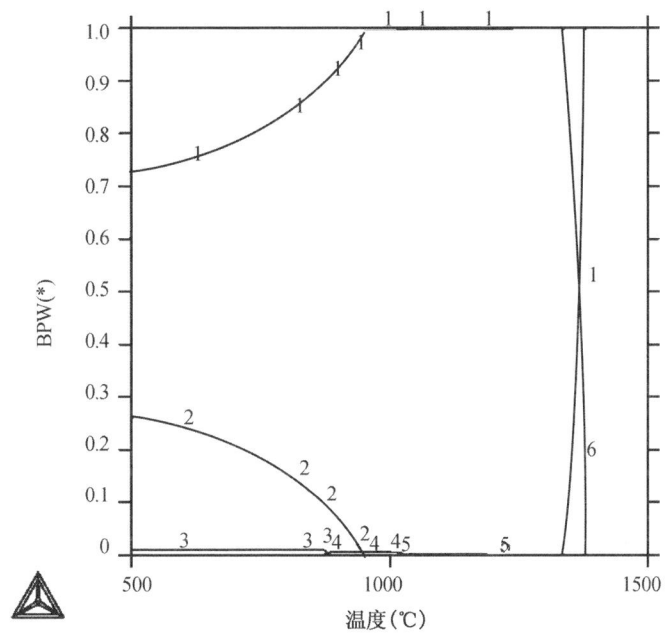

图3 Supcralloy80A合金平衡相图

1—奥氏体基体;2—γ′相[Ni₃(Al,Ti)];3—M₂₃C₆型碳化物;4—M₇C₃型碳化物;5—MC型碳化物;6—液相

3 结论

(1)采用1020 ℃,保温8 h固溶热处理,可使Superalloy80A合金棒材边缘拉长晶组织完成回复、再结晶过程,且芯部晶粒未开始长大,因此该固溶工艺可获得均匀的细晶组织。

(2)选择高Al、高Ti成分控制,即Al+Ti不低于4.2%,经热处理后,可以使合金充分强化,硬度达到360HB以上。

【参考文献】

[1]贾崇田,刘庚武.高温耐热合金Nimonic80A锻造工艺探讨[J].锻压技术,2006,31(3):16-18.

[2]中国高温合金手册[M].北京:中国标准出版社,2012.

[3]郭建亭.高温合金材料学(上册)[M].北京:科学出版社,2008.

[4]李玉清.高温合金晶界间隙相[M].北京:冶金工业出版社,1990.

[5]冶军.美国镍基高温合金[M].北京:科学出版社,1978.

基于订单作业调度问题的探讨

徐国成　王国庆　管祖超　马英军

（大连船用柴油机有限公司）

摘　要：生产调度是保证产品有序进行的重要环节，合理的生产调度可以有效配置企业基础资源。本文介绍了制造企业订单作业生产调度的实施过程，探讨了按照生产调度系统评价指标构建企业生产调度管理规范，为整个生产管理系统的建立与运行提供条件。

关键词：调度；调度目标；调度过程；调度评价指标

0　前言

生产调度的优化是先进制造和现代管理的核心技术，制造过程的调度技术在很大程度上影响制造的成本和效率。一个客户的订单包括多种零部件，每种零部件都有各自的交货期，生产企业需依据不同交货期合理安排作业计划和生产调度，保证适时交货。生产调度是贯穿于生产经营活动的组织、指挥、控制和调节各个过程，既要注重产量产值，又要注重产品质量；既要注重生产安全，又要注重生产组织的协调平衡。

1　生产调度的定义和目标

企业生产调度是针对产品生产的可分解工作，是在一定约束条件下，安排现有的一组资源在时间轴上分配给一组任务，以获得产品制造时间或成本的最优化。例如，车间调度就是对一个车间可用的加工机床集在时间上进行加工任务集分配，以满足一个性能指标集。企业在一段时间安排多个订单生产任务，每个订单包含多个工件，一个订单所属的工件有公共交货期，每个工件需要在多台机器上进行加工，每个工件的加工路线不完全一致，只有一个订单中的所有工件都按时完工，才能认为这个订单完工。订单调度问题和一般调度问题的最大区别是分批交货，即同种类工件一般不必连续在一个机器上加工。

调度的目标是使用共同资源，如人力、材料、设备等，使各环节之间的关系得到较好的配合，在保持企业集中统一调度的前提下，各相关部门能够在一定范围内，因地制宜、因时制宜地解决具体问题，实现生产过程连续性、平行性以及均衡性要求，如图1生产调度目标树所示。

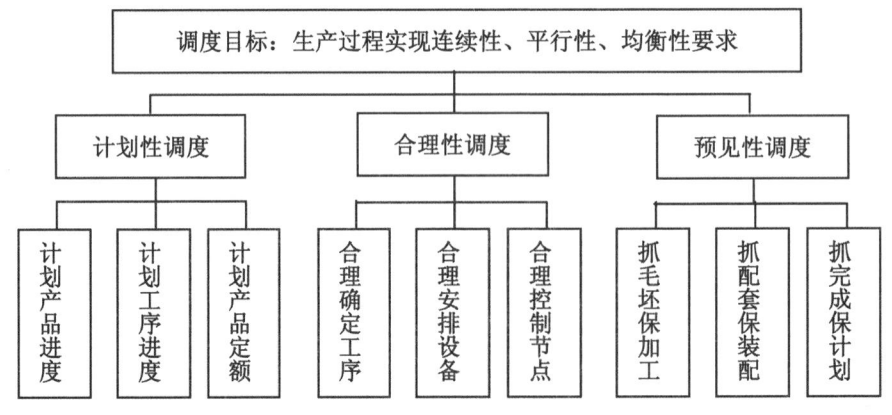

图1　生产调度目标树

制造企业生产作业计划，虽然对日常生产进度已做了比较周密的安排，并且配置了完整的滚动计划，但在计划的执行过程中，工件之间存在各种联系或约束，依然会出现一些人们预想不到的情况和矛盾。这种过程中的不确定因素并存交叉,使得生产过程不稳定,技术准备工作量大,影响产品质量和产品交货。

2　订单生产调度过程

制造企业生产的调度目标一般分为三类:基于作业交货期的目标,基于作业完成时间的目标,基于生产成本的目标。而在企业中往往由于实际车间调度的复杂性和动态随机性,三类目标不可完全兼顾,有的工件要求越早越好,有的工件要求成本越低越好,这些目标之间可能产生冲突。订单调度主要围绕完成计划任务,保证交货期开展调度业务。常用的主要指标有:使生产所有工件的总时间最少;使所有工件的平均驻留时间最少;使最大或平均延滞最小;使切换或装配的次数最少;使生产总成本(包括各种生产费用、库存贮备费用、切换损耗等)最低。

2.1　订单作业调度程序

在满足工件的工艺约束、机器约束和订单交货期约束条件下,安排工件在机器上的加工顺序,使调度的灵活性服从计划的原则性。一方面实时提供调度问题的可行解,另一方面保证调度解的高质量。因此,需要改进生产计划调度组织模式,就必须建立一套切实可行的调度工作程序。图2为订单作业管理调度计划程序。在改进的生产组织程序中,生产组织部门接到订单计划后,首先进行负荷评估,根据车间设备、人员以及交货期,将其分为必须自制、可自制可外协、必须外协三类。然后根据自身产能及资源约束情况,将生产执行部门实施情况反馈到生产组织部门,在满足订单交货期的前提下,生产组织与市场需求协调一致,通过对工作时间、生产节拍和生产调度的集成管理,保证生产系统能够高效适应需求变化。

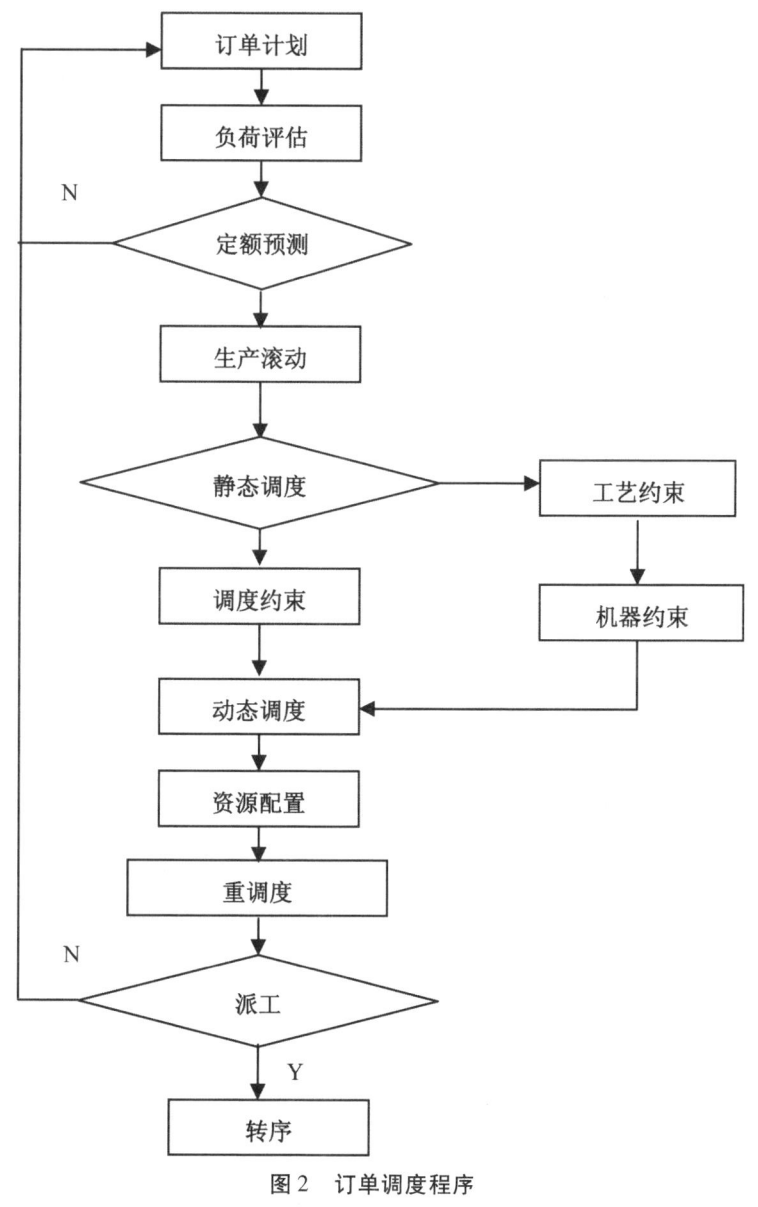

图 2　订单调度程序

2.2 订单作业调度过程

若所有的工件都已到达,可以一次对它们进行排序,这是静态的排序问题;如果工件是陆续到达,要随时安排它们的加工顺序,这是动态的排序问题。生产过程中出现的质量问题通知技术部和质量部,由技术部和质量部进行质量问题处理;生产过程中出现的毛坯问题通知外协单位进行原料供给调整;能源问题通知保障部门进行协调;在制件转序问题与各分部门进行协调。良好的调度方案是编制生产作业计划的重要依据,同时掌握两种预测分析能力:一是定性预测分析法,就是根据经验直觉判断估计进行预测;二是定量预测分析法,就是从过去生产活动中的定额数据,推导出未来值的方法。将预测结果与期望结果进行比较,对可能存在的偏差或隐患提前采取处理措施。依据企业内生产路线,预测各路线工序的生产周期、生产提前期、生产保险期,最终满足订单交货期。以锻件生产工序为例,它遵循毛坯外协提供、成品自制的原则。生产周期、提前期、保险期关系,如图 3 所示。

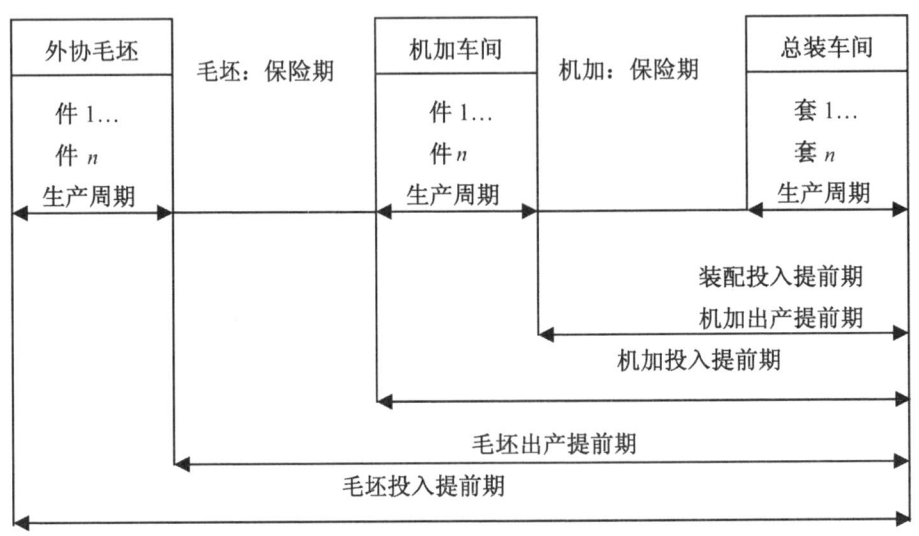

图 3　生产周期、提前期、保险期关系图

生产周期、提前期、保险期的生产调度过程的顺利实施要靠生产、供应、技术等部门协作完成。尤其订单作业调度涉及扫尾、交货、发运等环节时,应从技术、工艺源头上对产品实行有效管理,为整个生产管理系统的建立与运行提供支持。

在真实订单与需求预测之间存在的较大偏差,导致生产计划频繁波动,给订单制造企业的订单管理、资源调配和调度的协调机制带来挑战。要抑制由于市场导致的生产计划大幅度频繁更改,必须要建立订单与调度预测之间的对应关系,在信息系统中进行技术约束。建立预测、调度与订单执行的循环机制以保证生产过程柔性,如图 4 所示。

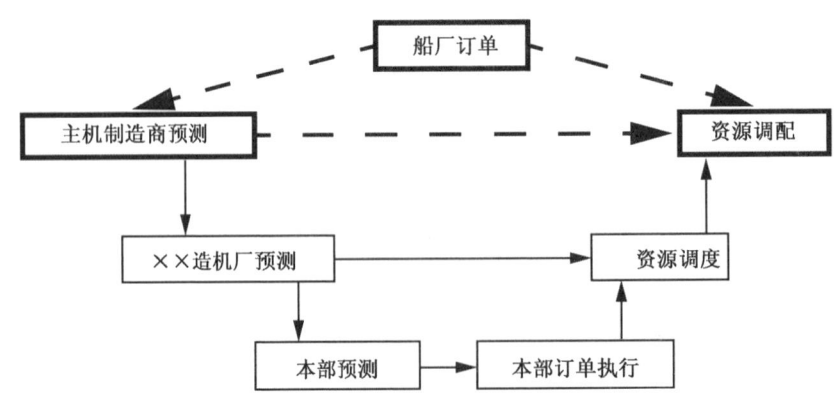

图 4　预测、调度与订单执行的循环关系

3　生产调度方案评估

实际的生产往往对一个调度问题有多个方面的优化目标,多个目标常常是交织在一起,需要用一种优化算法来找到几个目标的平衡点。生产中机器配置和资源、调度目标、调度策略均多种多样,一个企业在不同市场形势下的调度问题也可能呈现多样化。常用的生产调度系统评价指标体系如表1所示。

表1 常用的生产调度评价指标

类别	评价指标
基于交货期(服务能力)	交货方式、最大延误时间、未完成生产任务数等
基于加工时间	总通过时间、平均完成时间、最大等待时间等
基于在制品	平均等待加工零部件数、平均在制品、超过一定时间的等待生产任务数等
基于生产设备	生产设备利用率、平均空闲时间、可加工时间、最大产能等
基于生产成本	存储费用、机械制造费用、废返品费用、人工费控制、原材料消耗、设备维修成本等
基于生产指标	生产任务不合格率、返工率等
基于质量控制	产品的性能、产品的不合格率等
基于生产柔性	机器效率、生产类型多样性、先进的生产方式等

在多层调度结构中,企业生产计划完成对各种物件的分配,通常基于经济的目标函数;低层调度完成任务的排序与调度,通常基于性能的调度目标。在传统的调度中,一般以平均流通时间最小、制造周期最短、满足交货期为调度目标;在实际生产中,由于提前完成的工件必须保存到装配期,而拖期产品可能会影响总装。订单中工件的交货期由所属订单的交货期决定,订单的交货期由公式(1)确定:

$$交货期:D = KP \tag{1}$$

其中 K 为订单紧张系数,表征其交货期的紧张程度,P 是订单中所有工件的加工时间之和,K 值越小,订单的交货期越紧张。订单调度就是基于满足交货期(服务能力),以交货日期、发运方式、最大延误时间、未完成生产任务数等为评价指标。每项核心能力下属的指标是该项能力不同程度的反映。在实际操作中,企业可以根据自身的需求和基础数据的特点灵活地选用评估指标,这些指标在进行调度评估时可以作为确定性因素考虑。计划实施过程中的所有不确定因素会使计划的实际与预期的目标相偏离,对设备故障、原料供应变化、交货期变更等非正常情况都是事先不能预见的,对调度系统的动态性和重调度特性也提出更高要求。

4 结束语

实现生产调度作业综合化、实施的程序化以及管理的标准化,已经成为现代企业生产经营过程稳定高效运转的决定性因素之一。订单作业调度将现代管理技术、工业过程控制技术等相结合,科学的预测分析能够为企业实行决策和实现经营目标提供依据和途径。它综合考虑原料价格、周转资金、工人调配、配套设施、产量、质量、销售、环境保护等情况,使各工序尽量按照订单要求施工,逐步形成一个适应生产环境不确定性和市场需求多变性的高质量、高柔性、高效益的智能生产调度系统。

【参考文献】

[1] 熊锐,吴澄.车间生产调度问题的技术现状与发展趋势[J].清华大学学报(自然科学版),1998(10):55-60

[2] 周巍.中小型制造企业车间生产调度问题的分析与研究[D].南京:南京理工大学,2005.

[3] 王林平.应用齐套概念的离散制造业生产调度问题研究[D].大连:大连理工大学,2009.

[4] 张庆年.对加强企业生产调度工作的几点思考[J].科技情报开发与经济,2008,18(1):180-182.

[5] 朱钒,连志刚,等.离散制造业机械装备企业车间生产调度问题与方法研究——从广东科达机电为例[J].华东经济管理,2008,22(17):133-137.

[6] 刘志,王少军.车间生产在制品批量与批次研究[J].机械制造,2011,49(11):81-83.

[7] 袁纲,陆薇.订单制产销模式的分析及风险控制研究[J].企业物流,2009,28(9):119-120.

船用主机减振器壳体材料选择分析

马英军　于名侨　周海为

（大连船用柴油机有限公司）

摘　要：本文通过比较低碳钢(20#)和球墨铸铁(QT400-15)两种减振器壳体材料成型过程,分析了材料工艺性及常规热处理、焊接等问题,明确在主机减振器壳体上切割20#低碳钢厚钢板材料优于球墨铸铁材料的结论。

关键词：减振器壳体；成型比较；工艺性分析

0　前言

MAN公司大缸径低速船用主机的减振器(AVD)壳体可选用低碳钢(20#)或球墨铸铁(QT400-15)材料。不同的材料,制造毛坯的方法也不一样,毛坯的组织、结构、性能也随生产方式的不同而改变。本文就球墨铸铁铸造和火焰切割20#厚钢板两种成型方式进行介绍,在满足设计、降低成本的前提下,进行必要的工艺验证。

1　功能分析

船用主机在运行过程中,当气体力通过曲柄连杆机构作用到曲轴甩挡上时,曲柄受力使得曲柄沿轴向变形,引起轴向振动,这种振动通过推力轴承可传递到船体上。为了抵消轴向振动对船体振动的影响,平衡大的轴向振动和反作用力,在主机曲轴前端都安装轴向振动减振器。减振器由一个AVD壳体(以下简称壳体)和三个各自由转动的惯性环组成,整个装置为封闭整体。惯性环和壳体间充注高黏性液体,当曲轴以一定转速转动时,惯性环随之而动。

施加在每个活塞上的燃烧压力在曲轴上产生振动,振动产生的每一变化都将影响惯性环。惯性环对壳体的相对运动受黏性液体的阻碍,由此使振动减轻。图1为减振器与曲轴的装配结构图。壳体分上、下两部分,且上、下半组立须同步加工。因此,在壳体材料选用的原则中主要需考虑三方面的要求：

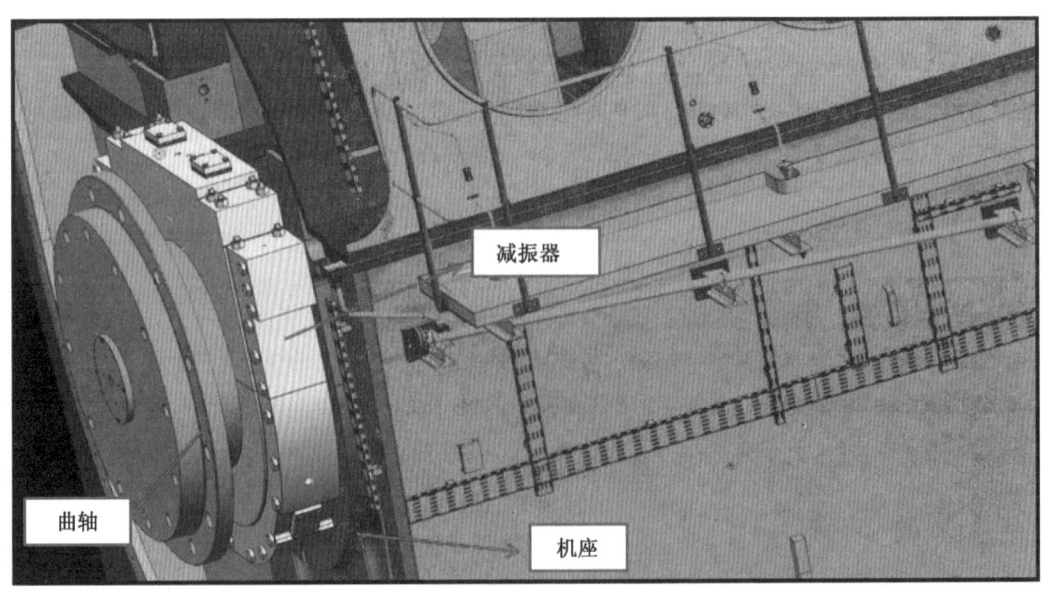

图1　减振器与曲轴的装配结构图

（1）零件的工况（振动，冲击，高温，低载）。

（2）对零件尺寸和质量的限制。

（3）零件的重要程度（对于整机可靠度的相对重要性）。

2 壳体成型分析

2.1 铸造毛坯成型

铸造生产的毛坯成本低廉，对于形状复杂，特别是具有复杂内腔的零件，能显示出它的经济性。同时它的适应性较广，且具有较好的综合机械性能。但铸造生产所需的材料（如金属、燃料、造型材料等）和设备（如冶金炉、混砂机、造型机、造芯机、抛丸机等）较多，且会产生粉尘、有害气体和噪声而污染环境，对于大批量生产具有一定的优势。图2为球墨铸铁主要生产成本汇总（不计电耗）。

铸造加工需经砂处理、造型、制芯、熔炼、浇注、清理等几大工序。保证材料的铸造性能是其中要考虑的主要因素。铸造性能主要有流动性、收缩性、偏析倾向等，它们直接影响后续可加工性。流动性是指液态金属充满铸型的能力，其中最主要的是化学成分和浇注温度的影响；收缩性是指铸件从浇注温度至室温的冷却过程中，其体积和线尺寸减小的现象；偏析倾向是指铸件凝固过程中有产生组织不均匀的趋势，倾向性越强，出现偏析的概率就越大。所以，为改善后续切削加工性能，消除铸造应力，壳体毛坯必须经过退火处理。若同类机型的壳体很少，铸型只能是一次性型或半永久型，造型生产率低，劳动强度大。

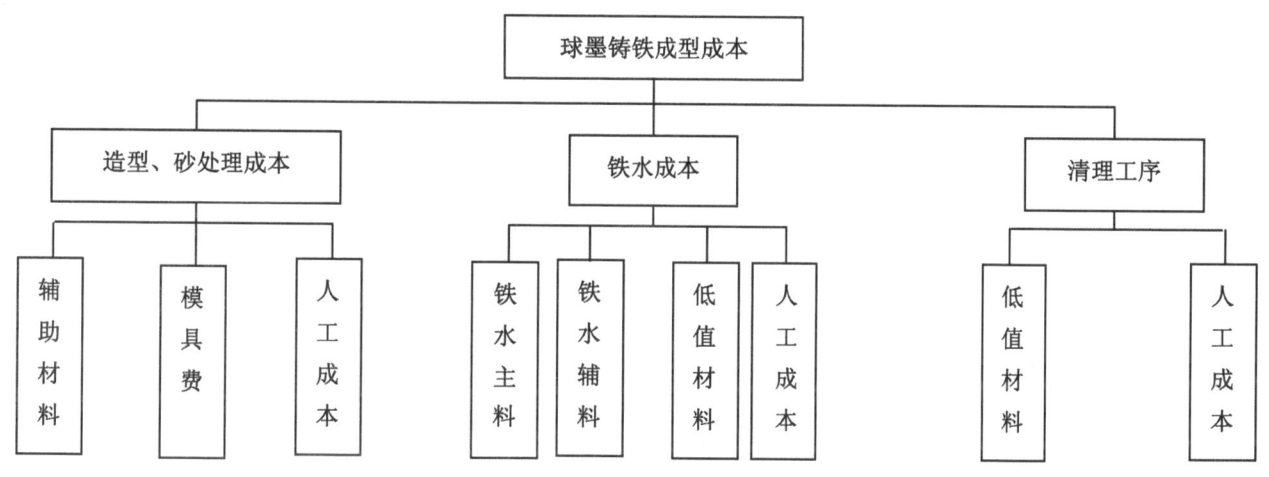

图2 球墨铸铁铸造成本图

2.2 火焰切割厚钢板成型

自动火焰切割厚钢板成型方式的耗能低，效率高。一般来说，耗能主要体现在燃气消耗方面。燃烧值高、燃烧速度快的气体适用于薄板切割；燃烧值低、燃烧速度缓慢的可燃气体更适用于厚板切割，尤其是厚度在200 mm以上的钢板，如采用煤气或天然气进行切割，将会得到理想的切割质量。火焰切割钢板的过程相对简单，切割加工件的几何尺寸、规格精确。火焰切割利用气体火焰将钢板预热到钢铁的燃点（约1300 ℃），然后再喷射高压氧气流，使钢板发生剧烈的氧化燃烧，形成氧化物（熔渣）并被高压氧流吹走。

火焰切割钢板的过程简单描述为：预热→燃烧→吹渣。切割加工件的几何尺寸公差一般为：直线度0.5 mm/1000 mm；垂直度 < 3 mm/100 mm；切割面粗糙度为 Ra 12.5，切割质量稳定可靠。表1为切割方式的比较。

表1 中厚板切割方式比较表

切割方式	切割质量	切割板厚度	切割效率	切割成本	环境污染
机械切割	好	≤50 mm	最高	高	很低
激光切割	好	≤20 mm	较高	高	低
等离子切割	较好	≤200 mm	较高	较高	大
自动火焰切割	较好	基本无限制	高	低	一般
人工火焰切割	低	基本无限制	低	最低	较大

大机型低碳钢(20#)壳体厚度一般超过200 mm,符合氧气切割的三个条件:

(1)金属燃烧生成的氧化物的熔点低于金属熔点,且流动性好。

(2)金属的燃点比熔点低。

(3)金属在氧流中燃烧能放出大量热量,且金属本身的导热性要低。

为保证切割质量,壳体采用自动火焰切割成型时,需严格控制影响钢板切割质量的气体、切割速度以及割嘴高度三个基本要素,必要时可按切割路线提前辅助打孔,以便在切割过程当中改善切割质量,保证切割尺寸。

3 材料性能分析

在主机各种复合载荷的作用下,壳体易产生过量变形、表面损伤甚至裂纹等失效倾向。因此,机械性能指标是选材的主要依据,良好的工艺性能不仅可保证零件的制造质量,而且有利于提高生产率和降低生产成本。QT400-15 和 20#材料性能对比如表2所示。

表2 材料性能分析

指标性能	QT400-15	20#
抗拉强度(MPa)	400	430
屈服强度(MPa)	250	240
延伸率(%)	15	26
硬度	130~180	125~160

低碳钢(20#)含碳量为0.2%,该钢强度低,韧性、塑性和焊接性均好,为改善切削加工性,毛坯来料须经正火处理。

4 工艺性比较

两种材料的工艺比较如表3所示。

表3 两种材料的工艺比较

比较内容	QT400-15	20#
热处理工艺	毛坯退火处理,半成品时效处理	经正火处理
机加工工艺	切削容易,缺陷难修复	易损刀具,但可焊性好
焊接工艺	焊接工艺复杂	可焊性好

4.1 热处理分析

球墨铸铁材料的壳体毛坯结构不是很复杂,强度水平与钢件相近,但塑性、韧性较差,内部组织不均匀、不致密,内部成分偏差较大,因此,其热处理工艺与钢相比,存在相对典型的特点。由于球墨铸铁中硅含量是提高共析转变温度的元素,也是促进石墨化的元素,它会阻碍碳在奥氏体中的溶解,必须通过控制加热温度和保温时间来调整奥氏体的含碳量,以改变球墨铸铁热处理后的组织和性能。粗加工后应进行时效处理。

低碳钢(20#)钢板可以直接切割半成品,单边预留5 mm余量,为提高工件尺寸稳定性,防止工件变形开裂,适当进行热处理降低硬度,表层附着稍许氧化皮不影响后续加工。低碳钢(20#)退火硬度太低,切削性能差,易"粘刀",针对较厚工件,为改善切削加工性,正火比退火生产周期短,操作简便,工艺成本低。

4.2 机加工分析

壳体主要的加工工序是在立式车床,分为粗加工和精加工两大工步,粗加工均可使用硬质合金刀具:QT400-15 采用钨钴合金类 YG8;20#采用钨钛钴合金类 YT5。精加工均可采用机夹合金刀片加工成品。QT400-15 材料在前期热处理合适的前提下,加工工时比20#要少,但在加工过程中本体易存在缺陷或出现加工误操作扎刀,解决这样的问题则涉及材料的后续焊接修复。

4.3 焊接性分析

可焊性要求通常采用碳当量(Ceq)和裂纹敏感系数(Pcm)来评价。20#材料的碳当量≤0.4%,可焊性好,可利用手工电弧焊焊条 J426 或 J422 进行局部缺陷补焊,操作规范、简单易行,对焊接设备性能要求不高,是一种高效、优质的焊接方法。而 QT400-15 材料的碳当量为 3.3% ~ 4% ,可焊性差,宜采用 Z238 EZCQ 焊条进行球墨铸铁件的补焊,补焊应在时效前进行。补焊后对壳体部件本身的机械性能和使用效果尚不确定。球墨铸铁补焊难以保证质量的原因主要有:

(1)球墨铸铁含碳量较高,补焊时球铁熔化后冷却,由于冷却速度较大易产生白口(Fe_3C),且白口收缩大;球墨铸铁中含量较多的硫、磷不仅引起脆性,而且作为球化剂的镁还是白口化元素,在焊接时极易烧损,处理工艺和设备较为复杂,焊缝中的碳难以球化。这些都会造成补焊后零件产生裂纹。

(2)球墨铸铁中的碳以片状石墨形式存在,补焊时石墨被高温氧化生成 CO 气体,使焊缝金属易产生气孔或咬边。

(3)球墨铸铁件在铸造时产生的气孔、缩松、砂眼等也容易造成补焊过程中的缺陷,所以对补焊技术要求高,工艺要求严格。

5　成本分析(以一台份 800 缸径主机壳体为例)

5.1　球墨铸铁(QT400-15)铸造毛坯总费用:6.3 万元

模型费:1.9 万元;

成品毛坯费:4.18 万元;

运费:0.22 万元。(自宜昌)

5.2　低碳钢(20#)火焰切割厚板毛坯总费用:45904 万元

方毛坯费:6.88 吨×7000 元/吨 = 48160 万元;

外厂余料回收:5016 万元(2.28 吨×2200 元/吨 = 5016 万元,负值);

运费:4.6 吨×600 元/吨 = 2760 万元。(自郑州)

6　结论

通过两种壳体材料的综合分析,切割低碳钢(20#)可以代替球墨铸铁(QT400-15)应用在主机减振器壳体上。采用 20#低碳钢可有效减少后续热处理、机加工过程中产生缺陷的不利影响,使产品的设计、制造、修改时间大大减少,节约人力资源和资金,降低配件的维修成本。

【参考文献】

[1] 许德珠,司乃均. 金属工艺学[M]. 北京:高等教育出版社,1993.

[2] 崔风平,赵乾,于秀琴,等. 中厚钢板质量及控制方法浅析[J]. 宽厚板,2010,16(4):36-39.

[3] 张小红. 铸造企业成本分析与控制[J]. 财经界:学术版,2013(1):131-132.

[4] 刘天佑. 金属学与热处理[M]. 北京:冶金工业出版社,2009.

[5] 王先逵. 机械加工工艺手册[M]. 北京:机械工业出版社,2007.

[6] 俞尚知. 焊接工艺人员手册[M]. 上海:上海科学技术出版社,1991.

货油舱 PSPC 涂装生产设计技术研究

郑　炜　李珺珺　赵绪杰

（大连船舶重工集团有限公司）

摘　要：本文描述了超大型油船（VLCC）货油舱执行 PSPC 的涂装生产设计技术。

关键词：超大型油船；涂装技术；货油舱 PSPC

0　前言

随着世界新造船舶市场竞争的日益激烈，大型、高附加值的船舶产品已逐渐成为世界各国造船集团竞争的焦点，30 万吨及以上超大型原油船（VLCC）就是其中的一个典型产品。

本文主要介绍了我公司首艘设计建造的执行货油舱 PSPC[MSC.288(87)原油船货油舱保护涂层性能标准]的大型原油船涂装生产设计技术。本产品的高效设计、高质量建造及按期交付，对我集团同类型后续产品大批量承接，具有十分重要的意义。

1　原油船货油舱 PSPC[MSC.288(87)]规范要求的涂装区域

作为最低限度，下列区域须按照 PSPC 标准进行涂装（见图 1）：

（1）货舱顶板及全部内部结构，包括与纵向和横向隔舱壁连接的肘板。在具有环框纵梁构造的舱中，甲板下横肋须涂装至上面板之下的第一防挠肘板。

（2）纵向和横向隔舱壁涂装至最高检验通道的高度。最高检验通道及其支撑架全部涂装。

（3）无最高检验通道的货舱隔舱壁涂层延伸至舱中线高度的 10%，但从甲板向下延伸无须超过 3 m。

（4）货舱内平底和全部构件涂装至内平底之上 0.3 m 处。

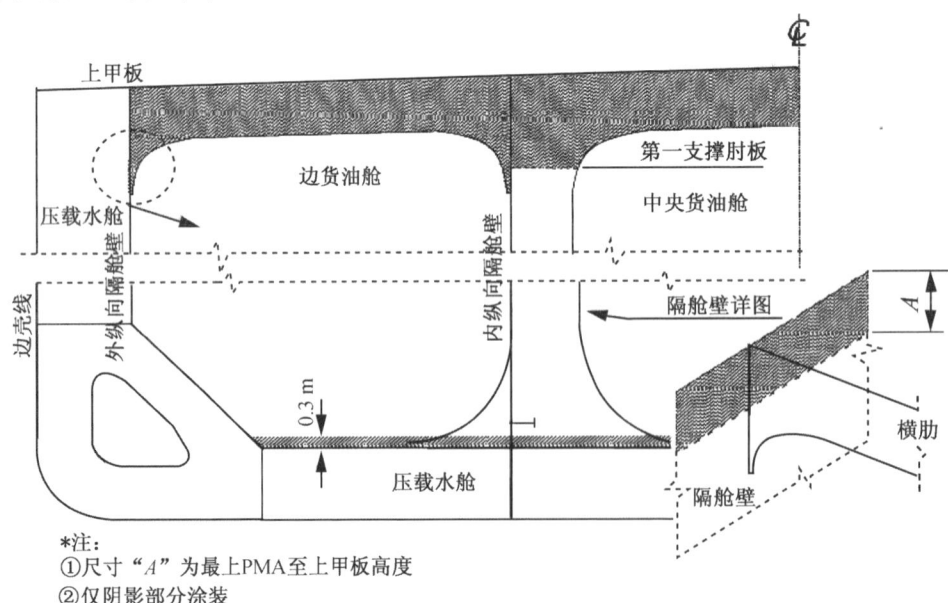

*注：
①尺寸"A"为最上 PMA 至上甲板高度
②仅阴影部分涂装

图 1　超大型油船典型横剖面

2 实船货油舱 PSPC 涂装区域生产设计

以货油舱 PSPC 规范为基础,在涂装生产设计过程中,充分利用 TRIBON 系统超强的分段自动组合、翻转解剖、消隐、照光等功能,结合实船舱室结构、典横剖面结构等,完成货舱分舱、涂漆区域定位及面积计算,并将涂装区域准确、清晰地体现在分段标注图上,最终得到船东和船级社的认可。

设计完成的货油舱涂漆区域样例图如图 2 所示。

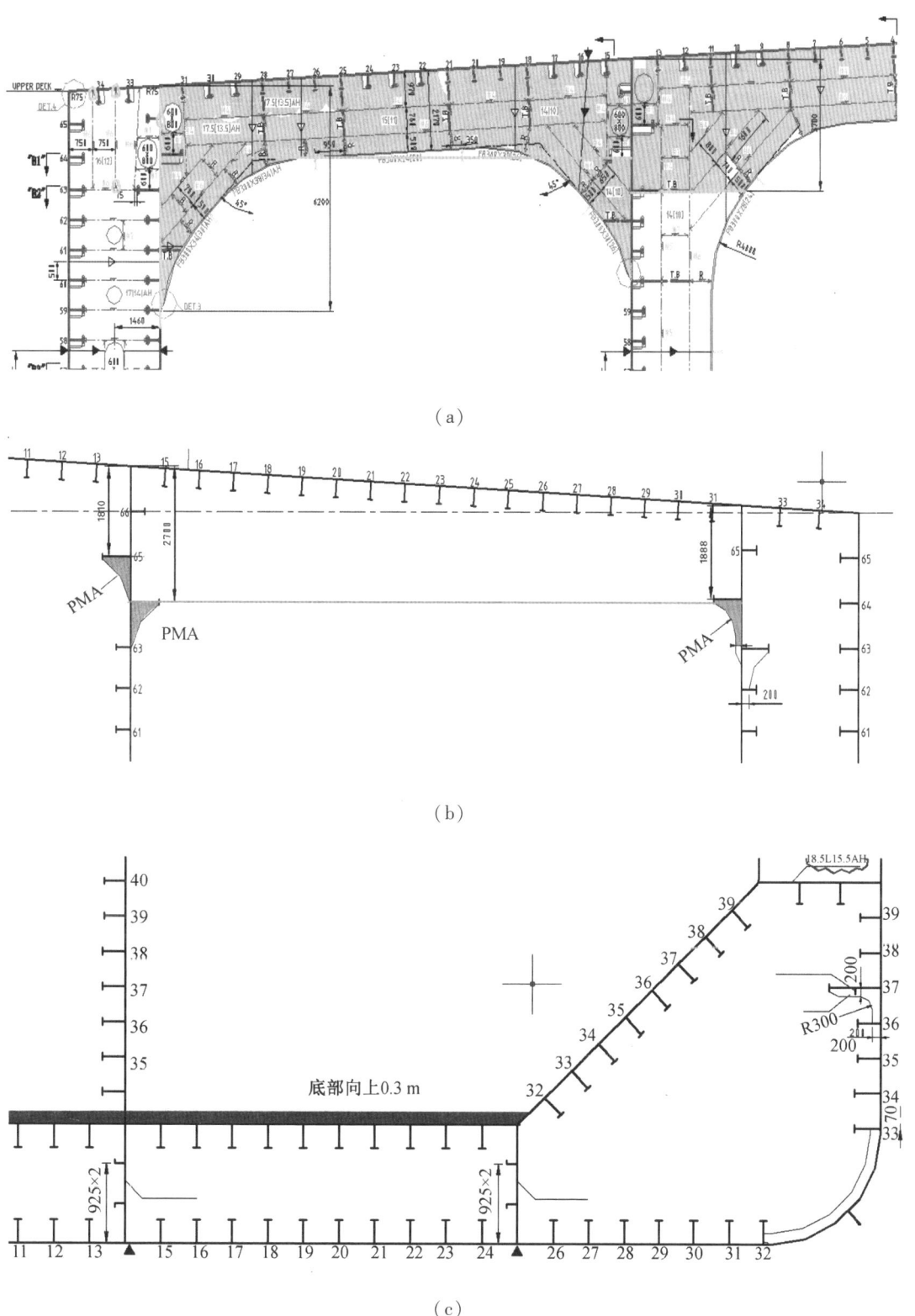

(a)

(b)

(c)

图 2　货油舱涂漆区域样例图

（1）货油舱顶棚区域，包括甲板与纵横舱壁的连接肘板；对于环框架结构部分，从甲板下横向框架向下至上层面板下的第一个防倾肘板区域。

（2）纵横舱壁顶部向下至第一层检验通道（PMA），包括其支撑肘板。中舱—顶向下至第一层 PMA 约 1.803 m；边舱顶向下至第一层 PMA 靠近中纵舱壁一侧约为 2.7 m，靠近外板一侧约为 1.871 m，参见图 3。

（3）货油舱地板及向上 0.3 m 区域。

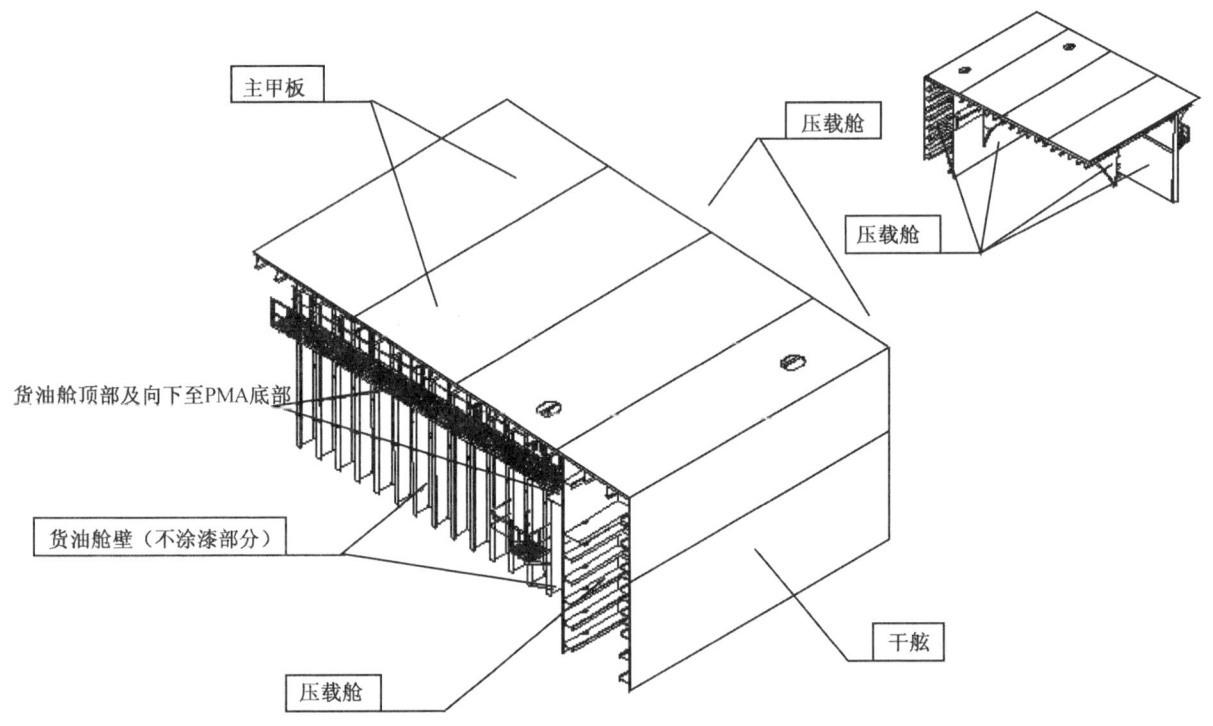

图 3　纵横舱壁分段示意图

3　结束语

作为大连船舶重工集团有限公司首个执行货油舱 PSPC 项目的船舶，该船涂装生产设计的圆满完成，标志着我公司在超大型油船的涂装生产设计水平方面有了进一步提升，对于船舶企业提高产品质量、增强市场竞争力具有重要意义。

【参考文献】

［1］MSC.288(87) 原油船货油舱保护涂层性能标准.

大厚板高效组合焊接工艺方法研发

杨岳山　赵连春　李光辉　杨　波

（大连船舶重工集团有限公司）

摘　要：本文以大型集装箱船舷顶列板为典型结构，对为提高大厚板立焊合拢对接缝焊接效率，创新开发的一种 FCAW + EGW 组合焊接方法及工艺技术要点进行了介绍。

关键词：厚板；合拢；焊接；创新；高效

0　前言

　　大型集装箱船具有较大的船长尺度、载箱量，较高的航速，以及大开口等特性，这也导致船体结构中部区域处于较高的应力水平。因此设计上往往采用大厚度、高强度的钢材料，例如某大型集装箱船舷侧内、外壳上列板采用高强度、大厚度钢板。此种节点立对接合拢焊接时，均采用 CO_2（FCAW）双面焊接，多层多道焊，工作量很大，因此提高焊接效率需求十分迫切。双丝气电立焊（2 丝 EGW）是一种可行的焊接方法，但需要配套选用适应大线能量焊接的钢板。在尚未采用此种钢板的情况下，试验开发一种既适应目前钢板情况，又能尽可能提高焊接效率的工艺方法，对大型集装箱船生产焊接施工有着重要的现实意义。

　　本文就针对上述需求所研发的一种 FCAW + EGW 组合焊接工艺方法进行简要介绍。

1　概况

　　单丝气电立焊（EGW）作为一种高效率的焊接方法，应用较普遍。但一般最大适用板厚只能达到 32 ~ 33 mm，无法在上述大厚板上应用；双丝 EGW 方法的适用板厚一般可达 70 mm 左右，但由于焊接线能量非常大，要保证焊接接头的性能满足规范要求，必须采用适应大线能量焊接的钢板。所以，在未采用适应大线能量焊接钢板情况下，大厚板立对接焊缝只能采用 FCAW 多层多道焊，焊接效率低。

　　本方法是针对上述特点，研究开发的一种既能将 EGW 应用于大厚板焊接，充分发挥其高效率优势，又适应实际钢板特点的 FCAW + EGW 组合焊接工艺方法。即先在结构面采用 FCAW 单面焊接，并实现背面成型，之后在非结构面进行 EGW 焊接的一种高效组合焊接方法。

2　FCAW + EGW 组合焊接方法要点

2.1　适用板厚：34 ~ 80 mm

　　板厚下限为单丝 EGW 适用板厚的上限；对于上限，目前某大型集装箱船舷侧内、外壳上列板采用的是大厚度钢板，考虑不同产品钢板厚度不同，所以确定为 80 mm。

2.2　每种方法的厚度划分

　　两种方法焊接厚度的划分原则：首先要充分发挥 EGW 焊接的高效率优势；同时必须兼顾两种方法焊接熔敷金属量不能相差过大，否则会较难控制焊接变形。

2.3　组合焊接方法接头形式设计

　　（1）坡口角度：为避免坡口宽度过大，FCAW 侧比正常 FCAW 单面焊坡口适当减小，为 X ± 5°；为了降低熔敷金属量和不至于坡口过宽，EGW 侧根据板厚不同采用不同的坡口角度，板厚 t = 30 ~ 50 mm 时为 Y ± 5°；板

厚 $t = 51 \sim 80$ mm 时为 $Z \pm 5°$。

(2)根部间隙:需要同时适应两种焊接方法工艺要求,即 $G \pm 2$ mm。

(3)适用衬垫形式:常规三角衬垫因角度问题无法满足上述接头形式要求,本组合焊接方法需要采用圆棒衬垫。直径尺寸需要根据实际装配间隙的数值选取,参见图1。

图1 FCAW+EGW 组合焊接接头形式设计

2.4 焊接施工基市要点

(1)焊接培训:操作者需经过一定时间的培训,即使具有 EGW(SG-2 法)焊接普通厚度钢板经验的操作者也必须经过培训(薄板与大厚板焊接时,熔池中焊丝的操作运动不同)。

(2)端部检验:焊缝始终端以及停弧部位,要采用非破坏检查(RT 或 UT)检查有无缺陷以及确认缺陷尺寸,采用气刨去除缺陷,用 FCAW 或 SMAW 焊接方法返修焊接。

(3)引弧板:引弧板长度至少要 50 mm,引弧板与母材厚度相同,且开相同坡口。

(4)焊接时,风会造成保护气体紊乱使焊缝产生气孔缺陷,以及因空气中的氮侵入造成接头性能低下,故需采取必要的防风措施。

3 工艺试验及认可

3.1 试验材料

试板及焊材见表1。

表1 试验材料

钢板等级	试验板厚(mm)	焊接方法	焊丝牌号
EH36	55	FCAW	JQ. YJ501-1
		EGW	DWS-43G

3.2 焊接规范

试验焊接规范参数示例见表2。

表2 试验焊接规范参数示例

焊接位置:3G					
焊接工艺参数					
焊道	焊丝直径(mm)	焊接电流(A)	电弧电压(V)	焊接速度(mm/min)	焊接热输入(kJ/mm)
FCAW 侧	$\Phi1.2$	160~260	24~30	60~200	3.0~4.5
EGW 侧	$\Phi1.6$	250~400	30~50	40~70	14~20

3.3 试验结果

试验按照 LR、CCS 船规和在验船师现场监控下进行。结果如下:

（1）NDT 及结果

PT：正反面焊缝边缘整齐，表面光顺，无任何表面缺陷。

UT：所有焊缝经超声波检验全部合格（满足 ISO 5817 B 级）。

MT：正反面焊缝磁粉探伤检验后，无表面焊接缺陷。

（2）力学性能检测及结果

依据规范要求，对焊接接头进行拉伸、弯曲、冲击、宏观和硬度检验，数据汇总见表 3，宏观试样见图 2。

表3　力学性能检测结果

项目	拉力试验		侧弯曲试验 D = 40 mm, α = 180°	− 20 ℃下冲击值（J）（要求值 34 J）			
	抗拉强度（N/mm²）	断裂位置		焊缝中心（正反面）	熔合线（正反面）	熔合线外 2 mm（正反面）	熔合线外 5 mm（正反面）
试验值	580/585/ 585/595 （4 个试样）	母材 （4 个试样）	好 （4 个试样）	169/95	224/78	>300/253	>300/239

图2　焊缝宏观试样

（3）认可结论

经对试验焊接接头进行 NDT 和力学性能检测，结果满足船级社规范要求，通过工艺认可。

（4）效率对比

以某板厚 1 m 长焊缝为例，采用双面 FCAW 焊接时需要焊接时间为 250 min；采用组合焊接方法时，EGW 需要焊接时间为 18 min，FCAW 需要焊接时间为 125 min，合计需要焊接时间为 143 min。采用组合焊接方法比原双面 FCAW 焊接方法节省焊接时间近 43%。

4　结论

试验研发的 FCAW + EGW 组合焊接方法，既充分发挥了 EGW 焊接的高效率优势，又适应当前的钢板特点，是一种焊接效率高、可行性大的新焊接工艺技术。

舰船副机监控系统调试

冯铁楼

（海军大连地区装备修理监修室）

摘　要：本文阐述了某型舰副机监控系统的组成、工作原理、故障现象、原因分析及排除方法，为后续此型舰船副机监控系统的修理提供技术参考。

关键词：副机监控；原理；故障；原因；排除

0　前言

随着科技的发展、技术的进步，集成化的显控设备已成为船舶自动化的核心。作为舰船的核心之一——副机监控系统也随着技术的发展不断地进行升级、更新，虽然该设备操作简单，但是修理难度大。身为修理者，能够成功地掌握核心设备的数据传输设定、运行调试也将是一个重大的突破，同时也可为企业在同行业的竞争中增加一个有利的先决条件。

1　设备基本情况

某型舰在航期间副机监控系统多次出现监测数据波动大、89S52 单片机损坏等故障，导致该舰在执行任务期间为随时监测各项数据而增加人员配置，给工作带来很大的不便。

2　系统组成

2.1　本装置由一台工控机，四块转速测量板，四块信号采集板，压力、温度、热电偶、转速传感器，四套通信协议转换装置组成。

2.2　该装置在副机监控室设有一台独立的监测工控机，对四台柴油机的温度、压力、转速等工作参数进行监测，监测的内容为燃油压力、滑油压力、淡水压力、海水压力、淡水进口温度、淡水出口温度、滑油进口温度、滑油出口温度、主机转速、前后机舱空气总管压力、增压器转速。

2.3　该系统对监测内容用显示屏集中显示，四台柴油机的温度、压力、转速等参数能同时显示在显示屏上，并能显示出故障报警内容。

3　工作原理

3.1　监测报警信号的输入主要来自机旁箱，经接口电路板送入工控机。这些输入信号主要为模拟量信号，如转速、压力、温度等，这些模拟量信号经 4052、A/D 转换再通过 89S52 单片机处理后传输进入监测工控机，当参数达到预设报警数值时，就会产生报警。来自压力、温度传感器的模拟量信号，在工控机内可以通过软件设置更改报警参数。

3.2　转速传感器输出的信号是方波脉冲信号，它的低电平为 0 V，高电平为 12 V，上升沿触发计数，再经过 A/D 转换作为 89S52 的输入，最后经过 MAX483 通信协议输出到工控机内，在工控机内经软件进行速度的监视。

3.3　压力信号是由压力变送器输出 4 ~ 20 mA 电流信号相应的压力数值，再经过 A/D 转换作为 89S52 的输入，最后经过通信协议输出到工控机内，在工控机内经软件进行数值监视及相应的报警保护。不同的压力测点信号对应的电流值不同,这时需要在工控机内对压力测量范围进行比对(例如:0～1.6 MPa 压强变送器对应 4～20 mA 电流信号,在工控机内将该压强信号上限改为 1.6 MPa),否则会引起测量数值不准确,影响机器的运转与保护。

3.4　温度信号分为电阻信号与电压信号。滑油温度、淡水温度、海水温度等采用的是 PT100 的电阻信号,它的测量范围为 −20～120 ℃,随温度变化其电阻值呈线性变化。在温度为 0 ℃时,对应的电阻值是 100 MΩ,该信号经过 A/D 转换作为 89S52 的输入,再经 89S52 内部程序转换后输出到工控机内。机器的排温信号采用的是热电偶,材料为 NiCr—Ni,测量范围为 0～800 ℃。它输出的是毫伏信号,随温度变化其感应电动势呈线性变化,在温度为 0 ℃时,对应的感应电动势是 0 mV。由于电压信号在传输过程中有一定的衰减,为此加入了补偿导线,其中一端接在电路板的输入端,另一端接在热电偶的接线端,以提高测量精度。热电偶测量的是相对升高或降低的温度,为了提高测量准确度,因此在电路中加入了温度补偿功能,通过加入室温测量环节,提高排温的测量准确性。

3.5　该装置的温度显示、压力显示等的报警值可以通过工控机内的软件进行相应的修改,防止由于柴油机性能的改变导致参数变化引起柴油机经常报警,但它们的修改只起到警示作用。其中有三个安保报警数值无法修改,它们是滑油压力、冷却水温度、超速保护。它们是对柴油机的一种保护,它们的修改会引起安全事故,因此无法修改。

3.6　副机监控系统原理框图见图 1。

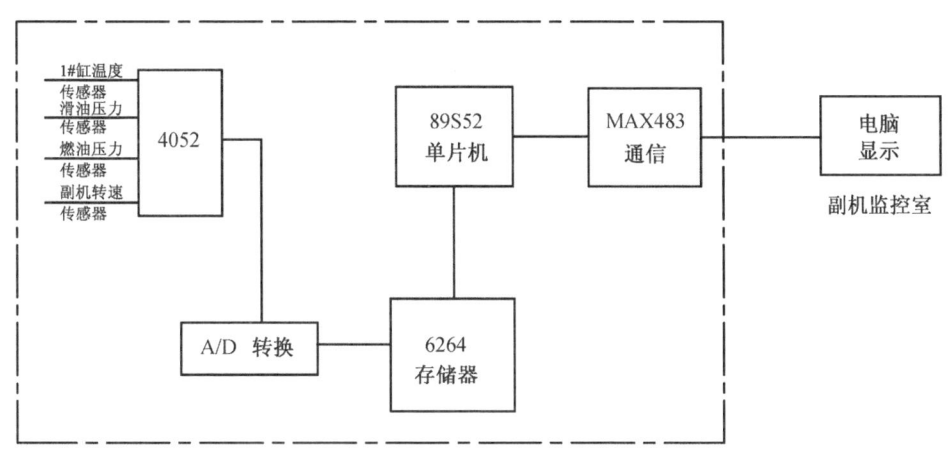

图 1　副机监控系统原理框图

4　故障现象、原因分析与排除

故障现象、原因分析与排除见表 1。

表 1　故障现象、原因分析与排除

序号	故障现象	原因分析	排除方法
1	电脑显示的各种传感器数值无变化	通信用的 MAX483 芯片接触不好或损坏	芯片拆卸,引脚及底座清洁检查或更换 MAX483 通信芯片及底座
		89S52 单片机接触不好或程序丢失	芯片拆卸,引脚及底座清洁检查或更换 89S52 单片机
2	电脑检测的各种传感器数值某一路或某几路无变化	传感器线路接触不良或损坏	检查、测量传感器线路,接线端子重新紧固,或更换损坏传感器
		采集信号用的 4052 芯片接触不好或损坏	芯片拆卸,引脚及底座清洁检查或更换 4052 通信芯片及底座
3	电脑能监测到传感器数值,不过数值工作不稳定,波动幅度大	受到信号干扰	检查传感器的屏蔽线是否损坏,对损坏的部位重新连接
			调节 AD620 芯片下面的电位器,提高信号抗干扰能力

续表

序号	故障现象	原因分析	排除方法
4	电脑监测到传感器数值比实际值偏大或偏小	系统参数不匹配	改变电脑数据显示软件上的参数,进入参数调整,改变数值偏大或偏小的那一路比例系数,直到正常位置,如果仍然达不到要求,还可以配合调节信号采集板上的电位器
5	副机的速度值显示为零	转速传感器距离过远或损坏	调整转速传感器距离或更换转速传感器
		光耦 TLP559 损坏	更换光耦

5 结束语

虽然副机监控系统采用的控制方式有很多,但大致原理是一样的,只不过中间控制环节有差异。在遇到故障时首先要了解系统的组成、原理,结合故障点对整个系统进行分析,将理论与实践相结合,才能更好地解决技术问题。此型舰副机监控系统的调试,可以为后续此型舰副机监控系统的修理提供帮助,同时对其他型舰船副机监控系统的修理起到借鉴作用。

【参考文献】

[1] 刘君华. 传感器技术及应用实例[M]. 北京:电子工业出版社,2008.
[2] 张毅刚. 单片机原理及接口技术[M]. 北京:人民邮电出版社,2011.

三维坐标转换船坐标

崔成滨　王袖钧　付柏键

（大连船舶重工集团设计研究所有限公司）

摘　要：本文从满足各种船型设计需求的应用角度出发,探讨各种复杂船型曲线,即甲板带抛势和昂势时,三维绝对坐标如何转换为船舶相对坐标,并利用 CVMAC 语言开发实现自动计算,使其应用于管路、通风、电气等多个设计环节。

关键词：三维坐标;船舶坐标;CVMAC

0　前言

　　CADDS5 是我公司为生产设计引进,由美国 PTC 公司研制开发的大型工厂设计软件,投入使用后分别在不同船型上进行了应用,通过应用发现了很多实际问题,因 CADDS5 软件属于通用软件,无法提供船舶设计所需的信息内容,因此进行了大量二次开发工作。

　　三维坐标转换船坐标开发是应用较多的一个环节,此处所指三维坐标是从 CADDS5 模型中提取的三维坐标,因设计施工需要需将三维坐标转换为实际船舶坐标。因为对于复杂船型曲面高度值的计算较为麻烦,并且结合现代船舶设计的信息化和智能化要求,船舶坐标计算的自动化及广泛应用到后续设计中会大大提高设计效率和精度。

　　结合实船应用,开发了坐标转化功能模块,此模块有很好的接口性和通用性,方便其他程序调用集成,为管子制作图、开口尺寸位置标注、管支架位置标注及通风电器船体等提供标准调用模块,并可用于不同船型船舶设计。本模块实船应用效果良好,因此本文进行概要描述。

1　实现方法

　　转换程序是在 SunOS 工作站上开发运行的,操作系统是 Solaris,它被认为是 UNIX 操作系统的衍生版本之一,采用 CADDS5 系统提供的二次开发工具 CVMAC 编制数据转换程序。

　　程序通过调用多个参数库文件实现 x、z 坐标的分别转化,y 坐标与船相对坐标相同无须转换。

　　建立的船型文件附加库包括:船肋骨文件库,船甲板层高文件库,船甲板昂势文件库。库文件的格式如表 1 所示。

表 1　船型文件附加库的格式

库名称	格式内容
船肋骨文件库	肋骨号,对应 x 值(肋骨号由小到大)
船甲板层高文件库	甲板层号,层高,昂势高,甲板最大半宽值,甲板形式判断(平甲板,圆弧甲板,平加斜甲板,斜甲板等),起始斜边,昂势判断
船甲板昂势文件库	肋骨号,对应的甲板层高,层号

　　x 绝对坐标转化船坐标程序流程如图 1 所示。

　　z 绝对坐标转化船甲板层高程序流程如图 2 所示。

　　例如:假设船甲板为圆弧甲板,船首船尾带昂势。

设绝对坐标 $x = -17, y = 0.2, z = 26.214$

转换后船坐标为:肋骨坐标为 FR176 ,距中坐标为 LP - 200,甲板层高为 17H - 1000

对应提取库内容:

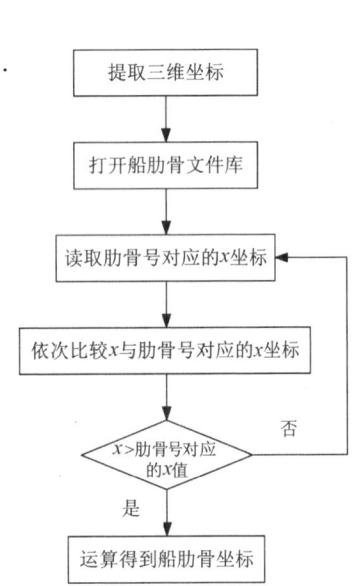

图 1　x 绝对坐标转化船坐标程序流程

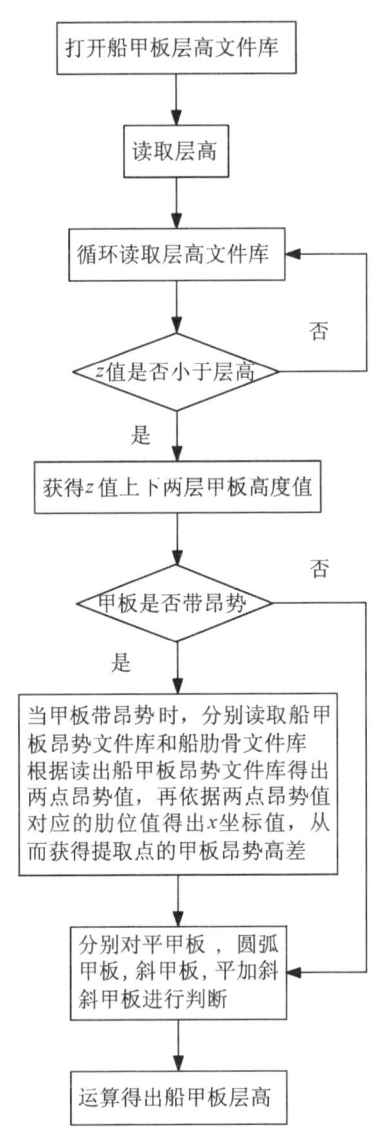

图 2　z 绝对坐标转化船甲板层高程序流程

船肋骨文件库:176,17000.00
　　　　　　177,17500.00

船甲板层高文件库:16,22514.00,172.00,8920.00,1,0.00,1
　　　　　　　17,25214,172.00 8920,001,0.00,1

船甲板昂势文件库: - 20,25210.00,17
　　　　　　　289,25214.00,17

设绝对坐标 $x = 30.5, y = 0, z = 9.972$

转换后船坐标为:肋骨坐标为 FR81 ,距中坐标为 LP - 0,甲板层高为 8H - 731

对应提取库内容:

船肋骨文件库:81, - 30500
　　　　　　82, - 30000.00

船甲板层高文件库:7,7400.00,0.00,0.00,0,0.00,1
　　　　　　　8,9972.00,172.00 8920,001,0.00,1

船甲板昂势文件库:72,10900.00,8
　　　　　　　82,10681.00,8

由于 CVMAC 编制的程序是在 CADDS5 环境下运行的受环境限制不便描述,下面用 VB 模拟 CVMAC 实现 x 绝对坐标转化船坐标程序实现方法:fr1,fr2,fr3,存放肋位号,xi,xj 分别存放小于和大于 x 值的对应的肋位号的 x 的值,lwh 为肋位号,frb 为相对肋位的加减值。

```
Open FileName For Input As #1    '打开肋骨文件库
'FileName 为肋骨文件库
    Line Input #1 , Inputdata   '读取一行数据
    temp = Split( Inputdata , "," )
Do
  If x > = Val( temp( 1 ) ) Then
      xi = xj
  If temp( 1 ) < > " " Then
      xj = Val( temp( 1 ) )
End If
  If temp( 0 ) < > " " Then
      fr3 = Val( temp( 0 ) )
End If
  fr1 = fr2
  fr2 = fr3
End If
Line Input #1 , Inputdata   '读取肋骨对应的 x 坐标
temp = Split( Inputdata , "," )
fr3 = Val( temp( 0 ) )   '肋位号
xj = Val( temp( 1 ) )   '对应的 x 值
Loop Until x < Val( temp( 1 ) )   '判断 x 是否大于肋骨号对应的 x 值
Close #1   '关闭文件。
If ( x - xi ) > ( xj - x ) Then
  lwh = CStr( fr3 )
  frb = x - xj
  lwh = "FR" + lwh + " " + CStr( frb )   '得出船肋位坐标
Else
  lwh = CStr( fr2 )
  frb = x - xi
  lwh = "FR" + lwh + " +" + CStr( frb )   '得出船肋位坐标
End If
'结束肋骨号计算。
```

z 坐标转换篇幅较大在此不展开描述只对船甲板为圆弧,船首船尾带昂势做简单计算描述。

甲板带昂势时读取两点昂势值分别定义为 ph1 和 ph2 ,lwz1 和 lwz2 分别为对应的昂势值的 x 坐标,lx 为甲板形式判断,等于 1 时定义为圆弧甲板,deckh 为甲板层高,deckt 为甲板抛势高,b1 为甲板最大半宽值。

```
If ph1 > ph2 Then
  p = Abs( x - lwz2 ) * Abs( ph2 - ph1 ) / Abs( lwz2 - lwz1 )
  zg2 = deckh + p + ph2
Else
  If ( lwz2 < > lwz1 ) Then
    p = Abs( x - lwz1 ) * Abs( ph2 - ph1 ) / Abs( lwz2 - lwz1 )
End If
zg2 = deckh + p + ph1
End If
```

```
If lx = 1 Then
    h = deckt * (1 - (y ^ 2) / (b1 ^ 2 + deckt ^ 2))
    z2 = h + zg2 - deckt
End If
```

运算得出甲板层高。

2 结论

三维坐标转换船坐标是实用性很强的软件,转换后坐标广泛应用在船舶设计的其他环节。经实船应用表明,本文所使用的计算方法及程序模块可行,具有坐标转换精度高、成果可靠、便于应用等优点,充分体现了自动化设计的优越性。

各种电机启动方式的性能研究

杜　淼　宋庆波　张　宇　马丽洁

（大连船舶重工集团设计研究所有限公司）

摘　要：为满足各大船级社对船舶电网压降的要求，需要对各种电机启动方式进行分析，针对不同的负载选择不同的启动方式，做到优化配置，同时还可以为船东和船厂节约成本。

关键词：降压启动；启动转矩；软启动

0　前言

由于各大船级社的规范对船舶电网的压降都有明确的要求。为了防止大型电机的启动对电网的冲击过大，造成较大的电压降及波动，同时，还要保证不同工况及特点的电机能正常启动、运行，需要对各种启动方式进行分析，以便针对不同的需求选择不同的启动方式，做到优化配置。因此，有必要对各种电机启动方式进行研究。

现将各种启动方式逐一地进行分析研究。

1　全电压启动

全电压启动也称为直接启动，它的特点是启动转矩高（额定转矩的 0.5 ~ 1.5 倍），启动电流大（额定电流的 4 ~ 8 倍），启动时间最短。通常情况下，船舶及海洋工程的电站的电压降允许值为 15%。如果大容量的电机采用直接启动，可能会使电网的压降超过 15%，根据经验，通常允许直接启动的电动机的容量为运行发电机容量的 1/4 ~ 1/3。除此之外，根据大电机启动电压降计算的结果，如果电动机在直接启动时的电压大于额定电压的 15%，应选用降低电动机电压的方式启动。

常见的降压启动方式又分为以下三种：

（1）星—三角降压启动；

（2）自耦变压器降压启动；

（3）软启动（包括晶闸管调压软启动器和变频调速软启动器）。

2　星—三角降压启动

启动时定子绕组为星形接线，以降低启动电流，待转速上升后，再转换到正常三角形接线。星形启动时 U_{st} 是额定电压的 $1/\sqrt{3}$，启动电流为直接启动方式的电动机启动电流的 1/3，同时启动转矩也减少至 $(U/\sqrt{3})^2 M_{st}$。这种启动方式时间长，低启动转矩可能不能满足负载启动转矩的要求，而且在进行星—三角转换过程中产生电流和转矩的尖脉冲，对电网造成不利影响。星—三角形启动器设备比较简单，价格低于其他形式的降压启动器，因此是大功率电动机降压启动的首选。不过，它是以牺牲功率换取降低启动电流来实现的，不能只以电机功率的大小来确定是否使用星—三角，还要考虑负载，通常在需要启动且负载轻运行时使用。

3　自耦变压器降压启动

由于自耦变压器的抽头可以在一定的范围内选择，所以降压关系可以在一定范围内选择，这样可以获得大于或小于星—三角形降压启动器的启动电流和启动转矩。电动机的启动电流和启动转矩都与自耦变压器抽头

电压的平方成反比。自耦变压器启动器由于增加了自耦变压器,所以质量、尺寸都比较大。它适用于超比例容量电动机的启动,但是它的启动电流小,启动转矩较大,不能频繁启动。

4 软启动(包括晶闸管调压软启动器和变频调速软启动器)

传统的降压启动器的启动方式(如星—三角、自耦变压器)采用的是分布跳跃上升的恒压启动,在启动过程中存在二次冲击电流和转矩,而且接触器故障多,不能软停车。

软启动的启动电流可控制在额定电流的 1.5 ~ 4 倍,使电动机可以平滑地启动。转矩随转速的增加而加大,可以获得很大的最大转矩,加速圆滑,加速时间在 5 ~ 55 s 进行调节,启动冲击很小,启动电压可以在额定电压的 1% ~ 100% 任意调节。软启动器的所有启动参数都可以根据用户的需要自行设定,实现了"人机对话",使操作设置变得更加灵活、简单。它适用于需要精细控制,以及比较重要、功率较大的负载。

综合以上几种常见的降压启动方式的性能和特点进行了汇总,编制成表(见表1),大家可以根据不同启动方式的特点为不同的负荷选择不同的启动方式。

表 1 常见降压启动方式对照表

启动方式	直接启动	星—三角降压启动	自耦变压器降压启动	软启动
启动特性	不可调整	特性较硬,不能调整	硬特性,不能调整	软特性,可以调整
启动电流	I_{st} 为 $4I_e$ ~ $8I_e$	$0.33I_{st}$ 不能调整	K^2I_{st} 不能调整	在 $0.4I_e$ ~ $1.8I_e$ 进行调整
启动电流特性曲线				
启动电压	U_e	$0.58U_e$ 不能调整	KU_e 不能调整	0 ~ U_e 任意可调
启动冲击电流	2 次,一次约为 14 倍,一次约为 7 倍	2 次,约为电动机额定电流 I_e 的 7 倍	1 次,约为电动机额定电流的 6 倍	无
电动机转矩特性	$0.5M_e$ ~ $1.5M_e$	$0.33M_{st}$,一次冲击转矩后,力矩均匀平滑上升	K^2M_{st},力矩跳跃上升,有两次冲击转矩	没有冲击转矩,力矩匀速平滑上升
负载适应能力	强	一般	较差	强
能否频繁启动	可以	一般不能	一般不能	可以
整机重量/体积	正常	较重/较大	重/大	轻/小
价格	设备价格最低	设备价格较低	设备价格较高	设备价格最高

注:I_e,U_e——电动机的额定电流及电压;

I_{st},U_{st}——电动机全压启动电流及转矩;

K——自耦变压器变比。

【参考文献】

[1] 中国船舶工业总公司.船舶设计手册(电气分册)[M].北京:国防工业出版社,1998.

[2] 海洋石油工程设计指南编委会.海洋石油工程设计指南[M].北京:石油工业出版社,2007.

[3] CCS.钢质海船入级规范[S].2015.

船舶和海洋工程电机节能可行性研究

王有利 池瑞鹏

（大连中远船务工程有限公司）

摘　要：本文对船舶和海洋工程上使用的电机节能方法进行了探讨，并与传统的节能方式进行了对比和分析。通过论证采用节能方式降低能源的消耗，提出了船舶和海洋工程上电机节能的方法以及电机节能今后的研究方向。

关键词：船舶和海洋工程；电机；节能；变频

0　前言

节能降耗对各行各业来讲始终是一个永恒的话题。对于船舶和海洋工程，节能降耗是一个富有挑战的课题，也是其面临发展的新机遇，尤其对船舶和海洋工程上使用的电机。根据统计，船舶电力拖动用电约占船舶电网容量的80%，如果采用节能电机，将对船舶的节能降耗起到重大意义。本文就船舶和海洋工程上使用的电机的节能方法进行了探讨，提出了电机节能的方法以及今后的研究方向。

1　电机节能方法概述

为了获得电机节能的方法，对Y系列电机的电流和效率特性以及电机效率和功率因数—负荷率特性进行了分析。

1.1　正确选择电机类型和容量

在满足电机转矩功率的前提下，尽量减小所选用电机的容量，杜绝"大马拉小车"现象，使电机负载率达到80%以上。这样，电能的利用率就会大大地提高。

1.2　提高线路功率因数

异步电机在运行过程中会在电网中吸取大量的感性无功功率，这会使电网中的功率因数被恶化。因此，并联适当容量的电容可以使供电线路提供的电流减少，线路功率因数也大大提高。这样就减少了供电线路的压降和损耗，有利于保证电机的正常工作。

1.3　调速节能

（1）对于风机和泵类以及大功率储能装置，运用串级调速，有利于其在低速状态下节约大量电能。

（2）风机和泵类采用变频调速。

1.4　永磁电机

永磁材料具有剩余磁感应强度、矫顽力和磁能积均高的特点，用于同步电动机可省去激磁绕组，因无激磁损耗，从而降低了功耗、发热，提高了电机效率并增大了功率因数。另外，由于无须集电环和碳刷，简化了结构，提高了可靠性。我国稀土资源丰富，为永磁材料的生产奠定了基础。充分发挥资源优势，大力开展和推动永磁同步电动机系统的应用和研究，对节能具有战略意义。

2　船舶和海洋工程电机节能分析

根据上述电机节能方法的简述，下面针对船舶与海洋工程行业的特点来探讨该领域电机节能方法的选择及降耗效果分析，着重探讨变频调速节能和采用新材料节能。

2.1 电机负荷分类

船舶和海洋工程上使用的电机负荷一般可以分为以下几类：

（1）机舱泵类，风机、空压机、空调冷藏机组等。

（2）甲板机械，锚绞机、舷梯绞车等。

（3）特种机械，如工程船的挖泥设备、绞刀、泥泵、货油泵，海工的钻井机、泥浆泵、定位推等。

2.2 变频调速控制节能案例分析

2.2.1 节能原理

根据流体力学原理得知，风机风量（流量）Q 与电机转速 N 的一次方成正比；风机的风压（流体压力）H 与电机转速 N 的二次方成正比；风机的轴功率 P 等于风量（流量）Q 与风压 H 的乘积，因此风机的轴功率 P 与电机转速 N 的三次方成正比。泵的原理与风机类似。

根据以上所述，可以理论计算出风机和泵的能耗比和速度比，比例关系如下：

$$Q_1/Q_2 = N_1/N_2$$
$$H_1/H_2 = (N_1/N_2)^2$$
$$P_1/P_2 = (N_1/N_2)^3$$

船上风机目前大部分是通过布风器调节风门大小来控制风量大小，而泵是通过阀门来调节液体流量大小。阀门或风门挡板控制下的泵或风机的流量—压力曲线见图1，泵和风机流量—功率曲线见图2。图3和图4分别是变频调速控制下泵或风机的流量—压力曲线和流量—功率曲线（此处均取百分比）。

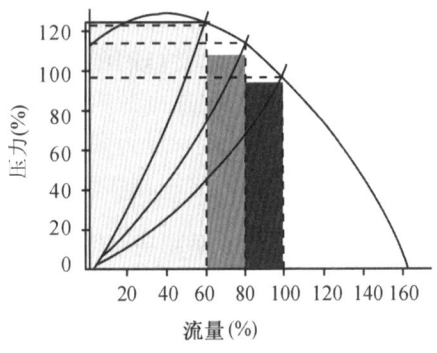

图 1　阀门或挡板控制流量—压力曲线　　图 2　阀门或挡板控制流量—功率曲线

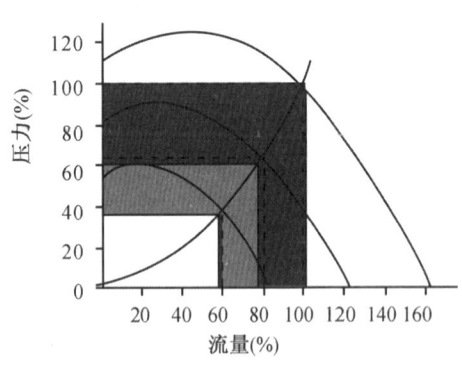
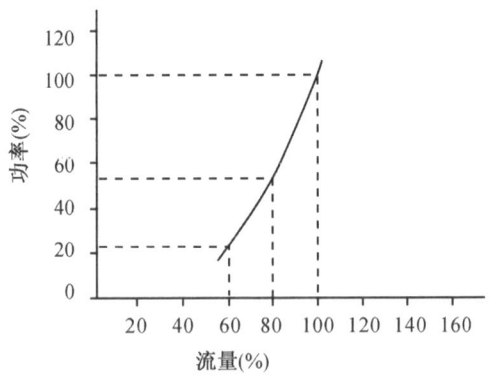

图 3　变频调速控制流量—压力曲线　　图 4　变频调速控制流量—功率曲线

从对两种不同控制方式的流量—功率曲线图的比较，可以发现在同样负荷流量（例如80%）的情况下，变频调速的能耗（从图中粗略估计为55%）比阀门或风门挡板控制的能耗（从图中粗略估计为98%）要低得多。这两个能耗的差别约43%就是变频控制的节能空间。

2.2.2 节能案例分析

现以海水冷却泵为例，进行节能分析。该泵的参数如下：

功率：55 kW；电压：380 V；假定管路阀平均开度：65%（或80%）；数量：1台。

采用阀门控制时，泵的耗电分析见表1。

表 1　阀门控制时泵的耗电分析

流量(%)	轴功率(kW)	电机效率(×100%)	电机功率(kW)	年运行时间(h)	年耗电量(kW·h)
100	44	0.8	55		
90	42.1382	0.8	52.673		
80	40.4319	0.8	50.54	8760	442730.4
75	39.6081	0.8	49.51		
70	38.7895	0.8	48.487		
65	37.0003	0.8	47.25	8760	413913.45
60	36.9573	0.8	46.197		

采用变频控制时,泵的耗电分析见表2。

表 2　变频控制时泵的耗电分析

流量(%)	轴功率(kW)	电机效率(×100%)	电机功率(kW)	年运行时间(h)	年耗电量(kW·h)
100	44	0.8	55		
90	35.21	0.79	44.35		
80	27.59	0.79	35.04	8760	306950.4
75	24.14	0.78	30.8		
70	20.88	0.78	26.83		
65	17.89	0.77	23.13	8760	202635.23
60	15.14	0.77	19.71		

通过表1和表2,可以得出以下结果(1 kW·h 大约需要燃油200 g 推算):

(1) 假定管路阀平均开度为 65%,一台 55 kW 的海水泵利用变频控制比阀门控制一年节电 211278.22 kW·h,这样就可以节省燃油大约 42 吨/年[211278.22×200 g/(kW·h)]。

(2) 假定管路阀平均开度为 80%,一台 55 kW 的海水泵利用变频控制比阀门控制一年节电 135780 kW·h,这样就可以节省燃油大约 27 吨/年[135780×200 g/(kW·h)]。

通过以上分析,若采用变频调速节能,则最好选用 10 kW 以上的电机,且负载可变。根据船舶主辅机在不同工况下对滑油和海水的需求不同,采用变频调速可以满足负载合理的需求;船舶航行过程中海况不同,根据负载对温度和风量需求的变化,可以对空调冷藏机组及风机采用变频调速控制;海洋工程在作业时,根据海底岩层结构的不同和海况的不同,对钻井机、泥浆泵、定位推等采用变频调速控制,可以达到理想工作状态。

3　提高电机国产化率分析

电机系统节能工程被列为我国"十二五"十大重点节能工程之一,是国家节能减排工作的重点领域。

3.1　国际和我国相关标准的要求

(1)欧洲根据电动机的运行时间制定的 CEMEP 标准将效率分为 eff1(最高)、eff2、eff3(最低)三个等级。

(2)IEC 60034—30 标准将电机效率分为 IE1(对应 eff2)、IE2(对应 eff1)、IE3、IE4(最高)四个等级。

(3)我国电机能效等级共分 3 级,1 级能效为最高。

电机效率达到 GB 18613—200《中小型三相异步电动机能效限定值及能效等级》的要求,且功率因数达到相关标准要求,才能算高效节能电机。能效限定值与电机功率关系很大,还与级数有关。比如说,4 kW 的 4 级电动机的 3 级能效限定值是 84.2%,1 级能效限定值是 89.9%。90% 的效率单从额定效率讲,属于高效电机,且能效等级可以达到 1 级(最高级)。但是,对于 55 kW 的 4 级三相异步电动机,能效等级为 3 级的能效限定值是 93%,90% 还不能达到高效电机的要求。

2009 年 4 月 3 日,欧盟发布了第 G/TBT/N/EEC/265 号通报,对电动机的最低能效要求进行了严格规定。通报要求从 2011 年 6 月 16 日起,所有电动机的能效不得低于 IE2 能效水平;从 2015 年 1 月 1 日起,额定输出功率在 7.5 ~ 375 kW 的电动机的能效不得低于 IE3 能效水平,或达到 IE2 能效水平,同时配备变速传动装置;

从 2017 年 1 月 1 日起,额定输出功率在 0.75 ~ 375 kW 的所有电动机的能效不得低于 IE3 能效水平,或达到 IE2 能效水平,同时配备变速传动装置。

3.2　论证及建议

目前,我国造船泵类配套电机大部分选用国外品牌,如 ABB、西门子等,电机国产化率很低。由某45000 t 散货船机舱泵 ABB 电机参数数据可知,其中 10 kW 以上的电机的效率基本上都可以达到90% 及以上。而在我国,根据统计,中小型电机效率平均为87%。我国电机企业从设计、材料和工艺上采取措施,比如开发永磁电机,若能达到国际平均水平,则效率至少还可以提高2% ~4%。在国家政策"国轮国造""提高国产设备船舶配套率"的支持下,我国电机企业完全可以取代国外公司,为提高船舶国产化率做出贡献。

4　采用高效电机及研究方向建议

在船舶和海洋工程上,如果采用变频调速控制,船上的一些设备和系统的设计需要重新考虑。比如,海水冷却系统、滑油系统、压载水系统、消防系统、空调冷藏系统、电—液舵机、电—液锚绞机、侧推系统、钻井机、泥浆泵、货油泵等,需要增加传感器,根据负荷的需求来调整对电机的转速控制。

加大对船用变频器的研究:国外变频器基本已做到开环、闭环以及无速度传感器控制三位一体的控制,而我国的产品大多仍是普通的 V/F 控制方式。应根据船舶结构特点,开发体积小、散热快、集成化的产品。

加强对电机的研究:一是开发与变频控制相配套的电机;二是利用新材料开发永磁电机,提高电机效率和功率因数,简化结构和提高工作可靠性。

电机系统节能不能仅仅停留于研究和开发单一的高效产品和装置上,而是应向着电机系统的优化匹配、节能和绿色设计等方面发展。

【参考文献】

[1] 徐德金. 电机学[M]. 北京:机械工业出版社,2004.

[2] 罗惕乾. 流体力学[M].3 版. 北京:机械工业出版社,2007.

[3] 中国船舶工业总公司. 船舶设计实用手册(电气分册)[M]. 北京:国防工业出版社,1998.

浅析大风浪中船载重载荷移动的原因

代 亮[1] 刘 洋[2] 李文鹤[1]

(1.海军驻大连四二六厂军事代表室;2.国营第四二六厂)

摘 要:船舶在风浪中航行,船体和货物都存在惯性力作用,防止货物移动是船舶安全航行的重大问题。本文通过对两个典型案例的分析,得出造成重载荷在大风浪中移动的原因及对现行系固规定的完善方法,同时提出了大风浪中防止货物移动的对策。

关键词:大风浪;重载荷;移动;系固

0 前言

船舶在海上航行,遇有大风浪时,经受的是前后左右的颠簸、摇摆,作用在货物单元上的外力,按船舶的坐标系分解为纵向力、横向力和垂向力。就货物系固而言,大部分货物移动的主要原因是船舶横摇、纵摇和垂荡运动导致装货位置加速度所产生的惯性力,其中,纵向力和横向力是导致货物单元移动和翻倒的主因力。

1 货物单元的含义及分类

货物单元(Cargo Unit)是指除液、固态散货以外的一切件装货,如车辆、集装箱、板材、托盘、便携式容器、可拆集装箱构件、包装单元、成组货;其他货物运输单元如船运箱盒、件杂货、线材卷,不是永久固定在船上的装载设备或其部件,也应被视为货物单元。

根据船舶为其货物单元装备的货物系固系统情况,又可将货物单元分成三类:标准货物(Standardized Cargo)、半标准货物(Semi-Standardized Cargo)和非标准货物(Von-Standardized Cargo)。标准货物是指船上装备有为其特定种类设计并批准的货物系固系统的货物单元,如格栅式集装箱船装载的集装箱;半标准货物是指船上装备有能适应于其有限种类的货物系固系统的货物单元,如车辆、拖车等;非标准货物是指需个别积载和系固布置的货物。

需要指出的是货物单元中还包括一类所谓的"重大件货物"即船载重载荷,其主要是指重量、体积过大的货物,这类货物一般没有专门的为其特定设计的系固系统,属于非标准货物,如:快艇、大型成套机械设备、门吊等。该类货物少则几吨,多则可达数百吨。在人风浪中,一旦这类重型货物出现滑移或倾倒,不仅对货物本身造成损坏而且必将严重危及航行安全。因此,探讨此类货物移动的原因并寻求防止其移动的途径具有重要的现实意义,也是本文探讨的重点。

2 货物单元系固的相关规定

国际海事组织(IMO)于1991年第17届大会通过了《货物积载和系固安全操作规则》(CSS Code),即A.714(17)号决议,为货物的安全积载和系固提供了一般性的建议。该规则在关于货物系固的一般要求中提到:各系索松紧适宜、受力均匀、尽量对称分布、长度不能过长,更不能一索多道;绑扎角一般应取30° ~ 60°;如需要,可使用防滑材料增大摩擦系数等。《1974年国际海上人命安全公约》的1994年修正案要求:一切国际航行的新建及现有货船自1996年7月1日起在装载"货物单元"时应随船配备经主管机关批准的《货物系固手册》。在《1974年国际海上人命安全公约》VI/5中关于积载与系固的规定:装载在甲板及甲板之下的货物单元应安全积载和系固,以便在整个航行过程中避免任何对船舶及人员的危险和甲板货的丢失。在 VI/5.6中规定:包括集装箱在内的货物单元,应在整个航程中按主管机关批准的《货物系固手册》装载、积载和系固,该手

册标准至少应等同于本组织的指南。此外,许多研究机构[如中国船级社(CCS)、英国劳氏船级社(LR)、美国船级社(ABS)、挪威船级社(DNV)等]通过对实船和模拟船的测试和数据分析,也提出了具有各自特点的系固规则。

3 典型事例分析

船舶在海上航行发生货物损坏的事故,多数是海上的大风浪或涌浪引起的,同时与货物的绑扎密切相关。这些事故轻则造成货物损坏,重则造成人员伤亡,甚至船舶倾覆。

3.1 典型事例

(1)1999 年 6 月,A.N.J 船从欧洲装运 13 台风力发电机回国,由于绑扎加固不当,部分货物错误装载在上层舱,又无适合绑扎铃环,航经印度洋受到南季风影响时发生货物移动,造成 13 台风力发电机全损的严重货损事故。

(2)2002 年 2 月,某船从丹麦装运 9 台风力发电机到日本,汲取 A.N.J 船的教训,抓住了货物绑扎加固的关键,对每一件货用 12 条链条进行绑扎并另加烧焊固定,当船驶过比斯开湾时遇到 9 级强风,船摇达 40°,货物安然无恙。

3.2 大风浪中重载荷移动的原因

从以上两个典型事例并参考其他事例,我们可以得出大风浪中货物移动的基本原因:

(1)配载不当

轻重货搭配不合理,造成上重下轻的局面;不同港口货物在同一舱内造成堆装过高的现象;易滑动(滚动)的货物装载在二层舱;各系索松紧不一,受力不均,弹性不匹配。

(2)监装不力

对货物堆装、衬垫、加固、绑扎等情况心中无数;没有通过计算而单凭主观臆断,造成衬垫不足、绑扎不够、加固不牢等现象;绑扎材料强度不足,系固点、生根点强度不够。

(3)检查不实

绑扎、加固时依赖于岸上工人,没有亲临现场检查;关舱前没有做全面的检查;对所有舱室的密封情况和排水情况的检查不足;航行途中(尤其是大风浪来临前)的检查只是走过场,难以发现问题,或没有及时处理和妥善解决已发现的问题。

(4)预测不足

对航经海区(尤其是大风浪区)的危险性预测不足,对恶劣天气估计不足,对船舶在大风浪中可能发生的危险预测不足,对可能发生移动的货物预控不足,对船员疏忽大意行为监控不足,对主机、舵机可能在大风浪中产生故障的估计不足。总之,安全防范措施不全面或没有落实。

(5)操船有误

大风浪中航向、航速选择或转向不够慎重,致使船舶大幅度地摇荡,没有及时压进足够的双层底压舱水,以改善稳性。

4 大风浪中防止货物移动的对策

保持货物与船体形同一体,无论船舶怎样摇摆,货物都不会自行移动,总是随着船舶的摇摆而摇摆,充分的、合理的、有效的绑扎加固是避免货物单元移动的直接措施之一。

(1)首先要了解需绑扎货物单元属于哪一类的货物单元。除了船舶装载的货物单元外,船上的装卸设备或其任何部分,如果没有永久固定在船上,也被认为是货物单元。

(2)了解绑扎后的最大系固负荷(MSL),即系固货物的装置可允许的负荷。为了安全起见,可用安全工作负荷(SWL)代替最大系固负荷,前提是 SWL 与 MSL 所定义的负荷相等或超出。

(3)船舶在运输包括集装箱在内的货物单元的整个航次中,应根据《1974 年国际海上人命安全公约》第六章、第七章和《货物积载和系固安全操作规则》以及《货物系固手册》给予积载和加固,同时,各系索一定要做到弹性匹配并且进行系固校核。

(4)船上应有足够数值的货物系固索具和备品。系固装置应满足适用于船舶及所载货物的功能与强度标准,并应适用于所运货物数置、包装类型和物理特性。当采用新的或其他类型的系固装置时,其负荷应不低于被替代的物件。

（5）船长只有在确信货物能被安全运输时才能承运该货物,但在实际运输中承运货物的决定权往往不在船长手中。但船长有权要求如何将货物绑扎加固,所有系固工作应与整个航次中可能出现的恶劣天气和海况相适应。

（6）全体船员应做到恪尽职守,采取适当的航向和航速,尽可能地减小摇荡幅度和增大摇荡周期,同时,及时收取气象信息,科学分析航行区域当时的天气活动情况,随时做到心中有数。

5　系固规定中存在的不足及完善方法

要从根本上保证重载荷的运输安全,除针对上述原因采取措施外,还应完善相应的系固规定。尽管国内外出台了许多货物单元系固规定,但作为标准化计算的《货物积载和系固安全操作规则》是一种基于规则波理论的评价方法,比较实用。但它没有考虑船舶实际上是在三维非规则波中运动的,也没有将船舶运动时各自由度之间的耦合影响以及系固的弹性匹配问题考虑周全,据此对系固进行校核可能会出现较大误差。

5.1　系固规定存在的不足

（1）IMO 制定的《货物积载和系固安全操作规则》主要是针对非标准货物,目前国际和国内对半标准件(如车辆等)尚没有统一的系固标准。

（2）IMO 制定的《货物积载和系固安全操作规则》以及中国船级社(CCS)所编写的《货物系固手册编制指南》都是基于规则波理论的分析方法,没有考虑船舶在海面上受力是一个实时的过程。

（3）大多数系固规定都是基于规则波理论制定的,而实际海面是三维非规则波。

（4）对于六自由度摇荡产生的耦合作用对货物单元(尤其是具有重量大、体积大、外观尺寸不规矩等特点的重大件货物)系固的影响考虑得不够全面。

（5）对系固绳索的弹性匹配问题考虑得不周全。

5.2　系固规定应采取的完善方法

只有将上述因素都加以考虑,计算的结果才会更精确,系固才会更安全。在船舶六自由度运动中,横摇对系固货物的绑索载荷影响最大;其次是纵摇和垂荡;除非船舶高速大角度转向,首摇对货物系固的影响有限;船舶在航行中速度一般不会发生突然变化,因而纵荡也可不予考虑;横荡对船上货物绑扎系统影响同样轻微,可以不计。垂荡和纵摇运动即使在线性绑定条件下相互影响也是很大的,所以此两者的耦合运动是一定要考虑的,但如果要求系固安全度更为精确,则必须将六自由度的耦合影响全面考虑进去。

解决此问题的一个途径就是可以根据船舶耐波性原理,应用平稳随机过程的统计方法,对船舶在三维非规则波中载运货物单元的系固安全做进一步的研究。决定系固方案和系固强度的技术关键是计算出作用于货物上的运动惯性力的大小和方向,由于运动惯性力取决于船舶在波浪中的运动性能,因此,耐波性理论为解决这类问题提供了相应的理论基础和各种经验计算公式。其次,重大件货物一般为多缆临时固定,各缆长短、性质、固定角不同,如不能弹性匹配,则可能出现先后断缆事故。

【参考文献】

[1]徐邦祯,李雁.非标准货物积载与系固[J].航海技术,1997(6):19-21.

[2]MSC./Circ.664 货物积载和系固安全操作规则(CSS 规则)修正案.

[3]Code of Safe Practice for Cargo Stowage and Securing IMO 17th Assembly Resolution[S].1991.

[4]IMO.1974 年国际海上人命安全公约 1995 年 11 月修正案[M].大连:大连海事大学出版社,1995.

[5]姚俭.如何编写船舶货物系固手册[J].航海技术,1998(1):2-4.

成品油船惰性气体系统的应用研究

姜　辉　王　轶　毕铁满

（大连船舶重工集团有限公司）

摘　要：惰性气体系统事关油船货运安全，为油船的安全管理提供了强有力的手段。作为一种安全装置，惰性气体发生系统在危险品运输船舶上得到了广泛应用。在成品油船系列船中，独立式惰性气体发生装置和烟气惰性气体发生装置共同使用的方式已经成了该系列船最为稳定的系统之一。本文前半部分介绍了船用惰性气体系统的用途和工作原理，并根据其在成品油船实际船舶的应用，对本船惰性气体系统的性能参数及特点做简要阐述，并提出一些改进方法，对船厂调试人员及船员具有一定的参考价值。

关键词：惰性气体系统；烟气惰性气体系统；惰性气体发生器

0　前言

惰性气体是一种化学性质不活跃，不能支持物质燃烧也不会与货物发生化学反应的气体。根据燃烧三要素，当易燃物与氧气混合达到一定的比例范围且在某温度下，才会发生燃烧或爆炸，而在这比例范围以外的区域是不会发生燃烧或爆炸的。运输危险品的船舶，为了安全地进行各项作业，以惰性气体作媒介进行惰化，以防止可燃性混合气体的形成，从而防止燃烧爆炸的发生。所以，作为一种安全装置，惰性气体发生系统（IGS）在危险品运输船舶上得到了广泛应用。目前油船、化学品船及液化气船上生产惰性气体主要有三种方法：（1）用物理吸收或分离的方法除去空气中的氧而得到氮。（2）燃烧燃油，然后用水清洗，干燥燃烧后所产生的烟气。（3）利用船舶主、辅锅炉排出的废气，进行除尘、脱硫、干燥除湿等作业，从而生产惰性气体。

惰性气体发生装置是惰性气体系统的核心部件，按惰性气体发生原理的不同，可将其分为燃烧式和中空纤维膜空分式等几种类型。而燃烧式惰性气体发生装置按其产生方式和来源的不同，又分为烟气惰性气体发生装置、独立式惰性气体发生装置和多功能惰性气体发生装置三种形式。

在成品油船系列中，同时使用独立式惰性气体发生装置和烟气惰性气体发生装置已经成为最常用方式。

1　烟气惰性气体装置

烟气惰性气体装置利用主、辅锅炉排出的废气产生惰性气体。当风油比在正常情况下燃料油在锅炉内燃烧所产生的废气，其成分：N_2 为 77%，CO_2 为 13%，H_2O 为 5%，O_2 为 3% ~4%，SO_2 为 0.3%，其余为一些固体微粒，经脱硫、冷却，即可得到以 N_2 为主的惰性气体，此为最经济、方便的惰性气体产生法。此种方法所产生的惰性气体含氧量较高。一般的大型油船上都装有辅锅炉，当控制锅炉的排气中氧的容积率在 5% 以下，可引入惰性气体系统。该系统的最大优点是不需额外消耗燃料，成本低、经济性高；其第二个优点是惰性气体的供气量大，含氧量一般可在 4% ~5%。其系统原理图见图 1。

1.1　风机

风机用来将锅炉所产生的惰性气体通过主阀及甲板水封排入货油舱内，在风机前设有泄放口，防止惰性气体在风机内冷却形成液体而损坏风机。风机前后要各自有两个进出口阀和一个温度计，出口阀开关量的大小直接影响风机的实际工作电流，从而使风机根据出口阀的开关程度来调节风机的负荷。PC760 系列船中，采用两台 55 kW 风机，两台风机的供气量大约为 7500 m³/h。

1.2　洗涤塔

洗涤塔主要功能是冷却、脱硫和除尘。洗涤塔出口的温度和冷却海水的温差约为 12 ℃，并能去除烟气中

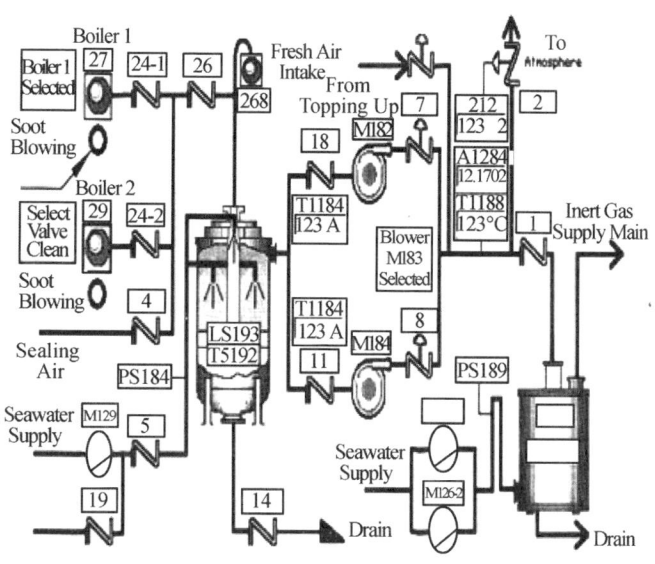

图1 烟气惰性气体系统原理图

90%以上的硫氧化物和绝大部分的固体杂质。有些船的惰性气体温度在洗涤塔内不能超过 55 ℃。同时,洗涤塔设有冷却和除尘的两个海水入口,海水的压强大约为 2 bar,低于 1 bar 时产生报警。同时,还设有液位传感器,以防止海水液位高倒灌至风机产生严重的后果。

2 惰性气体发生装置

该种装置是一种能自身产生较高品质惰性气体的独立装置,这种小型惰性气体发生器(500 m³/h 左右)专门补气用,与烟气惰性气体系统组合使用(参见图2)。当油舱内惰性气体需少量补气时,使用这种小型惰性气体发生装置,以保证舱内惰性气体的含氧量要求。

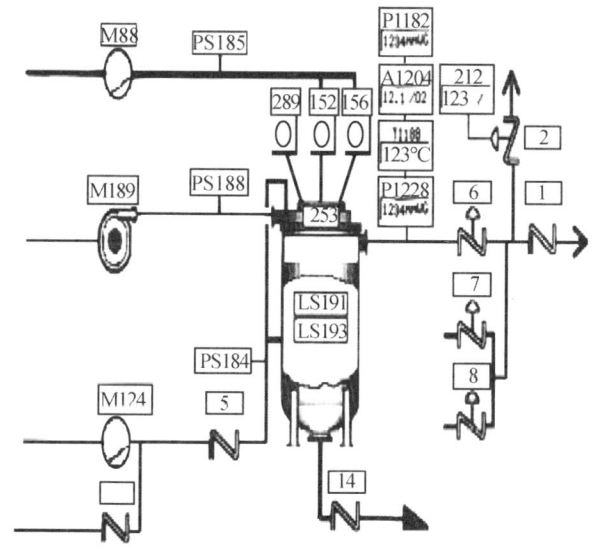

图2 惰性气体发生器原理图

2.1 鼓风机

采用电动离心风机,供给燃烧所需的空气,在鼓风机的进口还应装有过滤器或等效措施,以尽量减少被带到鼓风机的水量。

2.2 油泵

将惰性气体油柜的油送入发生器用于点火,排量大约为 40 kg/h,单独安放在惰性气体室一层。

2.3 燃烧器

船用惰性气体的品质很大程度上取决于燃料的化学成分,含硫少的,产生的惰性气体中二氧化硫的含量也少。惰性气体的化学成分不仅与所燃烧的燃料种类有关,也与其燃烧条件有关。燃烧产生的热废气通入气体

洗涤器内,利用海水洗涤冷却除去废气中的 NO_2、SO_2、CO_2 及未燃烧的微粒等,经除雾器去除废气中的水滴,此时烟气中,成分主要为 N_2 和少量 H_2O、CO_2 等。本船的燃烧器的点火装置不像常规的两个电极产生火花点火,此点火装置是一种加热器将油温加热到一定温度自行燃烧,以这种方式点火的成功率较高而且稳定。

2.4 气体止回装置

在惰性气体供气管路上设有两道止回装置,其一为半干式甲板水封,另一个为止回阀。甲板水封的设置,应使船舶在所有正常的纵倾、横倾状态下,防止货舱碳氢化合物气体回流到任何气体安全处所。水封装置安装于甲板,内部设有蒸汽加热装置,以防水封水冻结。此外甲板水封装置由两台独立的水泵供水,每台泵均能保证足够的水量。

2.5 氧气分析仪

其用于分析惰性气体发生器出口氧气含量,如果氧气含量大于设定值,惰性气体放空阀将开启,并发出氧分浓度高的报警。

3 本船的惰性气体系统特点

3.1 在环境温度较高时,发生器使用燃油点火

在系列船中,每条船分配给的柴油量与燃油量均为有限的。由于各种特殊原因,尤其在造国外船时,周期性长,所以柴油与燃油的用量均加大,但相对燃油来说,柴油的用量到建造后期明显不足。这给我们带来了很多的不便。

在国外,通常重质燃料油与船用柴油价格相差不大,不像我们国内的差价大,因此国外船东在这种形式的惰性气体发生器上一般均使用船用柴油,以减少 SO_2 等的腐蚀及烟尘。虽然目前国际油价每桶 30 美元左右的价格已经跌到了历史低点,但就前几年国内油价来说,0#船用柴油约为 6500 元/吨,燃油价约为 5000 元/吨,两者每吨差价约为 1500 元,所以燃烧燃油的经济性可想而知。但由于燃油在点火时需要加热到一定温度,尤其在冬季温度更低,这也给惰性气体发生器点火以及燃烧带来了不便。因此在环境温度较高时我们将油柜中的柴油变为燃油可以大量地节约预算成本。

当环境温度较低时,我们也制定了使用燃油的方案。惰性气体发生器油柜先由锅炉蒸汽加热,柜外包绝热层保温。在惰性气体发生器使用时,由供给泵将燃料油从油柜吸出,泵送至电加热器加热再由主燃油泵送至惰性气体发生器喷油头喷入燃烧室燃烧,这样更有利于燃油充分燃烧。船上主机、锅炉就燃用燃料油,因此不需增添油处理设备就可使用这种燃油。更重要的是当柴油换为燃油时,每吨至少可以节省大约 1500 元的成本,大大地减少了预算成本,此方案预计 2017 年实施。

3.2 发生器为补气装置

根据该船营运中的实际油库情况:一般用一台货油泵时排量为 2000 m^3/h,当三台货油泵同时工作时排量为 6000 m^3/h。因此为适应这种工况,此时要求的惰性气体产量为三台货油泵同时工作时排量的 1.25 倍,即 7500 m^3/h。因此烟气惰性气体系统产生的惰性气体排量足以满足三台货油泵同时开启时所需的惰性气体量,只有当油舱需要少量惰性气体时,我们才需要开启惰性气体发生器,以满足不同工况的要求。

3.3 增加风机的最大负载电流

在之前建造的系列船保修单中,有船员提出惰性气体在风机进口时的温度约为 30 ℃,但在风机出口时温度就达到了约 70 ℃,而在此时,根据设定温度的报警值就已经达到惰性气体温度高报警。这是因为风机的额定电流设置得过小,导致风机的出口阀开量过小,使惰性气体在风机里不能及时排出去,导致温度过高。但如果不计后果随意增加风机的电流,使风机的负载增大,虽然这样会使出口阀的开度增大,但过大的负载很容易使海水不能及时排除,发生倒灌,损坏风机。因此在之前调试过程中,要及时地观察洗涤塔的海水液位,实时改变风机的工作电流,以获得最佳的效果。经过几条船的调试经验,我们通常将风机最大负载电流设定在 60 A 左右。而且在不同的压载水深时,要及时地调整海水压力,以保证海水不倒灌和充足。

3.4 增加风机的市地大功率询问

建造系列船中,在大功率询问的交验期间,我们通常是在货控室遥控启动风机来完成询问、应答等信号。因为在启动烟气惰性气体系统时,无法在本地启动系统,需要在货控室里遥控启动整个系统,所以无须在本地

增加大功率询问。但是德国船东要求在本地增加大功率询问以防止船员在误操作时,打开两台均为 55 kW 的风机,导致发电机游车等严重后果。因此我们通过对本地两台风机控制箱配线的改动,用两个继电器和一个时间继电器完成了询问、应答和运行信号的实现,从而实现本地大功率询问的功能。

3.5　测量风机排量

在惰性气体系统航海交验项目中,测量风机的排量是最为重要的一项内容。其固定计算公式为:

$$r = 1.367 \times \frac{273}{273 + T} \times \frac{10332 + P}{10332} \tag{1}$$

$$V = \sqrt{\frac{2 \times 9.81 \times \dfrac{DP}{10332 \times 10000}}{r}} \tag{2}$$

$$C = \frac{D^2 \times 3.14 \times 3600 \times V}{4} \tag{3}$$

其中,r 为密度,P 为惰性气体持续压强,DP 为动态压强,273 为绝对温度值,10332 为大气压强值,9.81 为重力加速度值,1.367 为惰性气体密度值,D 为惰性气体管路直径。

我们以某系列船为例,甲板惰性气体管路直径为 0.4 m,测得一台风机的风速为 9 m/s,通过公式(3) 我们得出一台风机的排量为 4069.44 m³/h。

4　本船的惰性气体系统主要参数

本船的惰性气体系统主要参数见表 1 至表 5。

表 1　烟气惰性气体系统

正常排量	7500 m³/h
氧气含量	5%
二氧化碳含量	约为 13%
二氧化硫含量	约为 3000 ppm
氮气含量	约为 79%

表 2　惰性气体发生器

正常排量	500 m³/h
氧气含量	1% ~5%
二氧化碳含量	约为 14%
二氧化硫含量	最高为 1 ppm
氮气含量	约为 79%

表 3　油泵电机

技术参数	油泵电机
额定功率	0.9 kW
转速	3455 r/min
额定电压	440 V
频率	60 Hz
额定电流	1.8 A
功率因数	0.85

表4　发生器鼓风机

技术参数	发生器鼓风机
额定功率	12.6 kW
转速	3445 r/min
额定电压	440 V
频率	60 Hz
额定电流	20 A
功率因数	0.93

表5　烟气风机

技术参数	烟气风机
额定功率	55 kW
转速	3545 r/min
额定电压	440 V
频率	60 Hz
额定电流	85 A
功率因数	0.88

5　结语

惰性气体系统事关油船货运安全,为油船的安全管理提供了强有力的手段。在成品油船系列船中,采用的是烟气惰性气体系统和惰性气体发生器相结合的使用方法,在不断地调试和改进的前提下,已经成了系列船最为稳定的系统之一。

【参考文献】

[1]钱闵.油船安全知识与安全操作[M].大连:大连海事大学出版社,2006.

大连船柴主机制造历程回顾

——从统计数据看船柴主机制造的发展历程

孙贵学　于　杰　王玉有

（大连船用柴油机有限公司）

摘　要：我国船用大功率低速柴油机的制造历程比较相似，均经历了引进、消化、吸收与创新发展的过程。本文通过对大连船用柴油机有限公司历年造机数据的统计分析，将我国造机事业发展的缩影即该企业主机制造成长、发展、壮大、跨越的艰苦历程展现出来，得出技术创新才是造机企业未来的结论。

关键词：船用柴油机；创新；发展

0　前言

曾经从事过统计工作的笔者，对那些"会说话"的统计数据及图表感情颇深，总喜欢运用它们来证明问题。同样，也想通过统计数据来回顾大连船用柴油机有限公司的主机制造历程及其在不同阶段所取得的成绩。

笔者所在的公司是大连船用柴油机有限公司（DMD），简称"大连船柴"。DMD 是我国主要的船用大功率低速柴油机制造厂家，于 1978 年和 1981 年分别引进瑞士 Sulzer（现在的 WGD）和丹麦 B&W（现在的 MAN）公司的专利许可证技术。经过多年的消化、吸收、探索和改造，在迈入新世纪时，进入了一个新的历史时期。这一历史时期，也是我国大功率低速船用柴油机发展历程的真实写照。

1　初始阶段（1984 年之前）——引进转化

1984 年之前是公司引进、消化专利技术的初期，年造机产量非常低，基本上是在 5 台左右，即使最多的时候也没有超过 7 台。

期间，累计建造了 8 种型号的主机，其中 B&W 系列 3 种，Sulzer 系列 5 种，产量几乎各占 50%。建造的最大功率主机是 Sulzer 系列的 6RLB76 型，单机功率为 17280 马力；最小功率主机是 Sulzer 系列的 5RLB56 型，单机功率为 7500 马力；建造数量最多的机型是 B&W 系列的 5L55GB；建造数量最少的机型是 Sulzer 系列的 6RLB76。

此时期的主机零部件，除了进口几乎全部是由公司购入或自制毛坯生产加工成品，包括曲轴等大型铸锻件的制作加工与装配，生产效率低、生产周期长、产量也很少。

2　第一阶段（1984—1994 年）——夯实基础

2.1　产量概况

年均造机量不足 8 台，始终没有突破 10 台，共建造了 22 种机型 110 万马力的主机。

2.2　产品概况

最大功率主机是 Wartsila 的 6RTA76：23400 马力。

最小功率主机是 MAN 的 5L55GB：8100 马力。

建造最多的代表机型是 MAN 的 5S60MC-E：9 台；Sulzer 的 6RTA52：8 台。

建造最少的代表机型是 MAN 的 6S50MC、Sulzer 的 5RTA52 等 5 种均为 1 台。

2.3 主要特点

2.3.1 产品范围窄

公司这一阶段的制造能力非常有限。气缸直径局限在 500～600 mm,个别机型达到或超过 700 mm。产品在大型低速船用柴油机的系列范围内处于中小缸径的范围。这也说明企业产品制造和扩展能力比较有限。

2.3.2 小批量甚至单件生产

平均每年生产的机型近 4 种,最多机型年建造量为 6 台。此阶段只有 6L60MC 这种小缸径的船用柴油机形成了年度较大批量生产,其余的多种机型基本处于单件生产的局面。因此主机的开发、生产周期长,工艺建造成本较高。

2.3.3 船舶配套范围小

期间所造主机,大部分装备世界船舶市场上吨位较小的普通油船和散货船,个别装备集装箱船。产品及综合能力处于世界船舶主机市场中的下游,尚无进军世界高端船舶主机市场的能力。

2.4 主要成绩

5S60MC-E 全球首制并获国家"金质奖";实现了单机出口创汇;当选国家一级企业;在 1993 年 3 月实现第一个百万马力等。

2.5 必要说明

与后面的第二、三阶段相比,该阶段的主机建造量显然是最少的,几乎用了 10 年才实现累计 100 万马力,生产目标只是"保八争九"。但是,我们不能不考虑客观因素,因为在那期间,工厂正处于基础建设、人才培养与引进技术转化、开发阶段。不但设备老化、工艺落后、生产粗狂,而且配套残缺,用"修配""待件"无法连续作业的方式进行船用柴油机的"安装制造",可以说是边干边建设。

3 第二阶段(1995—2004 年)——砥砺前行

3.1 产量概况

该阶段年均造机近 16 台,最高峰时也没有突破 20 台,共建造了 16 个机型 235 万马力的主机。

3.2 产品概况

最大功率主机是 Wartsila 的 6RTA68TB:25050 马力。

最小功率主机是 MAN 的 5S50MC:9700 马力。

建造最多的 MAN 代表机型是 5S50MC:37 台;最多的 Sulzer 机型是 7RTA62U:9 台。

建造最少的机型是 Wartsila 的 6RTA68TB,只有 1 台。

3.3 主要特点

(1)主机产品范围与前一阶段相比变化不大,但是所造主机年均产量迈上一个新的台阶,产品实现了系列化和批量化,生产设备有了显著改善,生产效率有了显著提高。

(2)该阶段的主机,大部分装备世界船舶市场上 3.5 万～6 万吨的普通油船和货船,少数装备 11 万～15.9 万吨的成品和原油船及 1680 TEU 集装箱船,并且开始装备 LPG 船。

(3)与第一阶段相比,实现了产量、功率双"翻番",主机产量在国内市场占据了半壁江山。

3.4 主要成绩

在 1998 年 10 月实现累计造机 200 万马力;2003 年 4 月实现了 300 万马力,公司成为全国质量效益型企业;新建造的 6RTA72U 等主机获得了国家级新产品奖,省部级金杯奖、金牌奖等。

3.5 必要说明

尽管此阶段的主机产量占中国船用主机年产量的 50%,但那时中国的船用主机制造整体能力较弱,工厂的产品及综合能力只是具备了进军世界高端船舶主机市场的能力基础。此阶段,工厂刚刚完成第九个五年计划时期老厂的初期改造。工厂的年生产能力从"保八争九"跃升到这一水平时间不长,基本还停留在老企业发展思维模式中。

4　第三阶段(2005—2014 年)——跨越发展

4.1　产量概况

该阶段年均造机超过 65 台,建造了 42 个机型 1200 多万马力的主机。

4.2　产品概况

该阶段建造的最大功率主机是 MAN 的 8K90MC-C:49760 马力;

最小功率主机是 MAN 的 6S35MC:6040 马力;

建造最多的 MAN 系列主机是 6S50MC-C:176 台;Sulzer 系列的 5RT-flex58TD:13 台;

建造最少的机型是 MAN 系列 6S35MC 型,仅 1 台。

4.3　主要特点

4.3.1　产量大幅提升,部分机型实现了中等批量生产格局

期间,主机产品实现了全面开花,担当了我国船舶主机市场中最重要的角色。所造主机种类等于前二十年的总和,所造机型(45 种)大于第一、二阶段的总和(38 种);产量与第一阶段相比,无论是台数还是功率数均达到"翻三番"状态,并于 2010 年 9 月累计造机突破 1000 万马力大关。

公司以 MAN 系列 S50MC、S60MC 型为代表的中小缸径船用柴油机实现了中等批量的生产,并且其综合动力、经济参数都由过去的 Mark5 更新成 Mark6,具有世界先进水平,是当时国际船舶市场上 4 万~8 万吨油船、货船最热门机型的首选。

4.3.2　全面挺进国际船舶主机市场

期间,成功交验了全球首制的 6S50ME-C 和 6RT-flex68D 等智能型主机;世界首台电控共轨 7RT-flex58TB 主机;代表世界最高性能参数水平的 7L70MC-C(Mark8)在我公司诞生……这些代表当时全球最新技术的主机开发并建造成功,表明了 DMD 在艰难攀升中的重大发展和突破。以 6RTA68TB、7RTflex58、W6X72、6G70ME-C、6G80ME-C 等为代表的大功率低速船用柴油机,全面进入国产出口的 11 万吨成品油船、17.5 万吨散装货船、17.4 万吨双壳体散装货船、2600 TUE 集装箱船等中高端船舶主机的配套。

4.3.3　结束了国内超重型大马力船用主机依赖进口的历史

期间建造的超大型主机明显增多,智能型主机出现并迅速取代传统机型,主机产品紧跟世界先进造机技术发展潮流,更新换代迅速。7S80MC、7RTA84TD 等超大缸径船用柴油机产品,占领了国产 VLCC 30 万吨油船、4250 TUE 集装箱船、VLOC 38.8 万吨矿砂船的主机市场,并实现了批量化生产。

特别是建造了以 8K90MC-C 为代表的当时国内最大功率主机,结束了国内超重型主机依赖进口的历史。为国内最大船舶配套了 7RT-flex84TD 主机,该型主机集电控和超大型技术于一身,性能参数居世界先进水平。

上述机型的开发和制造成功,证明大连船柴已踏入世界造机强企门槛,是 DMD 甚至也可以说是我国船舶主机制造业发展的重要里程碑。

4.4　主要成绩

期间,5S60ME-C 等主机获得国家知识产权局成果鉴定书;7RT-flex84TD 等主机获得了船舶重工集团优秀研发技术奖杯;7RTA84TD 等机型获得了辽宁省新产品奖;6S70ME-C 等主机通过了大连市新产品技术鉴定……

此时的主机产品能够覆盖 5 万~40 万吨级各种高新技术船舶所需主机,具备了开发、生产任何一款世界最先进的大型低速船用柴油机的能力。产品国内市场的覆盖率较高,其中 2008 年以年产 168 万马力的骄人业绩,名列我国低速机企业榜首。

4.5　必要说明

(1)2007 年 3 月,大连船用柴油机厂变更为大连船用柴油机有限公司。

(2)企业进行了大规模的技术改造。

(3)受亚洲金融危机等影响,主机产量出现了较大幅度的波动(见图1),总体依旧呈现上升趋势。

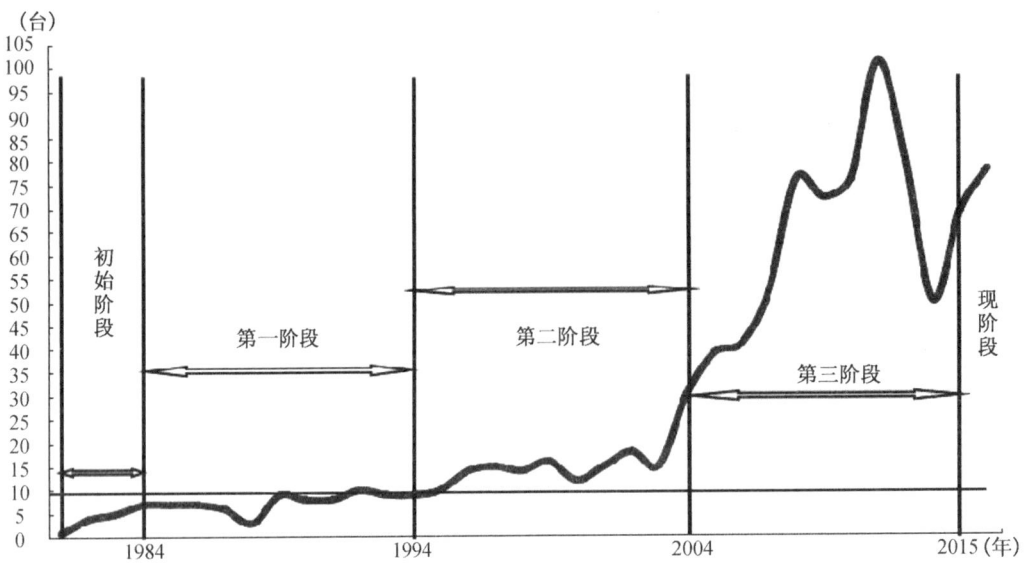

图 1　1981—2015 年主机产量(台)变化趋势图

5　现阶段(2015 年至今)——造机新常态

2015 年,DMD 的主机产量相较 2014 年有所回升。但根据当时中国船舶重工经研中心的预测,2015 年之后五年的船用主机制造业难以出现大的繁荣,全球造船产能利用率持续低位,造船能力及造机能力依然过剩,"十三五"期间新造船市场连带船用主机市场不容乐观。在当今国际造船市场持续低迷和国内经济新常态下,船用主机制造领域也将步入新常态。

因此,如何抓住"产品服务质量、成本费用和持续经营"三个主要矛盾,加强产品服务质量控制、成本费用控制和推进经营接单工作,是目前及今后企业适应新常态、推进供给侧结构性改革的主要目标与核心任务。

6　结束语

统计是流动的历史,历史是流动的统计。

统计数据清晰地记录着大连船用柴油机有限公司的造机历程,生动形象地展现了 DMD 乃至中国低速船用柴油机制造业的成长、发展历程,这同时也是一部创业史。

这部创业史也告诉我们,企业只有坚持不断地进行技术创新,坚持不断地完善企业现代化机制建设,坚持不断地加强企业核心技术发展才能与时俱进,适应新常态,赢得发展主动权。

离心式空压机控制程序升级改造与节能

洪 波 魏 越 杨银军 王 琳

（大连船舶重工集团有限公司）

摘 要：随着时代的发展、技术的进步，落后的技术必将被新的技术代替。为了减少电能浪费，公司对六台离心式空压机机组控制系统进行了升级改造，即由原来的 CMC 控制程序升级为环境控制（Ambient Control）。升级后大大提高控制的响应速度，使机组能在最小负荷控制时，喘振控制点自动适应进气压力、环境温度、冷却器换热效率、排气压力、电网电压波动等因素，使机组发挥最佳输出性能而不发生喘振，并且在最小负荷时能比普通 CMC 控制节约电能，经济效益明显。

关键词：控制程序；环境控制；喘振设置；电量节约；升级改造

0 前言

压缩空气是工厂生产不可替代的动力能源之一。为了确保生产的顺利进行，大连船舶重工集团有限公司一工场第三空压站 2004 年陆续引进了 6 台美国英格索兰（IR）离心式空压机，总装机容量 1480 m³，逐步替代原先耗能大、效率低的活塞式空压机，这些设备也被列为集团重点生产设备进行管理。然而，在空压机源源不断产生压缩空气的同时，也消耗着大量的电能，这 6 台空压机 2012 年全年耗电 4.763×10^7 kW·h，占一工场厂区总耗电量的 40% 左右，是名副其实的耗电大户。为了确保工厂可持续发展，这些年我们不断摸索分析，采取了多项管理及技术措施以降低能源消耗和运行成本，其中对空压机控制程序改造效果显著。

1 CMC 控制系统

1.1 原理分析

离心式空压机采用 CMC 控制程序，CMC 是监测和控制离心式空压机的微处理器。CMC 监测和控制所有压力及控制如主电机启动柜、油加热器、油泵等辅助设备。

CMC 是以 BCM 作为主机板，此板有一个微处理器和记忆晶片，CMC 主板的输入、输出信号总共有 23 个模拟量输入（AI）、4 个模拟量输出（AO）、16 个数字量输入（DI）、16 个数字量输出（DO），输入信号采集空压机的各项指标，如压力、温度、振动、电流，分别用于保护和检测空压机，输出信号控制空压机的启停和阀门位置，满足用户气路系统的需求。所有数据分析、输入/输出（I/O）点和系统记忆的硬件均可作为选择件来控制和保护空压机。CMC 主板的触摸屏用于用户参数的设置和反馈信号的监视，并实时显示报警信息。CMC 系统内的软件是其核心，它通过输入信号的变化，实时进行 PID 运算以保证输出信号控制空压机按照用户需求做出反应。

1.2 控制系统缺陷

虽然 CMC 能利用运行和喘振控制原理来满足不同的压缩空气需要，性能控制是通过调整进气阀和旁通阀开度来控制动力消耗，但是它也有自身的缺点，控制响应速度慢，一旦距喘振点较远，当风压较高时，排空阀接到信号就会开启，如此反复压缩空气就会出现排空，通过测算，理论上会有 4%～12% 的电能损耗。喘振设置一般是通过现场喘振试验确定喘振点，在试验喘振点数值上加 10%～15% 设置喘振点，且一旦设置便固定不变。另外，夜间厂区内涂装作业需要较高的压缩空气压力，以满足所有喷枪的需求。但是实际使用过程中必然出现用风间歇期，此时系统风压会急剧上升，超过额定压力值时就会启动旁通阀，出现排空现象，从而造成电能浪费。

1.3 监测分析

2010 年年底由英格索兰公司派专业人员,利用专业设备,对正在运行的 3 台空压机进行 24 h 跟踪监测,其目的是检测空压机是否存在排空,并计算、确定排空的总量。整个监测过程共收集旁通阀控制信号数据 18480 个,通过统计分析,每台空压机旁通阀均存在排空现象,旁通阀最大开度接近 80%。

空压机运行需要电能驱动,当出现排空现象时,总的能量利用率进一步降低。当电费为 0.70 元/千瓦时时,则在评估监测期间因排空浪费的压缩空气折合成电费 8751.17 元,如按照运行时间 7000 小时/年计算,一年浪费掉 2406541.70 元,占全年电费的 7.22%。由此可见因排空造成的电能浪费确实惊人。

2 控制系统升级改造

2.1 Ambient Control 环境控制原理

随着时代的发展、技术的进步,落后的技术必将被新的技术代替。为了减少电能浪费,公司对 6 台离心式空压机机组控制系统进行了升级改造,即将原来的 CMC 控制程序升级为环境控制(Ambient Control),升级后大大提高了控制的响应速度,使空压机运行机组能在最小负荷控制时,喘振控制点自动适应进气压力、环境温度、冷却器换热效率、排气压力、电网电压波动等因素,使机组发挥最佳输出性能而不发生喘振,并且在最小负荷时能比普通 CMC 控制节约电能,降低系统排空概率,从而降低电能损耗。

2.2 环境控制与 CMC 控制程序对比

在标准的限流控制(电机电流)中,为了防止喘振,通过测量电机电流并限制进气阀头来使电流不小于最小负荷设定(Minload_SP)。如果 Minload_SP 越接近实际的喘振点,能源的使用率就越高。理想的防喘振控制不受温度、压力和电压变化的影响。

环境控制与 CMC 控制程序相比是怎么节约的? 环境控制的主要优点为:空压机系统的喘振点是人为设置的,且可实时调整,它是根据运行中三级排气温度、一级排气压力和电机运行电流运算后自动增加 3% 为喘振点。

由图 1 可以看出环境控制系统所设定的喘振点集更接近喘振线,从而增大节流范围,通过减少排空实现了节能,节能效能为 4% ~20%。

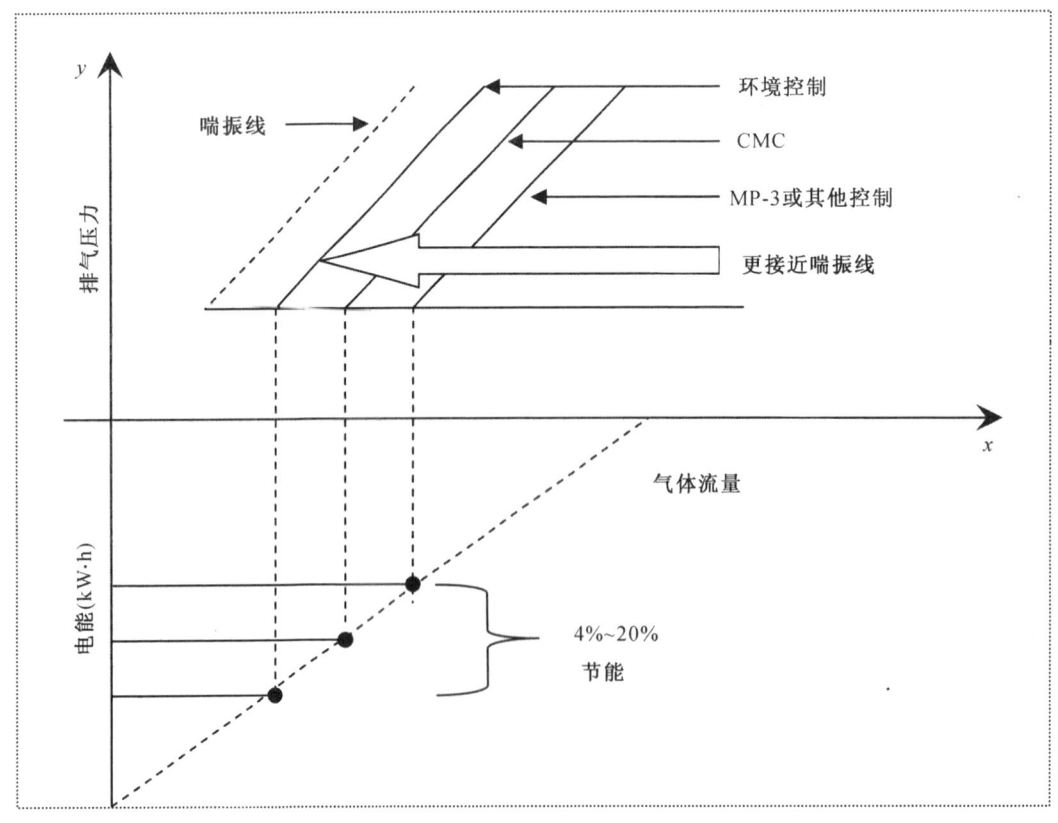

图 1 各类控制系统喘振点与电能消耗

3　改造效果验证

实践是检验真理的唯一标准,要想知道环境控制的效果必须通过实际考验。

3.1　空气系统评估

空气系统评估通过专业设备检测程序跟踪空压机 24 h 运行状况,检测旁通阀在满负荷时的动作效率和开度,计算出空气排空流量进行比较,对五台运行的空压机进行检测,结果是其中一台有排空现象。因排空造成的浪费折算成电量共计 3150 kW·h。当电价为 0.55 元/千瓦时时,按运行时间为 7000 小时/年计算,一年浪费电费 505312 元。

3.2　经济效益分析

升级前与升级后检测结果比较:

(1)经过专业的空气系统评估,改造前后评估报告显示年节省电费 150 万元左右。

(2)升级后仍可监测到有 50 万元的电能浪费,从排空流量曲线可以看出,排空集中在零时以后,这是因为涂装厂房用风量有间歇性,此时压力会突然升高,造成排空。如需解决这一问题需要对现有空压机配置进行调研,比较直接的方法就是新增一台 100 m³ 以下的空压机用于调节。

(3)改造前空压机机组运行排空量大、能耗大,尤其是夜间旁通阀频繁开启,改造后这一问题明显改善,不用半年就能收回投资成本。

通过图 2 可以看出环境控制系统改造通过少量的投资可得到可观的回报。

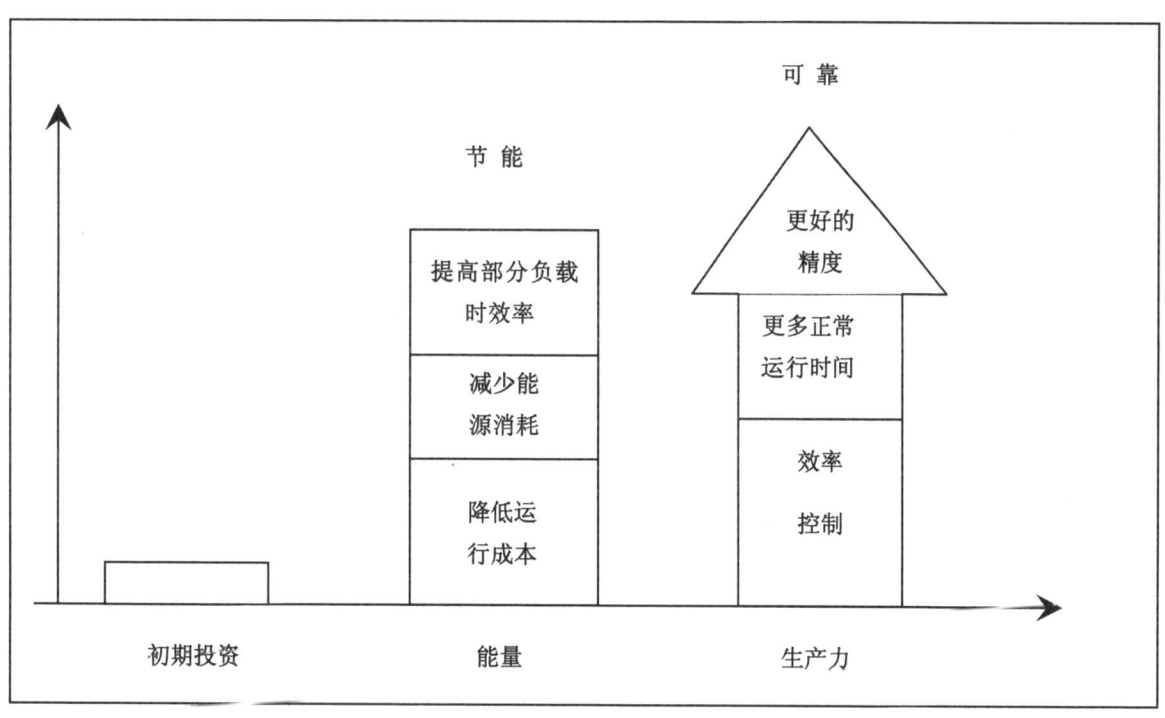

图 2　环境控制利益所得

【参考文献】

[1]郁永章,姜培正,孙嗣莹.压缩机工程手册[M].北京:中国石化出版社,2012.

[2]李海根.离心式压缩机节能改造综述[J].大氮肥,2001,24(2):77-80.

[3]魏龙,袁强.离心式空压机的喘振及控制[J].风机技术,2004(1):43-47.

基于 PLC 的船舶机舱监测报警系统的研究与设计

雍　强　于长宏　肖利君　张　毅　孙贵鑫

（大连船舶重工集团有限公司）

摘　要：随着计算机技术和网络技术的发展，船舶机舱监测报警系统在信息化、模块化、智能化方面也提出了更高的要求。本文针对当前机舱监测报警系统的应用需求，基于 PROFIBUS 现场总线技术，以 S7-300 PLC 为核心控制器，利用 WinCC 组态软件设计了一套船舶机舱监测报警系统。系统硬件和软件均采用模块化的设计思想，数据采集模块和核心控制模块之间采用双冗余控制网络进行数据传输，与传统的监测报警系统相比增强了系统的可靠性。

关键词：轮机工程；监测报警；现场总线；WinCC 组态

0　前言

船舶机舱监测报警系统是确保船舶安全航行的重要自动化系统，它能够实时准确地监测机舱内各种机械设备和系统的运行状态和运行参数，并将监测结果实时显示出来，为轮机员对动力设备进行管理提供帮助。一旦运行设备发生故障，机舱监测报警系统能够自动发出声、光报警信号。

船舶机舱监测报警系统一般由三大部分组成：安装在各设备上的传感器，安装在集控室中的核心控制柜和显示屏，安装在驾驶台、公共场所、轮机长和轮机员房间的延伸报警系统。由于不同类型船舶的监测点和监测要求各不相同，因此安装的监测报警系统在硬件、软件和网络结构上都有很大的不同，功能上也略有差异。但是都必须按照船级社的要求具备以下基本功能：声光报警、参数与状态显示、打印记录、报警回差、报警延时、报警闭锁、延伸报警、失职报警、值班呼叫。为满足机舱自动化设备的发展需要，本文对网络化的机舱监测报警系统进行研究和设计。

1　系统总体设计

机舱监测报警系统的可靠性关系到船舶安全和人员财产安全。因此，在进行机舱监测报警系统的设计时，无论是硬件选型还是软件设计，可靠性都是首先要考虑的。本系统采用可靠性、稳定性较高的西门子 S7-300 PLC 作为系统的核心控制器，用来对系统的监测点进行数据采集和报警处理，其系统组成如图 1 所示。系统分

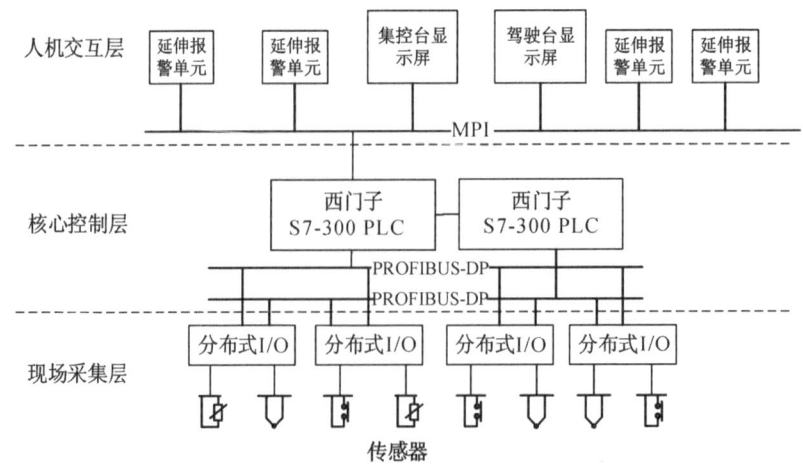

图 1　系统组成

为三层:现场采集层、核心控制层、人机交互层。现场采集层由现场传感器和分布式 I/O 模块组成,它们负责采集机舱各监测点参数,分布式 I/O 模块通过双冗余 PROFIBUS-DP 网络将参数集中传送到 S7-300 PLC 模块。核心控制层由 S7-300 PLC 各个模块组成,主要功能是将各监测参数传送到 CPU 模块中,CPU 模块再将接收到的数据进行分类存储和报警处理。PLC 模块将处理结果通过 MPI 网络传送到集控台显示屏和各延伸报警单元(即人机交互层),为操作人员提供可视化的处理结果。

2 报警监控程序设计

进行机舱监测报警系统设计的前提是确定监测点的数量和类型。船舶机舱监测报警系统需要监测的数据类型分为模拟量和开关量。机舱中的模拟量主要有燃油、滑油、蒸汽、压缩空气、冷却水等的压力和温度,柴油机的转速,电站及用电设备的电压、功率等,而开关量用来表示设备的运行状态:运行、停止、故障、正常。在确定了监测点的类型和数量后进行硬件选型。

2.1　硬件选型

监测报警系统下位机硬件设计的主要任务是对项目的核心控制模块和数据采集模块进行组态和对模块的参数进行设定。在硬件组态界面右侧的硬件目录中选择硬件机架,并将所选择的硬件模块按照系统设定和用户设计的顺序分配到机架的插槽中。分布式 I/O 模块的组态与集中式 I/O 模块组态方法一样,先从硬件目录中选择分布式模块机架,然后再选择硬件模块分配到对应的插槽中。将各模块插入到相应的插槽后,通过 STEP 7 编程软件来设置各模块的参数,图 2 为系统硬件组态窗口。

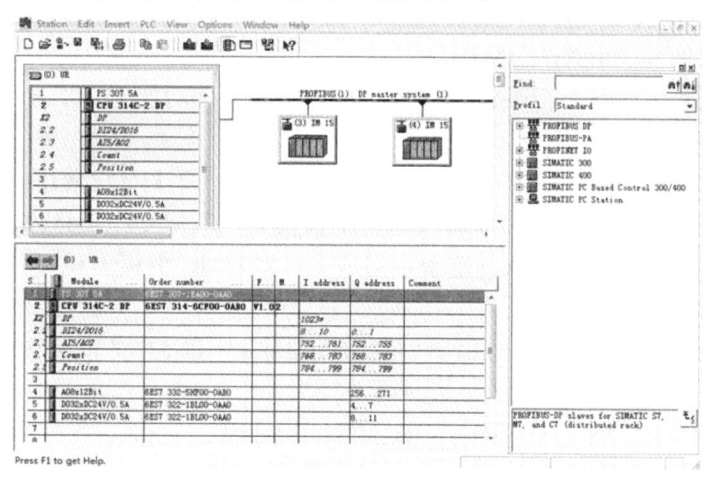

图 2　硬件组态窗口

2.2　程序设计

下位机 PLC 程序的功能是将机舱设备的数字量和模拟量信号采集到 CPU 中,将数字量和模拟量分别处理,将需要显示运行状态的监测点的状态传送到上位机显示,将需要报警的监测点做报警处理。如果设备运行参数异常需要发出报警,则监测报警系统发出声光报警并将报警信息显示在上位机的人机交互界面上。此外,将报警信号分类处理形成各类综合报警并传送到延伸报警单元。程序设计时采用模块化的设计思想,将不同功能的程序段存放在不同的功能块 FB 和 FC 中,最后在组织块 OB1 中按照需要调用 FB 和 FC,系统采集的监测点参数和处理的中间数据按一定的结构和顺序存放在数据块 DB 中,程序结构如图 3 所示。

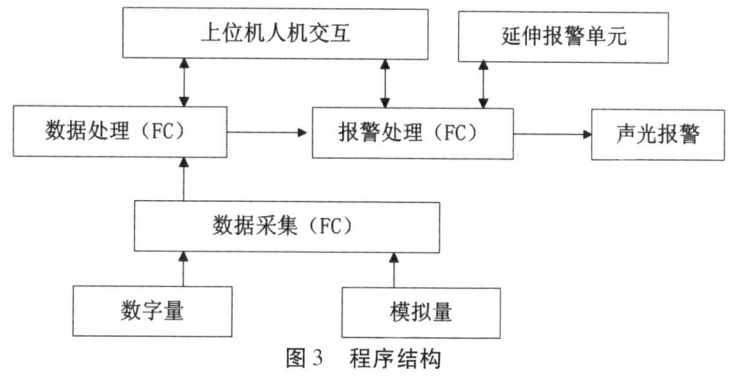

图 3　程序结构

2.2.1 数据采集与处理

数据采集需要将机舱设备的数字量和模拟量信号采集到 CPU 中。采集数字量时,直接在 PLC 缓存区读取对应点通道的实时信号,读取后将数字量信号存放在数据块 DB 中,图 4 所示为数字量采集模块 FC1 中燃油泵运行信号采集梯形图程序。

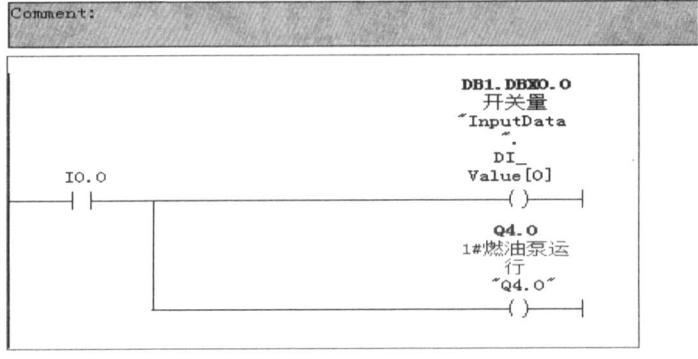

图 4　燃油泵运行信号采集梯形图程序

在实际工程中,温度、压力、转速等物理量要用传感器进行测量,PLC 采集的信号是各类传感器输出的标准电压、电流信号,模拟量输入模块将模拟量信号转换为整型数据形式的数字量,CPU 从模拟量模块中读取的是数字量信号。经过 CPU 处理后输出的结果要先转换成与实际工程量对应的整型数据,模拟量模块将整型数据转换成标准的电压或电流信号输出到执行机构。

将整型数据转换成实际工程量上、下限之间的实际值要用到系统功能 FC105,并将转换结果写到 OUT 中,运算过程如式(1)所示。

$$OUT = \{[(IN - K_1)/(K_2 - K_1)] \times (HI\_LIM - LO\_LIM)\} + LO\_LIM \qquad (1)$$

公式(1)中:如果输入值 IN 是双极性,即输入的整型数据为 $-27648 \sim 27648$,K_1 的值为 -27648,K_2 的值为 27648;如果输入值 IN 为单极性,即输入的整型数据为 $0 \sim 27648$,K_1 的值为 0,K_2 的值为 27648。HI_LIM 和 LO_LIM 分别表示量程的高限位和低限位。

将实数转换成上、下限之间的实际工程值要用到系统功能 FC106,并将转换结果以整型数据的形式写到 OUT 中,运算过程如式(2)所示。

$$OUT = \{[(IN - LO\_LIM)/(HI\_LIM - LO\_LIM)] \times (K_2 - K_1)\} + K_1 \qquad (2)$$

公式(2)中:如果输入值 IN 是双极性,即输出的整型数据为 $-27648 \sim 27648$,K_1 的值为 -27648,K_2 的值为 27648;如果输入值 IN 为单极性,即输出的整型数据为 $0 \sim 27648$,K_1 的值为 0,K_2 的值为 27648。HI_LIM 和 LO_LIM 分别表示量程的高限位和低限位。

监测报警系统模拟量采集与处理过程如下:CPU 读取模拟量对应通道缓存区的信号(已经过 A/D 转换为数字信号),调用标准库中"TI – S7Converting Blocks"的 FC105 进行量程转换,然后将转换结果存储到数据块 DB1 中。图 5 为主机 1 号缸排气温度的采集与处理程序。

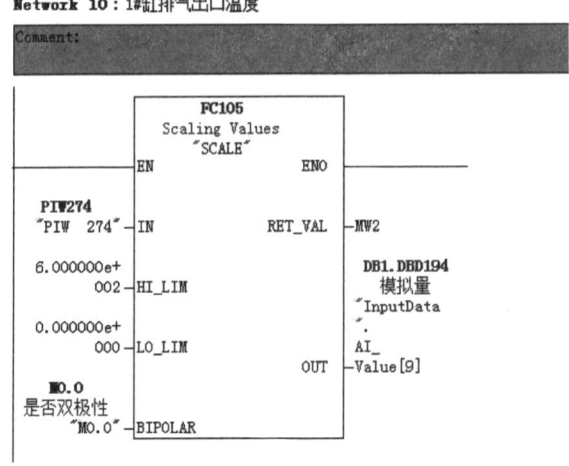

图 5　主机 1 号缸排气温度采集与处理程序

处理好的数字量和模拟量信号存储在数据块 DB1 中,DB1 作为监测报警系统 PLC 程序的核心数据块,用来存储所有监测点的详细信息,包括开关量状态、模拟量的实际值、模拟量的上限值和下限值、各监测点是否报警、各报警点是否抑制、是否有报警延时等。

2.2.2　报警处理

监测报警系统的核心任务是进行报警指示,对需要报警的监测点进行数据处理和逻辑判断,如果某一监测点需要报警且满足报警条件,应将该监测点的状态标志为报警且发出声光报警信号。监测报警系统的报警处理流程如图6所示。

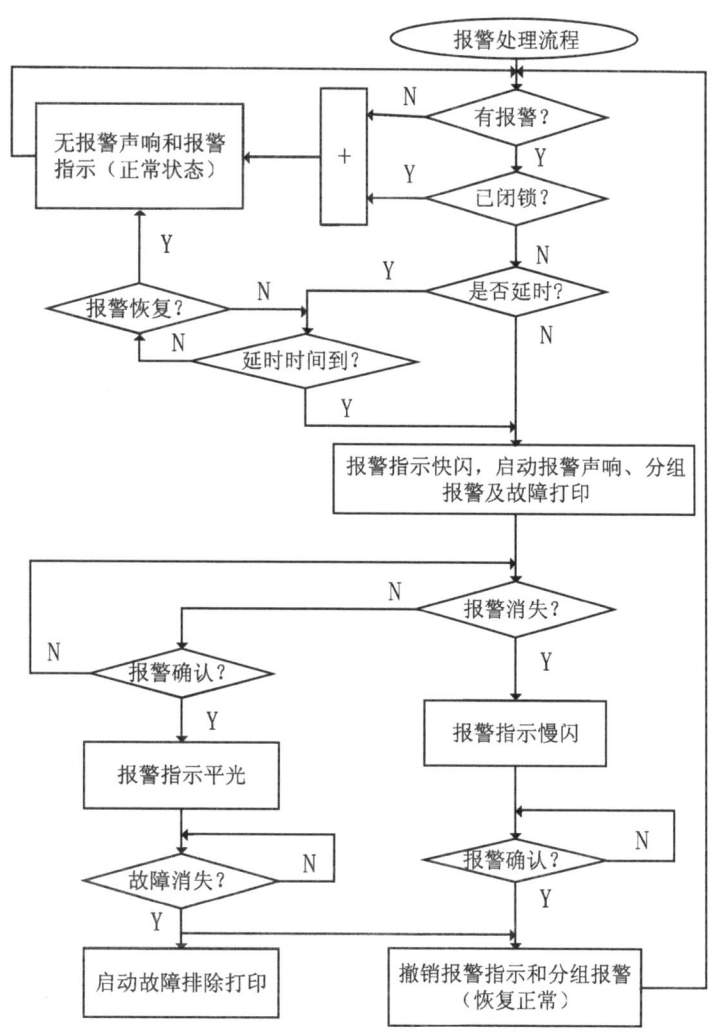

图6　报警处理流程

首先对每个报警监测点的报警标志位进行监测,如果该报警点状态为报警,则监测该报警点是否闭锁;如果该报警点没有闭锁,则监测该报警点是否延时;如果有延时且延时时间到了,则该点报警,报警指示灯快闪,蜂鸣器发出声响,人机交互界面提示报警。如果该报警点没有延时,则直接发出报警。如果有延时,但延时时间未到时报警标志位就复位了,则不发出报警;如果被抑制,则该点不进行报警处理,程序转到下一个报警点进行监测。出现报警后,如果还没进行报警确认,该报警点报警标志位已经复位,则报警指示灯慢闪,进行确认后恢复正常。如果出现报警后进行了报警确认,则报警指示灯显示为平光,报警标志位复位以后恢复正常。报警处理程序采用 SCL 语句编写,部分代码如下:

FOR i：= 0 TO 100 BY 1 DO//调用报警处理程序

FC4(DI_Value：= DB1. DI_Value[i], Is_Ack：= DB1. Is_Ack[i], Is_Inhibit：= DB1. Is_Inhibit[i], Is_Alarm：= DB1. Is_Alarm[i], AlarmSort：= DB1. AlarmSort[i], DelayCount：= DB1. DelayCount[i], DelayTime：= DB1. DelayTime[i], Is_Delay：= DB1. Is_Delay[i], Alarmlampplate：= DB1. Alarmlampplate[i]);

END_FOR;

SoundOut：= SoundOutTemp;SoundOut_ER：= SoundOutTemp;

```
IF（SoundOff_ER OR SoftWareSoundOff）THEN
    SoundOutTemp：= false；SoftWareSoundOff：= false；
END_IF；
IF（SoundOutTemp）THEN//先消声再确认
    Ack：= false；Auxi_Ack：= false；
END_IF；
IF（（NOT Alarm_Occur）AND（NOT Alarm_NoAck_Rec）AND（NOT Alarm_Ack））THEN//无报警
    DB1．Alarm_Light_State：= 0；
ELSIF（Alarm_Occur AND（NOT Alarm_NoAck_Rec）AND（NOT Alarm_Ack））THEN//有报警，未确认，未
恢复
    DB1．Alarm_Light_State：= 1；
ELSIF（Alarm_Occur AND Alarm_NoAck_Rec AND（NOT Alarm_Ack））THEN//有报警，未确认，恢复
    DB1．Alarm_Light_State：= 3；
ELSIF（Alarm_Occur AND（NOT Alarm_NoAck_Rec）AND Alarm_Ack）THEN//有报警，确认，未恢复
    DB1．Alarm_Light_State：= 2；
END_IF；
SoundOut_ER ：= DeadManSoundOut OR SoundOut OR LampTest；//蜂鸣器总的输出 = 报警声响 OR 轮机员
安全报警声响 OR 试验按钮
CASE BYTE_TO_INT（DB1．Alarm_Light_State）OF
0：AlarmLight：= false；//综合报警灯熄灭
1：AlarmLight：= M1．3；//综合报警灯快闪
2：AlarmLight：= true；//综合报警灯平光
3：AlarmLight：= M1．7；//综合报警灯慢闪
END_CASE；
```

3 人机交互界面设计

监测报警系统人机交互界面由 WinCC 进行组态。WinCC 集成了监控和数据采集、过程组态、脚本语言编程和基于 OPC 通信等技术，其强大的 SCADA 功能包括全图形化显示过程顺序和状态条件，生成报表和确认事件，归档测量值和消息，记录过程和归档数据，使用脚本语言提供二次开发的功能，存储历史数据并支持历史数据的查询，以及管理用户及其访问授权。

3.1 组态变量

用 WinCC 项目来访问自动化系统中的当前过程值，需要在 WinCC 项目与自动化系统之间组态一个通信连接，通信中的变量都必须建立在通信连接下，在 WinCC 项目中通信由通信驱动程序来控制。WinCC 有针对 SIMATIC S7 自动化系统的专用通道以及与制造商无关的通道，例如 PROFIBUS-DP 和 OPC。

在项目中建立变量前，先添加通信驱动程序，选择驱动程序下所需的通道单元。在通道单元目录下建立通信变量，如图 7 所示。

3.2 组态人机交互界面

WinCC 的图形编辑器用来组态过程画面，并通过设置控件的属性和动作使画面动态化。监测报警系统的人机交互界面的设计要便于人员操作，清晰、准确地显示信号的状态，界面和对象的颜色和风格要符合规范的要求。

组态画面时将所需控件和组件拖放到组态画面中，通过设置控件的颜色、几何、样式、闪烁、填充、效果的属性值来获得所需的样式和特征。各属性既可以设置为静态的，也可以按照需要设为动态的。可以通过动态对话框、变量、C 动作、VBS 动作方式来设置控件的动态属性。

通过 VB 脚本设置主机列表显示窗口的背景颜色代码如下：

```
Function BackColor_Trigger（ByVal Item）
Dim alarmsort，obj
```

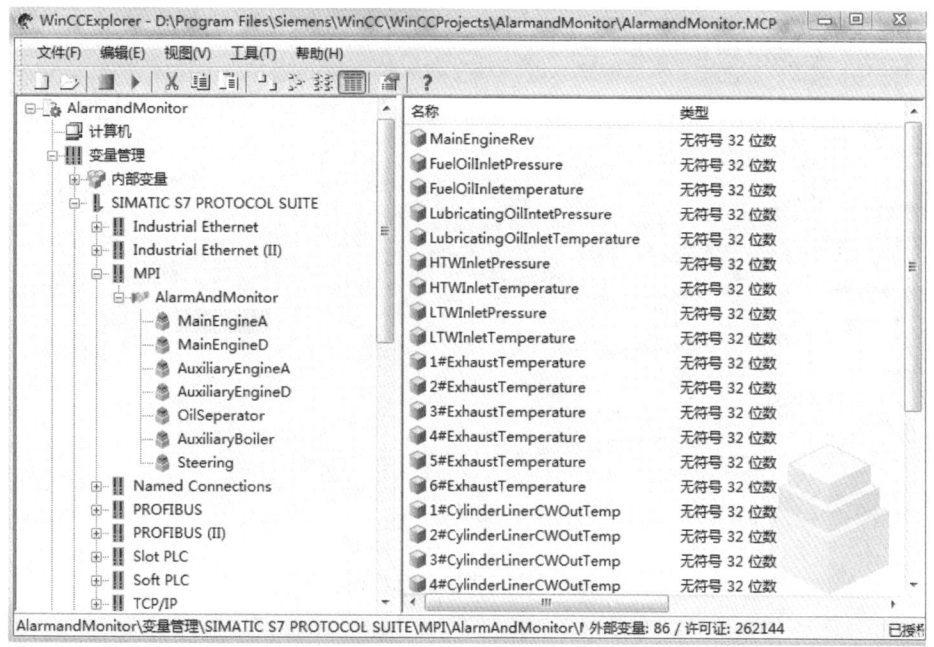

图7　组态变量

```
Set obj = ScreenItems("主机转速")
Set alarmsort = HMIRuntime. tags("M/E_over_speed")
Select Case alarmsort. Read
Case 0 obj. BackColor = RGB(192,192,192)
Case 1 obj. BackColor = RGB(255,0,0)
Case 2 obj. BackColor = RGB(255,0,0)
Case 3 obj. BackColor = RGB(255,0,0)
End select
End Function
```

监测报警系统人机交互界面主要有:主界面、参数列表显示界面、报警显示界面、MIMIC界面、柴油机性能监测界面、故障诊断界面等。主界面如图8所示,通过主界面上的"Home"按钮,可以从任何画面返回到主界面。主界面左侧是各系统列表显示按钮,点击按钮能显示相关系统的列表显示界面,如图9为主机列表显示界面。模拟显示功能区为各系统模拟显示按钮,点击按钮能够显示相应系统模拟显示图。系统模拟显示图中有模拟仪表能够实时显示系统和设备的运行参数。此外,模拟显示图中还有设备运行指示灯(绿色)和报警指示灯(红色),设备运行时,运行指示灯亮,设备停止时,运行指示灯灭。设备出现故障时,相关报警点的指示灯亮,设备运行正常时,相关报警指示灯熄灭。如图10为主机模拟显示界面。

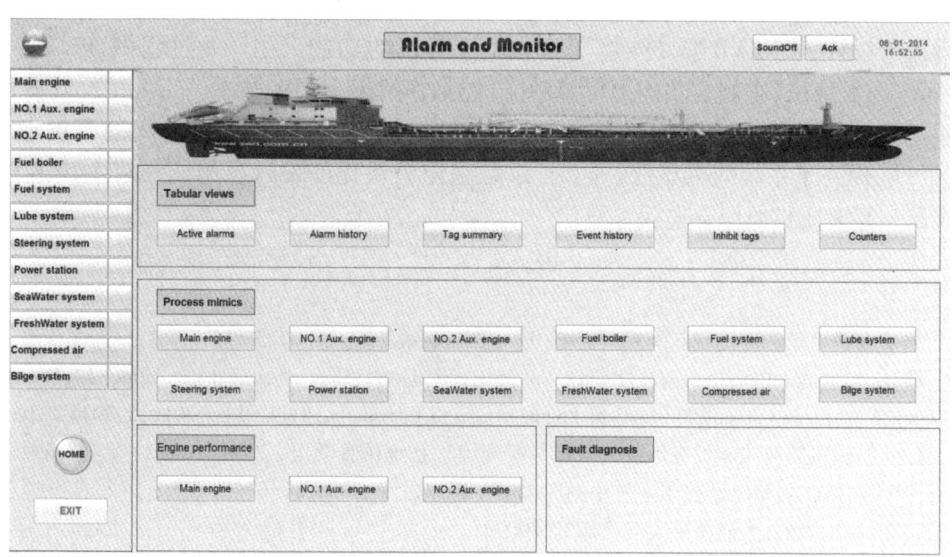

图8　系统主界面

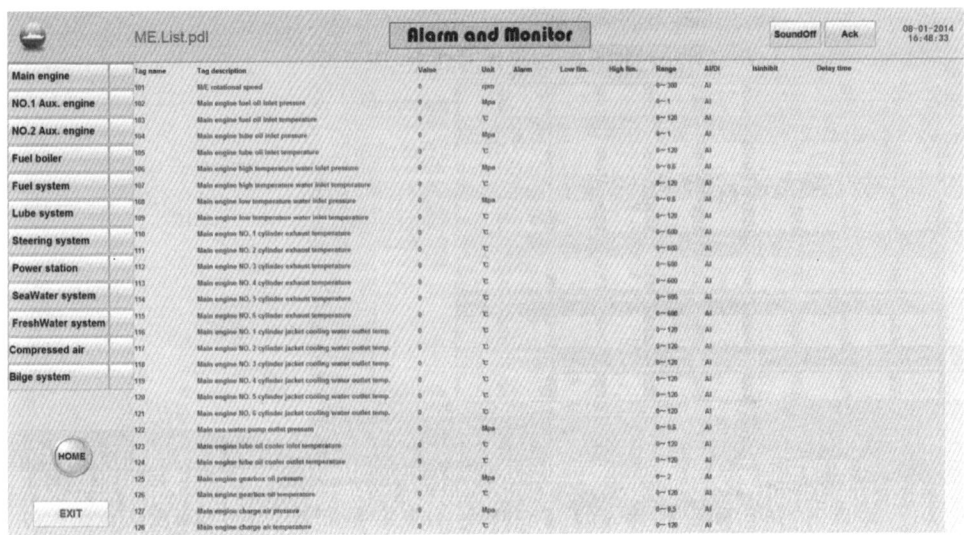

图9　主机列表显示界面

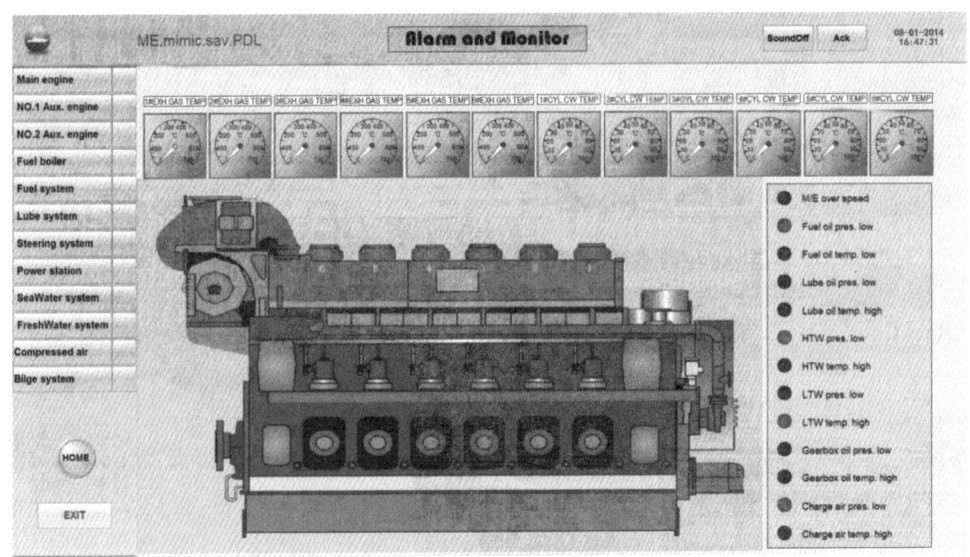

图10　主机模拟显示界面

4　结论

　　系统采用西门子 S7-300 PLC 作为核心控制器,采用梯形图和 SCL 语言相结合的方式进行数据采集和报警处理程序设计,程序采用模块化的设计思想使程序结构更清晰,方便程序的阅读和修改。人机交互界面采用 WinCC 组态软件进行设计,采用 VB 脚本丰富了人机交互界面的功能。在开发过程中,PLC 作为系统的下位机,人机交互界面作为上位机,它们在功能上保持独立,但是在数据上保持共享。当人机交互界面出现故障时,报警程序仍能够正确执行并能发出声光报警。数据采集模块和核心控制模块之间的数据通信采用双冗余 PROFIBUS 现场总线,提高了系统的可靠性。同时,系统采用模块化的设计思想能够将主机遥控、电站管理等自动化系统集成在一起形成机舱综合监控系统。

【参考文献】

[1] 王琪.船舶机舱监测报警系统的应用现状及发展趋势[J].机电设备,2007,24(6):32-35.

[2] Gan A,Ren G,Zhang J. A novel marine engine room monitoring and alarm system integrated simulation[J]. Proceedings of 2011 International Conference on Electronic and Mechanical Engineering and Information Technology,2011,5:2226-2229.

[3] 孙建波,郭晨,张旭.船舶机舱监测和报警系统的设计与实现[J].系统仿真学报, 2006, 18(S2):851-853.

[4] 于凤卫,孙红英.MPI 网络在船舶电站控制系统中的应用[J].船电技术,2006,26(6):51-53.

[5] 林叶锦.轮机自动化[M].大连:大连海事大学出版社,2009.

[6] 杨路明,雷亚军.组态软件 WinCC 在自动监控系统中的应用[J].计算技术与自动化,2003,22(4):21-24.

[7] 朱勇,叶华,刘成良.使用 WinCC 在机电一体化系统中实现过程监控[J].仪表技术与传感器,2004(6):19-20.

磨合过程摩擦振动信号的混沌特征识别

孙贵鑫　于长宏　肖利君　雍　强　王　毅

（大连船舶重工集团有限公司）

摘　要：本文以缸套—活塞环摩擦副为研究对象，用 CFT-1 型多功能材料表面综合性能测试仪进行磨合磨损试验，应用谐波小波包对磨合过程中的振动信号进行降噪处理，在此基础上，应用相空间重构、主分量分析、最大 Lyapunov 指数对摩擦振动信号进行混沌特征识别。结果表明：相空间轨迹一直收敛于一个中心点，有一明显的吸引子，并围绕着中心点来回折叠运动而不重复自身；摩擦振动信号的主分量图像为近似直线过定点且斜率为负；最大 Lyapunov 指数为正值，因此可以说明磨合过程摩擦振动信号具有混沌特征。

关键词：轮机工程；摩擦振动；主分量分析；最大 Lyapunov 指数；混沌吸引子

0　前言

在摩擦副的磨合过程中，摩擦振动是必然存在的，振动信号蕴含了大量的反映摩擦副运行状态的信息。在缸套—活塞环摩擦副的磨合过程中，摩擦产生的振动信号可通过传感器和数据采集系统获取，并且不会影响到摩擦副的磨合。因此，开展磨合过程摩擦振动信号的研究，通过摩擦振动信号的变化评估摩擦副的磨合状态，将对监测柴油机的磨合过程大有益处。

混沌理论是现代非线性科学的重要而且也是目前研究非常活跃的理论，它特别适合于研究各种"复杂现象"。混沌理论以其在处理非线性信号方面的优势，正拓宽其在工程技术等多领域的应用，并有令人满意的结果。1997 年，俄罗斯学者的一篇关于混沌理论在机械设备故障诊断中应用的论文，介绍了混沌理论处理非线性信号的优势，及混沌理论在工程应用领域的发展趋势。

本文以缸套—活塞环摩擦副的磨合磨损试验为基础，采集磨合磨损过程中的摩擦振动信号，应用混沌理论对磨合磨损过程中摩擦振动信号进行混沌特征识别，为应用混沌理论分析摩擦磨损过程奠定了理论基础。

1　试验部分

1.1　材料与方法

本试验在 CFT-1 型多功能材料表面性能综合测试仪（见图 1）上研究缸套—活塞环摩擦副的磨合磨损，摩擦副为面接触，相对运动方式为往复直线运动。因此试验需要上、下两个试样，上试样通过试验室内线切割机从船用活塞环上径向切割得到，直径为 3 mm，材料为普通灰铸铁，通过加力装置固定在上夹具下，更换加力装置里的弹簧可以调整载荷范围，旋转加力旋钮可以在弹簧弹性范围内改变载荷大小。下试样为配套的缸套上直径为 30 mm，厚度为 10 mm 的圆盘，材料亦为普通灰铸铁，由夹具和螺栓夹紧固定在试验台上。通过连接杆偏心轮将电动机的回转运动转化成实验台的线性往复运动。

1.2　试验条件

为判断缸套—活塞环摩擦副磨合过程的摩擦振动信号是否具有混沌特征，并配以干摩擦过程的摩擦振动信号作为对比研究，本次设计两种试验工况：试验 1 为磨合过程，试验 2 为干摩擦过程，试验工况设计见表 1。

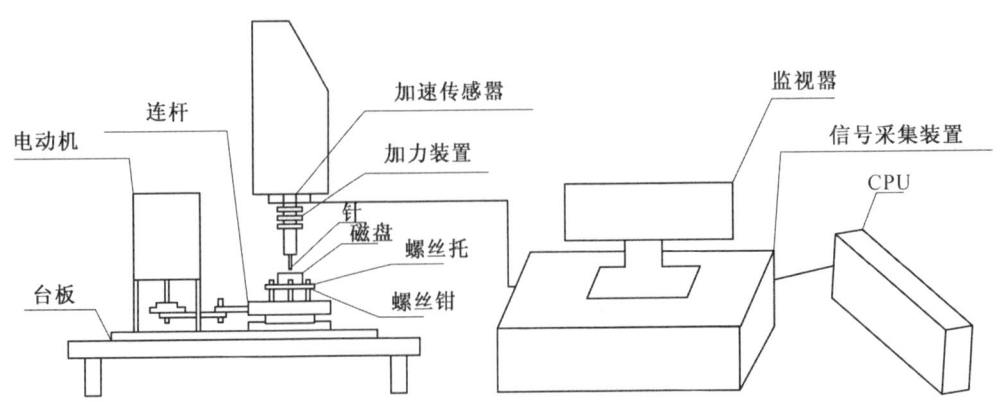

图 1　多功能材料表面性能综合测试仪的工作原理图

表 1　试验工况设计

参数名称	试验 1	试验 2
试验时长（min）	60	10
加载载荷（N/mm²）	30	30
电机转速（r/min）	600	600
往复频率（Hz）	10	10
往复长度（mm）	5	5
平均线速度（m/s）	0.1	0.1
上试样	圆柱，Φ3 mm	圆柱，Φ3 mm
下试样	圆盘，Φ30 mm	圆盘，Φ30 mm
润滑油	CD40	CD40
润滑方式	浸油润滑	无油润滑
采样频率（kHz）	25.6	25.6
采样间隔（min）	1	1
采样点数	4096	4096

2　摩擦振动信号的混沌特征识别

常用的几种区分混沌与噪声方法有：功率谱分析方法、主分量分析法、Poincare 截面法、最大 Lyapunov 指数法、频闪法等。本文主要介绍相空间重构法、主分量分析法、最大 Lyapunov 指数法三种混沌特征识别方法，来判断摩擦振动信号的混沌特征。

2.1　相空间重构法

时间序列的变化受多种因素影响，而且各因素之间又相互影响相互制约，通过对时间序列进行相空间重构，将时间序列投影到高维空间中，展现出时间序列内在动力学机制，使得对其深层次分析成为可能。

运用 Takens 定理、G－P 算法、C－C 算法求时间延迟 τ 和嵌入维 m，将一维时间序列投影到多维相空间中，若时间序列最终会以某一特定轨迹呈周期运动如图 2 所示（图中 x,y,z 为坐标轴），这一特定轨迹我们称为混沌吸引子。

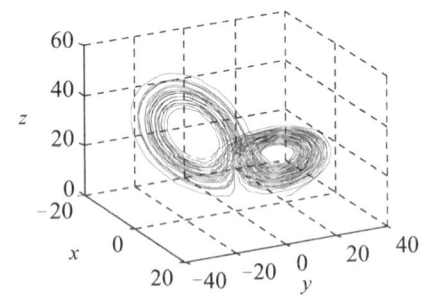

图 2　混沌吸引子在 x,y,z 方向的投影图

2.2　主分量分析法

多位学者经过研究，提出主分量分析法对混沌与噪声的判断有很好的效果。在实际应用中运用主分量分析法的步骤如下：

若已知给定的一维时间序列为 $\{x_1,x_2,\cdots,x_N\}$，时间序列的采样间隔为 τ_s，对时间序列做相空间重构，若假设重构相空间所需要的嵌入维数为 d，那么一维时间序列投影到相空间中的矩阵为

$$X_{l \times d} = \frac{1}{l^{\frac{1}{2}}} \begin{bmatrix} x_1 & x_2 & \cdots & x_d \\ x_2 & x_3 & \cdots & x_{d+1} \\ \vdots & \vdots & & \vdots \\ x_l & x_{l+1} & \cdots & x_N \end{bmatrix} = \frac{1}{l^{\frac{1}{2}}} \begin{bmatrix} X_1 \\ X_2 \\ \vdots \\ X_t \end{bmatrix} \tag{1}$$

然后计算 $X_{l \times d}$ 的协方差矩阵 A 为

$$A_{d \times d} = \frac{1}{l} X_{l \times d}^T X_{l \times d} \tag{2}$$

再求出协方差矩阵 A 的所有特征值 $\lambda_i (i = 1, 2, \cdots, d)$ 和 λ_i 所对应的特征向量 $U_i (i = 1, 2, \cdots, d)$。为了便于计算将 λ_i 按大小排列如下

$$\lambda_1 \geq \lambda_2 \geq \cdots \geq \lambda_d$$

我们称特征值 λ_i 和特征向量 U_i 为时间序列的主分量。求出所有特征值 λ_i 的和 γ 为

$$\gamma = \sum_{i=1}^{d} \lambda_i \tag{3}$$

以指标 i 为 x 轴,$\ln(\lambda_i/\gamma)$ 为 y 轴可得图 3 主分量谱图。从图中可以明显地看出混沌信号的主分量谱图和噪声信号的主分量谱图的不同,即噪声信号的主分量谱图是一条与 x 轴接近平行的直线[如图 3(a)],而混沌信号的主分量谱图应是一条过定点且斜率为负的直线[如图 3(b)]。因此,我们可以用主分量分布图来区分信号是混沌信号还是噪声信号。

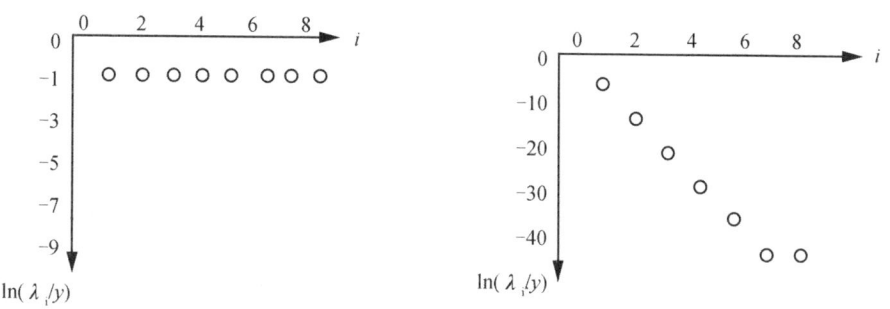

(a) 噪声主分量谱图   (b)混沌信号方程的主分量谱图

图 3　混沌信号与噪声信号的主分量对比谱图

2.3　最大 Lyapunov 指数法

混沌信号对初值极为敏感,即使给定两组初始值非常接近,但随着时间一点一点地推移,两个系统后来有着截然不同的结果,Lyapunov 指数就是描述系统在不同初值情况下,系统后来的运动情况。

计算分析非线性系统的实际信号的最大 Lyapunov 指数时常用的方法有定义法、wolf 法、正交法和小数据量法。在分析非线性系统的实际信号时,实际采集到的信号,由于受到环境等的影响,信号中大多掺杂着部分噪声,如不能将掺杂在实际信号中的噪声成分分离出来,会使最大 Lyapunov 指数的误差更大。经多位学者研究比较,发现小数据量法抗干扰能力最强,定义法受到噪声影响后产生的波动最为明显。

(1)根据 G – P 或其他算法首先估算出时间序列 k 维体积 $\{x(t_i), i = 1, 2, \cdots, N\}$ 的重构相空间嵌入维数 m 和时间延迟 τ。

(2)根据 m 和 τ 重构相空间 $\{Y_j | j = 1, 2, \cdots, M\}$。找出相空间中的每个点 Y_j 的最相近的点 $Y_{j'}$ 并限制两点之间的短暂分离,即

$$d_j(0) = \min(Y_j - Y_{j'}), |j - j'| > P, P \text{ 为混沌时间序列的平均周期。}$$

(3)对相空间中的每个点 Y_j,计算出该邻点的 i 个离散时间步后的距离 $d_j(i)$ 为

$$d_j(i) = \min(Y_{j+i} - Y_{j'}), i = 1, 2, \cdots, \min(M - j, M - j') \tag{4}$$

(4)对每个 i,求出所有 j 的平均 $\ln d_j(i)$,即 $y(i)$ 为

$$y(i) = \frac{1}{q\Delta t} \sum_{j=1}^{q} \ln d_j(i) \tag{5}$$

其中,q 是非零 $d_j(i)$ 的个数,应用最小二乘法对图像前段的近似直线做回归直线,得到的回归直线斜率就是最大 Lyapunov 指数。

3 结果与分析

根据文献中所介绍的摩擦振动信号频率分布范围,应用谐波小波包理论对摩擦振动信号进行降噪处理。降噪过程中将整段分析频率 12800 Hz 等分成 8 个频段,每频带宽度为 1600 Hz,取第 4 段频段范围为 4800 ~ 6400 Hz 的信号为研究对象。

3.1 相空间重构

应用 C – C 算法求出磨合过程及摩擦振动信号的嵌入维数 $m = 18$ 和时间延迟 $\tau = 2$ min,可以构造出一批 18 维相空间矢量,将空间矢量投影到三维相空间形成相空间轨迹,其中图 4(a) ~ 4(d) 为磨合过程间隔 2 min 抽取的吸引子图,图 5(a) ~ 5(d) 为干摩擦过程的吸引子图。

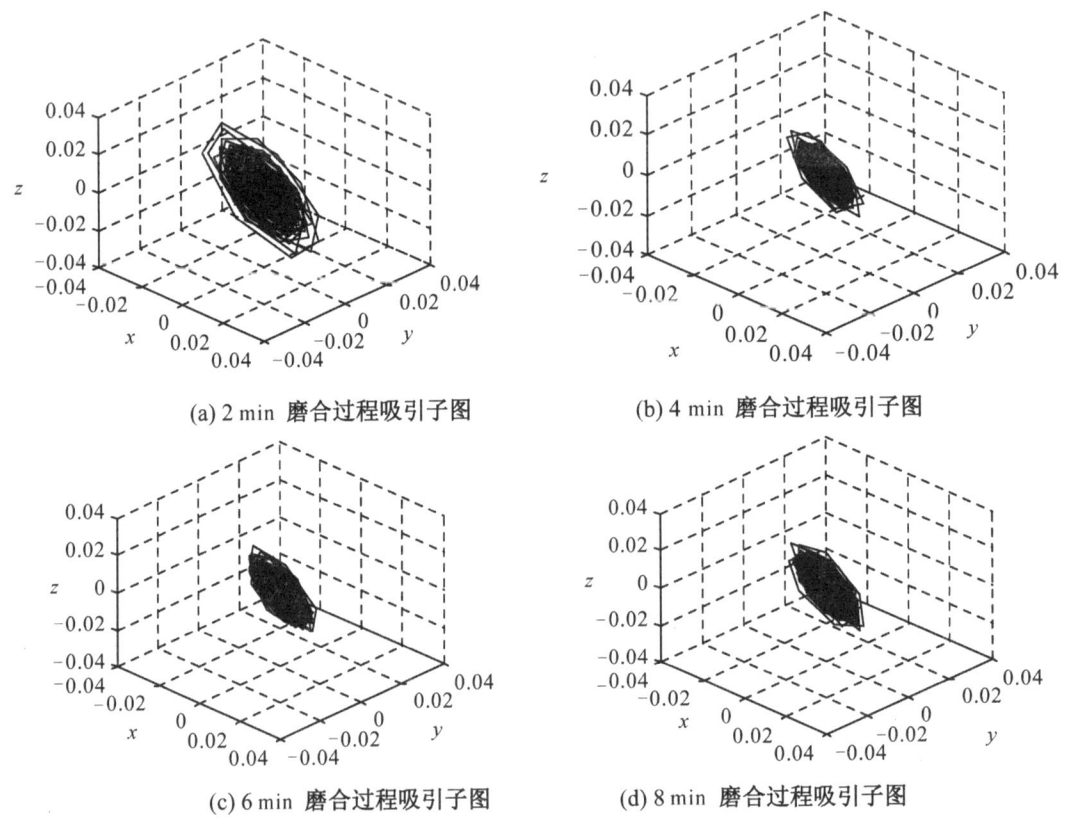

(a) 2 min 磨合过程吸引子图

(b) 4 min 磨合过程吸引子图

(c) 6 min 磨合过程吸引子图

(d) 8 min 磨合过程吸引子图

图 4 磨合过程混沌吸引子图

图 4 轨迹收敛半径为 0.02,轨迹快速收敛于一个中心点,有一明显的吸引子,并围绕着中心点来回折叠运动而不重复自身,这符合混沌信号有界性、遍历性、内随机性及无序中的有序的基本特征。图 5 中轨迹收敛半径随着磨损的加剧逐渐增大,与磨合过程相比,收敛半径大了两个数量级,收敛缓慢,因此可以说明磨合过程的摩擦振动信号具有混沌特征。

3.2 磨合过程摩擦振动信号的主分量分析

主分量分析法可以区分混沌信号和噪声信号,应用主分量分析法判断磨合过程及干摩擦过程的摩擦振动信号是否具有混沌特征。

(1)计算和嵌入维数 d 重构相空间。

(2)计算重构后矩阵的协方差计为矩阵 A。

(3)计算出矩阵 A 的特征值(i 为特征值个数,无量纲)并将特征值从大到小排列。

(4)计算矩阵 A 的标准方差并作图。以标准方差所作的图作为一种识别混沌和噪声的方法。

图 6 中可以看出,磨合过程摩擦振动信号的混沌特征十分明显,主分量谱图的斜率接近直线过定点且斜率为负。而干摩擦过程的主分量谱图虽过定点,但图像后半段基本水平,整体不趋近与一条直线,并无明显的混沌特征,更趋近与噪声信号。因此利用主分量分析法对摩擦振动信号的混沌特征判断可知,磨合过程的振动信号,具有明显的混沌特征。

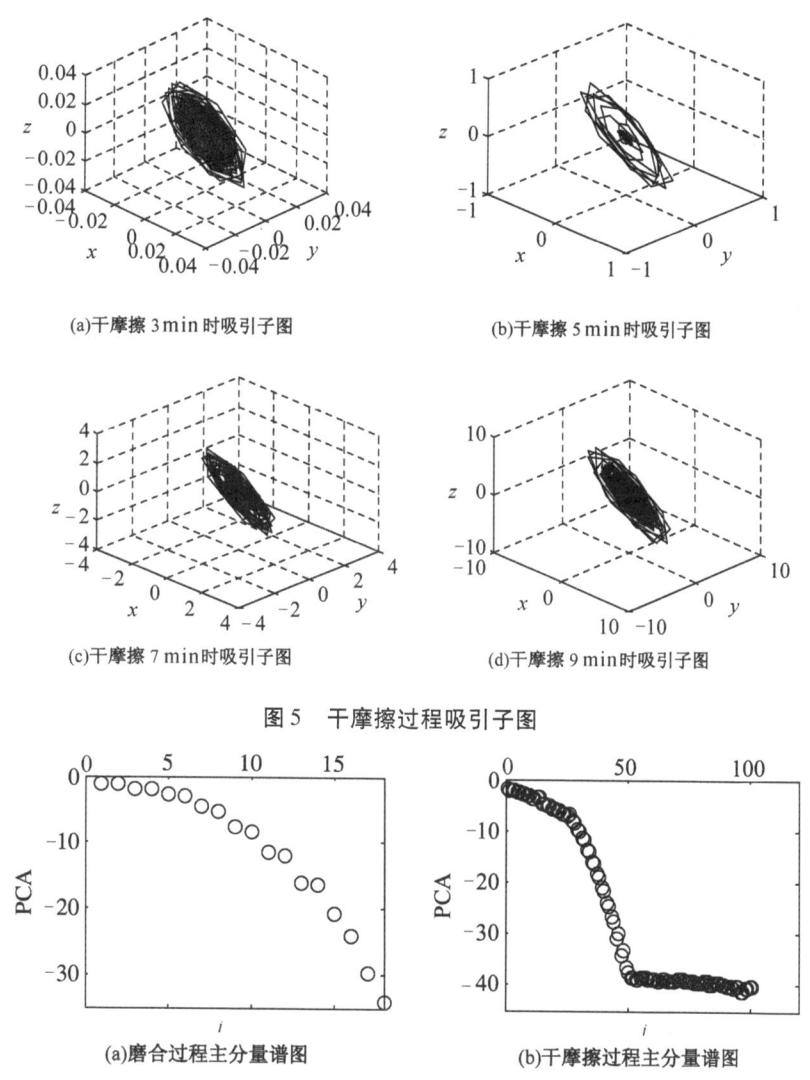

(a)干摩擦 3 min 时吸引子图　　　(b)干摩擦 5 min 时吸引子图

(c)干摩擦 7 min 时吸引子图　　　(d)干摩擦 9 min 时吸引子图

图 5　干摩擦过程吸引子图

(a)磨合过程主分量谱图　　　(b)干摩擦过程主分量谱图

图 6　磨合过程摩擦振动信号的主分量图

3.3　最大 Lyapunov 指数法

应用最小数据量法求出磨合过程的最大 Lyapunov 指数为 0.054,干摩擦过程的最大 Lyapunov 指数为 0.0054。首先最大 Lyapunov 指数为正值说明磨合过程的摩擦振动信号具有混沌特征,最大 Lyapunov 指数的大小决定着相空间轨迹的收敛速度,最大 Lyapunov 指数越大摩擦振动信号的混沌特征越明显,因此同样可以得出磨合过程的摩擦振动信号具有混沌特征。

4　结论

(1)应用相空间重构法对摩擦振动信号进行相空间重构,重构轨迹围绕着中心点来回折叠运动而不重复自身,具有明显混沌吸引子,表明摩擦振动信号具有混沌特征。

(2)应用主分量分析法对缸套—活塞环磨合过程摩擦振动信号进行混沌特征判断,结果显示磨合过程摩擦振动信号的主分量图的图像为近似直线,过定点且斜率为负,表明磨合过程摩擦振动信号具有混沌特征。

(3)应用最大 Lyapunov 指数法对缸套—活塞环磨合过程摩擦振动信号进行混沌特征判断,摩擦振动信号的最大 Lyapunov 指数为正,具有明显的混沌特征。

【参考文献】

[1]杨红英,叶昊,王桂增.基于混沌理论的动态系统故障检测研究与发展[J].自动化与仪器仪表,2007(1):1-4.

[2]吕金虎.混沌时间序列分析及其应用[M].武汉:武汉大学出版社,2002.

[3]李方.谐波小波在设备故障诊断中的应用[D].武汉:武汉科技大学,2005.

[4]杨永锋,仵敏娟,高喆,等.小数据量法计算最大 Lyapunov 指数的参数选择[J].振动、测试与诊断,2012,32(3):371-374.

冰区船舶破冰强度综述

李英南

（大连船舶重工集团有限公司科技部）

摘　要： 伴随极地区域的国际战略地位迅速提升，为提高我国极地科学技术水平，协助解决极地船舶关键技术，笔者翻译俄罗斯专家关于冰区船舶破冰强度的关键技术论文，文中详细介绍了破损分析、强度计算的标准和方法及深度塑性变形下强度计算的方法，根据极限强度标准设计抗冰加强结构、冰载荷和俄罗斯冰级规范的编制方法及完善方向。

关键词： 破损分析；强度计算；冰载荷；冰级规范

1 破损分析

1.1 破损分析分两种情况

局部外壳板与骨材同时的破损（允许）（见图1）和大范围的外壳板与骨架同时的破损（不允许）。

（1）仅主向梁（骨材）变形可接受。

（2）大范围的骨材和桁材构成的板架变形不可接受。

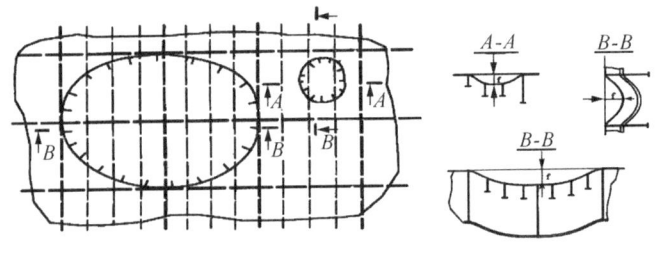

图 1　破损分析

1.2 在北极地区纵深航行时冰区航行船舶破损数据

（1）统计分析主要骨材冰损部分的数据举例如表1所示。

表 1　主要骨材冰损部分的数据举例

船舶型号	N_c	$T_{cp, г}$	$N_б$	$F_{д, м^2}$	$k_б$	$F_{з, м^2}$	$k_з$
Амгуэма	10	16	805	2040	0.19	300	0.044
Беломорск	39	15	2342	1710	0.17	275	0.048
Пионер	18	11	1763	1330	0.45	250	0.057
Повенец	17	15	1473	1260	0.37	280	0.066
Сибирьлес	19	15	580	1220	0.13	—	—

（2）根据冰损数据确定冰载荷函数（系数），如图2所示。

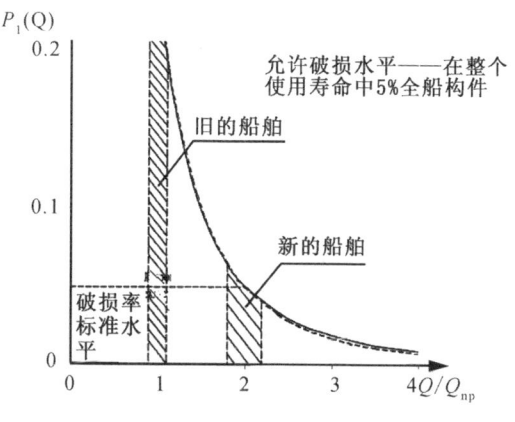

图2　冰载荷函数

2　强度标准

2.1　除大范围破损外,可采用极限强度作为标准

$$p_2 \cdot b_2 = q_{02}(b_2, \widetilde{G}_2, \widetilde{L}_2, \widetilde{E}_2), \quad \widehat{E}_2 = \widehat{E}_2(p_2, b_2, \widetilde{G}_2, \widetilde{L}_2)$$

有限塑性变形可作为局部破损标准。

$$p_{3j}b_{3j} = q_{03j}(b_{3j}, d_{3j}f_j, \widetilde{L}, \widetilde{E}_{3j}), \quad \widehat{E}_{3j} = \widehat{E}_{3j}(p_{3j}, b_{3j}, d_{3j}, f_j, \widetilde{L})$$

2.2　建造强度和验证法则曲线

建造强度和验证法则曲线如图3所示。

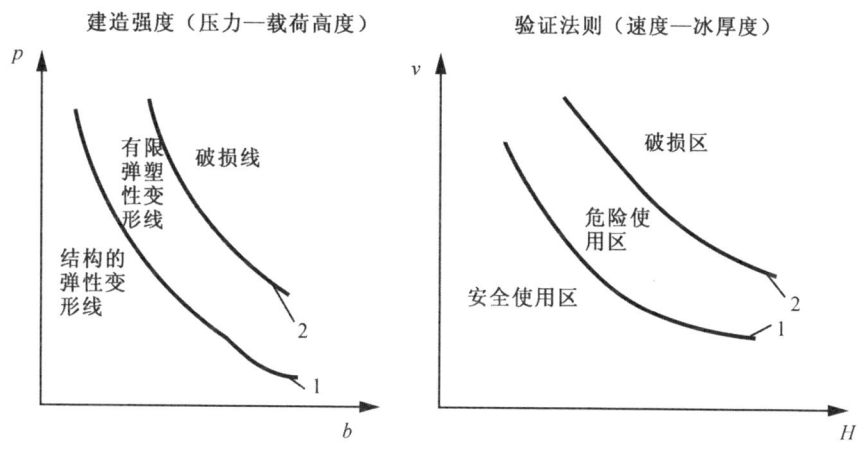

图3　建造强度和验证法则曲线

1—容许;2—危险

3　局部破损时强度计算方法

（1）包括模型在内的主要因素:局部的载荷特性;结构刚度增加;严重塑性变形;几何非线性;外板的梁单元和钢单元相互作用。

（2）得出结论的整个过程;刚塑性线性解决方案;几何非线性提法的依据;结构单元弹性计算;专门实验检验;非线性系统方程组。

3.1　载荷定位参数（线图长度d）对凹陷处结构变形特性的影响（见图4）

3.2　实验演算钢板凸起处变形（实物板）（见图5）

3.3　实验检验结构凹陷处变形（铁皮模型）（见图6）

3.4　造成"北极"号核动力破冰船和"西伯利亚"号核动力破冰船船体局部破损的冰载荷计算

（1）1983年"北极"号核动力破冰船在北极地区东部极端航海下工作状况。

（2）1987年"西伯利亚"号核动力破冰船接近北极圈航线。

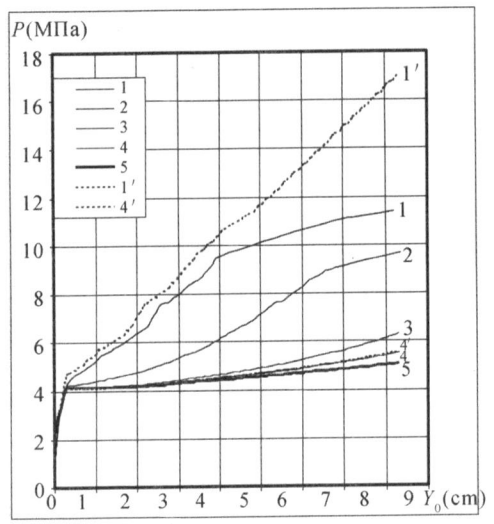

图4 不同载荷定位参数时凹陷处结构变形曲线

$1—d=2a$；$2—d=3a$；$3—d=6a$；$4—d=9a$；5—理想化骨材；$1'—d=2a$，不考虑骨材边界变形；$4'—d=9a$，不考虑骨材边界变形；d—冰载荷线长度

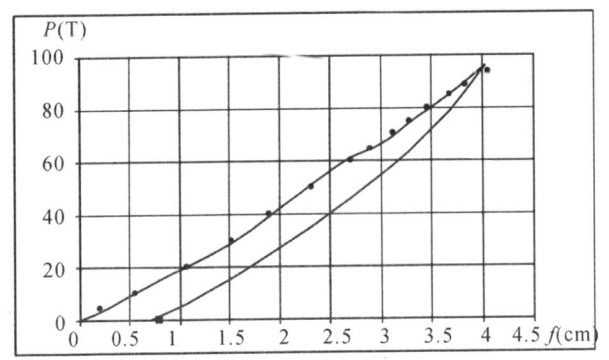

$\sigma_r=600$MПa，$t=12$ mm，$a=0.5$ m，$l=3$ m，$b=0.7$ m，$d=0.4$ m 骨材 T22610

—— 理论结果

● 实验结果[■—残余变形]

图5 实验演算钢板凸起处变形曲线

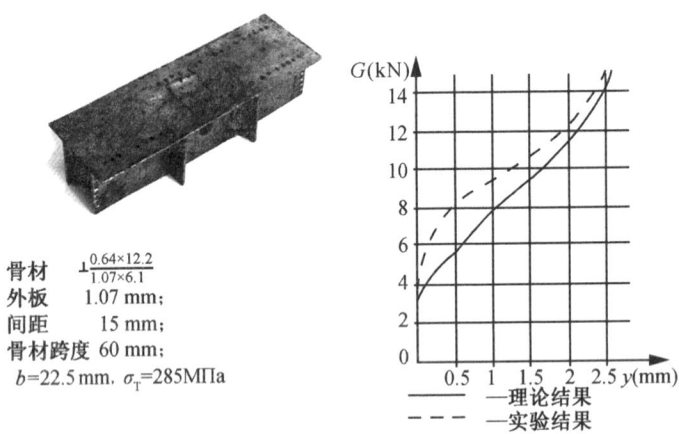

骨材 $\perp\frac{0.64\times12.2}{1.07\times6.1}$

外板 1.07 mm；

间距 15 mm；

骨材跨度 60 mm；

$b=22.5$ mm，$\sigma_T=285$MПa

—— —理论结果

— — —实验结果

图6 实验检验结构凹陷处变形曲线

4 按照极限强度标准设计抗冰加强结构的方法

按照极限强度标准设计的抗冰加强结构方法有：(1)板架柔性设计方法。(2)骨材横截面单元要求。(3)骨材最佳设计算法。(4)外板要求。(5)钢结构要求。

4.1 骨材标准与塑性结构类型分级组合形式

(1)肋骨和结构(单根骨材)。

（2）支撑纵桁和强框间距。

（3）强框和板架。

4.2 柔性设计的验算方法

4.3 骨材面板的支撑作用

塑性结构纯位移时面板的支撑作用。

4.4 骨材横截面单元的极限强度要求

4.5 骨材横截面最佳算法（见图7）

4.6 外板极限强度要求

（1）考虑冰损实际水平。

（2）考虑载荷的限制因素。

4.7 板架结构设计

（1）按照主骨材相对位置和载荷作用线的种类进行区分。

（2）补充考虑载荷的局限性和变异性及扩大的重要性因素。

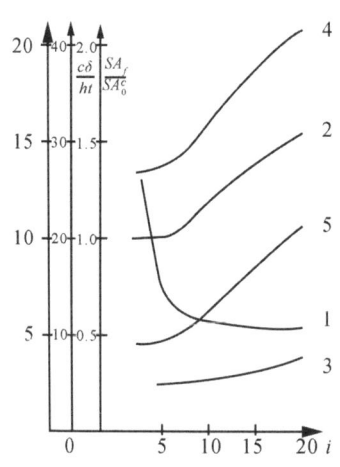

图7　骨材截面最佳算法曲线

$1 - \dfrac{PM_f}{PM_0}; 2 - \dfrac{SA_f^c}{SA_0^c}; 3 - \dfrac{c\delta}{ht}; 4 - \dfrac{h}{t}; 5 - \dfrac{c}{\delta}$

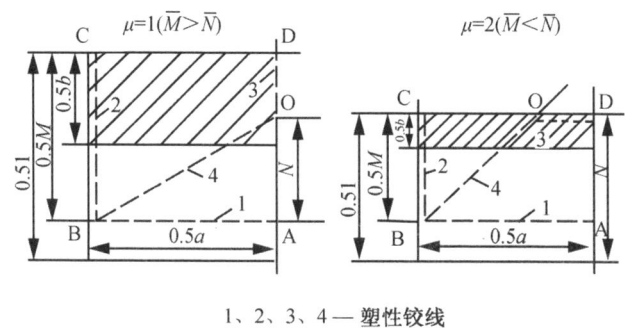

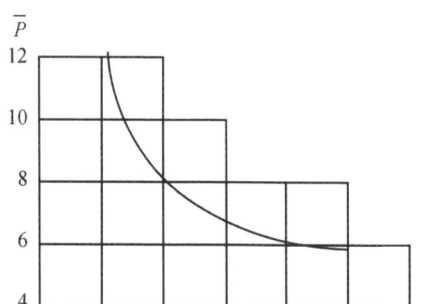

（a）承受载荷板的模型和外板极限强度要求　　（b）极限状态参数与加载区域相对高度的关系

图8　外板极限强度要求

（3）与外板、主骨材和加强筋相互作用的塑性板架结构（见图9）。

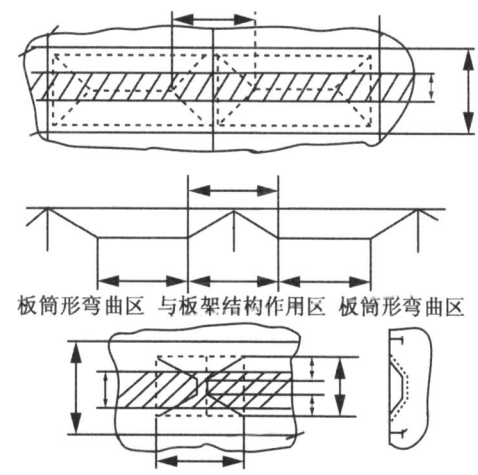

图9　舱壁和舷侧外板的塑性板架结构

5 完善破冰模型

5.1 改良型流体动力学模型

（1）改良型流体动力学模型（简称 МГДМ）。

（2）依据 ARCDEV 设计实验基础上建立改良型流体动力学模型。

5.2 根据加拿大模型试验结果确定 α 冰载荷的峰值参数的 $α_p$ 冰动力参数

5.3 改良型流体动力学模型的冰载荷与峰值参数 α 的关系

5.4 检验改良型流体动力学模型,改良型流体动力学模型(МГДМ)实验结果与破冰船 Louis S. St. Laurent 船体冰载荷对比

5.5 动力学破冰模型(简称 МДРЛ)

6 冰级规范编制方法

6.1 基市原则

(1)统一安全标准指各类船舶在每个冰级限制范围内的冰区航行的允许条件相同。

(2)安全保证指对于危险航行允许条件的安全稳定系数。

6.2 程序—方法保证

(1)船舶双参数表格和系列破冰船。

(2)拓展型材规格表。

(3)符合船级社规范要求结构设计软件。

(4)统一磨损程度标准。

(5)绘制极限强度曲线软件。

(6)按照建造强度曲线建立航行状态(在符合规范标准的航区航行)的软件。

6.3 综合研究方法

(1)确定冰的计算参数。

(2)建立基准危险状态的系统。

(3)确定冰载荷计算方法。

(4)建立基本容许状态系统。

(5)建立冰等级划分。

6.4 冰层参数计算

6.5 构建基准危险航行状态——冰级规范基础标准

6.6 基准冰级规范体系

(1)基准危险冰级(不同冰级下船舶航速与冰厚的对应关系)。

(2)基准容许冰级。

6.7 冰载荷参数计算

6.8 在冰级规范中规定允许航行的冰级和航区规则(见表2)

表 2 容许航区规则

冰级	冰区航行方式	冬春季节海上航行				
		巴伦支海	喀拉海	拉普捷夫海	东西伯利亚海	楚科奇海
		ЭТСЛ	ЭТСЛ	ЭТСЛ	ЭТСЛ	ЭТСЛ
ЛУ4	СП	- - - +	- - - -	- - - -	- - - -	- - - -
	ПЛ	- * + +	- - - +	- - - -	- - - -	- - -*
ЛУ5	СП	- - + +	- - - +	- - - -	- - - -	- - - -
	ПЛ	* + + +	- -* +	- - - +	- - - +	- -*+
ЛУ6	СП	*+++	- - - +	- - - +	- - - +	- - - +
	ПЛ	++++	**++	-**+	-**+	- * + +
ЛУ7	СП	+ + + +	- - + +	- - - +	- - - +	- - + +
	ПЛ	+ + + +	+ + + +	*+++	*++ +	* + + +

СП—独立航行;ПЛ—破冰船引导航行;+—允许作业;——不允许作业;*—造成损坏的高风险使用;Э—极度航行(中等频率10年1次);Т,С,Л—重度、中度、轻度航行(中等频率3年1次)

以上是规定允许航行的冰级 $V_{\partial i}^{\sigma} = V_{\partial i}^{\sigma}(H)$：允许坚冰冰级；考虑冰群影响 —— $H_T = H[1 + \Delta\bar{H}(H,T)]$，$\Delta\bar{H}(H,T) \approx \Delta\bar{H}_{ep}(T)$；

考虑冰坚实度影响 —— $V_{\partial i}^{\sigma} = V_{\partial i}^{\sigma}(H) \cdot \alpha(S,H)$。

6.9　解决船体与冰相互作用问题的证书

6.10　1999 年颁布现行俄罗斯船舶冰级规范的特性

现代俄罗斯冰区船舶和破冰船要根据 1999 年俄罗斯船舶登记局颁布的冰级规范要求进行设计和建造，1999 年颁布的俄罗斯船舶冰级规范是为了提高破冰船队效率和使用可靠性，在综合一些先进科学方法的基础上研制的，方法如下：

（1）根据冰区航行允许冰况的描述设定冰的等级。

（2）确定冰载荷和冰况参数计算标准的方法。

（3）评价结构强度的标准和方法，包括塑性变形余量和冰损实际尺寸。

（4）船体冰损数据。

6.11　进一步对冰级规范的完善

（1）为了开发北极地带大陆架和北冰洋航线，决定建立国家课题北极工程。

（2）扩大北冰洋通航船舶的实际直达航线。

（3）开发船舶高纬度通航航线。

（4）双动力船舶使用新的通航方式。

（5）使用船舶新型推进装置（全回转吊舱推进器）。

（6）加大冰区船舶和破冰船的主尺度及比功率。

（7）研究新型船体结构的冰区船舶和破冰船，包括多体船、非传统船体线型的船舶等。

（8）提高冰区船舶和破冰船的使用寿命。

6.12　冰级规范完善方向

（1）冰区加强船舶的船体结构尺度标准与使用寿命换算。

（2）确定冰载荷作用区内外板的腐蚀损耗和机械磨损余量，包括使用专用耐磨层和延长使用寿命的情况。

（3）依靠运用概率模型方法并直接考虑包括极限厚度冰带在内的层冰和船舶之间相互作用的特性和特征来精确地计算船体和船舶推进系统的冰载荷。

（4）精准计算复杂结构的强度，包括多体船、艏柱、吊舱推进器、单壳舷侧和双壳舷侧结构。

（5）依靠降低舱壁横剖面面积需求及提高剖面模数要求优化设计冰区加强区骨材。

（6）确定冰区航行船舶主机的最小功率。

（7）在规定冰区船舶和破冰船的冰级强度标准时要考虑财政因素。

（8）不断发展冰区航行船舶入级冰级规范所需条件的量化方法，包括注意气候变化。

可调螺距桨铜质桨毂修理工艺研究

王 力 刘晓海 吴艳娟 李 伟 曲爱民 于仁江

(大连船舶重工集团船务工程有限公司)

摘 要:大型镂空铸铜桨毂,由于其特殊的结构特点及材质,桨毂转盘孔修理一直是难点。本文通过对某船变距桨铜质桨毂进行分析,确定并实施了一套实用的修理方案,取得了很好的效果,为同类问题的处理,提供借鉴。

关键词:桨毂磨损堆焊工艺

0 前言

可调螺距桨桨毂是安置螺旋桨桨叶,容纳转叶机构的毂体,并将其套接于艉轴端的镂空状部分。某船变距桨运转过程中出现转叶缓慢,变距系统油压不稳等故障,进行坞修检查,经拆检检修发现,变距桨桨毂孔与桨叶转盘配合面磨损严重(如图1),造成转叶不灵活,转叶负荷不均,根据船方要求需要进行修理。桨叶转盘与桨毂孔安装间隙为0.068~0.194 mm,孔直径达480 mm,其中1#、4#孔磨损较为严重,通过查阅随船资料确定此桨毂材质为日本牌号 AMB102F,等效于我国的 ZQAl9-4-4-2。由于桨毂孔各部形位公差要求较高,装配间隙较小,修理这么大的镂空铸铜件稍有不慎就会造成无可挽回的损失。

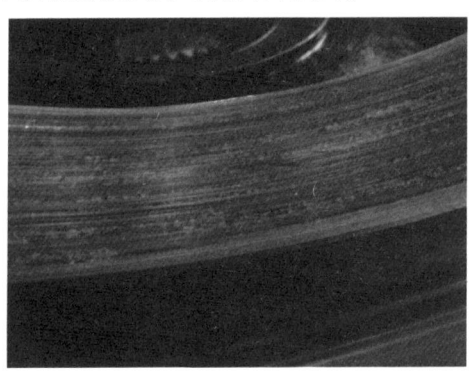

图1 变距桨桨毂孔与桨叶转盘配合面的磨损面

1 修理方案的选择

通过对桨毂结构及磨损位置的分析,提出如下修理方案。采用镀铜修理工艺:其优点是桨毂不易变形,桨毂原形位公差都能保证;但是铜层与基体结合强度差,铜层较脆,镀铜多为装饰,铜层较薄,不能满足桨毂磨损部位修理要求及修后的机械性能。采用工业修补剂修复:修复后上船加工修理,其优点是桨毂孔不易变形,施工简单;缺点是修补层在桨叶变距过程中容易剥落,修理质量及使用寿命不易保证。堆焊后光车修复:其优点是磨损处修复质量较好,修复后能满足原桨毂孔处的机械性能;缺点是在堆焊过程中桨毂容易产生变形,堆焊工艺要求较高。船方权衡利弊,最终决定采用一劳永逸的堆焊光车修复工艺来修复桨毂孔处磨损缺陷。

2 工艺方案的确定

2.1 堆焊材料的选择

桨毂材质为 ZQAl9-4-4-2,其化学成分及力学性能见表1。

表1　ZQAl9-4-4-2 化学成分及力学性能

合金牌号	化学成分（%）									机械性能（不小于）			
	主要成分					其他成分（不大于）				σ_b	$\sigma_{0.2}$	δ_5	硬度
	Cu	Mn	Al	Fe	Ni	Pb	Si	P	C	（N/mm²）	（N/mm²）	（%）	
ZQAl9-4-4-2	余量	1～2.5	8.5～10	4～5	4～5	0.02	0.15	—	0.1	637	275	18	1568

该材料具有良好的加工性、焊接性、减磨性，能承受较大的冲击载荷，根据桨毂材质可选用国产铝青铜焊丝 HSCuAlNi 为填充材料，其化学成分及力学性能见表2。

表2　HSCuAlNi 铜焊丝化学成分及力学性能

牌号	化学成分（%）							机械性能		
	Cu	Sn	Si	Fe	Al	Mn	Ni	σ_b（N/mm²）	σ_s（N/mm²）	δ_5（%）
HSCuAlNi	余量	—	≤0.1	≤2	7～9	0.5～3	0.5～3	717	407	22

由表2可知，采用 HSCuAlNi 铜焊丝作为堆焊材料，所获得的堆焊表面完全能满足原桨毂的设计要求。

2.2　堆焊方法及工艺参数的确定

针对桨毂的材质特点，堆焊时母材及填充材料中的铝容易氧化，堆焊时铝与氧形成致密而难熔的 Al_2O_3 薄膜，阻碍母材与熔滴金属的熔合，阻碍热源对熔池的加热，并使熔渣变黏，使堆焊容易产生气孔和夹渣，恶化焊缝成型。桨毂为铜质镂空结构，热膨胀系数大，且导热性好，堆焊加热区宽，因而其堆焊变形较大。

基于以上原因，堆焊方法选用交流钨极惰性气体保护焊（TIG），在焊接过程中钨极不熔化，电弧比较稳定，容易控制堆焊质量，电弧热量集中，焊接件变形小。采用交流电焊接，电流在负半波时具有除氧化膜的作用，即"阴极破碎"，而在正半波时既可减弱钨极的烧损，又可获得较大的熔深和较高的效率。采用惰性气体保护，可进一步防止因空气侵入而发生的氧化。

堆焊过程中为消除焊接应力，减小应力变形，预热、层间温度以及焊后的冷却很重要，通常含铝10%左右的青铜，预热和层间温度不应超过200℃（见图2），并在焊接过程中保持其温度不低于150℃。堆焊层不宜过多，减少由于焊层过多产生的收缩应力，焊接工艺参数见表3。

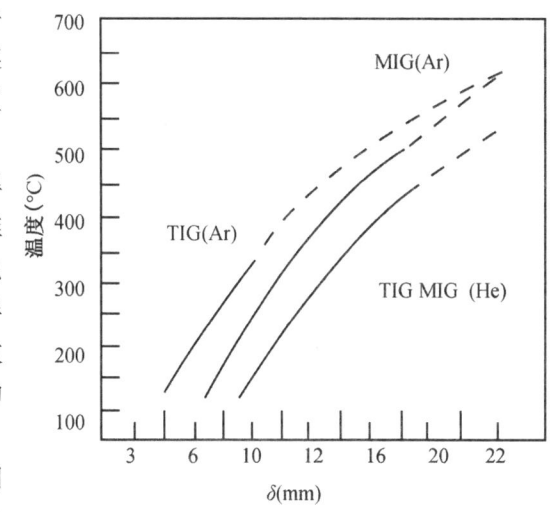

图2　铜合金预热温度曲线

表3　焊接工艺参数

焊接方法	堆焊层数	焊丝		焊接电流		气体		钨极直径（mm）	预热温度（℃）
		牌号	直径（mm）	种类	电流（A）	种类	流量（L/min）		
惰性气体保护焊（TIG）	2	HSCuAlNi	Φ2	交流	210～280	Ar	8～13	Φ4	200

3　工艺方案的实施及操作要点

3.1　工件清洗

工件表面吸附的水分、油污可能导致焊缝中产生气孔、裂纹。在焊接前，采用丙酮对待焊部位进行清洗，彻底去掉工件表面吸附的水分和油污。

3.2　工件预热

对桨毂进行整体加热，预热温度为200℃，使整个桨毂温度受热均匀，此外堆焊过程中始终保持温度不低于150℃，并用测温仪随时测量，以减缓堆焊区熔池的冷却速度，使铜在液态时溶解的氢和水汽及时逸出，避免

形成气孔。

3.3 焊接过程

3.3.1 焊接时应采用对称堆焊、间断焊、短焊道,如图3所示,并控制层间温度,先堆焊两端,防止孔边缘下塌或变形,然后堆焊中间部分。堆焊边缘时应选用焊接参数的下限。

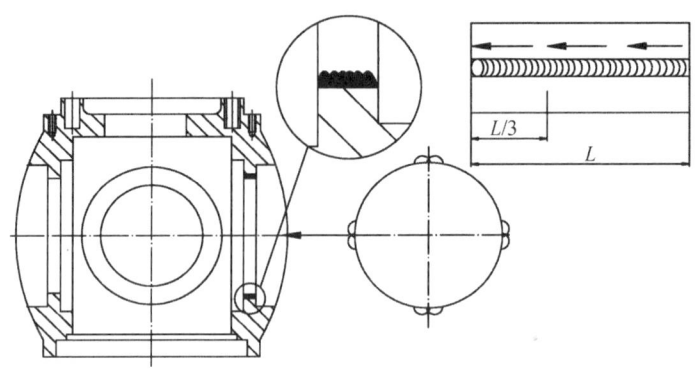

图3 堆焊顺序

3.3.2 堆焊以后,每层堆焊后都必须使用不锈钢丝刷清理,以防止杂质残留在焊缝内。为使氩气保护好熔池,钨极中心线与焊接工件表面保持75°~85°较好,填充焊丝与工件堆焊表面夹角尽可能小,一般为10°左右。焊丝应位于钨极前方,边熔边送,焊丝融化一端不应离开氩气的保护范围,防止焊丝端被氧化。

3.3.3 在保证填充金属和母材能很好熔合的条件下,设法减小焊接部位过热,焊接的宽度和长度也要适当,不要连续施焊,待上一层焊缝冷却到80~100 ℃让熔池充分冷却结晶,再焊第二层焊缝。堆焊过程中一边堆焊,一边用手锤锤击堆焊表面,消除堆焊应力。

4 焊后加工及检验

桨毂堆焊后上镗床,以原2#、3#桨毂孔为基准进行找正,不同轴度及不垂直度不得大于0.05 mm。对堆焊部位进行加工,加工后需要对桨叶转盘与桨毂孔配合平面进行吃色检查,贴合面积不少于总面积的85%,25 mm×25 mm见方内吃色均匀,吃色点为3~4个,确保转盘销与桨毂孔中心线的平行度不大于0.03,如图4所示。

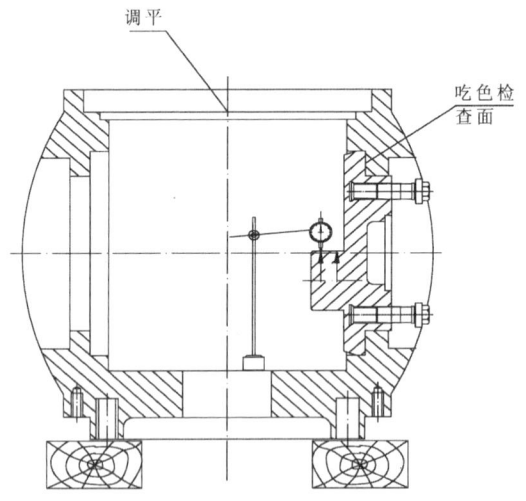

图4 吃色检查

5 结束语

通过对桨毂修理方案的成功实施,装复后变距平稳,运转状态良好,船方非常满意。同时为船东节省了更换桨毂的费用,大大缩短了修船周期。这次桨毂修理,为今后同类产品及大型铝青铜铸铜件的修理积累了宝贵经验。

49 m超低温金枪鱼钓船研究设计及建造

王 欢

（辽渔集团有限公司船舶工程分公司）

摘　要：金枪鱼是一种高蛋白、低脂肪、肉质鲜美的大体型鱼类，营养价值高，对预防胆固醇过高和血管硬化有很好的效果，属热销品种，也是当今世界渔业主要捕捞物之一。本文阐述了超低温金枪鱼钓船的船型及配套设备特点，主要包括船舶主尺度的确定，特殊结构设计，配套轮机设备、冷冻设备、甲板机械及配电系统的优化选型设计。

关键词：超低温金枪鱼钓船；船型；建造

0　前言

随着国家调整远洋渔业产业结构，远洋渔业开始由近海渔业向大洋性渔业转变。要发展大洋性渔业，扩大渔业发展空间，促进国民经济发展，首先要发展大洋性作业渔船。

金枪鱼资源丰富、营养价值高，对预防胆固醇过高和血管硬化有很好的效果，属热销品种，在海域深处活动。它们不受环境污染，是现代人不可多得的健康美食，也是鱼类中营养价值较高的种类，深受广大消费者喜爱，市场极其广阔。金枪鱼主要分布在低中纬度海区，在太平洋、大西洋、印度洋都有广泛的分布，我国东海、南海也有分布。金枪鱼的特殊品质，使之成为当今世界渔业主要捕捞物之一。超低温金枪鱼钓船成为金枪鱼远洋捕捞的关键。我公司与大连金广渔业有限公司签订了两艘金枪鱼钓船设计与建造合同，这两艘船的建造，也标志着船厂的经营多元化。

1　船舶主尺度的确定

船舶总长：49 m，垂线间长：43 m，型宽：11.1 m，型深：7 m 或 4.5 m，设计吃水：3.20 m，定员：20 p，航速：12 kn，鱼舱容积：464.98 m³，燃油舱容积：221.3 m³，滑油舱容积：2.11 m³，淡水舱容积：34.28 m³，主机功率：928 kW，主机转速：1000 r/min

2　结构设计

（1）本船为钢质单甲板、双层底、单螺旋桨、单舵、横骨架结构、电焊焊接式艉机型船。

（2）主甲板下共设 11 道横舱壁，设 16 个舱。

（3）主船体结构材料采用 CCSA 级钢材，冻结库（设计温度为 −28 ℃）区域船体主甲板采用 CCSE 级钢材。

3　设备配套优化设计

（1）船体龙骨是采用铸钢焊接而成的立龙骨，手工焊采用低轻型焊条，焊缝塑性和冲击韧性好。

（2）舵为流线型双支撑平衡舵，上舵承为轻型滚子轴承，下舵承为滑动水密型，密封圈分布在衬套两端。所需的转舵力矩小，进而可减小舵机功率，配 40 kN·m 电动液压舵机 1 台，功率为 4 kW。

（3）本船采用单主机单轴系用固定螺旋桨推进装置，由 1 台中速柴油机、1 只高弹联轴器（主机配）、1 台减速齿轮箱、1 套轴系及 1 只定距桨组成。主机功率经减速齿轮箱传递至轴系，通过齿轮箱实现减速、换向、离合以及承受螺旋桨推力。

（4）本船电站由 2 台 150 kW 的主柴油发电机组和 1 台 90 kW 的停泊柴油发电机组组成，作为船上动力、照明和通信等设备用电。

（5）渔捞设备配置了 GT-08A 型收绳机一台，GT-T1 型投绳机一台，GT-Y1 型液压泵站一台，FDS06AA 型手动比例操纵阀一套，同时配备导向滚轮、输绳管座、双柱导线轮、牵引绳、渔捞主绳、输绳管、浮球、进鱼活动门等配套设施。

（6）艏部卧式电动液压起锚机 1 台，双滚筒绞钢机 1 台；艉部电动抛绳机 1 台。

（7）采用带经济器和油槽的单机双极制冷压缩机组，操作简单，维修成本低。

（8）采用风冷搁架冻结机、鱼货脱盘海水融霜，操作简单。

（9）供液方式搁架采用液泵强制供液，与其他供液方式相比，冻结时间短、冻品质量高，鱼舱盘管采用膨胀供液。

（10）舱室空气调节设一套制热型空调装置。

（11）本船设 3 个冻结间，每个冻结间设 1 台搁架式冻结机，每台冻结机配 3 台风机，设计温度为 -28 ℃，冻结间日冻结能力为 2.5 t。本船共设 5 个冷藏鱼舱，设计温度为 -18 ℃左右，5 个舱可冷藏鱼货 220 t 左右。

4　配电系统

机舱电站由 2 台 150 kW 柴油发电机组和 1 台 90 kW 停泊柴油发电机组组成，为船上动力、照明和通信等设备提供用电。平时航行、作业、出入港时均使用 1 台 150 kW 柴油发电机组即可满足全船用电的需要，停泊时使用 90 kW 发电机组。配置应急蓄电池组、无线电蓄电池组和 2 台变压器供强电和弱电设备用电。

5　结论

该项目施工结束后对全船所有设备进行运转试验，合格后又做倾斜试验，完成稳性计算，最后做系泊试验和航行试验，主要技术指标均达到设计要求，得到船东好评。

【参考文献】

［1］中华人民共和国农业部渔船检验局. 钢质海洋渔船建造规范［M］. 北京：国防出版社，1998.

［2］中国船舶工业总公司. 船舶设计实用手册（舾装分册）［M］. 北京：国防出版社，2002.

［3］陈绍钢，等. 轮机工程手册［M］. 北京：人民交通出版社，1992.

［4］中华人民共和国渔业船舶检验局. 海洋渔业船舶法定检验规程［S］. 2003.